4° L K⁷
5726

CARTULAIRE

DE L'ABBAYE ROYALE

DE

NOTRE-DAME DE BON-PORT

TIRÉ A CENT EXEMPLAIRES

N° 3.

BIBLIOTHÈQUE de Monsieur Delisle,
Membre de l'Institut

Hommage respectueux,
J. Andrieux

CET OUVRAGE NE SE VEND PAS

CARTULAIRE

DE L'ABBAYE ROYALE

DE

NOTRE-DAME DE BON-PORT

DE L'ORDRE DE CITEAUX

AU DIOCÈSE D'ÉVREUX

RECUEILLI ET PUBLIÉ

PAR J. ANDRIEUX

TEXTE

ÉVREUX

DE L'IMPRIMERIE DE AUGUSTE HÉRISSEY

M DCCC LXII

A MONSIEUR

TH. BONNIN

ANCIEN DIRECTEUR DE LA SOCIÉTÉ DES ANTIQUAIRES DE NORMANDIE

INTRODUCTION

En examinant les monuments si curieux de la vallée de la Seine, nous avons été vivement frappé de l'aspect pittoresque et encore grandiose des ruines de l'abbaye fondée sur les bords de ce fleuve par Richard Cœur-de-Lion. De là nous vint le désir d'en connaître l'histoire, puis l'idée de classer et de publier les documents réunis pendant plusieurs explorations.

Le recueil des chartes de l'abbaye royale de Notre-Dame de Bon-Port n'est point à proprement parler un cartulaire. Nous ne donnons pas la reproduction d'un volume composé durant le moyen âge par les religieux, dans le but de conserver leurs titres de propriété. Un manuscrit de la Bibliothèque impériale (Saint-Germain latin, n° 1611-2) porte bien le titre de cartulaire; mais il ne contient que les pièces principales relatives à la fondation et aux priviléges spéciaux de l'abbaye de Bon-Port, ainsi qu'à quelques-unes des immunités de l'ordre de Cîteaux. Il existait dans les archives de l'abbaye plusieurs cartulaires qui sont mentionnés dans l'inventaire fait par ordre de l'abbé de Bonnal en 1783[1]; mais ces documents ont échappé à toutes nos recherches, et nous pensons qu'ils sont détruits. Pour combler cette lacune dans l'intérêt des études d'histoire locale, nous avons cherché à reconstituer, autant que possible, ces cartulaires en recueillant dans tous les dépôts où ils pouvaient exister encore les documents relatifs à l'histoire de l'abbaye de Bon-Port, exécutant ainsi le travail qu'auraient plus aisément accompli les religieux si, au moment de leur dispersion, ils avaient voulu rassembler leurs vieux titres de propriété.

Ce recueil est donc formé de pièces provenant de différents dépôts :

1° Du volume porté sur le catalogue des manuscrits de la Bibliothèque impériale (Saint-Germain latin, n° 1611-2).

---

[1] Cartulaire contenant copie des différents titres de donations faites à l'abbaye. (Liasse 4, n° 27.) — Un ancien registre couvert en parchemin, et dont tous les feuillets sont en parchemin, où est écrit en tête : « État général des biens et revenus de l'abbaye de N.-D. de Bon-Port, » et au-dessous et de suite tous les feuillets sont chargés d'écriture avec vignettes, d'extraits par paroisse des titres des biens, le revenu de ladite abbaye ainsi que des fiefs. Bon à consulter aux termes des arrêts tant du conseil que de la cour, qui l'ont autorisé lorsque ladite abbaye a été pillée et les titres enlevés lors des guerres. (Liasse 137.) — Un registre formé de plusieurs mains de papier, sans aucun titre, où on voit que c'est un brouillon ou original ancien d'extraits des titres, biens et revenus de l'abbaye. (Liasse 140.)

Ce manuscrit est en parchemin, a soixante-six feuillets et contient la transcription de quatre-vingt-cinq chartes royales, bulles et priviléges de 1190 à 1340. Son écriture paraît remonter au début du xive siècle, et elle est d'une conservation parfaite.

2° D'un petit recueil, ou cartulaire sur papier (liasse 4, n° 26, fonds de Bon-Port, Archives de l'Eure), contenant des copies de vingt-quatre contrats généralement sans importance; nous en avons extrait les pièces principales, qui sont toutes du xive siècle.

3° De transcriptions faites dans les débris des liasses de Bon-Port, aux Archives de l'Eure, de toutes les chartes du xiiie siècle dont les originaux sont conservés, soit intacts, soit mutilés. Nous avons, à cause de leur grand nombre et de leur peu d'intérêt, fait un choix sévère parmi les pièces des époques postérieures.

4° De quelques chartes relatives aux biens de l'abbaye dans la forêt d'Eawis, à Ardouval, aujourd'hui déposées aux Archives de la Seine-Inférieure, et provenant des Archives de l'Eure, par suite d'une répartition faite à une époque dont nous ignorons la date. Nous en avons tiré deux pièces : une charte de Richard Cœur-de-Lion, et une autre de l'archevêque de Rouen, Eudes Rigaud.

5° De quittances des abbés de Bon-Port, et d'un certain

nombre de pièces importantes des xiv⁰ et xv⁰ siècles, tirées du fonds Gaignières, de la Bibliothèque impériale.

6° Enfin, d'un aveu et dénombrement des biens de l'abbaye, fait au roi en 1456, tiré des Archives de l'Empire, et reproduit à sa date[1].

Les personnes chargées de la conservation de ces divers dépôts nous ont témoigné beaucoup de complaisance. A la Bibliothèque impériale, M. Léopold Delisle, membre de l'Institut, nous a donné un grand nombre de renseignements : tous ceux qui s'occupent de l'histoire du moyen âge connaissent son obligeance et son érudition. Aux Archives de l'Eure, M. l'abbé Lebeurier et M. Chassant, ancien bibliothécaire d'Évreux, à celles de la Seine-Inférieure, M. Charles de Beaurepaire ont bien voulu interrompre leurs travaux pour guider nos recherches. Mais, plus que personne, M. Bonnin a droit à notre reconnaissance pour avoir mis à notre disposition la riche moisson de documents qu'il a recueillie sur le département de l'Eure, et nous avoir constamment aidé de ses conseils. Le propriétaire actuel de l'ancienne abbaye a vainement recherché parmi ses titres quelque charte égarée; nous n'en

---

[1] Nous avons en outre consulté, pour l'époque moderne, aux Archives de l'Eure : 1° *Registre des actes capitulaires* (1782-89), 1 vol. in-folio; 2° *Inventaire des titres de l'abbaye de Bon-Port, dressé à la demande de M. François de Bonnal, évêque de Clermont, abbé commendataire en* 1783, 3 vol. in-folio; 3° *Journal des recettes* (1783), 1 vol. in-folio.

n'avons pas retrouvé non plus à Louviers ni aux archives communales du Pont-de-l'Arche. Les personnes des environs qui devaient être en position d'en révéler l'existence entre les mains des particuliers n'ont pu nous donner aucun renseignement.

Nous avons longtemps hésité pour savoir quel ordre nous suivrions dans la publication des chartes de Bon-Port. L'inventaire de 1783 offrait un classement par paroisse; mais le grand nombre de pièces perdues depuis et l'insuffisance des analyses auraient occasionné des lacunes trop apparentes. Nous nous sommes arrêté à l'ordre chronologique comme le plus simple, la table des noms de lieux et de personnes donnant les indications nécessaires pour les recherches géographiques et généalogiques. La pensée nous était venue d'ajouter à cette publication un résumé des indications qu'elle renferme sur la topographie, l'état de l'agriculture, les priviléges des religieux et des habitants, ce que les savants ont coutume d'extraire des actes du moyen âge; mais, dans son éminent travail, M. Léopold Delisle a traité ces questions : les chartes de Bon-Port lui étaient connues; il a même publié les principales. Ainsi que l'ont fait les éditeurs du *Cartulaire de l'Abbaye des Vaux de Cernay*, publié sous les auspices de M. le duc de Luynes, nous aurions aimé à joindre à la publication des chartes de Bon-Port la reproduction des sceaux appendus aux titres originaux; mais un ancien archiviste de l'Eure a fait couper tous ceux qui se trouvaient dans son dépôt, sous prétexte qu'ils gênaient la confection des liasses, et nous n'avons pu faire dessiner qu'un sceau de Richard Cœur-de-Lion, déjà publié par M. Deville, d'après une charte conservée aux Archives de la Seine-Inférieure, deux sceaux et un contre-sceau d'abbé, d'après les originaux du fonds Gaignières. Les volumes de la collection de dessins de cet amateur, conservés à la bibliothèque d'Oxford, nous ont fourni huit reproductions de pierres tombales de personnages enterrés à Bon-Port. M. Frappaz, chargé par le comité des Monuments historiques de faire un fac-simile des volumes, a exécuté pour nous la copie des huit croquis qui ont été lithographiés, comme les autres planches de notre recueil, par notre ami M. Paul Balze.

Guidé par les publications précédentes [1], nous bornons

---

[1] Imprimés : 1° *Neustria pia*, p. 894-902; 2° *Gallia christiana*, tome XI, p. 667-674 ; 3° Millin, *Antiquités nationales*, tome IV, XL, 10 p. de texte et 2 planches ; 4° Langlois, *Recueil de quelques vues de sites et monuments de France, spécialement de Normandie*, 1re livraison, 1817, p. 2 et 3, 1 planche ; 5° id., *le Sacristain de Bon-Port*, légende fantastique, 9 p. de texte et 1 planche (en tête du IIe volume de son *Essai sur les danses des morts*) ; 6° de Duranville, *Notice sur l'abbaye royale de Notre-Dame-de-Bon-Port*, 16 p. (*Bulletin de la Société d'Émulation de Rouen*, 1845) ; 7° de Caumont, *Bulletin monumental*, tome XVIII (1852), p. 265-267, 1 planche ; 8° de Duranville, *Essai historique et archéologique sur la ville de Pont-de-l'Arche et sur l'abbaye de Notre-Dame-de-Bon-Port*, Rouen, 1856, p. 164-234, 1 planche ; 9° de Caumont, *Bulletin monumental*, tome XXIV (1858), p. 43-47, 4 planches ; 10° Hébert-Desroquettes, *l'Abbaye de Bon-Port*, extrait du *Journal de Louviers*.

Vues : 1° Profil de l'Abbaye Notre-Dame-de-Bon-Port, de l'ordre de Cisteaux, dans le diocèse d'Evreux, à un quart de lieue de Pont-de-l'Arche, fondé par Richard 1er, roi d'Angleterre (1696) [Bibl. imp. Estampes, topographie de la France (Eure),—Gaignières] ; 2° Garnerey et Michon, Vue de l'église, notre travail à la description des ruines de l'abbaye. Nous y ajoutons la notice chronologique des principaux faits passés dans l'abbaye depuis l'origine jusqu'à la vente comme bien national, et nous terminons par une liste des abbés un peu différente de celle donnée par les auteurs du *Gallia christiana* et du *Neustria pia*.

Au territoire de Maresdans, sur le bord d'un bras de la Seine isolé du cours principal par une longue île qui porte le nom de Bon-Port, l'abbaye se trouvait séparée du mouvement commercial du fleuve. A l'occident, du côté du Pont-de-l'Arche, on y arrivait par la voie romaine d'Uggade; les grandes futaies

---

Tombe d'un enfant, Monument de Ph. Desportes, Médaillon du même, Tombeau de Louis de Rouville [Imprimés, n° 3]; 3° Langlois, Vue du vieux réfectoire et autres restes de l'abbaye de Bon-Port (1816) [Imprimés, n° 4]; 4° id., Vue de l'abbaye de Bon-Port, fondée par Richard Cœur-de-Lion; 5° id., Vue de l'abside de l'abbaye; sur le premier plan, un tombeau orné du bas-relief de la porte de la Vierge avec cette inscription : « AH ! NOTRE-DAME-DE-BON-PORT, AOURES PÔR NOUS. AMEN. » A gauche, un chien gémissant, une tombe avec cette inscription : « QUIS, QUIS LECTURUS AC CEDIS STA ET LUGE. » Sans date (Bibliothèque de Rouen, œuvre de Langlois); 6° id., Rosace d'un vitrail de l'abbaye de Bon-Port, portion d'un vitrail du xiv° siècle de l'abbaye de Bon-Port, figures d'anges tenant des instruments de musique d'après un vitrail du xiii° siècle de l'abbaye de Bon-Port (Willemin ; Monuments français inédits); 7° Dardelet et Victor Petit, Ruines de l'abbaye de Bon-Port, côté du nord [Imprimés, n°s 7 et 8]; 8° Thiollet, le Chevet du réfectoire et des cuisines de Bon-Port, coupe longitudinale du réfectoire de Bon-Port, coupe des cuisines annexées au réfectoire, plan du réfectoire, des cuisines et des constructions voisines à Bon-Port [Imprimés, n° 9]; 9° Collection Gaignières d'Oxford, Normandie, tome II, fol. 126 à 135, Pierres tombales d'Agnès de Saint-Amant, de Philippe Desportes, d'Onbert de Hansgest, de Guerande de Montdidier, de Paraiste, fille de Pierre de Lieuville, de Guillaume de Rouville, et de Simonet, fils du vicomte du Bois.

de la forêt de Bort couronnaient les coteaux du midi. Une vaste enceinte de murs isolait des communications extérieures l'ensemble du monastère.

L'église principale, construite au XIIe siècle, était placée au midi du cloître et parfaitement orientée[1]. A l'est, se trouvait la partie des bâtiments affectée à l'abbatiale; son rez-de-chaussée, voûté et soutenu au milieu par d'élégants piliers, formait autrefois une vaste salle dont on peut encore reconnaître la distribution primitive, bien qu'elle ait été coupée par des refends nombreux et serve maintenant à une exploitation rurale. Au premier étage, malgré les modifications du XVIIIe siècle, on peut voir encore le grand corridor servant de promenoir, les vastes chambres des logements et, à l'extrémité méridionale, la bibliothèque, encore garnie de superbes boiseries de chêne.

---

[1] Millin, qui visita l'église au moment où elle allait être démolie, la décrit ainsi : « L'église, fort ancienne et reconstruite vers 1387, est soutenue de chaque côté par des contre-forts; on y entre par trois portes; les deux latérales qui donnent sur les bas côtés avaient été bouchées dans les derniers temps; celle du milieu est entre deux contre-forts; toutes trois sont ogives; au-dessus de la porte du milieu est une fort belle rose en verres de couleur. L'église est intérieurement fort belle, hardie et bien bâtie; elle est en croix latine avec de grands bas côtés; la nef était autrefois pavée de grandes pierres tumulaires, qui ont été remplacées par des carreaux de brique. Il n'y a plus de tombes que dans la partie du croisillon, à droite du chœur. C'est là que sont inhumés plusieurs personnes de la famille de Rouville et d'autres bienfaiteurs du monastère... Le chœur de cette église est beau; le grand autel, revêtu de marbre, est d'une belle ordonnance; il a été transporté dans l'église paroissiale de Louviers. » Les matériaux provenant de la démolition de l'église ont été employés dans les murs de clôture des habitations environnantes, à Alisay et sur la route de Pîtres; d'anciens chapiteaux surmontent les piliers des portes d'entrée.

Au nord, et communiquant directement avec le cloître aujourd'hui complétement détruit, se trouve la partie la plus intéressante et la plus pittoresque de l'abbaye : c'est le magnifique réfectoire du XIIIe siècle, percé des deux côtés par trois fenêtres ogivales à doubles lancettes, tandis que le fond a une large ouverture formée de quatre lancettes surmontées de trois trèfles. Cette grande pièce a maintenant ses fenêtres de gauche et une de celles de droite obstruées par une grossière maçonnerie, tandis que la fenêtre du fond dérobe sa vétusté sous la parure, sans cesse renouvelée, d'un lierre gigantesque. Un petit escalier construit en dehors conduisait à la tribune de lecture, placée dans la seconde travée.

A gauche, donnant sur le cloître, sont les cuisines, dans lesquelles on remarque une vaste cheminée complétement isolée, rappelant, par sa forme et par sa dimension, celles que Jean-sans-Terre ordonnait de construire dans ses châteaux pour y faire rôtir un bœuf entier.

Sur le bord de la rivière, entre le réfectoire et le logement des religieux : « On distingue dans le mur de clôture une porte cintrée, appelée porte de la Vierge. Dans la niche transversale qui la surmonte se voyait effectivement, avant 1791, un groupe en pierre, composé de trois figures d'une grande proportion, représentant Marie tenant sur ses genoux son fils mort, dont un ange baisait les plaies. Cette Vierge était un objet de vénération très-particulière pour les habitants de la contrée, surtout pour les mères et les nourrices; et c'était à ses pieds que le 23 juin, veille de Saint-Jean-Baptiste, se rassemblait annuellement de toutes parts une multitude de femmes qui, au premier coup de l'*Angelus* de midi sonnant au monastère, plongeaient simultanément trois fois dans la Seine leurs petits enfants nus [1]. »

Des fouilles à l'occident pourraient seules faire reconnaître l'importance des bâtiments qui y étaient situés.

L'abbaye royale de Notre-Dame de Bon-Port fut fondée en l'année 1190. Selon la légende, Richard Cœur-de-Lion chassait sur la rive droite de la Seine, lorsque son cheval l'entraîna dans les flots. Résistant au courant, le roi fit vœu à la Vierge de fonder une abbaye à l'endroit où il trouverait son salut : il toucha terre en un lieu appelé Maresdans. Un document (charte I) indique cette fondation sous le nom d'*abbaye du don du roi d'Angleterre*. Nous n'avons pas trouvé, et les religieux semblent n'avoir jamais eu une charte de fondation émanée de Richard. Les trois pièces de ce roi que nous publions (chartes II,

---

[1] Langlois, *Recueil de quelques vues, sites et monuments de France, spécialement de Normandie*, 4re livraison, p. 2 et 3.

III et XVII) ne sont que des donations partielles et une confirmation de priviléges déjà accordés. Ces diverses donations furent confirmées par le pape Célestin III.

Au mois d'octobre 1200, Philippe-Auguste prend l'abbaye sous sa protection. L'année suivante (30 décembre), Jean-sans-Terre l'affranchit des droits de coutume. Étant à Bon-Port, le 13 juillet 1202, il lui donne une sauve-garde. Philippe-Auguste confirme la donation de l'abbaye, lors de la réunion de la Normandie à la France (1204). Innocent III lui accorde divers priviléges. En 1209, Philippe-Auguste permet aux religieux de moudre à son moulin de Pont-de-l'Arche. Au mois de mars 1215, il échange ce droit contre la septième partie du revenu du moulin. En 1218, il les exempte de tout péage et coutume à Pont-de-l'Arche.

En 1225, Louis VIII autorise les religieux à faire venir chaque année cent tonneaux de vin francs de péage et de droit de coutume pour l'usage de l'abbaye.

Le 13 juin 1244, Innocent IV accorde vingt jours d'indulgences à ceux qui visiteront l'église de Bon-Port le jour de l'Assomption. Le mois suivant, saint Louis confirme la donation faite à l'abbaye, par le seigneur du Mesnil-Jourdain, d'un moulin à Landemare.

Le 16 octobre 1245, Innocent IV met l'abbaye sous la protection de saint Pierre, et, le 10 mars, confirme la cession qui lui avait été faite par Richard Cœur-de-Lion du droit de patronage sur l'église de Criquebeuf, et par Garin, évêque d'Évreux, de deux parts de la dîme de cette église. Dans le même mois, saint Louis, étant au Vaudreuil, lui donne une sauve-garde.

Le 26 avril 1246, Eudes Rigaud, archevêque de Rouen, ordonne que les 100 marcs d'argent dus à l'abbaye sur les revenus de la ville de Dieppe seront payés en sterlings. Le registre de ses visites pastorales mentionne trente fois son séjour à Bon-Port. En février de la même année, saint Louis donne aux religieux cent acres dans la forêt de Bord. En 1254, il vidime la donation faite au mois d'avril 1248 par Sanson de Grouchet.

Le 29 avril 1255, Alexandre IV autorise l'évêque d'Évreux à accorder aux religieux de Bon-Port la permission d'élever des autels et de célébrer la messe dans leurs granges.

En mars 1256, saint Louis mande au châtelain du Vaudreuil de permettre aux religieux de Bon-Port de prendre dans la forêt de Bord le merrain et le bois nécessaires à leur usage. En juillet 1257, il les déclare quittes et francs de tous péages royaux. Durant le même mois de l'année suivante, il confirme les donations que leur ont faites Renaud dit Troussebout et Jeanne des Hays. En février 1258, il leur donne à ferme perpétuelle dix-neuf charretées de foin à prendre annuellement dans les prés du Vaudreuil. En août 1259, il vidime la vente faite en juin 1258, par Jean Gosselin, d'une maison à Pont-de-l'Arche. En mars 1269, il leur confirme tout ce qui est échu à leur couvent, soit par acquisition, soit par donation.

Le 13 juin 1274, Grégoire X confirme tous les priviléges accordés à Bon-Port par ses prédécesseurs. En mars 1277, Philippe le Hardi amortit les acquisitions faites par les religieux dans ses fiefs et arrière-fiefs; en août 1280, il leur fait assigner des droits d'usage dans les forêts de Bord et d'Eawi; en novembre 1284, il amortit de nouveau leurs acquisitions. En juin 1294, Philippe le Bel vidime les lettres d'amortissement délivrées aux religieux de Bon-Port par le bailli de Rouen; en août 1298, il vidime les lettres de sauve-garde données par saint Louis en 1245. En juin 1304, le même roi confirme les acquisitions et accorde au couvent différents priviléges. Le 22 février 1311, le pape Clément V charge le chancelier de l'Église de Paris de juger comme arbitre un procès pendant entre les religieux de Bon-Port et l'archidiacre de Rouen. En septembre 1312, Philippe le Bel déclare que les arbres fruitiers qui sont dans la haie de Bon-Port appartiennent à l'abbaye, et que les religieux ont le droit de les vendre et de les faire couper. En mars 1316, Philippe V permet aux religieux de Bon-Port de clore la haie proche leur monastère. En juin 1323 et en septembre 1327, Charles IV leur fait remise de différents droits. En décembre

1328, Philippe VI vidime une quittance de 30 livres tournois versées par les religieux pour plusieurs acquêts; le 5 mai 1331, il leur amortit 11 livres de rente sur des terres de la paroisse de Colemare-sur-Cailly, et, le 5 octobre 1333, il vidime des lettres qu'il avait données le 23 juin de la même année, au sujet d'une dîme de 800 livres tournois due par les religieux. En juin 1340, Jean, duc de Normandie, décide que les religieux de Bon-Port, moyennant le payement de 400 livres tournois, jouiront de leurs possessions, rentes et héritages situés dans les fiefs, juridiction et seigneurie du roi, sans qu'on puisse les obliger à les vendre ou à en payer finance. En 1352, Charles le Mauvais séjourna à Bon-Port et assista à un conseil qui y fut tenu par le roi Jean. Le 14 août 1387, Charles VI fait don aux religieux de 500 francs d'or pour l'achèvement de la construction du cloître, et quelque temps après il ordonne que cette somme soit payée par Pierre le Jamblier, banquier de Caen. Le 30 août 1389, le même roi fait remise aux religieux d'une amende de 30 francs d'or à laquelle ils avaient été condamnés pour avoir pris du bois non martelé dans la forêt de Bord. En décembre 1419, les religieux de Bon-Port présentent au roi un aveu du temporel de leur abbaye; ils en présentent de nouveaux en 1456, à la chambre des comptes de Paris; en 1500, au vicomte de Pont-de-l'Arche; à la chambre des comptes, le 23 novembre 1526. François Ier séjourna à Bon-Port au mois

d'août 1540; un aveu lui fut présenté le 5 septembre 1542. En 1578, Henri III confirme les titres de fondation et reproduit dans cet acte les lettres patentes de Philippe-Auguste et de saint Louis. Un aveu est présenté à Henri IV le 23 octobre 1581. Le 19 novembre 1597, le parlement de Rouen rend un arrêt par lequel il prend sous sa protection l'abbé et les religieux de Bon-Port; le même parlement déclare, le 4 juillet 1603, revalider des titres égarés appartenant à l'abbaye. Henri IV confirme les priviléges en 1608. Le 7 juillet 1622, le conseil d'État du roi rend un arrêt portant mainlevée au marquis de Verneuil, évêque de Metz et abbé de Bon-Port, des revenus de l'abbaye saisis par le commissaire député pour le payement des droits de francs fiefs. Par un arrêt du 7 mars 1653, le parlement de Rouen déclare de nouveau prendre sous sa protection l'abbé et les religieux de Bon-Port. Le 10 mars 1725, un arrêt du conseil d'État maintient l'abbé de Bon-Port dans la possession de percevoir les deux tiers des dîmes dans la paroisse de Criquebeuf. Le 4 décembre de la même année, Louis XV accorde au cardinal de Polignac des lettres patentes portant évocation générale au grand conseil « de tous les pro-
« cès et différents civils et criminels mus et à mouvoir qui
« pourront concerner tant sa personne et ses biens patrimo-
« niaux que le fonds, les biens, domaines et droits dépendant
« des abbayes de Corbie, d'Anchin, de Mouzon, de Bon-Port et

« Regard, ensemble de tous les bénéfices dont il pourrait ci-après
« être pourvu. »

Le 3 décembre 1789, le chapitre, régulièrement assemblé
au son de la cloche, écoutait la lecture du décret rendu par
l'Assemblée nationale le 28 octobre, relatif à la suspension de
l'émission des vœux monastiques.

Le prieur de cette époque, dom Peronnier, expose ainsi
les embarras de son administration :

Messieurs du directoire du district de Louviers pourraient avoir égard à
la charge qu'ont eu les religieux de Bon-Port qui leur a occasionné des
dépenses extraordinaires qu'ils n'ont pas été obligés de faire, mais forcés.
En 1789, fin de juillet, veille de l'installation de Dom Peronnier à la
place de prieur du dit lieu, il y eut une émeute à la porte de la dite abbaye;
on fut obligé d'avoir recours à la troupe qui était en détachement à Pont-de-
l'Arche, pour éloigner les rebelles, ce ne fut pas sans peine, et les religieux avant cette époque et après n'ont pas laissé que de faire des aumônes
plus qu'à l'ordinaire. Depuis cette émeute ils n'ont cessé d'avoir de la
troupe qu'on leur a envoyé en garnison dans leur abbaye. D'abord on y
logea trente soldats du régiment de Condé-infanterie, avec deux officiers
auxquels il fallut fournir presque tout le nécessaire : les officiers vivaient à
la table des religieux, le sergent à l'office, et les soldats faisaient leur ordinaire dans la cuisine de la dite abbaye, et prenaient hardiment tout ce
qu'ils avaient besoin; il fallait leur fournir à boire, et indépendemment que
les religieux fournissaient tout ce qui était en leur pouvoir, il y eut un
instant où le nouveau prieur n'était point en sûreté, il fut obligé de se

cacher ; il y avait tout à craindre de la part de ces soldats qui, malgré les soins qu'on avait pour eux, ne se trouvaient point satisfaits. Le prieur a fourni une fois du pain pour toute la garnison du Pont-de-l'Arche aux frais de la maison. A ceux-là ont succédé quarante dragons du régiment de Pinthièvre qu'il a fallu également loger avec quatre officiers qui mangeaient à la table des religieux, et leurs domestiques avec ceux des religieux. Les officiers qui apprirent combien les religieux avaient été mécontents de l'infanterie qui était partie de cette même année proposèrent au prieur d'établir une garde à la porte pour un meilleur ordre, aux conditions que les hommes de garde seraient nourris, ainsi que le maréchal des logis et le garde écurie. Dans les circonstances critiques le prieur ne refusa rien, de façon que cela faisait dix personnes à nourrir. Jugez, messieurs, de la dépense que cela causait : il fallait coucher, chauffer et éclairer tout le détachement, leur fournir des légumes, donner à boire, etc. Encore on n'était pas exempt d'être volé; jusqu'aux volailles ne furent point épargnées, ni les fruits. Les draps, les matelas, couvertures, etc., ont été usés par tout ce monde-là. Indépendemment de cela, les religieux avaient un vieillard grabataire qui consommait beaucoup de linge, il fallait deux paires de drap par jour, et cela a duré au moins six mois. Aux dragons de Pinthièvre a succédé un détachement de dragons du régiment Dauphin, composé de douze dragons, un maréchal de logis et deux officiers. Ces deux derniers mangeaient avec les religieux, leurs domestiques et le maréchal des logis avec les domestiques des religieux; le bois, les légumes et le pain pour la soupe des dragons a toujours été fourni par les religieux, et bien d'autres choses : tout cela a duré jusqu'au 24 décembre dernier, que le détachement est parti; je ne compte point dans tous les détails les pertes que les religieux ont fait, de bons draps se sont trouvés changés contre des mauvais, de toute espèce de linge perdu. Je crois que l'on a peu de peine à se persuader les pertes que les religieux ont essuyées et les dépenses qu'ils ont été obligés de faire. L'on peut répliquer aux religieux : vous n'étiez pas obligé de nourir les officiers, leurs domestiques, ni les soldats, dragons, etc. Les religieux en conviennent, mais il fallait dans les circonstances critiques sacrifier son bien pour sauver sa vie : encore n'était-on garanti qu'à demi.

Fait à Louviers, le 22 mars 1791.

PERONNIER,   F. PRUVOST.
Prieur de Bon-Port.

(Archives de l'Eure.)

Quelques jours après, le district de Louviers avait mis le séquestre sur les biens de l'abbaye, comme le prouve l'acte suivant :

Ce jour d'huy vingt sept mars 1791, après midi; nous Marie Pierre Emmanuel Gruchet, président du district de Louviers, accompagné de Jean Charles Nicolas Carbonnier, greffier secrétaire du juge de paix du canton de Pont de l'Arche, faisant fonction de secrétaire, nous nous sommes transporté à l'abbaye de Bonport aux fins de délivrer à Monsieur Renault, receveur du régime de la manse abbatiale de Bonport, demeurant au Pont de l'Arche, les liasses contenant les pièces nécessaires pour percevoir les rentes appartenant à la dite abbaye de Bonport : ou étant arrivé nous serions monté au chartrier, ou, après vérification faite du scellé par nous apposé sur la porte d'icelui lors de la vérification de l'inventaire du mobilier de la ditte abbaye que nous avons trouvé sain et entier, nous l'avons levé, et étant entrés dans le susdit chartrier, nous avons délivré à mondit sieur Renault les 8, 9, 10, 15, 16, 17 et 18ᵉ liasses contenues en l'inventaire des titres de la dite abbaye pour la perception des susdites rentes seigneuriales et treizième dont du tout il nous a donné son récépissé cy joint, et de suite nous nous sommes munis du plan de la paroisse de Tôtes et de son recueil pour être déposés au Directoire et en tirer les connaissances et la lumière relativement à la vente des biens nationaux de la susdite abbaye de Bonport, dépendants de la paroisse de Tôtes; après quoi nous avons fait fermer la porte du dit chartrier, nous étant saisis des clefs, et avons fait apposer sur la dite porte un nouveau scellé.

Le présent procès verbal rédigé et clos en la ditte abbaye de Bonport les mêmes jour et heure que dessus.

(Archives de l'Eure.)   GRUCHET,   CARBONNIER,
            Président.   Secrétaire.

Le 2 avril, les bâtiments de l'abbaye de Bon-Port et le territoire qui en dépendait étaient vendus à Jacques-Joseph-Alexandre de la Fleurière, garde marteau de la maîtrise du Pont-de-l'Arche, et à Alexandre de la Folie, demeurant à Bon-Port, moyennant 161,600 livres. « Ne sont pas compris dans « la vente de ladite maison et établissement, les armoires et « boiseries de la sacristie, et l'obelisque étant au côte droit du « sanctuaire que l'administration aura délai de six mois pour « faire déplacer et transporter. » Cet obélisque était sans doute le monument de Philippe Desportes, qui fut transporté au musée des Petits-Augustins [1]. Quelques jours après, les commissaires nommés par l'administration du district de Louviers demandaient : « l'obelisque étant au côté droit du sanctuaire. » M. de la Folie leur répond : « qu'il est démoli pour ne recevoir « aucun choc qui puisse le casser, et qui est pret à être livré « sous la réserve de rembourser les frais de la dite démolition. »

---

[1] Lenoir, *Musée des Monuments français*, tome IV, p. 173.

Ils demandent aussi : « les 11 cercueils de plomb existant tant « dans le caveau sous l'église que dans un mausolé à la droite « du chœur et dans une autre chapelle. » On leur répondait : « qu'on n'avait connaissance que de sept cercueils de plomb « existants dans le caveau, dont cinq étaient totalement pourris « et deux d'une forme plus petite [1]. »

Bientôt l'église allait être démolie, et les matériaux vendus par les acquéreurs de ce bien national. Voici le dernier acte administratif relatif à Bon-Port que nous ayons pu trouver :

De Criquebeuf sur Seine, le 22 février 1792.

Monsieur,

La municipalité de Criquebeuf sur Seine a reçu votre lettre en date du 17 février dernier, par laquelle vous l'invitez de ce rendre en la maison ou établissement de la cy-devant abbaye de Bon Port, dont est acquereurs messieurs La Folie et Alexandre. Vous n'avez fait, Monsieur, que hater une resolution deja prise et arrêtés par le corps municipal. En effet, Monsieur, nous nous sommes transportés aujourd'huy 22 février, à l'effet de dresser procès-verbal de l'état certain des dégradations ou démolitions qu'ont fait ou fait faire les dits sieurs aquereurs, y étant parvenus, le sieur de La Folie s'est présenté à nous, lequel nous a déclaré que quoiqu'il eut fait démolir une vieille chapelle et commencé de démolir le contour du chœur de l'église, même vendu quelques materiaux, il ne croyait pas pour cela être bien coupable, attendu, Monsieur, qu'il était convenu avec vous, il y avait peu de

---

[1] Procès-verbal des commissaires nommés par l'administration du district de Louviers. (Archives de la mairie du Pont-de-l'Arche.)

jours, qu'il acheverait samedi prochain son dernier payement pour ce qui concerne le dit établissement, et que le restant du ne s'élevait qu'a 8,000 livres, apres quoi nous lui avons dit que l'on nous avait rapporté que, dans un caveau existant dans la dite église, qu'il avait pareillement fait démolir et dans lequel étaient differents personnages de differentes familles enfermés dans des cercueils de plomb et dont nous reclamions la translation dans l'église ou cimetière de notre communauté, pour et au moins rendre aux derniers restes de ces illustres personnages un devoir que nous croyons être dû à tous les hommes. Ce mot illustre ne nous échappe que parce que nous nous rappelons que nous l'avons vu gravé sur des tableaux et sur des tombes de pierre placées dans differents lieux de la dite église, certainement placés là pour conserver la mémoire de ces dépôts. A quoi le sieur de La Folie a répondu qu'il n'existait plus de caveaux dans la dite église, et qu'à l'égard des cercueils de plomb il croyait qu'ils lui appartenaient, en ce qu'il avait acheté le haut et le bas du dit établissement; il ne s'est nullement ouvert sur les cadavres renfermés dans ces cercueils, pour quoi, Monsieur, nous reclamons l'autorité du directoire et à ce qu'il vous plaise, Monsieur, nous indiquer les moyens que votre prudence vous jugera et spécialement la loi concernant les monuments, pour que ces dépots sacrés soient rapporést dans l'église de notre communauté, ensemble les mausolés existants dans le chœur de la ditte église, au bas duquel est encore une inscription latine concernant le dépot du cœur de Richard-Cœur de lion, un de nos anciens ducs de Normandie; nous avons l'honneur de vous informer en outre, Monsieur, qu'il est resté dans la sacristie et dans la dite église differentes armoires, stalles et boiseries dont quelques unes des dites armoires seraient très comodes pour la sacristie de votre communauté, où il n'y en a qu'une et qui est très insuffisante. A l'égard des stales[1], vous vous rappelez, Monsieur, que vous en avez promis douze pour être placées dans l'église de

---

[1] L'église de Criquebeuf n'a pas de stalles et de boiseries provenant de Bon-Port; elles ont été transportées au Pont-de-l'Arche et à Louviers.

notre paroisse, pourquoi attestons le contenu en la présente juste et véritable, en foi de quoi nous avons signé.

L. H. Roullé.
Louis Dupray.
J. C. Hubert Primout.
Dautremer, maire.

(Archives de la mairie du Pont-de-l'Arche.)

M. de la Fleurière céda plus tard sa part de propriété à M. de la Folie, qui garda jusqu'à sa mort, en 1822, Bon-Port converti en faire-valoir. A cette époque, cette propriété fut achetée par M. le colonel Wilder, membre du conseil général de l'Eure[1]. Le territoire de l'ancienne abbaye appartient maintenant à sa fille, Mme Jacques de Reiset.

Bon-Port a eu, de 1190 à 1791, trente-huit abbés réguliers ou commendataires :

I. Le premier abbé de Notre-Dame de Bon-Port fut Clément, témoin lors de l'acquisition par l'abbaye de deux pièces de vignes appartenant au chapitre de Saint-Martin de Montmorency. Le *Gallia christiana* rappelle que Clément fit avec Roger, abbé de Saint-Ouen de Rouen, une transaction au sujet de moulins et de dîmes qui fut confirmée en 1216 par Philippe-Auguste. Cet abbé eut pour successeur :

II. Gérard ou Géraud, qui reçut en 1218 l'autorisation d'acheter des vignes

---

[1] Le Breton, *Biographie normande*, tome III, p. 574.

de l'abbé de Saint-Denis; son nom se rencontre encore dans les chartes du Cartulaire de Châteaudun en 1219 et en 1226.

II. Martin assiste comme témoin, au mois de mars 1229, à une donation de trois setiers de vin, faite à l'abbaye (charte LXXI). Le *Gallia christiana* et le *Neustria pia* ne font point mention de cet abbé.

IV. Pierre I.

V. Pierre II.

VI. Germond.

Le *Gallia christiana* et le *Neustria pia* ne joignent aucun fait à l'indication du nom de ces trois abbés.

VII. Robert I reconnaît, en février 1246, avoir été payé de cent acres de terre et autres biens (ch. CLVI).

VIII. Blaize.

IX. Robert II.

X. Nicolas I reçut la consécration des mains d'Eudes Rigaud, le 3 décembre 1262, parce que le siége d'Évreux était vacant. En octobre 1269, Nicolas fieffait à Robert Legai deux acres de terre au Coudray (ch. CCLXIV).

XI. Richard est indiqué dans des chartes de l'abbaye du Bec comme siégeant au mois de juillet 1276.

XII. Jean I.

XIII. Guillaume I se trouve mentionné dans les chartes de l'archevêché de Rouen, en novembre 1321.

XIV. Simon de Louviers est indiqué comme étant abbé le 23 mars 1325 par les mêmes documents.

XV. Nicolas II.

XVI. Jean II de Saint-Mélain était abbé le 27 octobre 1361, d'après les chartes de Gaignières.

XVII. Philippe.

XVIII. Guichard de Langres, moine de Clairvaux. En 1383, il donne quittance de 100 fr. d'or à Bertaut à la Dent; cette somme provenait de la munificence royale [1]. Le 13 octobre 1401, Guichard certifie qu'un bateau chargé des vins destinés à son abbaye est passé sous le pont de Mantes [2]. Il fait la même déclaration le 30 septembre 1409 [3]. Le 6 octobre 1410, il donne quittance de 34 livres tournois à Jean Mannet, vicomte du Pont-de-l'Arche, pour diverses redevances [4]. Guichard mourut le 9 septembre 1415 et fut enterré à Bon-Port, près du maître-autel, sous une tombe en marbre avec épitaphe.

XIX. Pierre III Barbati, docteur en théologie, certifie, le 30 septembre 1413 [5], et le 21 octobre 1416 [6], que les bateaux chargés des vins destinés à l'abbaye sont passés sous le pont de Mantes. Deux ans après, une sauvegarde au prieur et au couvent fut accordée par Henri V, qui concéda à cet abbé les terres et domaines du Bec-Thomas, le fief et les domaines de Cléon et de Saint-Gilles.

XX. Jean III Hamon est probablement celui qui jura fidélité au roi d'Angleterre pendant la septième année de son règne (1419). Le temporel lui fut restitué et confirmé par une charte datée de la huitième année du règne de Henri V. Le 15 décembre 1423 [7], il donna quittance à Guillaume du Fay, vicomte du Pont-de-l'Arche, de 28 livres tournois, et, le 12 décembre 1448 [8], à Jean Lancelin, vicomte du Pont-de-l'Arche, de plusieurs sommes dues à la Saint-Michel. Il jura fidélité à Charles VII, le 11 janvier 1431, était à Louvres le 13 septembre 1449. Les auteurs du *Gallia christiana*.

---

[1] Bib. Imp., Manuscrits Gaignières, 258, V. 2 B, f° 47, 3 p. — [2] *Id.*, f° 54, 6 p. — [3] *Id.*, 7 p. — [4] *Id.*, 8 p. — [5] *Id.*, 9 p. — [6] *Id.*, 10 p. — [7] *Id.*, f° 53, 12 p. — [8] *Id.*, 14 p.

pensent qu'il y a eu peut-être consécutivement deux abbés du nom de Jean.

XXI. GUILLAUME LENFANT, de Rouen, donne quittance de 19 livres tournois le 16 octobre 1451 [1], de 10 sous tournois, le 3 mai 1461 [2], de 13 livres tournois le 1er novembre 1463 [3], à Pierre Bachelet, vicomte du Pont-de-l'Arche; de 6 sols tournois, le 8 mai 1474 [4], à Jullien Dugué, vicomte du Pont-de-l'Arche; de 10 sols tournois, le 22 août 1476 [5], à Jean de Lozaille, commis de Jullien Dugué; de la même somme le 12 octobre 1481 [6], et le 2 mai 1482 [7], à Pierre Regier, également commis de Jullien Dugué. Ces quittances avaient pour objet un grand nombre de redevances partielles. Évêque de Chrysopole depuis 1463, Guillaume Lenfant jura fidélité au roi le 12 juin 1456 et le 3 décembre 1461. Ayant réparé l'abbaye, il mourut le 5 novembre 1482, et fut enterré devant le crucifix, avec une épitaphe.

XXII. JEAN-PHILIPPE DE CRIQUETOT, docteur en théologie, donne quittance de 60 sols tournois à Antoine de Castres, vicomte de Conches, le 9 avril 1483 [8], et de différentes sommes à Jehan Challenge, vicomte du Pont-de-l'Arche, le 18 octobre 1492 [9]. Il intervint dans deux contestations : Jean le Chevalier, abbé des Vaux-de-Cernay, avait fait un échange, moyennant une pension annuelle, avec Michel Buffereau, abbé de l'Oratoire, au diocèse d'Angers. La pension n'ayant pas été payée, Jean le Chevalier entra dans le monastère des Vaux à la tête de gens d'armes, et ne se retira qu'après avoir reçu son argent. Cet échange fut ratifié le 11 janvier 1494, et Michel Buffereau fut institué, le 24 janvier, par Jean de Criquetot, qui avait la qualité de

---

[1] Bib. Imp., Manuscrits Gaignières, 258, V 2 B, f° 53, 13 p. — [2] *Id.*, p. 14. — [3] *Id.*, p. 15. — [4] *Id.*, f° 59, p. 18. — [5] *Id.*, f° 61, p. 19. — [6] *Id.*, p. 20. — [7] *Id.*, p. 21. — [8] *Id.*, 22 p. — [9] *Id.*, f° 63, 22 p.

vicaire général de l'abbé de Cîteaux [1]. Il fut désigné comme arbitre par l'archevêque de Rouen entre Jacques Hommet et l'archevêque François de Narbonne, à propos d'une contestation relative à l'abbaye de Saint-Wandrille. Il l'adjugea à Jacques Hommet, le 5 juin 1507. Jean-Philippe de Criquetot mourut le 25 mars 1520.

XXIII. Jean IV Sanguin, moine de Bon-Port, fut abbé de Mortemer. Après quatre années d'administration, son abbé le rappela. En 1520, il fut élu abbé de Bon-Port; se démit. On l'enterra dans le chapitre avec une épitaphe.

XXIV. Noel Mauduit donna quittance de 60 sols tournois à Jean Verdier, vicomte de Conches, le 8 mai 1537 [2].

XXV. Jacques d'Annebaut fut le premier abbé commendataire. Outre ce titre, il avait également ceux d'évêque de Lisieux, de doyen d'Évreux, d'abbé du Bec, du Mont-Saint-Michel et de Saint-Taurin d'Évreux. « L'air du monde estoit plus essentiel à son naturel que celuy des cloistres [3]. » Son administration fut défavorable aux abbayes. Au Bec, il fit couper des bois pour une somme de 25,000 livres, qu'il employa à son profit; il brisa la grosse cloche et en vendit les morceaux en différents endroits [4]. A Saint-Taurin, il se fit également remarquer par ses dilapidations [5]. Son père, Jean d'Annebaut, était connétable de Normandie; son frère, Claude d'Annebaut, fut amiral

---

[1] Introduction au Cartulaire de l'abbaye des Vaux-de-Cernay, publié sous les auspices de M. le duc de Luynes, p. xxii.

[2] Bib. Imp., Manuscrits Gaignières, 258, V 2. B. f° 63, 23 p.

[3] D. Huynes, cité par M. Le Héricher. *Avranchin monumental et historique*, tome II, p. 271.

[4] Bourget. *The History of the royal Abbey of Bec*, p. 74, traduction de M. Pillet. *Mémoires de la Société des Antiquaires de Normandie*, tome XII, p. 291.

[5] Le Prevost. *Mémoires sur la châsse de Saint-Taurin d'Évreux. Mémoires de la Société des Antiquaires de Normandie*, tome IV, p. 545, et Lebrasseur, *Histoire du Comté d'Évreux*, p. 316.

en 1543. La même année (19 décembre), Jacques fut nommé par le pape Paul III cardinal sous le titre de Sainte-Suzanne, consacré au Bec en 1545. Il fit, le 21 décembre 1555, don du fief de la Couyère à la cathédrale de Lisieux, pour réparer une des tours qui, en s'écroulant deux ans auparavant, avait endommagé l'église [1]. Il mourut le 1er juin 1558, et fut enterré à Appeville-Annebaut [2].

XXVI. Henri Ier de Clermont, ou, selon quelques écrivains, un fils de Diane de Poitiers.

XXVII. François de Boulliers, évêque de Fréjus, était abbé commendataire en 1580, et mourut en 1590.

XXVIII. ..... du Roullet, ancien gouverneur de Pont-de-l'Arche et de Louviers, occupa le siége abbatial pendant les guerres civiles.

XXIX. Philippe Desportes, né à Chartres en 1546, fut surnommé par ses contemporains le *Tibulle français*. Henri III lui donna la commende des abbayes de Bon-Port, de Tiron, de Josaphat et des Vaux-de-Cernay, et l'admit dans ses conseils. A la mort de son bienfaiteur, le poëte se retira à Bon-Port : sa participation à la Ligue l'avait fait déposséder de ses bénéfices par Henri IV. Ils lui furent bientôt rendus. Philippe Desportes mourut à Bon-Port, le 6 octobre 1606. Son frère, Thibaut Desportes, sieur de Bevillier, grand audiencier de France, lui fit élever un tombeau dans l'église de l'abbaye.

XXX. Henri II de Bourbon, duc de Verneuil, fils naturel d'Henri IV et de Catherine-Henriette de Balzac, né en janvier 1603, eut à la mort de Desportes la commende de ses quatre abbayes. Quelque temps après il y joignit celles de Saint-Germain-des-Prés, de Fécamp, d'Ours-

---

[1] Du Bois, *Histoire de Lisieux*, tome Ier, p. 439.

[2] Canel. *Essai historique sur l'arrondissement de Pont-Audemer*, tome II, p. 296.

camp, de Saint-Taurin d'Évreux, et l'évêché de Metz; il abandonna ses bénéfices pour se marier, le 12 octobre 1668. Durant son administration, un religieux de Bon-Port, Philippe Cavelier, fit paraître un opuscule intitulé : *le Tombeau glorieux de très-illustre et vertueuse dame Elizabet de Bigars, très-digne abbesse de Fontaine-Guérard*[1].

XXXI. JEAN-CASIMIR, roi de Pologne, fils de Sigismond III et de Constance d'Autriche, né en 1609. Étant entré dans les ordres, il fut nommé cardinal avant d'avoir reconquis son royaume; puis, forcé d'abdiquer, il se retira en France. Louis XIV, ayant appris qu'il reprenait les ordres ecclésiastiques, lui conféra toutes les abbayes dont Henri de Bourbon venait d'abandonner la commende. Il mourut à Nevers, le 14 décembre 1671, et fut enterré à Saint-Germain-des-Prés.

XXXII. HENRI III DE BOURBON, comte de Clermont, fils de Jules de Bourbon et d'Anne de Bavière, né le 3 juin 1672, obtint du souverain-pontife la permission (11 août 1673) de recevoir des bénéfices, même ecclésiastiques, avant d'avoir reçu les ordres. Il fut nommé par Louis XIV à l'abbaye de Bon-Port à la mort de Jean-Casimir, et mourut le 6 juin 1675.

XXXIII. LOUIS-HENRI DE BOURBON, comte de la Marche, frère du précédent, né le 9 novembre 1673, mort le 21 février 1677. A la mort de cet enfant, Bussy-Rabutin écrivit au P. la Chaise pour demander un de ses bénéfices[2].

XXXIV. EMMANUEL-THÉODOSE DE LA TOUR, fils de Godefroi-Maurice, duc de Bouillon, et de Marie-Anne Mancini, né en 1668. Il fut nommé abbé de Bon-Port le 24 décembre 1677. Son frère aîné, Louis de Turenne, étant mort, il quitta les ordres et épousa, le 1ᵉʳ février 1696, Marie-Armande-Victoire de la Trémoille.

---

[1] Frère, *Manuel du Bibliographe normand*, tome Iᵉʳ, p. 203.
Correspondance de Bussy-Rabutin, éd. Lalanne, tome III, p. 217.

XXXV. Louis Colbert, fils de Jules-Armand, marquis de Blainville, maître des cérémonies de France, et de Gabrielle de Rochechouart. Le grand Colbert profita du temps de cette administration pour dépouiller l'abbaye de ses principaux manuscrits au moyen d'un échange fort avantageux pour sa bibliothèque. A la fin d'une Bible du xiv° siècle provenant de Bon-Port, que possède la bibliothèque publique de Louviers, se trouve le document suivant :

Catalogue des livres manuscrits de l'abbaye de Bon-Port qui furent remis à la réquisition de M. de Colbert, ministre, dans sa bibliothèque, le douze may mil six cent quatre-vingt-trois.

Biblia sacra.
Biblia sacra altera.
Genesis, Exodus, Leviticus, Numerus, Deuteronom, Josue, Judices, Ruth, Libri Regum.
Eadem pars antiqui Testamenti.
Novum Testamentum.
Quatuor Psalteria glossata.
Parabolæ Salomonis, Ecclesiastes, Cantica Canticorum et Actus Apostolorum glossati.
Numerus glossatus.
Quinque libri Salomonis glossati.
Glossa super Parabolas Salomonis et Cantica.
Libri Regum glossati.
Interpretationes hebraicorum nominum cum glossa morali super Ant. Testam.
Glossa in parte Antiqui Testamenti.
Evangelium S. Matthæi glossatum.
S. Joannes et S. Marcus glossati.
S. Joannes et S. Lucas glossati.
S. Lucas et S. Joannes glossati.
Glossa super Paulum.
Explicationes S. Hieronymi in Prophetas.
Explicationes aliæ S. Hieronymi in Prophetas.
S. Hieronymus in quatuor Evangelistas.
Opera diversa S. Hieronymi.

Epistolæ S. Hieronymi.
Epistolæ D. Hieronymi.
S. Augustinus super Genesim et Pastorale S. Gregorii.
S. Augustinus super Psalmos.
S. Augustinus in Evangelia S. Joannis Apostoli.
Homeliæ S. Augustini de verbis Domini.
S. Augustinus de Civitate Dei.
Exceptiones S. Gregorii papæ super quædam capita libri Genesis.
S. Gregorius super Cantica.
Tractatus S. Gregorii super Cantica.
Homeliæ S. Gregorii super Ezechielem prophetam.
Homeliæ S. Gregorii super Cantica.
S. Gregorius in librum Job.
Exceptiones S. Gregorii in Novum Testamentum.
Homeliæ S. Gregorii.
Homeliæ S. Gregorii.
Pastorale S. Gregorii.
Liber moralium S. Gregorii.
Pars alia S. Gregorii.
Prima pars sermonum S. Bernardi super Cantica.
Secunda pars sermonum S. Bernardi super Cantica.
Homeliæ S. Bernardi super Evangelium, *Missus est*, et alia opera.
Sermones S. Bernardi abbatis de Adventu Domini.
Nicolaus de Lira super Evangelia.
Nicolaus de Lira super Salomonem et Prophetas.
Thomas de Vaucellis super Cantica.
Hugo de Sancto Victore super Lucam.
Glossa Hugonis super Isaiam.
Isaias Glossatus.
Radulphus, in librum Levitici.
Magister... quædam super quatuor Evangelistas et interpretationes hebraicorum nominum.
S. Philippus Cancellarius, super Evangelia.
Tertia pars Summæ S. Thomæ de Incarnatione.
Quatuor libri magistri Sententiarum Petri Lombardi.
Petri Lombardi alter.

INTRODUCTION.   XXXIII

Flavius Joseph, aut Historia judaicæ antiquitatis.
Historia scholastica.
De jure scripto et non scripto, et concordia discordantium canonum.
Magister Guillelmus de Gisclavirta.
Sermones magistri Philippi Cancellarii Parisiensis.
Sermones magistri Jacobi de Vitriaco.
Decem collationes Patrum, authore Cassiano.
Homcliæ Patrum.
Tractatus de laudibus beatæ Mariæ Virginis.
Vitæ et passiones sanctorum.
Vitæ et passiones sanctorum.
Vitæ et passiones sanctorum.
Vitæ et passiones sanctorum.
Summa de Vitiis.
Tractatus de Sacramentis.
Liber Helprici de arte calculatoria.
S. Augustinus, de Civitate Dei.
Le Chapelet des Vertus en françois de l'an 1487.
Virgilius.
Lectionarium.
Novem alii tractatus.

État des livres qui ont été donnés en échange des manuscrits cy-dessus, par M. de Colbert, le   may mil six cent quatre-vingt-trois.

Histoire de Joseph, in-fol. 2 vol.
Saint Augustin, in-fol. 3 vol.
Saint Grégoire, in-fol. 3 vol.
Saint Jérôme, in-fol. 3 vol.
Glosse ordinaire, in-fol. 6 vol.
Saint Chrysostôme, in-fol. 5 vol.
Histoire de l'Église de Godeau, in-fol. 3 vol.
Fevret, de l'Abus, in-fol.
Vie monastique, in-4°. 2 vol.
Abrégé de Mézeray, in-12. 8 vol.
Genèse, in-8°.

Ecclésiaste et la Sagesse, in-8°.
Les douze petits Prophètes, in-8°.
Dictionnaire historique de Moréri, in-fol. 2 vol [1].

Louis Colbert quitta les ordres en 1693, et, ayant pris le nom de comte de Linières, épousa le 12 mars 1694 Marie-Louise du Bouchet de Sourches. Il fut garde du cabinet des médailles et bibliothécaire du roi.

XXXVI. MELCHIOR DE POLIGNAC, né au château de la Ronte, près le Puy en Vélay, le 11 octobre 1661, était le second fils de Louis-Armand, vicomte de Polignac, et de Jacqueline du Roure. Chargé d'une ambassade extraordinaire en Pologne, il fut bien accueilli par Jean Sobieski, et, à la mort de ce roi, contribua à faire élire le prince de Conti. Les lenteurs que mit le prince à se rendre en Pologne donnèrent à ses adversaires le temps de se coaliser et de lui soulever tant de difficultés qu'il fut obligé de revenir en France. Louis XIV rappela son ambassadeur par la lettre suivante :

24 avril 1698.

« Monsieur l'abbé de Polignac, je vous écris cette lettre pour vous faire savoir que
« mon intention est que vous vous rendiez incessamment dans votre abbaye de Bon-
« Port, et que vous y demeuriez jusqu'à nouvel ordre [2]. »

Son exil à Bon-Port dura quatre années, pendant lesquelles il s'occupa de la composition du poëme latin *l'Anti-Lucrèce*. En 1702, il remplaça Bossuet à l'Académie française, puis fut promu au cardinalat. Il mourut le 20 novembre 1741.

---

[1] *Catalogue de la Bibliothèque de la ville de Louviers*, publié par L. Bréauté, bibliothécaire. Rouen, 1843. 1 vol. in-8. p. 364-367. Ce catalogue mentionne aussi un Ancien et Nouveau Testament manuscrit, provenant de l'abbaye de Bon-Port.

[2] Faucher, *Histoire du cardinal de Polignac*, tome Ier, p. 403.

XXXVII. Gilbert-Blaise de Chabannes, fils aîné de Gaspard Gilbert de Chabannes, marquis de Pionsac, et de Philiberte-Eléonore de Saint-Germain-d'Apchon, vicaire général de l'évêque de Langres, abbé de Sainte-Mévenne, en 1743, fut député aux états généraux du clergé de France en 1745, et nommé abbé commendataire de Bon-Port le 25 avril de la même année. Il mourut en 1779, après avoir été abbé pendant trente-quatre ans.

XXXVIII. François de Bonnal, dernier abbé de Bon-Port (1780), était né au château de Bonnal, le 9 mai 1734, et avait été sacré évêque de Clermont le 6 octobre 1776. Le nombre des religieux allait en diminuant. En 1784, la communauté ne se composait que de sept personnes : dom Gabriel Loup Dusausoy, prieur; dom Édouard de Fontenay; dom Bruno Peronnier, sous-prieur et procureur; dom Philippe-Joseph Wagon; dom Pierre Dubois; dom François Bresson, et dom Jean-François Pruvost [1].

Voici l'état des finances de Bon-Port pour cette année :

Recette des biens de l'abbaye	22,326 l.	18 s.	4 d.
Dépense	21,875	18	9
	450	19	7

L'évêque de Clermont visita Bon-Port en 1787; le 20 mars de cette année il terminait à l'amiable un procès que la communauté avait avec le sieur Duval, de Martot; ils signaient tous deux au registre des actes capitulaires [2]. Cet évêque mourut pendant l'émigration.

---

[1] Registre des actes capitulaires. Délibération du 11 mars 1784, p. 28, V. (Archives de l'Eure).
[2] Registre des actes capitulaires, p. 52, V.

EPIGRAPHIE TUMULAIRE

L'église de Bon-Port a servi de lieu de sépulture à un grand nombre de personnes appartenant aux différentes classes de la société : nobles, prêtres et marchands faisaient aux religieux des dons et des legs pour être enterrés dans leur monastère. En 1250, Hilaire, curé de Léry, lègue ses biens à cette intention (ch. CLXXVIII, p. 182). Guibert d'Orival agit de même en 1268 (ch. CCLXVII, p. 272); et, en 1303, Olivier, dit Cauvin, donne aux religieux 2 sous et une poule de rente pour avoir sa sépulture dans l'abbaye (ch. CCCXLVII, p. 364). Ce sont là les seules indications que donne le cartulaire.

La nef était pavée de grandes pierres tumulaires qui, au XVIIIe siècle, furent remplacées par des carreaux de briques. On ne laissa alors des tombes que dans la partie du croisillon à droite du chœur. C'est de ce côté que la famille de Rouville, dont le château était situé dans les environs, avait une chapelle spéciale[1]. Parmi les abbés, Guichard de Langres fut enterré près du maître-autel, sous une tombe en marbre, avec une

---

[1] « Notre voyage a été plus long que nous ne nous l'étions proposé ; ce n'est pas que nous ayons « eu aucun accident, au contraire, tout à souhait et le plus beau temps du monde, et la plus agréable « manière de voyager, qui est par la rivière ; mais l'envie que nous avions de voir Rouville nous a fait « détourner et même perdre une journée à le voir et l'abbaye de Bon-Port aussi, où sont les tombeaux « des seigneurs de Rouville, qui marquent bien une grande maison. » Lettre de Mme de Montataire à Bussy-Rabutin (2 octobre 1682). *Correspondance de Bussy-Rabutin*, édition Lalanne, tome V, p. 316.

épitaphe; Guillaume Lenfant devant le crucifix; Jean IV Sanguin dans le chapitre; Philippe Desportes au milieu du chœur, sous une dalle de marbre noir, et son frère, Thibaut Desportes, lui fit, en outre, élever un monument dans le chœur, à droite du grand autel.

Nous allons reproduire dans l'ordre chronologique les inscriptions dont nous avons pu retrouver le texte :

I

Cy gist madame Agnes de Sainct Amant famme jadis Guillaume dit Benait laquelle trespassa l'an de grâce mil cc iiii^{xx} et seze le samedi dapres la thyphaigne. Priez Dieu que lame delle soit en Paradis. Amen.

(Musée des antiquités de la Seine-Inférieure.)

II

Chi gist Oubers de Hangest, iadis varlet de roy. fiex sire Pierre de Hangest, bourgeois de Mondydier, adonc baillif de Rovan qui t̃ passa au pont de larche lan de grace mil ccc et ix ov mois de may le mercredi en la vegille l'ascencion notre seignieur. Priez Dieu qui lui face pardon. Amen.

III

Chi gist dame de bonne memoire Marie Guerande de Mondidier, famme iadis Pierre de Hangest, chevaliers bailly de Rouan, qui trespassa en lan de grace mil ccc.xvii. le diswictisme jour davril. Priez Dieu quil ait mercy de lame de li. Amen.

Vous tous qui passes par chi
Priez Dieu qu'ait de moy merchi
Car sy comme vous este o fui
Serez comme je sui.

IV

Sub hacce tomba, olim laminis œneis insculpta, reconditus est Guillemus de Ponte Arcæ, Lexoviensis præsul, ille qui pontificali dignitate abdicata in hanc abbatiam secessit ubi senio confectus obiit an m.ccc.xxxviii.

V

Cy gist Parieste, fille de Pierre de Lieuville, bailly de Rouē et de iehañe sa femme qui trespassa lā M.CCCXLVIII. le vendredi VIII jour d'Aoust. Priez pour l'ame de li.

VI

Ici gist dessous ceste tombe Symonet le fils au viconte Du Bois qui estoit son sournom lan de grace M.CCC.LIIII et fu le fils aisne. Priez por luy.

VII

Ci gissent nobles personnes Charles Jaucours en son vivant, ecuyer, seigneur d'Hebricourt et damoiselle Isabeau d'Anivai sa sœur, qui trepasserent, savoir : le dit ecuyer le XIe jour de mars l'an M.CCCC.XLVII. et la dite damoiselle le XXVIIIe juin l'an M.CCCC.LXXVIII.

VIII

Cy gist noble, venerable et discrete personne Monsieur messire Jacques de Rouville, pretre, chanoine et archidiacre en l'eglise de Notre Dame de Rouen, seigneur dudit lieu de Rouville et de Grainville la Tinturiere, qui trepassa le XXI janvier M.CCCC.XCXI.

IX

Cy gist messire Guillaume de Rouville chevalier s^r de Moulineaux, Villiers cul de Sac, cons^{er} et chābelan du Roy nostre Sire, et capitaine des gens d'armes qui fu tres vaillant et bon ch'l'er plein de bonne renommee, qui trepassa le vingt troys^e jour de novembre l'an M.CCCC.IIII^{XX} et XII et Madame Loyse de Graville sa fañe laquelle trepassa le IIe jour de Mars M.CCCC.IIII^{XX}XIX.

X

Fragment d'inscription sur une pierre servant de pavage au bout du promenoir à Bon-Port.

Vide te
Mil V^c
L. Johes Moisāt
de Valle Rodolii.

XI

Cy gist noble et puissant seigneur messire Louis de Rouville, en son vivant chevalier, conseiller et chambellan du Roi, notre sire et Seigneur du dit lieu de Rouville, de Grainville la Tinturière, Bouville, Saint-Ouen, Villers cul de sac, grand maitre enqueteur et réformateur des eaux et forets en Normandie et Picardie, capitaine de gendarmes, grand veneur de France, et lieutenant general du Roi, notre sire, en Normandie, lequel trepassa à Lyon, le xvii⁰ jour de Juillet m.d.xxvii.

XII

Fragment d'inscription gravé sur une pierre tombale provenant de Bon-Port, transportée dans une fabrique de Louviers.

(Communiqué par M. R. Bordeaux.)

. . . . Puissant seigneur messire Robert de Pommereul, en son vivant ch'l'r s! du lieu de Myserey et dIreville, premier escuyer d'escurye du Roy, cappitaine des villes et chastean du Pont de larche, grant maistre ēquest⁻r et reffŏrmate⁻ des eauls et forestz en Normandie et Pycardie leq̃l deceda le xxvii⁰ jo! de May, m.v͞. xliii. Priez Dieu po! luy Et Noble dame Françoyse dAmffreville de⁻... du lieu de Champdollent et dAspremont femme du d⁻ chev⁻ laq̃lle deceda le dernier jo! de Mars m.v͞. lxviii. Pr...

XIII

Philippo Portæo hujusce cenobii abbati commendatorio, morum suavitate elegantia ingenii omniq. eruditionis ac virtutis genere præclaro. Poetices vero peritia adeo excellenti ut ei uni omnes suas artes musæ aperuisse viderentur, quibus dotibus omnium calculo gallicorum poetarum sui temporis facile princeps; antiquis etiam Latinis ac Græcis non inferior habitus; christianissimis regibus Carolo IX, Henricis III et IV tam gratus extitit ut a principum munificentiis liberalitate plus ei collatum sit quam moderatissimi viri natura capere potuit, raroque hac ambitiossima tempestate spretæ potestatis exemplo primum amplissimam notarii sacrarum jussionum dignitatem, deinde Burdigalensem archiepiscopatum recusarit.

Huic licet ad sempiternam gloriam inter tot eximias virtutes, psalmorum Davidis absolutissima versibus gallicis expressio sufficiat ad tamen Theobaldus Portarus Bevillarius pietatis gratique animi erga fratrem optimum bene de se, bene de republica meritum, hic in spe resurectionis beatæ quiescentem, istud monumentum extare voluit lubenterque manibus fecit condere. Vixit an LXXV. Obiit III Non. VIII bres An reparatæ per christum salutis. M.DC.VI.

XIV

Cy-gist Philippe Desportes, conseiller du Roi en ses conseils d'état et privé, abbé des abbayes de Josaphat, Thiron, Vaux de Cernay et de N. D. de Bon-Port, qui décéda en la dite abbaye de Bon-Port le VIe jour d'Octobre M.DCVI. Priez Dieu pour son âme.

XV

Ci-devant reposent les corps de très-haut et puissant messire Jacques, seigneur de Rouville, comte de Clinchamps, Saint-Pierre la Baussonnières, le Bouchet et la Falaise, seigneur de Chaugny, Maulevrier, la Manmonnière, Grainville, la Tinturière, Bosseville, Réanville, lequel dit chevalier d'honneur de feu Madame la duchesse d'Orléans, gouverneur pour le Roi de la ville et château de ce nom, étant au service de Sa Majesté, au siége devant la Rochelle, âgé de 44 ans, décéda le 16 juillet 1628, et de dame Antoinette Pinard, sa première femme, qui décéda au château de Chaugny, le 8 Avril 1619, âgée de 29 ans.

CARTULAIRE

DE L'ABBAYE

DE

NOTRE-DAME DE BON-PORT

I

Ansel de l'Isle donne à l'église de Bon-Port le passage libre sur sa terre pour toutes les choses qui sont à l'usage des religieux.

(1190, 14 mai, à l'Isle.)

Ego Ansellus de Insula, universis notum fieri volo, tam futuris quam presentibus, quod ecclesie Sancte Marie, de dono domini regis Anglorum, que sita est in Valle-Rodolii, in loco qui dicitur Maresdanz, dedi et [in] perpetuam elemosinam concessi, transitum, per totam terram meam et aquam, de rebus propriis ad eandem ecclesiam pertinentibus, liberum ab omni teloneo, pedagio et consuetudine, et omni exactione, assensu uxoris mee Eve, et Ade, fratris mei, et Mabille, sororis mee.

Testes sunt: Albertus de Andresel, frater meus; Manasserius de Insula, avunculus meus; Philippus li Senglers; Auculphus de Flaule et alii plures.

Quod ut ratum et inconcussum permaneat, presentem cartam conscribi, et sigilli mei munimine feci roborari.

Actum publice, apud Insulam, in domo monachorum, die Pentecostes, anno ab incarnatione Domini millesimo centesimo nonagesimo.

<small>*Bibl. Imp., Cart. de Bon-Port, fol. 62 r°, pièce n° 81.*</small>

II

Richard Cœur-de-Lion, roi d'Angleterre et duc de Normandie, donne aux religieux de Bon-Port dix charruées de terre à Ardouval, pour y bâtir une grange.

(1190, 22 juin, à Chinon.)

Ricardus, Dei gratia, rex Anglie, dux Normannie, Aquitanie, comes Andegavensis, archiepiscopis, episcopis, abbatibus, comitibus, baronibus, justiciis, vicecomitibus, senescallis, prepositis et omnibus ministris et fidelibus suis totius terre sue, salutem. Sciatis nos, pro salute anime nostre et antecessorum nostrorum, dedisse et concessisse et presenti carta confirmasse, in puram et perpetuam elemosinam, Deo et ecclesie Beate Marie de Bono-Portu, que in foresta nostra de Borz sita est et fundata, in loco qui prius dicebatur Maresdans, et monachis ibidem Deo servientibus, decem carrucatas terre in foresta nostra de Awis, unicuique carrucate sexaginta acras terre ad perticam nostram, ad faciendum ibi grangiam ad bestias suas et ad bladum suum, et ad ea que voluerint; et in eadem foresta ligna ad edificia sua facienda et ad ardendum quantum opus habebunt; et in eadem foresta herbagium bestiis suis quotcunque in nemore illo voluerint habere, et quietantiam pasnagii porcis suis. Quare volumus et firmiter precipimus quod predicta abbatia et predicti monachi habeant et teneant in perpetuum omnia predicta bene et in pace, libere et quiete, integre, plenarie et honorifice, cum omnibus libertatibus et liberis consuetudinibus suis.

Testibus : God. Wintoniensi, Hugone Covintrinsi, episcopis; Willelmo de Humeto, constabulario; Willelmo filio Radulphi, senescallo Normannie; Ricardo de Humeto; Roberto de Harecurt; Willelmo Marescallo.

Data per manum Johannis de Alenconio, Lexoviensis archidiaconi, vice cancellarii nostri, xxii die junii, apud Chinon, anno primo regni nostri.

<small>*Orig. parch. scellé, Arch. de la Seine-Inf.; Fonds de Bon-Port, titres de propriété à Ardouval.*</small>

III

Richard Cœur-de-Lion, roi d'Angleterre et duc de Normandie, affranchit les religieux de Bon-Port de tous droits de coutume.

(1190, 24 juin, à Chinon.)

RICARDUS, Dei gratia, rex Anglorum, dux Normannie, Aquitanie, comes Andegavie, justiciis, senescallis, ballivis, prepositis nundinarum et mercatuum et portuum maris, et omnibus fidelibus suis tocius terre sue, salutem. Precipimus quod abbatia nostra de Bono-Portu, que in foresta nostra sita est et fundata, in foresta scilicet de Borz, in loco qui prius dicebatur Maresdans, et monachi et fratres ibidem Deo servientes, et omnes res et possessiones sue et homines sui sint quieti de theloneo et pontagio et passagio et tallagio et de carriagio et de modiatione vini et de omni alia consuetudine et exactione seculari, ubicunque venerint, in nundinis et mercatibus et portubus maris et omnibus aliis locis potestatis nostre, tam per terram quam per aquam; et prohibemus ne quis eos super hoc disturbet, super decem librarum forisfacturam.

Teste Willelmo filio Radulfi, senescallo Normannie, xxiii die junii, apud Chinonem.

<small>*Bibl. Imp., Cart. de Bon-Port, f° 27 v°, pièce n° 56. — Vidimus d'avril 1257. Impr. Delisle; — Cart. Normand, p. 107, n° 578.*</small>

IV

Le chapitre de l'église de Saint-Martin de Montmorency vend aux religieux de Bon-Port deux pièces de vignes.

(1190, à Montmorency.)

Noverint universi, tam presentes quam futuri, quod capitulum ecclesie Beati Martini de Montemorenciaco, unum arpennum vinee de clauso Bardulphi et alteram partem vinee que sita est juxta ortum Landerici apud Momagniam, abbati et conventui Sancte Marie de Bono-Portu vendidit pro xv libris monete parisiensis, ut, ex pretio ipsarum vinearum, aliam vineam ecclesie Sancti Martini habiliorem et viciniorem compararet, prenominatas vineas a jam dicta ecclesia Boni-Portus, libere, quiete et pacifice, in perpetuum possideri concedens. Quum quidem ipse vinee de censuali sunt canonicorum Sancti Martini, prefatus conventus xii denarios parisiensium, nomine census, eisdem canonicis ad octabas Beati Dyonisii annuatim persolvet, et acinum quod ex ipsis vineis provenierit in pressorio prenominatorum canonicorum apud Momagniam premere tenebitur. Canonici vero rectam garanciam contra quorumlibet impeticiones pretaxato conventui ferre tenebuntur.

Huic venditioni interfuerunt : Clemens, tunc abbas Boni-Portus; frater Theodericus, frater Gislebertus, frater Theobaldus, frater Rogerus, monachi; Drogo, Guido, Solbanus, Petrus, tunc canonici stationarii Montismorentiaci; Willermus, presbiter de Luperis; Symon, capellanus Sancti Jacobi; Josbertus de Momagni.

Quod ut ratum et inconcussum permaneat, presentem cartam conscribi et sigilli sui impressione eisdem canonicis fecimus roborari.

Actum publice apud Montemmorenciacum, anno ab incarnatione millesimo centesimo nonagesimo.

Orig. parch. — Archiv. de l'Eure. Fonds de Bon-Port, liasse 105, n° 57.

V

Gachon de Poissy donne le passage libre sur sa terre de Maisons pour toutes les choses qui sont à l'usage de l'église de Bon-Port.

(1190.)

Ego Gacho de Pissiaco, omnibus notum fieri volo, tam futuris quam presentibus, quod, de assensu Roberti, Almarici et Galteri, fratrum meorum, pro salute anime mee et predecessorum omnium meorum, dedi et in perpetuam elemosinam concessi ecclesie Sancte Marie de Maresdax, transitum de Mesoniis de omnibus rebus ad ecclesiam ipsam pertinentibus, ab omni redditu et consuetudine liberum et quietum. Robertus quoque, frater meus, pro anime sue salute, eandem libertatem jam dicte ecclesie in transitu de Medunta ad se pertinente, et per totam terram suam misericorditer contulit, et in perpetuam similiter elemosinam concessit. Quod ut ratum et inconcussum permaneat, presentem cartam conscribi et sigillorum nostrorum munimine fecimus roborari.

Actum publice, anno ab incarnatione Domini millesimo centesimo nonagesimo.

<small>Bibl. Imp., Cart. de Bon-Port, fol. 61, pièce n° 80.</small>

VI

Mathieu de Montmorency fait remise aux religieux de Bon-Port de tous droits de coutume pour les achats qu'ils feront sur ses terres de Marly et de Meulent.

(1190.)

Ego Matheus de Montemorenciaco, Marlei dominus, notum facio presentibus et futuris, quod, pro remedio anime mee, abbacie Beate Marie de dono regis Anglie, in foresta de Bort constitute, in loco de Maresdans, in elemosinam donavi, ut si in castro nostro Marlei et in terra nostra Mellentii, vel in terra nostra, ubicumque sit, quascumque res emerint predicte abbacie fratres, à roagio et omnibus aliis consuetudinibus liberi sint in perpetuum et quieti. Insuper adjeci quod quandiu Vallum terre Montismorenciaci tenuero, a transverso confluencii et ab omnibus aliis consuetudinibus, tam in terra quam in aqua, liberi similiter maneant et immunes. Predicte autem donationes, tam in propria terra quam in terra Valli, assensu uxoris mee Matildis sunt facte. Et ut perpetuum obtineant vigorem, presentem cartam super hoc scriptam sigilli mei impressione munivi.

Actum anno incarnati Verbi millesimo centesimo nonagesimo.

Bibl. Imp., Cart. de Bon-Port, fol. 60 v°, pièce n° 76.

VII

Mathieu, comte de Beaumont et seigneur de Valois, et son épouse donnent à N.-D. de Bon-Port le passage libre de toutes les choses qui appartiennent à cette église sur leurs terres de Beaumont et de Conflans.

(1190.)

Notum sit omnibus, tam futuris quam presentibus, quod ego Matheus, comes Bellimontis, dominus Valesie, et uxor mea, commitissa, E, dedimus et in perpetuam elemosinam concessimus, pro salute animarum nostrarum et fratrum nostrorum et omnium predecessorum meorum, ecclesie Sancte Marie doni regis Anglie, quod, omnia illa que ad usuarium ejusdem ecclesie pertinebunt, sint libera et quita a traverso de Bellomonte et de Conflenz, et traversorii de Bellomonte et de Conflenz, voluerint credere verbis monachi vel conversi, quod res ille ad usum predicte ecclesie pertineant; unus serviencium jussu monachi vel conversi, fiduciabit; et ecclesia cui hanc libertatem concessimus sita est in Valle-Rodolii.

Hujus rei testes sunt : Renaldus Aguillons; Ivo de Bellomonte; Teobaldus Morangle; Theobaldus La Boissere. Quod ut ratum permaneat, presentem cartam sigilli mei munimine feci roborari, anno ab incarnatione Domini millesimo centesimo nonagesimo.

Bibl. Imp., Cart. de Bon-Port, fol. 59 v°, pièce n° 74.

VIII

Guy Mauvoisin donne aux religieux de Bon-Port un navire quitte de tous droits de tonlieu, de péage et de coutume, à Mantes.

(1190, à Véteuil.)

In nomine Sancte et Individue Trinitatis. Ego Guido Malus-Vicinus, universis notum fieri volo, tam presentibus quam futuris, quod ecclesie Sancte Marie de dono regis Anglorum, que sita est in foresta de Bort, in loco qui dicitur Maresdans, dedi et in perpetuam elemosinam concessi, pro salute anime mee, et pro salute omnium antecessorum meorum, unoquoque anno, unam navem quittam ab omni theloneo, pedagio et consuetudine, apud Medantam, quantum pertinet ad centum sexaginta libras quas habeo in redditu. Et si illi qui feodos suos habent in eodem redditu, predictam navem quitare voluerint, pro Dei amore volo et concedo. Hoc factum est assensu uxoris mee Aaliz et fratrum meorum Willelmi, Radulphi, Roberti. Et ut quiete et libere hoc possideant, et ut ratum et inconcussum permaneat, presenti carta mea et sigilli impressione confirmo.

Actum apud Vetolium, anno ab incarnatione Domini millesimo centesimo nonagesimo, testantibus illis quorum subscripta nomina : Joscelino, presbitero Vetolii; Roberto, capellano; Pagano de Mesalant et Simone filio ejus; Heimardo, capellano, et multis aliis.

Bibl. Imp., Cart. de Bon-Port, fol. 58 r° et v°, pièce n° 71.

IX

Pierre Mauvoisin donne aux religieux de Bon-Port tous les revenus et droits de coutume qu'ils doivent pour leurs navires qui vont de Mantes à Rosny.

(s. d., xiie siècle, vers 1190.)

In nomine Sancte et Individue Trinitatis. Noverint universi, presentes et futuri, quod ego Petrus Malvesinus, amore Dei et remedio anime mee et antecessorum meorum, donavi in perpetuum et quitavi Deo et Beate Marie de Bono-Portu et monachis ibidem Deo servientibus, quicquid ad me pertinet de redditibus et consuetudinibus quas debent de navibus suis ad Meduntam et Rooneium, eundo et redeundo.

Huic donationi interfuerunt : Guido Malvesinus; Robertus de Ivreia; Petrus de Divite-Burgo; Nicolaus Catus; Petrus Feramort. Et ut firmum et ratum maneat, impressione mei sigilli predictam donationem confirmavi.

Bibl. Imp., Cart. de Bon-Port, fol. 58 r°, pièce n° 70.

X

Robert, comte de Meulent, donne aux religieux de Bon-Port l'eau de la Seine depuis le Pont-de-l'Arche jusqu'à Maretot.

(s. d., xiie siècle, vers 1190.)

In nomine Sancte et Individue Trinitatis. Notum fieri volo universis, tam presentibus quam futuris, quod ego Robertus, comes Mellenti, dedi et concessi, assensu heredum meorum, pro salute anime mee et antecessorum meorum, in puram et perpetuam elemosinam, Deo et Beate Marie de Bono-Portu et monachis ibidem Deo servientibus, totam aquam meam de Secana et quicquid habebam in Secana, ad faciendum in ea quicquid voluerint, a Ponte-Arche deorsum usque ad Marretot, videlicet usque ad cellarium abbatis de Becco, excepto communi redditu piscatorum quem tenui in manu mea. Pro concessione autem heredum meorum, recepi de predicta domo viginti libras parisienses. Quare volo, et firmiter precipio heredibus meis et ballivis, quod predicti monachi habeant et teneant in perpetuum predictam donationem libere et quiete, bene et in pace, in aquis et molendinis, in pratis et piscariis, in omnibus locis et omnibus rebus ad predicta pertinentibus. Et ut hec rata et inconcussa permaneant, sigilli mei munimine roboravi.

Testes : Fulco, prior de Strata; Petrus, filius meus; Rogerius, senescallus; abbas de Boutegni; Odo de Megni......

Bibl. Imp., Cart. de Bon-Port, fol. 63 v°, pièce n° 85.

XI

Richard de Vernon affranchit les religieux de Bon-Port des droits de péage sur toutes les choses servant à leur usage personnel.

(s. d., xii° siècle, vers 1190.)

Omnibus ad quos presens scriptum pervenerit, Ricardus de Vernon, salutem. Sciatis me dedisse et concessisse et presenti carta mea confirmasse, pro salute anime mee et patris et matris mee et omnium antecessorum et successorum meorum, Deo et Sancte Marie de Bono-Portu, cujus ecclesia sita est in foresta de Bort, in loco qui prius dicebatur Maresdans, et monachis ibidem Deo et Sancte Marie servientibus, in puram et perpetuam elemosinam, quietanciam de passagio aque et de omnibus rebus ad proprios usus, sine mercatura.

Testibus : Martheo de Crevecuer; Willelmo de Porta; Ludovico Postel; Willelmo de Oglandras; Roberto de Porta; Ricardo Postel; Ricardo Malvesin; Gauffrido de Sancta Columba; Gaufrido Albo; Ricardo Leblont.

Bibl. Imp., Cart. de Bon-Port, fol. 57 v° et 58 r°, pièce n° 69.

XII

Galeran, comte de Meulent, donne aux religieux de Bon-Port 20 sous angevins de rente annuelle, sur les forfaitures d'Elbeuf.

(s. d., xiie siècle, vers 1190.)

Sciant presentes et futuri quod ego Galeranus filius Roberti, comes Mellentis, dedi et concessi, pro salute anime mee et antecessorum meorum, abbati [et] monachis Sancte Marie de Bono-Portu, habitantibus in foresta Borti, viginti solidos andegavenses, apud Oillebou, de redditu quem habeo in prefectura ejusdem ville, singulis annis, predictis monachis ad festum Sancti Michaelis accipiendos et tenendos de me et heredibus meis, sibi et eorum successoribus, libere et quiete. Et ut hec donatio futuris temporibus rata et inconcussa permaneat, sigilli mei testimonio confirmavi.

Testibus : Remundo de Magno Monte ; Villelmo de Herumo *(sic)* ; Roberto, clerico ; Ricardo Goceaume, coco ; Bartholomeo Bataille et pluribus aliis.

Bibl. Imp., Cart. de Bon-Port, fol. 63, pièce n° 83.

XIII

Robert, comte de Meulent, donne à l'abbaye de Bon-Port la franchise du passage sur toute sa terre.

(1191, à Meulent.)

Ego Robertus, comes Mellenti, notum fieri volo universis sancte ecclesie filiis, tam presentibus quam futuris, me, intuitu divine pietatis, et pro salute anime mee et parentum meorum, dedisse et concessisse abbati et conventui Sancte Marie Boni-Portus, quietanciam passagii et paagii, cujuslibet consuetudinis et exactionis, per totam terram meam et aquam, omnium rerum suarum ad proprios usus pertinencium, que veraciter sua propria affirmare poterunt, in perpetuam elemosinam, libere et quiete, sine omni exactione habendam et possidendam. Quod ut ratum et inconcussum permaneat; sigilli mei munimine confirmavi.

Actum publice, apud Mellentum, anno ab incarnatione Domini millesimo nonagesimo primo.

Testes sunt : Hugo, prior Sancti Nigasii; Fulco, prior de Strata; Silvester et Henricus, monachi; Rogerius, senescallus; Radulphus de Giszoth; Almaricus de Vacleville.

Bibl. Imp., Cart. de Bon-Port, fol. 61 v°, pièce n° 79.

XIV

Raoul de Conflans donne aux religieux de Bon-Port la navigation libre et franche par Conflans.

(1191, à Conflans.)

In nomine Domini, amen. Ego frater Rogerus, dictus prior Sancte Honorine de Confluencio, notum fieri volo, tam presentibus quam futuris, quod Rodulfus de Confluencio, pro Dei amore et animabus parentum suorum, dedit et concessit in perpetuam elemosinam ecclesie Sancte Marie de Bono-Portu, quietanciam gubernaculi navis ejusdem abbacie, quociens transitum fecerit per Confluencium, in eundo aut redeundo. Et quum sigillum non habuit, et ut ratum hoc donum imperpetuum permaneret, sigilli nostri munimine confirmari fecit.

Huic donationi presentes fuerunt : Dominus Clemens, ejusdem abbacie abbas benedictus; Ricardus, clericus; Hmo *(sic)* de Methuil; Lambertus, Leisir, servientes de Confluencio.

Actum publice, apud Confluencium, anno ab incarnatione Domini millesimo centesimo nonagesimo primo.

Bibl. Imp., Cart. de Bon-Port, fol. 61 r° et v°, pièce n° 78.

XV

Robert, comte de Meulent, donne aux religieux de Bon-Port quatre arpents de vigne pris entre Vaux et la Seine, avec usage du pressoir.

(1192, à Meulent.)

In nomine Sancte et Individue Trinitatis. Ego Robertus, comes Mellenti, notum fieri volo universis, tam presentibus quam futuris, quod, pro salute anime mee et parentum meorum, dedi et concessi ecclesie Beate Marie de Bono-Portu, quatuor arpennos vinearum mearum, cum libertate pressure, quos habui inter villam de Vale et Secanam : tres videlicet in uno clauso et ortum seorsum, inter eandem villam et Secanam, in perpetuam elemosinam, libere et quiete, absque omni consuetudine et exactione, possidendos. De beneficio vero prefate ecclesie recepi xl libras parisiensis monete. Si quis igitur hanc meam elemosinam disturbare aut impedire voluerit, volo et precipio heredibus meis et ballivis, ut eandem tueantur et garantizent et liberent, tanquam res meas proprias. Ego enim hanc predictam elemosinam et quicquid in terra vel in dominatione mea prefata ecclesia acquisierit, salvo jure meo, eidem, pro Dei amore, concedo. Ut autem elemosine hujus donatoris et donationis approbatio stabilis et inconcussa permaneat, sigilli mei munimine et subscriptorum testium annotatione, eam corroboravi.

Hujus rei testes sunt : Willelmus, abbas Mortui-Maris; Guido, abbas Vallis Sancte Marie; Clemens, primus abbas Boni-Portus; Fulco, prior de Lestree; Theobaldus de Marli et Petrus, monachi; Henricus, filius meus; Rogerius, senescallus meus; Willelmus, abbas de Botegni; Petrus de Cingula; Odo de Megni; Willelmus, monachus, prepositus meus. Hoc, sicut in hac carta continetur, firmiter et fideliter tenendum, pro me fiduciaverunt, Rogerius, senescallus, et Willelmus, prepositus.

Actum publice, apud Mellent, in cellario Sancte Valasie, anno ab incarnatione Domini millesimo centesimo nonagesimo secundo.

Bibl. Imp., Cart. de Bon-Port, fol. 62 v° et 63 r°, pièce n° 82.

XVI

Robert, comte de Meulent, donne aux religieux de Bon-Port un hôte à Pont-Audemer, libre et franc de toutes coutumes.

(1197, août, à Maretot.)

Notum sit, tam presentibus quam futuris, quod ego Robertus, comes Mellenti, pro salute anime mee et antecessorum meorum, dedi et concessi, in puram et perpetuam elemosinam, Sancte Marie de Bono-Portu et Girardo abbati et monachis ibidem Deo servitientibus, hospitem unum cum proprio masnagio suo, in Ponte-Audomari, ante stalla, quietum ab omni consuetudine, et liberum, videlicet pasnagio et omni modiatione, molta molendinorum et sicca molta et tavernagio, et de omnibus aliis consuetudinibus et talliis omnibus in omni terra mea, tam per terram quam per aquam, ita libere sicut aliquis liberius tenet in villa illa, videlicet Radulfum de Kilebuf in perpetuum prefate ecclesie serviturum, et de omnibus responsurum, ut tam ipse quam heredes sui prefata gaudeant libertate. Et omnia catalla ipsius et heredum suorum et omnium eorum qui in masnagio illo, assensu abbatis et monachorum, manserint, quieta erunt et libera de me et servientibus meis omnino. Ita etiam quod si dictus Radulfus et filii sui ante mortem uxoris sue Matildis in fata concederent, eadem Matildis de prefatis monachis masnagium in ea libertate teneret et post mortem ejus, per assensum abbatis et monachorum, quicumque menasgium illud teneret, eamdem libertatem et immunitatem haberet, et quicumque manasgium illud de cetero tenuerint, abbati et monachis omnino respondebunt, neque per alium poterunt justiciari.

Ut igitur hec mea concessio futuris temporibus, perpetue robur firmitatis obtineat, eam sigilli mei valituro in perpetuum munimine confirmavi, anno ab incarnatione Domini millesimo centesimo nonagesimo septimo, mense augusto, apud Maretot.

Presentibus : Hugone, Conventrinsi episcopo; Willelmo, comite de Insula; Willelmo de Ulmo; Pagano de Mosterol; Radulfo de Sancto Amando; Nicholao, capellano comitis Mellenti; Petro, capellano de Ponte-Audomari; Gilleberto-sine-Mappa, et multis aliis.

Orig. parch. — Archiv. de l'Eure, Fonds de Bon-Port, liasse 81, n° 1.

XVII

Richard Cœur-de-Lion, roi d'Angleterre et duc de Normandie, confirme la fondation de l'abbaye de N.-D. de Bon-Port.

(1198, 26 février, au Château-Gaillard.)

RICARDUS, Dei gratia, rex Anglie, dux Normannie, Aquitanie, comes Andegavensis, archiepiscopis, episcopis, abbatibus, comitibus, baronibus, justitiariis, vicecomitibus, senescallis, prepositis, ballivis, et ministris et fidelibus suis totius terre sue, salutem. Sciatis nos dedisse et concessisse et presenti carta nostra confirmasse, pro salute anime nostre et antecessorum nostrorum, in puram et perpetuam elemosynam, Deo et ecclesie Beate Marie de Bono-Portu, que in foresta nostra de Bord sita est et fundata, in loco scilicet qui prius dicebatur Maresdans, et monachis ibidem Deo servientibus, de ordine Cisterciensi, locum ipsum de Maresdans, in quo predictam ecclesiam ad honorem Dei et Beate Virginis Marie fundavimus, et totam haiam de Maresdans, sicut chiminus dividit eamdem haiam a foresta, et in eadem foresta de Bord, scilicet in loco qui dicitur Balnea-Morin, et circa locum illum viginti carrucatas terre, scilicet unicuique carrucate sexaginta acras terre ad perticam nostram, videlicet viginti quinque pedum. Dedimus etiam in predicta foresta omnia necessaria ad propria hebergagia facienda, et ad ignem suum, et ad omnes usus suos, et pasturam ad omnes bestias suas per totam forestam illam, et quietantiam pasnagii de porcis suis et hominum suorum, et examina apum in usum ecclesie. Dedimus etiam eis omnes vineas quas habebamus apud Guavereium, cum pertinentiis suis, et totum closum de Lere cum suis pertinentiis, et omnes vineas et vina que habebamus in Valle-Rodolii, et omnia prata nostra, scilicet de Guavereio et de Huma, et de Loviers, et de Wiscarvilla, de Leire cum pasticiis ejus, et omne fenum nostrum de Valle-Rodolii, quod venire solebat ad grangias nostras, excepto illo quod vadit ad carrucas et ad feoda servientium, et omnem aquam ad faciendum in ea quidquid voluerint, et omnes piscarias, et molendinum de Poses cum pertinentiis suis, et omnes redditus quos habebamus a Ponte-Arche in Secana sursum usque quantum durat Vallum de Rodolio. Et quietantiam per mare, et per terram et per aquam, de omnibus rebus suis et hominum suorum, de modiatione etiam vini ad omnes usus suos, et de omni alia consuetudine, in omni potestate nostra. Dedimus etiam predictis monachis decem carrucatas terre in foresta nostra de Auviz, unicuique carrucate sexaginta acras terre, ad supradictam perticam nostram, ad faciendum ibi grangiam, et ad bestias suas, et ad bladum suum, et ad ea que voluerint, et in eadem foresta ligna ad edificia sua facienda et ad ardendum, quantum opus habebunt, ad omnes usus suos, et in eadem foresta herbagium bestiis suis, quotcunque in nemore illo voluerint habere, et quietantiam pasnagii porcis suis. Dedimus quoque jam dictis monachis centum marcas de redditu nostro in villa de Dieppa in perpetuum, singulis annis, ad duos terminos persolvendas, scilicet medietatem ad Pascha, et medietatem ad festum Sancti Michaelis. Dedimus etiam eis habendam et tenendam in perpetuum in proprios usus suos, ecclesiam de Crikboe integre, cum omnibus pertinentiis suis. Volumus autem vos scire quod advocatio ejusdem ecclesie nobis adjudicata fuit per recognitionem in curia nostra. Quare volumus et firmiter precipimus quod predicta abbatia nostra, et monachi et fratres in eadem domo Deo servientes, habeant et teneant in perpetuum omnia supradicta bene et in pace, libere et quiete, integre, plenarie et honorifice, in bosco et plano, in terris et vineis, in decimis, in hospitibus et redditibus, in pratis et pasturis, in aquis et molendinis, in viis et semitis, in vivariis et stagnis, in mariscis et piscariis, et omnibus aliis locis, et aliis rebus ad predicta pertinentibus, cum omnibus libertatibus et liberis consuetudinibus suis. Propterea maxime precipimus et omnino prohibemus ne quis predictos monachos in aliquo supradictorum disturbet vel differat super decem librarum forisfacturam.

Testibus : Willelmo filio Radulphi, tunc senescallo Normannie; Roberto de Harcurt; magistro Maugero, archidiacono Ebroicensi; Johanne de Alenconio, archidiacono Lexoviensi; Willelmo Tobomer; Petro de Pratellis, et pluribus aliis.

Datum per manum magistri Guarini, prioris Lochionis, tunc agentis vicem cancellarii, apud Bellum-Castrum de Rupe, xxviii die februarii, anno nono regni nostri.

Bibl. Imp., Cart. de Bon-Port, fol. 33, pièce n° 29.
Impr. Gall. christ. XI; inst. 40, p. 157-158. — Neustria pia, p. 896-897. — Pièce imprimée d'après l'orig. auj. perdu. — Arch. de l Eure.

XVIII

Célestin III met sous la protection du Saint-Siège apostolique les religieux de Bon-Port, et confirme tous les privilèges octroyés par ses prédécesseurs.

(s. d., 1191-1198.)

Celestinus, episcopus, servus servorum Dei, dilectis filiis abbati de Bono-Portu ejusque fratribus, tam presentibus quam futuris, regularem vitam professis.

Quociens postulatur a nobis quod religioni et honestati convenire dinoscitur, animo nos decet libenti concedere et juxta petencium voluntatem consentaneam rationi effectu prosequente complere. Eapropter, dilecti in Domino filii, vestris justis postulationibus clementer annuimus et prefatum monasterium in quo divino estis obsequio mancipati, sub Beati Petri et nostra protectione suscipimus, et presentis scripti privilegio communimus.

In primis si quidem statuentes ut ordo monasticus, qui secundum Deum et Beati Benedicti regulam atque institutionem Cisterciensum fratrum in eodem monasterio institutus dinoscitur, perpetuis ibidem temporibus inviolabiliter observetur.

Preterea quascumque possessiones, quecumque bona ibidem monasterium in presenciarum juste et canonice possidet aut in futurum concessione pontificum, largitione regum vel principum, oblatione fidelium seu aliis justis modis, prestante Domino, poterit adipisci, firma vobis vestrisque successoribus et illibata permaneant. In quibus hec propriis duximus exprimenda vocabulis : locum ipsum, in quo prefatum monasterium situm est, cum omnibus pertinenciis suis. Haiam de Maresdans, sicut chiminus dividit eandem haiam a foresta, et in eadem foresta de Borz, et in loco qui dicitur Balnea-Morini, et circa locum illum viginti carrucatas terre, unucuique carrucate sexaginta acras terre ad perticam illustris regis Anglorum. In eadem foresta necessaria ad mansiones proprias faciendas et ad omnes usus suos, et pasturam plenariam [bestiis] vestris in perpetuum, quietanciam pasnagii de propriis ipsorum porcis. Omnes vineas quas habuit prefatus rex apud Gavreum, et totum clausum de Leirie, et omnes vineas quas idem rex habuit in Valle-Rodolii, et omne fenum de Valle-Rodolii, quod ad grangias ejusdem regis venire solebat. Omnes piscarias et redditus quos sepefatus rex a Ponte-Arche in Secana sursum, quantum durat Vallis-Rodolii, percipere solebat. Et molendinum de Poses, et liberam quietanciam per mare et terram potestati ejusdem regis subjectam de omnibus rebus suis necnon et per aquam. Quietanciam eciam de modiatione vini ad proprios usus suos pertinente, et de omni alia consuetudine et exactione que ad ipsum pertinent. Decem carrucatas terre in foresta de Awiz, unicuique videlicet carrucate, sexaginta acras terre ad perticam ejusdem regis, ad grangiam ibidem edificandam ad bestias vestras et bladum vestrum et ea que volueritis, et vobis necessaria fuerint, reservanda et recipienda; et ligna in eadem foresta ad edificia vestra construenda et ad ardendum, quantum vobis necesse fuerit; et herbergia bestiis vestris, quotcumque in nemore illo habere et construere volueritis; et quietanciam pasnagii porcis vestris. Et centum marcas argenti quas idem rex vobis in perpetuam elemosinam contulit in redditu suo de Dieppa, annuatim percipiendas per duos terminos, medietatem ad festum Sancti Michaelis, et aliam ad Pascha. Sane laborum vestrorum quos propriis manibus aut sumptibus colitis, tam de terris cultis quam incultis, sive de ortis et virgultis et piscationibus vel de nutrimentis animalium vestrorum, nullus a vobis decimas exigere vel extorquere presumat. Liceat quoque vobis clericos vel laicos liberos et absolutos e seculo fugientes, ad conversionem recipere et eos absque contradictione aliqua retinere.

Prohibemus insuper ut nulli fratrum vestrorum, post factam in vestro monasterio professionem, possit absque abbatis sui licencia, de eodem loco discedere; discedentem vero absque communium litterarum cautione nullus audeat retinere. Quod si quis forte retinere presumpserit, licitum sit vobis in ipsos monachos sive conversos sentenciam regularem proferre; illud districtius inhibentes ne terras seu quodlibet beneficium ecclesie vestre collatum liceat alicui personaliter dari sive alio modo alienari, absque consensu tocius capituli vel majoris partis et sanioris. Si que vero donationes vel alienationes aliter, quam dictum est, facte fuerint, eas irritas esse.

Adhuc eciam prohibemus ne aliquis monachus, sive conversus sub professione domus vestre astrictus, sine consensu et licencia abbatis et majoris partis capituli vestri, pro aliquo fide jubeat, vel ab aliquo peccuniam mutuo accipiat ultra precium capituli vestri providencia constitutum, nisi propter manifestam domus vestre utilitatem. Quod si facere presumpserit, non teneatur conventus pro his aliquatenus respondere. Licitum preterea sit vobis in causis propriis, sive civilem sive criminalem, contineant questionem fratrum vestrorum testimoniis uti, ne pro defectu testium jus vestrum in aliquo valeat deperire. Insuper, auctoritate apostolica, inhibemus ne ullus episcopus vel quelibet alia persona, ad sinodos vel conventus forenses, vos ire vel judicio seculari de vestra propria substancia vel possessionibus vestris subjacere compellat, nec ad domos vestras, causa ordines celebrandi, causas tractandi, vel aliquos publicos conventus venire presumat, nec regularem electionem abbatis vestri impediat, aut de instituendo vel removendo, eo, qui pro tempore fuerit, contra statuta Cisterciencis ordinis se aliquatenus intromittat. Si vero episcopus in cujus parrochia domus vestra fundata est, cum humilitate et devotione qua convenit requisitus, substitutum abbatem benedicere et alia que ad officium episcopale pertinent vobis conferre renuerit, licitum sit eidem abbati, si tamen sacerdos fuerit, proprios novicios benedicere et alia que ad officium suum pertinent exercere, et vobis omnia ab alio episcopo percipere que a vestro fuerint indebite denegata. Illud adicientes ut, in recipiendis professionibus, que a benedictis vel benediciendis abbatibus exhibentur, ea sint episcopi forma et expressione contenti, que ab origine ordinis noscitur instituta, ut scilicet abbates ipsi salvo ordine suo profiteri debeant, et contra statuta ordinis sui, nullam professionem facere compellantur.

Pro consecrationibus vero altarium, vel ecclesiarum, sive pro oleo sancto vel quolibet ecclesiastico sacramento, nullus a vobis sub obtentu consuetudinis, vel alio modo quicquam audeat extorquere, sed hec omnia gratis vobis episcopus diocesanus impendat; alioquin liceat vobis quemcumque malueritis catholicum adire antistitem, gratiam et communionem sacrosancte romane sedis habentem, qui nostra fretus auctoritate vobis quod postulatur impendat. Quot si sedes diocesani episcopi forte vacaverit, interim omnia ecclesiastica sacramenta a vicinis episcopis accipere libere et absque contradictione possitis; sic tamen ut, ex hoc, in posterum propriis episcopis, nullum prejudicium generetur. Quia vero interdum propriorum episcoporum copiam non habetis, si quem episcopum romane sedis, ut diximus, communionem habentem et de quo plenam noticiam habeatis per vos transire contigerit, ab illo benedictiones vasorum et vestium, consecrationes altarium, ordinationes monachorum, auctoritate sedis apostolice recipere valeatis. Porro, si episcopi vel alii ecclesiarum rectores in monasteria vestra vel personas inibi constitutas suspensionis, excommunicationis, vel interdicti, sentenciam promulgaverint, sive eciam in mercennarios vestros, pro eo quod decimas non solvitis, vel aliqua occasione eorum que ab apostolica benignitate vobis indulta sunt, seu benefactores vestros, pro eo quod aliqua vobis beneficia vel obsequia ex caritate prestiterunt, vel ad laborandum adjuverint in illis diebus in quibus vos laboratis, et alii feriantur eandem sententiam protulerint, ipsam tanquam contra sedis apostolice indulta prolatam decrevimus irritandam, nec littere ulle firmitatem habeant, quas tacito nomine Cisterciensis ordinis, et contra tenorem apostolicorum privilegiorum, contisterit impetrari. Statuentes ut, propter communia interdicta terrarum, monasterium vestrum excommunicatis et interdictis exclusis, a divinis non prohibeatur officiis abstinere. Preterea cum commune interdictum terre fuerit, liceat vobis nichilominus in vestro monasterio, exclusis excommunicatis et interdictis, divina officia celebrare.

Paci quoque et transquillitati vestre paterna in posterum sollicitudine providere volentes, auctoritate apostolica prohibemus ne intra clausuras locorum seu grangiarum vestrarum, ullus rapinam seu furtum facere, ignem apponere, sanguinem fundere, hominem temere capere vel interficere seu violenciam audeat exercere.

Preterea omnes libertates et immunitates a predecessoribus nostris pie recordationis : Innocencio, Eugenio, Alexandro, Lucio, Urbano, Gregorio et Clemente, romanis pontificibus, ordini vestro concessas, necnon libertates et exemptiones secularium exactionum a regibus et principibus vel aliis fidelibus, rationabiliter vobis indultas, auctoritate apostolica confirmamus, et presentis scripti privilegio communimus.

Decernimus ergo ut nulli omnino hominum liceat prefatum monasterium temere pertubare vel ejus possessiones auferre, ablatas retinere, minuere, seu quibuslibet vexacionibus fatigare, sed omnia integra conserventur eorum pro quorum gubernatione ac sustentatione concessa sunt usibus omnimodis profutura, salva sedis apostolice auctoritate. Si qua igitur in futurum ecclesiastica secularisve persona hanc nostre constitutionis paginam, sciens, contra eam temere venire temptaverit, secundo, terciove commonita, nisi reatum suum digna satisfactione correxerit, potestatis honorisque sui careat dignitate, reamque se divino judicio existere de perpetrata iniquitate cognoscat, et a sacratissimo corpore ac sanguine Dei et Domini redemptoris Jhesu Christi aliena fiat, atque in extremo exanime districte ultioni subjaceat. Cunctis autem eidem loco sua jura servantibus, sit pax Domini nostri Jhesu Christi quatinus et hic fructum bone actionis percipiant, et apud districtum judicem premia eterne pacis inveniant. Amen.

Bibl. Imp., Cart. de Bon-Port, f° 4 et suiv., pièce n° 1.

XIX

Mathieu, comte de Beaumont, donne aux religieux de Bon-Port la franchise du passage par Conflans.

(1199.)

Ego Matheus, comes Belli-Montis, notum fieri volo, presentibus et futuris, quod, pro salute anime mee et omnium antecessorum meorum, dedi et concessi Deo et ecclesie Beate Marie Boni-Portus et fratribus ibidem Deo servientibus, liberam quitanciam per transversum meum de Conflenz, de omnibus propriis rebus ad proprios eorum usus pertinentibus, quas per transversum ipsum duci vel reduci fecerint; accepta tamen fide ab uno servientium ipsorum cui licebit, quod res traducte proprie sint ecclesie. Quod si convictus fuerit fidem fuisse transgressum, consuetudinem cum forisfacto reddent. Hoc autem concessit uxor mea Elienor et Johannes frater meus. Quod ut ratum permaneat, presentem cartam conscribi, et sigilli mei impressione feci communiri, et Johannes, frater meus, sigillum suum apposuit. Abbas vero et conventus ejusdem loci me in omnibus beneficiis domus sue recepit.

Actum anno incarnationis Dominice millesimo centesimo nonagesimo nono.

Bibl. Imp., Cart. de Bon-Port, fol. 59 v°, pièce n° 73.

XX

Robert, comte de Meulent, donne aux religieux de Bon-Port un bateau libre et franc de tout droit et coutume pour pêcher sur la Seine, depuis le Pont-de-l'Arche jusqu'à Marctot.

(1199, à Bon-Port.)

Sciant presentes et futuri, quod ego Robertus, comes Mellenti, dedi et concessi, in puram et perpetuam elemosinam, pro salute anime mee et antecessorum meorum, Deo et ecclesie Beate Marie de Bono-Portu, et monachis ibidem Deo servientibus, unum batellum liberum et quietum ab omni consuetudine, et censum quem piscatores mei reddent et reddere debent, scilicet ad piscandum per totam aquam meam Secane, a Ponte-Arche usque ad Marretot, cum omnibus modis ingeniorum, ad proprios usus monachorum, in predicta domo Deo serviencium.

. Hec autem donatio facta fuit apud Bonum-Portum, anno Verbi incarnati millesimo centesimo nonagesimo nono, regnante rege Anglorum Johanne, anno primo.

Testibus : Silvestri de Alisi; Willelmo Mansello; Guilleberto-sine-Mappa; Rogerio Medico, et pluribus aliis.

Bibl. Imp., Cart. de Bon-Port, fol. 63 v°, pièce n° 84.

XXI

Léon de Cavoville donne à Robert du Val, de Menilles, le revenu du fief qu'il tenait de Richard Mouton.

(s. d., fin du xiie siècle.)

Notum sit omnibus, tam presentibus quam futuris, quod ego Robertus Leo de Cavelvilla, dedi et concessi Roberto de Valle, de Mesnillo, precariam qvam michi debebat de feodo quod emit a Ricardo Mouton, scilicet septem virgatas terre pro suo servicio et pro xx solidis turonensium; tenenda a me et heredibus meis, sibi et heredibus suis per octo denarios de redditu, unoquoque anno ad carnisprivium, salvis legitimis taliis et auxiliis et releviis et aliis juris que legitime debentur de illo feodo. Tali pactione : predictus Robertus de Valle vel heredes sui reddent predicto Ricardo Mouton vel heredibus suis, gallinam ad Natale. Et quum volo ut hoc ratum permaneat in futuro, cartam presentem sigilli mei munimime roboravi.

Testibus his : Stephano de Mesnil; Rogero Seinesause; Jordan Adan de Cavelvilla; Roberto Copel et compluribus aliis.

Orig. en parch. — Archiv. de l'Eure, Fonds de Bon-Port, liasse 103, n° 20.

XXII

R....., archevêque de Reims, cardinal, légat du Saint-Siége, atteste qu'au temps de son administration de l'abbaye de Bon-Port Richard, roi d'Angleterre, avait fait don du moulin de Poses, ainsi que de plusieurs terres et revenus sur la Seine, dans toute la vallée du Vaudreuil, jusqu'à Pont-de-l'Arche.

(s. d., fin du xiie siècle.)

R., Dei gracia, remensis archiepiscopus, sancte romane ecclesie cardinalis, apostolice sedis legatus, omnibus Christi fidelibus ad quos littere iste pervenerint, in Domino salutem. Noverit universitas vestra quod cum in tempore administrationis nostre quondam in domo de Valle Sancte Marie domus de Bono-Portu, sub bone memorie R. illustri rege Anglorum patrono et fundatore jamdicte domus, in edificium surgeret et crearetur, prenominatus rex inter ceteras possessiones molendinum de Poses, cum pertinenciis suis et omnes redditus quos habebat a Ponte-Arche in Secana sursum usque quantum duret Vallis de Rodolis et quedam alia, sicut in ejusdem regis autentico plenius continetur, prefate domus de Bono-Portu, per manum nostram, in elemosinam libere dedit et concessit, et hoc totum fecit antequam in transmarinis partibus iter arriperet; et ut vobis certitudo plenior hujus adhibeatur, presentes litteras cum sigillo nostro duximus transmittendas.

Orig. en parch. — Archiv. de l'Eure, Fonds de Bon-Port, liasse 36, n° 3.

XXIII

Richard de Bardouville, du consentement de sa femme et de ses enfants, donne aux religieux de Bon-Port 5 sols de rente.

(s. d., fin du xiie siècle.)

In nomine Sancte et Individue Trinitatis. Ego Johannes de Goi, notum fieri volo universis, tam presentibus quam futuris, quod Ricardus de Bardolvilla, assensu Ligardis, uxoris sue, et liberorum suorum, Galfridi et Johannis, dedit et concessit in perpetuam elemosinam, pro salute anime sue et filii sui primogeniti Johannis et parentum suorum, ecclesie Sancte Marie de Bono-Portu et fratribus ibidem Deo servientibus, quinque solidos andegavensium, ad festum Sancti Michaelis, ab ipso quoad viveret et, post obitum ejus, ab heredibus suis annuatim persolvendos. Hanc donationem idem Ricardus, coram fratribus, super altare obtulit, et super terram Johannis Leporis, que ad Bernardum filium Aales, ex parte uxoris sue spectabat, assignavit. Quod ut ratum sit, presens scriptum auctoritate sigilli mei confirmavi et elemosinam utpote in meo feodo assignatam garantisare promisi.

Testes : Rogerus, presbyter; Ludovicus de W[i]llequier; Thomas Oylay; Willelmus filius Selle; Radulfus filius Gilleberti.

Orig. en parch. — Archiv. de l'Eure, Fonds de Bon-Port, liasse 48, n° 2.

XXIV

Godefroy Burnel, de Bois-Normand, donne en fief à Gautier, de Saussey, tout le tènement qu'il avait sur le moulin de Paismouche.

(s. d., fin du xiie siècle.)

Notum sit presentibus et futuris, quod ego Gaufridus Burnel, de Bosco-Normand, tradidi et concessi et feodavi Galtero de Sauceio, omne tenementum quod habebam in molendino de Paismouche, tenendum et habendum predicto Galtero et heredibus suis, de me et heredibus meis, libere et quiete, et pacifice ex omnibus servitiis et auxiliis, per quasdam cerotecas de redditu ad Pascha Domini, annuatim persolvendas, scilicet de tribus denariis, salvo tamen jure domini capitalis. Et ego Gaufridus Burnel prefatus predictum tenementum et heredes mei prefato Galtero et heredibus suis garantizare tenemur contra omnes. Et pro hac concessione et feodatione dedit mihi predictus Galterus xxxvii libras turonensium. Et ut hoc ratum et inconcussum permaneat, presentem cartam sigilli mei munimine roboravi.

Testibus hiis : Stephano de Sancto-Eligio, milite; Simone Sorel, milite; Petro de Mesnil, milite; Ricardo de Bervilla; Roberto de Novilete; Guidone de Saucei; Willelmo, clerico de Tuito-Angueri, et pluribus aliis.

Orig. en parch. — Archiv. de l'Eure, Fonds de Bon-Port, liasse 76, n° 302.

XXV

Eustache Golias cède, pour son service et hommage, à Raoul de Saint-Melain, deux pièces de terre, sises à la Mare-Iton, pour 18 deniers de rente annuelle.

(s. d., fin du xii⁰ siècle.)

Sciant presentes et futuri quod ego, Eustacius Golias, dedi atque, pro servicio suo et hommagio, concessi Radulfo de Sancto-Melano, communi assensu uxoris mee M., et heredum meorum, duas pecias terre, videlicet apud la Mare-Yton, libere et quiete tenendas a me et heredibus meis, sibi et heredibus suis, absque auxilio et alio gravamine ex parte mea et meorum heredum, pro xviii denariis annuatim ad festum Sancti Michaelis reddendis. Et pro hac concessione dedit michi predictus R. vi libras andegavensium de recognitione. Et ne hec concessio mea futuris temporibus a memoria possit elabi, presenti scripto et sigilli mei munimine presentem cartam confirmavi.

His testibus : Laur. Delbois; Nicholao de Holebec; Gaufrido des Essarz; Willelmo de Saint Liger; Hosber Balle-Hache; Clers le Forestier; Petrus Blondel; Hod. Balle-Hache; Ausger de Tot; Albin de la Grosse-Lunde; Fortin et multis aliis.

Orig. en parch., reste d'attache en soie rouge tissée. — Arch. de l'Eure, Fonds de Bon-Port, liasse 105, n° 53.

XXVI

Richard, fils de Henri, donne une demi-acre de terre dans la garenne de Léry.

(s. d., commencement du xiiie siècle.)

Noverint universi, tam presentes quam futuri, quod ego Ricardus, filius Henrici, confirmo et concedo quod monachi Sancte Marie Boni-Portus teneant et possideant, bene et in pace et libere, donationem illam, quam Guillelmus Heulie et Robertus Le Soef, avonculi mei, fecerunt eisdem de dimidia acra terre, sita in garana de Leire, inter terram Durandi de Gardino, ex una parte, et terram Johannis Le Soef, ex altera. Ita quod si aliquis contra hanc meam confirmacionem venerit, tenebimini, tam ego Ricardus quam mei heredes, dictam terram contra omnes deffendere et garantizare liberam ex omnibus et quietam eisdem, vel, si necesse fuerit, alibi valore ad valorem excambiare in mea propria hereditate ubicumque sit. Et pro ista confirmacione dederunt mihi dicti monachi decem solidos parisiensium. In cujus rei testimonium, presenti scripto sigillum meum apposui.

Testibus hiis : Petro Crasso; Roberto Lemansel; Guillelmo Havart, clerico; Durando Crasso; Rogero de Montot et pluribus aliis.

Orig. en parch. — Archiv. de l'Eure. Fonds de Bon-Port, liasse 48, n° 1.

XXVII

Haïse As-Berbiz reconnaît la vente qu'elle a faite, étant veuve, à Guillaume le Bourgeois, de 16 sols de rente à prendre sur un tènement à Rouen.

(s. d., commencement du xiiie siècle.)

Sciant omnes, presentes et futuri, quod ego Haisia As-Berbiz, dum essem vidua, vendidi et omnino reliqui Willelmo Burgensi..... sexdecim solidos redditus usualis monete, apud Rothomagum percipiendos et habendos

annuatim, medietatem ad festum Sancti Michaelis et medietatem ad.....
in illo tenemento quod Gaufridus Fontein tenet de me, quod situm est
inter terram Willelmi de Guillot et terram meam, sicut se proportat
a vico per ante usque ad terram Willelmi de Nevilla, et omne jus et
dominium quod in eodem tenemento habebam et habere debebam. Licet
autem dicto Willelmo..... et ejus heredibus facere omnem voluntatem
suam de predicto redditu, sicut de suo proprio, salvo jure dominico, et
facere justiciam suam in illo tenemento pro redditu illo annuatim perci-
piendo ad terminos prenotatos. Et preterea juravi quod deinceps in illo
redditu nichil reclamabo, et juravi garantizare, pro me et pro meis heredibus, ei et ejus heredibus, predictum redditum in dicto tenemento contra
omnes gentes. Et pro illo redditu sic..... posui ei in contraplegium
decem solidos redditus per annum usualis monete apud Rothomagum,
videlicet de vig..... annuatim de tenemento suo quod situm est inter
Rodobeccam et domum meam. Et pro hujus redditus venditione.....
turonensium de recognitione. Quod ut ratum sit cartam presentem sigillo
meo confirmavi.

Actum fuit hoc..... [coram] Gaufrido Trentegeron, tunc majore
Rothomagi, et sigillo communie confirmatum.

Testibus hiis : ..... Stephano de Cotevrart; Silvestro de Orguillo.;
Andrea de Pratellis; Guidone Crasso; Rogero filio Michaelis; Roberto
filio Alani.....

*Orig. en parch. en mauvais état. — Archiv. de l'Eure, Fonds de Bon-Port, liasse 90,
n° 35 bis.*

XXVIII

Mathieu de Montmorency donne aux religieux de Bon-Port le libre passage et la pleine franchise, sur toute l'étendue de sa seigneurie.

(1200.)

Ego Matheus de Montemorenciaco, universis notum fieri volo, presentibus pariter et futuris, quod, pro salute anime mee, patris quoque et

matris mee et omnium antecessorum meorum, dedi et concessi, in perpetuam elemosinam, ecclesie Sancte Marie de Bono-Portu et fratribus ibidem Deo servientibus, liberum transitum et plenariam quitanciam de omnibus rebus ad proprios usus ipsius ecclesie et fratrum eorumdem pertinentibus, in omni loco dominii mei, tam per terram quam per aquam; ita quod nulli prepositorum vel servientium meorum liceat, de rebus que proprie fuerint ecclesie Boni-Portus, consuetudinem vel exactionem aliquam exigere vel extorquere, vel impedimentum inferre. Quod ut perpetuam obtineat stabilitatem, presentem cartam conscribi et sigilli mei impressione feci corroborari.

Actum publice, anno incarnati Verbi Dominici, millesimo ducentesimo.

Bibl. Imp., Cart. de Bon-Port, f° 60 r°., pièce n° 75.

XXIX

Philippe-Auguste prend sous sa protection l'abbaye et les religieux de Bon-Port.

(1200, octobre, à Anet.)

Philippus, Dei gratia, Francorum rex, universis amicis, ballivis et prepositis suis, salutem. Noveritis quod nos, abbatiam et monachos de Bono-Portu et res ad ipsos pertinentes, in nostra, per jus, suscepimus custodia et protectione. Proinde vobis mandantes ut, tam ipsos quam res ad ipsos pertinentes, que in vestris potestatibus sunt, caras habeatis et eas tanquam nostras proprias, per jus, custodiatis et protegatis. Quod si eis in potestatibus vestris injuria facta fuerit, eam eis sine dilatione emendari faciatis.

Actum apud Anetum, anno ab incarnatione Domini millesimo ducentesimo, mense octobri.

Bibl. Imp., Cart. de Bon-Port, f° 56 v°, pièce n° 52.
Impr. — Delisle, Cart. Normand, n° 1067, p. 282. — Id., Catal. des actes de Philippe-Auguste, n° 637.

XXX

Jean-sans-Terre, roi d'Angleterre, tient les religieux de Bon-Port quittes de tous droits de coutume.

(1201, 30 décembre, à Domfront.)

Johannes, Dei gratia, rex Anglie, dominus Hybernie, dux Normannie et Aquitanie, et comes Andegavie, justiciis, senescallis, ballivis, prepositis nundinarum et mercatuum et portuum maris, et omnibus fidelibus suis totius terre sue, salutem. Precipimus quod abbacia nostra de Bono-Portu, que in foresta nostra sita est et fundata, in foresta scilicet de Bort, in loco qui prius dicebatur Maresdans, et monachi et fratres ibidem Deo servientes, et omnes res et possessiones sue et homines sui, sint quieti de theloneo et pontagio, et passagio, et pasnagio, et focagio, et tallagio, et de cariagio, et de modiatione vini, et de omni alia consuetudine, et exactione seculari, ubicumque venerint in nundinis, mercatibus et portubus maris, et omnibus aliis locis potestatis nostre, tam per terram quam per aquam. Et prohibemus ne quis eos super hoc disturbet super decem librarum forifacturam. Que omnia rex Ricardus, frater noster, prius eis concesserat.

Testibus : Willemo Mariscallo, comite de Pembroc; R., comite Leircestrie; W., comite Sar...; Radulfo Tesson, senescallo Normannie; Petro de Pratellis; Petro de Stok...; Ricardo de Reviers.

Data per manum H., Cantuariensis archiepiscopi, cancellarii nostri, apud Danfront, xxx die decembris, regni nostri anno tercio.

Bibl. Imp., Cart. de Bon-Port, f° 24 v°, pièce n° 30.

XXXI

Simon, comte de Montfort, et Alice, sa femme, tiennent les religieux de Bon-Port quittes de tous péages, à Conflans.

(1202.)

Universis ad quos littere iste pervenerint, Symon de Monte-Forti et

Aelix, uxor ejus, salutem. Vestra noverit universitas quod nos, pro salute animarum nostrarum et omnium antecessorum nostrorum, necnon et heredum nostrorum, domum Boni-Portus ab omni pedagio, quantum ad nos pertinet, tam per terram quam per aquam, in villa que dicitur Conflens, quittavimus et franchivimus, de illis que ad proprios usus suos pertinebunt et non fuerint empta ut iterum vendantur. Quod ut ratum permaneat, presentem paginam sigillorum nostrorum impressione signavimus.

Actum anno gracie millesimo ducentesimo secundo.

Bibl. Imp., Cart. de Bon-Port, f° 60, v° et 61 r°, pièce n° 77, vidimée en février 1233.

XXXII

Jean-sans-Terre décide que Ermengarde, veuve de Guillaume de Foulbec, aura à répondre aux religieux de Bon-Port des terres et tènements dont elle est saisie en la même manière que son mari.

(1202, 1er mai, à Orival.)

Rex etc. majori et vicecomiti Rothomagi. Sciatis quod volumus quod Ermengarda, que fuit uxor Willelmi de Folebec, quam rex Ricardus, frater noster, dedit monachis de Bono-Portu in hospitem, et nos, carta nostra, confirmavimus, respondeat de terris et tenementis de quibus predictus Willelmus fuit saisitus ut de jure suo, die qua obiit, et unde eadem Ermengarda est saisita predictis monachis, per libertates et liberas consuetudines, per quas idem Willelmus eis respondere consuevit, donec terre et tenementa illa ad heredes ipsius Willelmi et Ermengarde pervenerint.

Teste me ipso, apud Aurivallem, 1. die maii.

Rot. litt. pat. an. 3° regis Johannis, pièce 10, col. 1.

XXXIII

Jean-sans-Terre, roi d'Angleterre, prend sous sa sauvegarde l'abbé et les religieux de Bon-Port.

(1202, 13 juillet, à Bon-Port.)

Johannes, Dei gratia, rex Anglie, dominus Hybernie, dux Normannie,

Aquitanie, comes Andegavie, omnibus ballivis et servientibus et fidelibus suis, ad quos presentes littere pervenerint, salutem. Sciatis quod suscepimus in manum, custodiam et protectionem nostram, abbatem et monachos de Bono-Portu et omnes terras, homines, res et possessiones eorum. Et ideo vobis mandamus et firmiter precipimus quatinus eos et omnia sua custodiatis, manuteneatis et defendatis, et non faciatis eis aut fieri permittatis injuriam, gravamen aut molestiam; et si eis in aliquo forisfactum fuerit, idem eis sine dilatione faciatis emendari.

Teste me ipso, apud Bonum-Portum, xiii die julii.

Bibl. Imp., Cart. de Bon-Port, f° 24 v° et 25 r°, pièce n° 31.

XXXIV

Philippe-Auguste confirme la fondation de l'abbaye de Bon-Port.

(1204, à Fontainebleau.)

In nomine Sancte et Individue Trinitatis, amen. Philippus, Dei gratia, Francorum rex.

Noverint universi, presentes pariter et futuri, quod, [sicut] ex autentico scripto Ricardi, quondam regis Anglie, cognovimus: Idem rex, ob remedium anime sue et predecessorum suorum, dedit et concessit, in perpetuam elemosinam, Deo et ecclesie Beate Marie de Bono-Portu, que in foresta nostra de Bord sita est et fundata, in loco qui prius dicebatur Maresdans, et monachis Cisterciensis ordinis, ibidem Deo servientibus, locum ipsum de Maresdans, in quo predictam ecclesiam ad honorem Dei et Beate Marie fundavit, et totam Haiam de Maresdans, sicut chiminus dividit eandem Haiam a foresta; et in eadem foresta de Bord, in loco qui dicitur Balnea-Morin, et circa locum illum viginti carrucatas terre, unicunque scilicet carrucate sexaginta acras terre ad perticam viginti quinque pedum. Dedit etiam predictis monachis in predicta foresta omnia necessaria ad propria herbergia facienda, et ad ignem suum, et ad omnes usus suos, et pasturam ad omnes bestias suas per totam forestam illam, et quietanciam pasnagii de porcis suis et hominum suorum, quos donatione ejusdem regis Ricardi habuerunt, hactenus possiderunt, et examina in usus ecclesie. Dedit etiam eisdem omnes vineas quas habebat apud Gavereium cum vinagiis et redditibus ad vineas pertinentibus; et totum clausum de Lere, cum suis pertinenciis, et omnes vineas et vina que habebat in Valle-Rodolii, et omnia prata sua de Gavereio, et de Huina, et de Loviers, et de Wiscarvilla, et de Lere cum pasticiis ejus, et omne fenum suum de Valle-Rodolii, quod venire solebat ad grangias suas, excepto illo quod vadit ad carrucas et feoda serviencium; et molendinum de Poses, cum pertinenciis suis; et omnes piscarias et omnes redditus Secane quos habebat a Ponte-Arche in Secana sursum, quantum durat Vallis-Rodolii. Dedit eciam eis idem rex Ricardus quietantiam, per mare, per terram et per aquam, de omnibus rebus suis et hominum suorum quos idem rex Ricardus eis dedit; quietanciam eciam de modiatione vini ad omnes usus suos, et de omni alia consuetudine. Quod quidem nos ipsis monachis concedimus in potestate nostra preter quam in illis terris de quibus nos eramus saisiti, quando Ricardus rex, Anglie, in fata concessit. Dedit etiam predictus rex Ricardus predictis monachis decem carrucatas terre in foresta de Awiz, unicuique carrucate sexaginta acras terre ad supradictam perticam, ad faciendum ibi granchiam ad bestias suas et ad bladum suum, et ad ea que voluerint; in eadem foresta, ligna ad facienda edificia sua, et ad ardendum, quantum opus habebunt, ad omnes usus suos et in eadem foresta; herbagium bestiis suiis quotcumque in nemore illo habere voluerint; et quietanciam pasnagii porcis suis. Dedit insuper eis centum marcas argenti annui redditus apud Dieppam, reddendas ad duos terminos, scilicet medietatem ad Pascha, et aliam medietatem ad festum Sancti Michaelis, quas archiepiscopus Rothomagensis tenetur eis reddere pro excambio Andeliaci: quas quidem si terminis statutis reddere neglixerit, nos compellemus eum ad hujus debiti solutionem. Dedit preterea eisdem monachis, habendam et tenendam in perpetuum in proprios usus suos, ecclesiam de Crikeboe integre, cum omnibus pertinenciis suis, et sicut advocatio ejusdem ecclesie per recognitionem adjudicata fuit eidem regi Ricardo. Nos vero, divine pietatis intuitu, et ad peticionem abbatis et fratrum predicti loci, ob remedium anime nostre et predecessorum nostrorum, dicte ecclesie Beate Marie et fratribus ibidem Deo servientibus hec omnia, sicut superius in presenti pagina continentur, salvo jure nostro, in perpetuum confirmamus et inviolabiliter precipimus observari. Et volumus quod ipsi de hiis omnibus predictis, sint in ea tenetura et saisina in qua erant tempore regis Ricardi, sicut ea potuit conferre. Quare firmiter precipimus quod predicta abbatia et monachi et fratres in eadem domo Deo servientes habeant et teneant in perpetuum omnia supradicta, bene et in pace, libere et quiete, integre et plenarie et honorifice, in bosco, in plano, in terris, in vineis, in decimis et hospitibus quos ex donatione regis Ricardi habuerunt, et redditibus, in pratis et pasturis, in mari quando illud habebimus, in aquis et molendinis, in viis et semitis, in vivariis et stannis, in mariscis et piscariis, et in omnibus aliis locis et aliis rebus ad predicta pertinentibus, cum omnibus libertatibus et liberis consuetudinibus, sicut in presenti carta continentur, inhibentes, super forisfacturam decem librarum nobis reddendarum, ne quis predictos monachos super hiis molestare, aut eis injuriam inferre, presumat. Quod ut perpetuum robur obtineat, sigilli nostri auctoritate et regii nominis karactere inferius annotato presentem paginam roboramus.

Actum apud Fontem Bliaudi, anno incarnati Verbi millesimo ducentesimo quarto, regni nostri anno vicesimo quinto.

Astantibus in palacio nostro quorum nomina supposita sunt et signa : Dapifero nullo; signum Guidonis, buticularii; signum Mathei, camerarii; signum Droconis, constabularii.

Bibl. Imp., Cart. de Bon-Port, ch. 32, f° 25 r°. — Vidimus du 1er mars 1497, Arch. de l'Eure, liasse 1re, n° 3. — Impr. Delisle, Cart. normand, n° 1076, p. 285.

XXXV

Philippe-Auguste mande à ses baillis de faire respecter les coutumes dont jouissent les religieux de Bon-Port et leurs hommes.

(1204, juillet, à Paris.)

PHILIPPUS, Dei gracia, Francorum rex, omnibus ballivis suis, ad quos littere presentes pervenerint, salutem.

Mandamus vobis quatinus dilectis nostris abbati et monachis de Bono-Portu consuetudines suas et hominum suorum teneri faciatis et observari secundum tenorem carte sue.

Actum Parisiis, anno Domini millesimo ducentesimo quarto, mense julio.

<small>Bibl. Imp., Cart. de Bon-Port, f° 26 v°, pièce 35.
Impr. Delisle, Cart. normand, n° 1073, p. 284.</small>

XXXVI

Geofroy Burnel cède à Jean de Saint-Aubin toute la terre et le revenu qu'il avait aux Hameaux.

(s. d., vers 1204.)

Sciant omnes, presentes et futuri, quod ego, Galfridus Burnel, concessi et tradidi, et presenti carta confirmavi Johanni de Sancto Albino, totam illam terram quam habere solebam apud Hamellos .....ivas in redditibus et serviciis et omnibus pertinenciis, et totum illud jus et illud servicium et illum redditum quem tunc habebam in tenemento illo quod Johannes Boterel tunc de me tenebat apud predictos Hamellos, integre, cum omnibus pertinenciis, tenenda, de me et heredibus meis, eidem Johanni et ejus heredibus, in libero feodo et hereditate, quiete ab omnibus serviciis et consuetudinibus et exactionibus, michi et meis heredibus pertinentibus, reddendo inde michi et meis heredibus, singulis annis, duos solidos monete currentis in Rothomago, scilicet decem et octo denarios pro predicta terra, et pro tenemento Johannis Boterel sex denarios ad festum Sancti Michaelis. Et per hunc redditum ego et mei heredes debemus predicta..... Johannis Boterel contra omnes gentes garantizare..... Pro hac autem hereditate dedit michi predictus Johannes..... andegavensium. Ut autem hoc ratum et inconc..... confirmavi.

Testibus hiis :..... filio; Radulfo.....; Roberto Plantevel.....

<small>Orig. en parch. en mauvais état. — Arch. de l'Eure, Fonds de Bon-Port, liasse 105, n° 34.</small>

XXXVII

Of Boterel cède à Jean de Saint-Aubin tout le tènement qu'il avait au Hamel-Judas pour le prix de 60 sols tournois.

(s. d., postérieure à 1204.)

Sciant presentes et futuri quod ego, Of Boterel, concessi Johanni de Sancto-Albino, totum tenementum quod tenebat de Johanne Boterel, fratre meo, apud Hamellum-Jude, de quo eum implacitaveram, tenendum et habendum de me et heredibus meis, illi et heredibus suis, libere et quiete, jure hereditario possidendum. Pro hac autem concessione dedit michi predictus Johannes LX solidos turonensium, et proinde reddit michi de redditu annuatim unum denarium turonensem ad Pascha Domini. Et ne hoc in posterum possit quassari, nec violari, presentem cartham sigilli mei munimine roboravi.

Testibus hiis : Johanne de Sancto-Leodegario, milite; Galfrido de Framboisier; Roberto Lebreton; Johanne de Bosco-Bernardi; Willermo, filio suo; Galfrido Burnel, de Bosco-Normant; Willermo de Casa; Johanne de Perreio; Ricardo de Perreio; Nicholao, sutore; Rogero de Nova-Villula; Hemardo de Nova-Villula et pluribus aliis.

Orig. en parch. — Archiv. de l'Eure, Fonds de Bon-Port, liasse 105, n° 8.

XXXVIII

Les religieux du prieuré des Deux-Amants cèdent à l'abbaye de Bon-Port la chapelle de Saint-Martin-de-Maresdans, avec toutes ses appartenances et dépendances.

(1205, 31 juillet.)

Notum sit omnibus presentibus et futuris quod ego Gillebertus, prior de Monte Duorum-Amantium, et totus ejusdem loci conventus, concessimus in puram et perpetuam elemosinam Deo et ecclesie Beate Marie de Bono-Portu, et in manu domini Petri, tunc abbatis ipsius loci, resignavimus capellam Sancti-Martini de Maresdans, cum omnibus pertinentiis suis et quicquid juris habebamus a Ponte-Arche usque ad ecclesiam de Crikeboe, in terris, in bosco, in aqua, sive quibuscumque aliis rebus. Hanc donationem ego Gillebertus, prior de Monte Duorum-Amantium, et Robertus, supprior noster, et Ricardus, ballivus noster, et Bartholomeus de Augo, canonicus, multis astantibus, obtulimus super altare in ecclesia Boni-Portus. Abbas autem et conventus ipsius loci pro hac concessione dederunt nobis, de caritate domus, triginta et unam libras turonensium et quadraginta solidos, ad procurationem conventus.

Actum est hoc anno Verbi incarnati millesimo ducentesimo quinto, pridie kalendas augusti. Quod ut ratum et inconvulsum habeatur, scripto presenti et sigillorum impressione, cum testium subnotatione confirmavimus.

Hii sunt testes : Walterus de Boaffle, tunc prior Sancti-Egidii; frater Guido, procurator Grandis-Montis juxta Rothomagum; Eustatius de Londa; Matheus de Igovilla; Vitalis de Bosco-Rogerii, presbiter; Radulfus Recuçun, miles; Johannes, clericus, de Ponte-Arche; Johannes de Crosvilla; Osbertus Foisnardus et multi alii.

Orig. en parch. — Archiv. de l'Eure, Fonds de Bon-Port, liasse 13, n° 2 bis.

XXXIX

Estatin, seigneur de Pinterville, cède à Etienne du Mesnil l'Ile-Jourdain et le gord de Courcelles, moyennant une rente de 2 flèches barbelées.

(1206.)

Noverint presentes et futuri quod ego Estatinus, dominus Pintarville, reddidi et perhenniter habere concessi Stephano de Masnillo, insulam Jordani et gurgitem de Corcel, tenendum sibi et heredibus suis de me et heredibus meis, libere et quiete et honorifice. Pro concessione autem ista predictus Stephanus vel heredes sui annuatim reddent michi vel heredibus duas sagittas barbelatas ad Pascha. Et ut hoc sit firmum et stabile, presentem cartam sigilli mei munimine roboravi.

Affuerunt autem, cum hoc factum esset, testes idonei quorum sunt nomina in presenti pagina subarata : Radulfus Recuçon; Robertus de Loveriis; Ricardus Havart; Willelmus Havart, sacerdos; Durandus, filius Ricardi; Jordan, balistarius; Rogerus Praier; Thomas Walensis; Willelmus Barre; Willelmus de Gardino; Rogerus Seinesause; Robertus, sacerdos; Gaufridus Pelerin; Robertus, filius Gode et plures alii. Anno ab incarnatione Domini M° CC° VI°.

<small>Orig. en parch. — Archiv. de l'Eure, Fonds de Bon-Port, liasse 89, n° 6.</small>

XL

L'évêque et l'archidiacre d'Évreux reconnaissent que les religieux de Bon-Port ont le droit de sèche-moute sur les hommes de Poses.

(1206, 17 novembre.)

Universis Christi fidelibus, ad quos presens scriptum pervenerit, L., divina permissione, episcopus, et Willelmus, archidiaconus Ebroicensis, salutem. Cum inter abbatem et monachos de Bono-Portu, ex una parte, et homines de Posis..... Willelmum Anglicum, Durandum de Pressorio, Nicholaum, fratrem ejus, Nicholaum Hubert, Radulphum Blondum, Petrum Burgensem, et Remegium, ex altera, super quibusdam serviciis et quadam molta, coram nobis, auctoritate apostolica, controversia verteretur, partibus in nostra presencia constitutis, facta litis contestatione, testibus etiam prout decuit ab utraque parte receptis, cum ex confessione procuratoris dictorum hominum, ipsis presentibus, sollemniter in jure facta, tum eciam ex testium depositionibus nobis legittime constitit, quod monachi de Bono-Portu, a predictis hominibus et aliis rusticas terras apud Posas colentibus habere consueverant siccam moltam, quando extra terras illas bladum deferebant, et, quando in molendino illorum non molebant, faciebant eciam monachis hec servicia : falcabant, colligebant, ducebant fena monachorum, vindemiabant vineas, ducebant vina, removebant molendinum eorum. Postpositis igitur frustratoriis quorumdam appellationibus, cum in commissione vobis facta remotum esset appellationis obstaculum, quin predicta molta et servicia per aliquantum tempus ab eisdem hominibus subtracta fuerant monachis et detenta, habito prudentium virorum consilio, pronunciavimus eadem dictis monachis restitui debere pro nominatis hominibus : auctoritate apostolica firmiter injungentes, quatinus pro detentis serviciis et molta estimationem restituerent, cum taxatione nostra fratrum ipsorum juramento probatam, scilicet quatuor libras turonenses.

Actum apud Ebroicas, anno Verbi incarnati millesimo ducentesimo sexto, sexta feria post festum Sancti Martini.

Bibl. Imp., Cart. de Bon-Port, f° 55, pièce 48.

XLI

Innocent III met sous la protection du Saint-Siège le monastère de Bon-Port, dont il confirme toutes les libertés, immunités et exemptions.

(s. d., Innocent III, 1198-1216.)

INNOCENCIUS, episcopus, servus servorum Dei, dilectis filiis abbati monasterii de Bono-Portu, ejusque fratribus, tam presentibus quam futuris, regularem vitam professis.

Religiosam vitam eligentibus apostolicum convenit adesse presidium, ne forte cujuslibet temeritatis incursus aut eos a proposito revocet, aut robur, quod absit, sacre religionis infringat. Ea propter, dilecti in Domino filii, vestris justis postulationibus clementer annuimus, et monasterium de Bono-Portu, Ebroicensis diocesis, in quo divino estis obsequio mancipati, sub Beati Petri et nostra protectione suscipimus, et presentis scripti privilegio communimus.

In primis siquidem statuentes ut ordo monasticus qui, secundum Deum et Beati Benedicti regulam atque institutionem Cistercensium fratrum, a vobis ante concilium generale susceptam in eodem monasterio institutus esse dinoscitur, perpetuis ibidem temporibus inviolabiliter observetur.

Preterea, quascumque possessiones, quecumque bona idem monasterium impresentiarum juste ac canonice possidet, aut in futurum concessione pontificum, largitione regum vel principum, oblatione fidelium, seu aliis justis modis, prestante Domino, poterit adipisci, firma vobis vestrisque successoribus, et illibata permaneant. In quibus hec propriis duximus exprimenda vocabulis : locum ipsum in quo prefatum monasterium situm est, cum omnibus pertinenciis suis; decimas de Crikebuef, de Santolio, et de Vallibus; grangiam de Maresdans, cum omnibus pertinenciis suis; molendinum de Poses, cum omnibus pertinenciis suis; domos et possessiones quas habetis in civitate Rothomagi; domos et possessiones quas habetis in haia de Vedano; clausum de Lerie, cum omnibus pertinenciis suis; vineas quas habetis in Duol, Houmechon, Sancto Graciano, Blesmu, Bougival, Gavreio et in Vallibus, cum omnibus pertinenciis earumdem; annuum redditum centum marcarum argenti, in villa que dicitur Dieppa; viginti carrucatas terre, usum lignorum et pascua in foresta de Bord; decem carrucatas terre, usum lignorum et pascua in foresta de Eviaiz; jus in aqua Secane, a Ponte-Arche usque ad falesiam de Mueis, cum redditibus et piscationibus suis; prata Vallis-Rodolii, Loci-Veris, Vicarville, Hume et Lire, cum omnibus pertinenciis suis; molendinum de Landemare, cum omnibus pertinenciis suis cum pratis, vineis, terris, nemoribus, usagiis et pascuis in bosco et plano, in aquis et molendinis, in viis et semitis, et omnibus aliis libertatibus et immunitatibus suis.

Sane laborum de possessionibus habitis ante concilium generale ac eciam novalium que propriis manibus aut sumptibus colitis, de quibus aliquis hactenus non percepit, sive de ortis et virgultis et piscationibus vestris, vel de nutrimentis animalium vestrorum, nullus a vobis decimas exigere vel extorquere presumat.

Liceat quoque vobis clericos vel laicos liberos et absolutos e seculo fugientes, ad conversionem recipere et eos absque contradictione aliqua retinere.

Prohibemus insuper, ut nulli fratrum vestrorum, post factam in monasterio vestro professionem, fas sit sine abbatis sui licencia de eodem loco discedere ; discedentem vero absque communium litterarum vestrarum caucione nullus audeat retinere. Quod si quis forte retinere presumpserit, licitum vobis sit in ipsos monachos vel conversos regularem sententiam promulgare. Illud districtius inhibentes, ne terras seu quodlibet beneficium ecclesie vestre collatum liceat alicui personaliter dari, sive alio modo alienari absque consensu tocius capituli, vel majoris aut sanioris partis ipsius. Si que vero donationes vel alienationes, aliter quam dictum est, facte fuerint, eas irritas esse censemus.

Adhec eciam prohibemus ne aliquis monachus, sive conversus, sub professione vestre domus astrictus, sine consensu et licencia abbatis et majoris partis capituli vestri, pro aliquo fidejubeat, vel ab aliquo pecuniam mutuo accipiat, ultra summam capituli vestri providencia constitutam, nisi propter manifestam domus vestre utilitatem. Quod si facere forte presumpserit, non teneatur conventus pro hiis aliquatenus respondere.

Licitum preterea sit vobis in causis propriis, sive civilem, sive criminalem, contineant questionem fratrum vestrorum testimoniis uti, ne pro defectu testium jus vestrum in aliquo valeat deperire.

Insuper, auctoritate apostolica inhibemus ne ullus episcopus, vel quelibet alia persona, ad sinodos vel conventus forenses vos ire vel judicio seculari de vestra propria substancia, vel possessionibus vestris subjacere compellat, nec ad domos vestras causa ordines celebrandi, causas tractandi, vel aliquos conventus publicos convocandi, venire presumat, nec regularem electionem abbatis vestri impediat, aut de instituendo vel removendo eo qui pro tempore fuerit, contra statuta Cisterciensis ordinis se aliquatenus intromittat. Si vero episcopus, in cujus parrochia domus vestra fundata est, cum humilitate ac devotione qua convenit requisitus, substitutum abbatem benedicere et alia que ad officium episcopale pertinent vobis conferre renuerit, licitum sit eidem abbati, si tamen sacerdos fuerit, proprios novicios benedicere et alia que ad officium suum pertinent exercere, et vobis omnia ab alio episcopo percipere que a vestro fuerint indebite denegata. Illud adicientes ut, in recipiendis professionibus, que a benedictis vel benedicendis abbatibus exhibentur, ea sint episcopi forma et expressione contenti, que ab origine ordinis noscitur instituta, ut scilicet abbates ipsi, episcopo salvo, ordine suo profiteri debeant, et contra statuta ordinis sui, nullam professionem facere compellantur.

Pro consecrationibus vero altarium vel ecclesiarum, sive pro oleo sancto vel quolibet ecclesiastico sacramento, nullus a vobis sub obtentu consuetudinis, vel alio modo, quicquam audeat extorquere, sed hec omnia gratis vobis episcopus diocesanus impendat; alioquin liceat vobis quemcumque malueritis catholicum adire antistitem, gratiam et communionem apostolice sedis habentem, qui, nostra fretus auctoritate, vobis quod postulatur impendat.

Quod si sedes diocesani episcopi forte vacaverit, interim omnia ecclesiastica sacramenta a vicinis episcopis accipere libere et absque contradictione possitis; sit tamen ut ex hoc in posterum proprio episcopo nullum prejudicium generetur. Quia vero interdum proprii episcopi copiam non habetis, si quem episcopum romane sedis ut diximus gratiam et communionem habentem et de quo plenam noticiam habeatis per vos transire contigerit, ab eo benedictiones vasorum et vestium, consecrationes altarium, ordinationes monachorum, auctoritate apostolice sedis recipere valeatis.

Porro, si episcopi vel alii ecclesiarum rectores in monasterium vestrum vel personas inibi constitutas, suspensionis, excommunicationis, vel interdicti sententiam promulgaverint, sive eciam in mercennarios vestros, pro eo quod decimas, sicut dictum est, non persolvitis, sive aliqua occasione eorum que ab apostolica benignitate vobis indulta sunt, seu benefactores vestros, pro eo quod aliqua vobis beneficia vel obsequia ex caritate prestiterint, vel ad laborandum adjuverint in illis diebus in quibus vos laboratis et alii feriantur, eandem sententiam protulerint, ipsam tanquam contra sedis apostolice indulta prolatam decernimus irritandam. Nec littere ille firmitatem habeant, quas tacito nomine Cistercensis ordinis et contra indulta apostolicorum privilegiorum constiterit impetrari.

Preterea cum commune interdictum terre fuerit, liceat vobis nichilominus in vestro monasterio, exclusis excommunicatis et interdictis, divina officia celebrare.

Paci quoque et tranquillitati vestre paterna in posterum sollicitudine providere volentes, auctoritate apostolica prohibemus ut infra. clausuras locorum, seu grangiarum vestrarum nullus rapinam seu furtum facere, ignem apponere, sanguinem fundere, hominem temere capere, vel interficere, seu violenciam audeat exercere.

Preterea omnes libertates et immunitates a predecessoribus nostris Romanis pontificibus, ordini vestro concessas, nec non libertates et exemptiones secularium exactionum, a regibus et principibus vel aliis fidelibus, rationabiliter vobis indultas, auctoritate apostolica confirmamus, et presentis scripti privilegio communimus.

Decernimus ergo ut nulli omnino hominum liceat prefatum monasterium temere perturbare, aut ejus possessiones auferre, vel ablatas retinere, minuere seu quibuslibet vexationibus fatigare, sed omnia integra conserventur eorum pro quorum gubernatione ac sustentatione concessa sunt usibus, omnimodis profutura; salva sedis apostolice auctoritate, et in predictis decimis moderatione concilii generalis. Si qua igitur in futurum ecclesiastica secularisve persona, hanc nostre constitutionis paginam sciens, contra eam temere venire temptaverit, secundo, tertiove commonita, nisi reatum suum congrua satisfactione correxerit, potestatis honorisque sui careat dignitate, reamque se divino judicio existere de perpetrata iniquitate cognoscat, et a sacratissimo corpore ac sanguine Dei et Domini Redemptoris nostri Jhesu-Christi aliena fiat, atque in extremo examine districte subjaceat ultioni. Cunctis autem eidem loco, sua jura servantibus, sit pax Domini nostri Jhesu-Christi, quatinus et hic fructum bone actionis percipiant, et apud districtum judicem premia eterne pacis inveniant. Amen.

Bibl. Imp., Cart. de Bon-Port, f° 5 et suiv., pièce 2.

XLII

Innocent III enjoint à l'archevêque de Rouen, aux évêques et autres prélats de la province de Rouen de frapper d'excommunication les violateurs des priviléges des religieux de Bon-Port, s'ils sont laïques, et de suspension de leurs offices et bénéfices, s'ils sont ecclésiastiques.

(1208, 27 octobre, à Ferentino.)

INNOCENTIUS, episcopus, servus servorum Dei, venerabilibus fratribus Rothomagensi archiepiscopo et suffraganeis ejus, dilectis filiis abbatibus, prioribus, decanis, archidiaconis et aliis ecclesiarum prelatis, in Rothomagensi provincia constitutis, salutem et apostolicam benedictionem.

Non absque dolore cordis et plurima turbacione didicimus, quod ita in plerisque partibus ecclesiastica censura dissolvitur et canonice sentencie severitas enervatur, ut viri religiosi, et hii maxime qui per sedis apostolice privilegia majori donati sunt libertate, passim a malefactoribus suis injurias sustineant et rapinas, dum vix invenitur qui congrua illis protectione subveniat, et pro fovenda pauperum innocencia se murum defensionis opponat. Specialiter autem, dilecti filii, abbas et conventus Boni-Portus, Cisterciensis ordinis, tam de frequentibus injuriis, quam de ipso cotidiano defectu justicie conquerentes, universitatem vestram litteris petierunt apostolicis excitari, ut ita videlicet eis in tribulationibus suis contra malefactores eorum prompta debeatis magnanimitate consurgere, quod ab angustiis quas sustinent et pressuris nostro possint presidio respirare. Ideoque universitati vestre per apostolica scripta mandamus atque percipimus, quatinus illos qui possessiones vel res seu domos predictorum fratrum vel hominum suorum irreverenter invaserint, aut ea injuste detinuerint, que predictis fratribus ex testamento decedencium relinquuntur, seu in ipsos fratres, contra apostolice sedis indulta, sentenciam excommunicationis aut interdicti presumpserint promulgare, vel decimas laborum, seu nutrimentorum ipsorum, spretis apostolice sedis privilegiis, extorquere, monitione premissa, si laici fuerint, publice, candelis accensis, excommunicationis sentencia precellatis : si vero clerici, vel canonici regulares, seu monachi fuerint, eos, appellatione remota, ab officio et beneficio suspendatis, neutram relaxaturi sentenciam donec predictis fratribus plenarie satisfaciant; et, tam laici quam clerici seculares qui, pro violenta manuum injectione, anathematis vinculo fuerint innodati, cum diocesani episcopi litteris ad sedem apostolicam venientes ab eodem vinculo mereantur absolvi. De monachis vero et canonicis regularibus id servetur, ut si ejusdem claustri fratres manus in se injecerint violentas, per abbatem proprium. Si vero unius claustri frater in fratrem alterius claustri hujusmodi presumpserit violenciam exercere, per injuriam passi et inferentis abbates absolutionis beneficium assequantur, eciam si eorum aliqui priusquam habitum reciperent regularem, tale aliquid commiserunt, propter quod ipso actu excommunicationis sentenciam incurrissent, nisi excessus ipsorum esset difficilis et enormis, utpote si esset ad mutilationem membri, vel sanguinis effusionem processum, aut violenta manus in episcopum vel abbatem injecta, cum excessus tales et similes sine scandalo nequeant preteriri. Si vero in clericos seculares manus injecerint, pro vitando scandalo, mittantur ad sedem apostolicam absolvendi. Villas autem in quibus bona predictorum fratrum vel hominum suorum per violenciam detenta fuerint, quandiu ibi sunt, interdicti sentencie supponatis.

Datum Ferentini, vi kalendas novembris, pontificatus nostri anno undecimo.

Bibl. Imp., Cart. de Bon-Port, f° 9 v°, pièce 5.

XLIII

Innocent III enjoint à l'archevêque de Rouen et à ses suffragants de défendre, sous peine d'excommunication, la levée des dîmes sur les terres cultivées par les religieux de Bon-Port.

(1208, 28 octobre, à Ferentino.)

INNOCENTIUS, episcopus, servus servorum Dei, venerabilibus fratribus Rothomagensi archiepiscopo et suffraganeis ejus, et dilectis filiis abbatibus, prioribus, decanis, archidiaconis, et aliis ecclesiarum prelatis in Rothomagensi provincia constitutis, salutem et apostolicam benedictionem.

Audivimus et, audientes, mirati sumus quod cum dilectis filiis abbati et conventui de Bono-Portu, Cisterciencis ordinis, a prioribus et predecessoribus nostris concessum sit, et a nobis ipsis post modum indultum et eciam confirmatum, ut, de laboribus quos propriis manibus aut sumptibus excolunt, nemini decimas solvere teneantur, quidam ab eis nichilominus, contra apostolice sedis indulgencias, decimas exigere et extorquere presumunt, et, prava ac sinistra interpretatione, apostolicorum privilegiorum capitulum pervertentes, asserunt de novalibus debere intelligi, ubi noscitur de laboribus esse scriptum. Quoniam igitur manifestum est omnibus qui recte sapiunt interpretationem hujusmodi perversam esse et intellectui sano contrariam, cum secundum capitulum illud a solutione decimarum, tam de terris illis quas deduxerunt vel deducunt ad cultum, quam de terris eciam cultis quas propriis manibus aut sumptibus excolunt, liberi sint penitus et immunes, ne ullus contra eos materiam habeat malignandi, universitati vestre, per apostolica scripta, precipiendo mandamus quatinus omnibus parochianis vestris auctoritate apostolica prohibere curetis, ne a memoratis fratribus de novaliis vel de aliis terris, quas propriis manibus vel sumptibus excolunt, seu de nutrimentis animalium ullatenus decimas presumant exigere vel quomodolibet extorquere. Quia vero non est conveniens vel honestum ut contra apostolice sedis indulgencias temere veniatur, que obtinere debent inviolabilem firmitatem, mandamus vobis firmiterque precipimus ut si qui monachi, canonici, clerici vel laici, contra privilegia sedis apostolice memoratos fratres super decimarum exactione gravaverint, laicos excommunicationis sentencia percellentes, monachos, canonicos sive clericos, contradictione, dilatione et appellatione cessante, ab officio suspendatis, et tam excommunicationis quam suspensionis sentenciam faciatis usque ad dignam satisfactionem inviolabiliter observari.

Adhec, presentium vobis auctoritate, precipimus quatinus si quis eorumdem parrochianorum vestrorum in sepedictos fratres violentas manus injecerit, eum, accensis candelis, excommunicatum publice nuncietis, et tanquam excommunicatum faciatis, ab omnibus cautius evitari, donec eisdem fratribus congrue satisfaciat, et cum litteris diocesani episcopi rei veritatem continentibus apostolico se conspectui representet.

Datum Ferentini, v kalendas novembris, pontificatus nostri anno undecimo.

Bibl. Imp., Cart. de Bon-Port, f° 40 v°, pièce n° 6.

XLIV

Philippe-Auguste permet aux religieux de Bon-Port de moudre au moulin de Pont-de-l'Arche le mercredi de chaque semaine.

(1209, à Pont-de-l'Arche.)

Philippus, Dei gratia, Francorum rex.

Noverint universi, presentes et futuri, quod nos concedimus monachis Sancte Marie de Bono-Portu, in perpetuam elemosinam, ut ipsi, singulis septimanis die mercurii cum nocte ejusdem diei, libere et quiete absque omni molta et omni exactione seculari molant in molendino nostro de Ponte-Arche. Si autem contigerit quod dictum molendinum aliquo impedimento, eadem die mercurii et nocte molere non possit, volumus quod ipsi molant die jovis sequenti et nocte septimane sequentis sicut die mercurii et nocte molere debent. Volumus enim quod secundum quantitatem temporis in molendino restituatur. Quod ut perpetuum robur obtineat, sigilli nostri auctoritate et regii nominis karactere inferius annotato, presentem paginam roboramus.

Actum apud Pontem-Arche, anno Domini m° cc° ix°, regni nostri anno xxx°.

Bibl. Imp., mss. 8408, 2, 2 B, f° 727 r°.
Impr. Neustria pia, p. 896, et Léchaudé d'Anisy, Grands rôles, p. 154, c. 2.

XLV

Robert de Courtenai donne à l'abbaye de la Trappe 60 sous tournois sur la prévôté de Conches.

(1211, décembre.)

Ego Robertus de Corteniaco, notum facio universis, tam presentibus quam futuris, quod ego, intuitu pietatis et pro salute anime mee et antecessorum meorum, dedi et concessi Deo et Beate Marie Domus Dei de Trappa, et monachis ibidem Christo servientibus, sexaginta solidos turonensium, in puram et perpetuam elemosinam, ad luminaria candelarum in celebratione missarum predicte ecclesie, in prepositura Concharum, singulis annis, in crastino purificationis Beate Marie recipiendos. Et ut donatio ista firma sit et semper stabilis, presentem cartam sigilli mei feci munimine roborari.

Actum anno Domini millesimo ducentesimo undecimo, mense decembris.

Orig. en parch. — Archiv. de l'Eure, Fonds de Bon-Port, liasse 82, n° 1.

XLVI

Philippe-Auguste donne aux religieux de Bon-Port la septième partie du revenu de son moulin de Pont-de-l'Arche, en échange du droit d'y moudre le mercredi de chaque semaine.

(1215, mars, à Pont-de-l'Arche.)

In nomine sancte et individue Trinitatis, amen.
Philippus, Dei gracia, Francorum rex.
Noverint universi, presentes pariter et futuri, quod nos concesseramus

monachis Beate Marie de Bono-Portu, in perpetuam elemosinam, ut ipsi, singulis septimanis, die mercurii cum nocte sequente ejusdem diei, libere et quiete, absque molta et omni exactione seculari, molerent in molendino nostro de Ponte-Arche. Quia vero jam dicti monachi nobis conquesti sunt quod molendinarii nostri, predicta die mercurii, utensilia ejusdem molendini et apparamenta eis denegabant, unde molta eorum impediebatur, et damnum non modicum incurrebant. Eisdem monachis, intuitu pietatis, concedimus ut ipsi habeant et possideant de cetero septimam partem omnium proventuum ejusdem molendini, pacifice et quiete; quorum medietatem percipient singulis annis in Pascha, et alteram medietatem in festo Sancti Michaelis, per manum illius qui prefatum molendinum custodiet, vel habebit ad firmam. Quod si de valore firme proventuum ejusdem molendini dicti monachi dubitarent, volumus et precipimus ut ille qui molendinum custodiet vel habebit ad firmam, super hoc faciat eis fidem per suum sacramentum. Sciendum est preterea quod si prefati monachi proprium bladum suum ad predictum molendinum molerent, moltam inde reddent sicut alii extranei ad molendinum illud molentes.

Quod ut perpetuum robur obtineat, sigilli nostri auctoritate et regii nominis karactere inferius annotato, presentem paginam roboramus.

Actum apud Pontem-Arche, anno Incarnati Verbi millesimo ducentesimo quinto decimo, mense marcio, regni nostri tricesimo septimo.

Abstantibus in palatio nostro quorum nomina supposita sunt et signa : Dapifero nullo; signum Guidonis, buticularii ; signum Bartholomei, camerarii ; signum Droconis, constabularii.

Bibl. Imp. mss. 8408, 2, 2 B, f° 728 v°. — Analyse, Delisle, Cart. normand, p. 58, n° 238.

Impr. Neustria, p. 895.— Léchaudé d'Anisy, Grands rôles, p. 154., col. 2.— Catal. des actes de Philippe-Auguste, n° 1656.

XLVII

Transaction entre l'abbaye de Saint-Ouen et celle de Bon-Port pour le moulin de Poses et les dîmes du clos de Léry.

(1215, à Pont-de-l'Arche.)

In nomine sancte et individue Trinitatis, amen.
Philippus, Dei gratia, Francorum rex.
Noverint universi, presentes pariter et futuri, quod, cum quedam contentio verteretur inter abbatem et conventum Sancti Audoeni Rothomagensis, ex una parte, et abbatem et conventum Boni-Portus, Cisterciensis ordinis, ex alia, super molendino de Posis et decimis de clauso de Lereio, et quibusdam expensis quas predicti abbas et conventus Sancti Audoeni, occasione hujus contentionis, fecerant, tandem, bonorum virorum consilio, de utriusque partis assensu, quievit illa contentio tali modo : videlicet, quod predicti abbas et monachi Boni-Portus de cetero tenebunt et possidebunt libere et quiete predictum molendinum de Posis cum pertinenciis suis et prefatas decimas apud Lereium, ita quod propter hoc dicti abbas et monachi Boni-Portus reddent inde prefatis abbati et monachis Sancti Audoeni annuatim sexaginta solidos usualis monete in Rothomago, scilicet triginta infra octabas Sancti Remigii et reliquos triginta solidos infra octabas nativitatis Sancti Johannis Baptiste. Predicti siquidem abbas et monachi Boni-Portus sponte subdiderunt se nobis in hac parte, et firmiter concesserunt quod, si ipsi vel eorum successores supradictis abbati et conventui Sancti Audoeni dictos sexaginta solidos, statutis terminis, non persolverent, nos, vel ballivus noster, abbati et monachis Sancti Audoeni dictum molendinum de Posis traderemus tamdiu tenendum donec redditum sexaginta solidorum integre haberent. Sciendum est preterea quod predicti abbas et monachi Sancti Audoeni quieti erunt et absoluti de omni servicio

et redditu, quod pro predictis decimis de clauso de Lereio facere vel reddere solebant. Ut autem prenotata composicio perpetuam obtineat stabilitatem, nos, ad peticionem parcium, presentem cartam, sigilli nostri auctoritate et regii nominis karactere inferius annotato, confirmamus.

Actum apud Pontem-Arche, anno dominice Incarnationis millesimo ducentesimo sexto decimo, regni vero nostri tricesimo septimo.

Astantibus in palatio nostro quorum nomina supposita sunt et signa : Dapifero nullo; signum Guidonis, buticularii; signum Bartholomei, camerarii; signum Droconis, constabularii.

Data vacante [*place du monogramme*] cancellaria.

<small>*Orig. en parch.*—Arch. de la Seine-Inf., Fonds de Saint-Ouen.—Bibl. Imp., Cart. de Bon-Port, ch. 9, f° 35 v°.
Impr. Cart. norm., n° 1115, p. 501. — *Catal. des actes de Philippe-Auguste*, n° 1664.</small>

XLVIII

Guillaume le Cerf et sa femme abandonnent à Geoffroy Richevilain 7 sous de rente sur une maison à Rouen, paroisse Saint-Vivien.

(1217, 5 avril.)

Omnibus Christi fidelibus ad quos presens scriptum pervenerit, Robertus, Dei gratia, Rothomagensis archiepiscopus, salutem in Domino. Noverit universitas vestra quod constituti in jure in curia nostra Willelmus Cervus et Rohesia, uxor sua, abjuraverunt Gaufrido Richevilen, pro sexagintis solidis turonensium, septem solidos redditus per annum monete currentis in Rothomago, singulis annis percipiendos et habendos in tenemento illo quod Christianus Textor et Petrus Le Mesgeichiere de illis hereditarie tenet in parrochia Sancti Viviani, inter terram Willelmi Winebout et terram Willelmi Martel; scilicet, de Christiano predicto, quatuor solidos, medietatem ad nativitatem Sancti Johannis Baptiste, et medietatem ad Natale, et de Petro predicto tres solidos, terminis prenominatis. Juraverunt insuper dicti

Willelmus et uxor sua, tactis sacrosanctis evangeliis, quod in illo redditu nichil de cetero reclamabunt, nec aliquis per ipsos, sed dicto Gaufrido illum redditum contra omnes gentes in perpetuum garantizabunt. Ut autem hoc stabile permaneat, presenti scripto sigillum curie nostre apposuimus.

Actum fuit hoc coram magistro Roberto de Esseio, canonico Rothomagensi, tunc officiali nostro, anno Domini m° cc° x° vii°, nonas aprilis.

<small>Orig. en parch. — Archiv. de l'Eure, Fonds de Bon-Port, liasse 90, n° 40.</small>

XLIX

Robert, personne de l'église de Louviers, donne aux religieux de Bon-Port 10 sous de rente à Poses.

(1217, août.)

Noverint universi, tam presentes quam futuri, quod ego Robertus, persona ecclesie de Loviers, assensu et bona voluntate Thome, fratris mei, pro salute anime mee et omnium parentum et antecessorum meorum, dedi et concessi, in puram et perpetuam elemosinam, Deo et ecclesie Beate Marie de Bono-Portu, et monachis ibidem Deo servientibus, decem solidos quos habebamus apud Poses, predictis monachis annuatim reddendos, ad festum Sancti Remigii, quos persolvere tenebuntur homines subscripti : scilicet, heredes Guillermi Hubert et participes sui, tres solidos et quatuor denarios; et Hermericus totidem, videlicet tres solidos et quatuor denarios; Wace, filia Ricardi Lepaumier, tres solidos et quatuor denarios. Volumus autem ut in die obitus mei predicti denarii in procuratione conventus expendantur. Hanc autem concessionem predictus Thomas, frater meus, et heredes sui firmiter tenere et contra omnes garantizare bona fide promisit. Quot ut ratum habeatur ego et Thomas, frater meus, appositione sigillorum nostrorum confirmavimus.

Testibus hiis : fratre Johanne, priore; fratre Gilleberto; fratre Radulfo, decano de Lerie; magistro Roberto; Johanne, sacerdote; domino Galtero, milite, de Posis; domino Guillermo de Muies; Ricardo Havart, et multis aliis.

Anno gracie m° cc° septimo decimo, mense augusto.

<small>Orig. en parch. — Archiv. de l'Eure, Fonds de Bon-Port, liasse 37, n° 60.</small>

L

Henri, abbé de Saint-Denis, et ses religieux consentent que l'abbaye de Bon-Port tienne d'eux, moyennant 6 sous et 2 deniers de cens, trois arpents et demi de vignes qu'elle possède dans leurs censives de Deuil.

(1218, mars.)

Henricus, Dei gratia, Beati Dyonisii abbas et capitulum, universis presentes litteras inspecturis, salutem in Domino. Noverit universitas vestra quod nos, fraterne caritatis intuitu, et ad preces domini regis quibus deesse non volumus nec debemus, concessimus ut domus de Bono-Portu, Cisterciensis ordinis, tres arpennos vineorum in censivis nostris de Dyogilo, quos ab antiquo ibidem acquisierunt, et dimidium arpennum de novo acquisitum, de cetero teneat a nobis ad censum sex solidorum et duorum denariorum parisiensium in octabis Beati Dyonisii, nobis apud Dyogilum, annis singulis solvendorum; ita tamen quod non liceat fratribus dicte domus in dictis censivis nostris amplius acquirere. In cujus rei testimonium presentem paginam, salvo omni alio jure nostro, atque justicia, in locis prenominatis, conscribi fecimus, et sigillorum nostrorum caractere communiri.

Actum anno Domini m° cc° octavo decimo, mense martio.

<small>Orig. en parch. — Arch. de l'Eure, Fonds de Bon-Port, liasse 105, n° 56.</small>

LI

Philippe-Auguste exempte les religieux de Bon-Port de tout péage et de toutes coutumes à Pont-de-l'Arche.

(1218, mars, à Pont-de-l'Arche.)

Philippus, Dei gracia, Francorum rex.

Noverint universi, presentes pariter et futuri, quod nos, intuitu pietatis, ecclesie Beate Marie de Bono-Portu, in perpetuum concedimus quod corpora fratrum ejusdem ecclesie, eundo apud Pontem-Archie, eundo et redeundo, ab omni passagio et aliis consuetudinibus libera sint et quieta, nisi portent marcheandisiam vel aliud, quod passagium vel consuetudinem debere noscatur. Volumus eciam quod de omnibus victualibus, que ipsi ducent ad proprios usus suos, de prefato passagio et consuetudine dicti fratres liberi sint et quiti, dummodo marchandisiam non ducant. Quod ut perpetuum robur obtineat, presentem cartam sigilli nostri munimine fecimus roborari.

Actum apud Pontem-Archie, anno Domini millesimo ducentesimo octavo decimo, mense marcio.

Bibl. Imp., Cart. de Bon-Port, ch. 51, f° 36 v°.
Impr. Cart. normand, p. 304, n° 1119. — Catal. des actes de Philippe-Auguste, n° 1881.

LII

Jean de Saint-Cande et Emeline, sa femme, donnent aux religieux de Bon-Port un ténement situé à Rouen, rue Saint-Cande.

(1218, 10 juillet.)

Omnibus Christi fidelibus, presentes litteras inspecturis, Robertus, Dei gracia, Rothomagensis archiepiscopus, salutem in Domino. Noverit universitas vestra quod Johannes de Sancto Candido et Emmelina, uxor sua, in nostra presentia, recognoverunt se concessisse et tradidisse abbati et conventui de Bono-Portu tenementum illud quod est apud Rothomagum in vico Sancti Candidi super rippam, inter terram que fuit Ansgueri de Augo, et terram de Simonis de Coromme, sicut se proportat a vico ante usque ad fossetum turris retro; et, tactis sanctis evangeliis, juraverunt se in predicto tenemento nichil de cetero aliqua occasione reclamare et pro posse suo predictis abbati et conventui garantizare. Salvis tamen sex solidis usualis monete quos predicti Johannes et Emelina et eorum heredes singulis annis percipient de redditu ad festum Sancti Michaelis, et quibusdam cerotecis de tribus denariis ad Pascha. Ipsa etiam E. expresse juravit quod nomine dotis vel aliqua alia occasione nichil de cetero reclamaret, exceptis predictis redditibus. In cujus rei testimonio *(sic)* presenti scripto sigillum nostrum apposuimus.

Actum anno gracie m° cc° x° viii°, vi nonas julii.

Orig. en parch. — Archiv. de l'Eure, Fonds de Bon-Port, liasse 90, n° 16 bis.

LIII

Honorius III enjoint aux évêques et prélats de faire respecter les priviléges et indulgences accordés par le Saint-Siége aux religieux de l'ordre de Cîteaux.

(1219, 25 septembre, à Réaté.)

HONORIUS, episcopus, servus servorum Dei, venerabilibus fratribus archiepiscopis et episcopis et dilectis filiis aliis ecclesiarum prelatis, ad quos littere iste pervenerunt, salutem et apostolicam benedictionem.

Benefaciens Dominus bonis et rectis corde dilectos filios fratres Cisterciensis ordinis in viam mandatorum ejus inoffense currentes, tanquam populum acceptabilem sibi numero et merito ampliavit, eisque de rore celi et terre pinguedine benedicens dilatavit locum tentorii ejusdem ordinis, et pelles tabernaculorum ejus extendit. Sed, quod dolentes referimus, in via hac qua ambulant superbi contra eos laqueos extendentes, immo velut torrentes iniquitatis irruentes in eos ipsos bonis suis, que soli Domino sunt dicata, non solum nequiter defraudare cum filii hujus seculi prudentiores filiis lucis in generatione sua sint, verum eciam iniquitate potentes violenter spoliare nituntur; et, quod gravius est, nonnulli de hiis qui eos debuerant in ipsis visceribus carius amplexari et favorabilius confovere ipsos immanius persequentes privilegia que ipsis a sede apostolica suis exigentibus meritis sunt indulta gestiunt penitus enervare, dicendo illa fuisse omnino in generali concilio revocata; vel alias intellectum privilegiorum ipsorum ita maligna interpretatione ad libitum pervertendo, quod nisi eos iniqua loquencium obstruatur, cum predicti fratres privilegiorum suorum pene penitus fructu frustrentur, per quod illi non tam eisdem fratribus quam nobis injuriati probantur, dum contra sedis apostolice indulgencias, memoratos fratres temere perturbare presumunt, molientes contra nostre plenitudinem potestatis, dum indulta nostra irreverenter impugnant.

Nos igitur, qui predictos fratres speciali prerogativa dilectionis et gracie amplexamur, ut pote qui jugiter offerentes domino suorum vitulos labiorum non solum nobis, sed eciam universali ecclesie piis intercessionibus incomparabiliter suffragantur, nolentes hujusmodi vexationibus eorum sabbati amaricari quietem quos pocius tenemus omnimodis consolari, universitatem vestram monemus et hortamus attente, ac per apostolica scripta precipiendo mandamus, quatinus supradictos fratres ob reverenciam divinam et nostram habentes in visceribus caritatis, eis privilegia et indulgencias apostolice sedis eisdem concessas inviolabiliter conservetis et faciatis ab aliis conservari. Salva moderatione concilii generalis, videlicet ut de alienis terris a tempore predicti concilii acquisitis, et de cetero acquirendis exsolvant decimas ecclesiis quibus ratione prediorum antea solvebantur, nisi aliter cum eis duxerint componendum, alias quoque dictos fratres ab incursibus malignorum taliter defendatis, quod defensores justicie ac pietatis probemini amatores. Deumque vobis propicium et nos reddatis exinde favorabiles et benignos.

Datum Reatis, vi kalendas octobris, pontificatus nostri anno quarto.

Bibl. Imp., Cart. de Bon-Port, ch. 15, f° 14.

LIV

Guillaume le Fruitier cède à André le Clerc un tènement au Malpalu, à Rouen.

(1220, mai.)

Noverint universi, presentes et futuri, quod ego Willelmus Le Fruitier, de Mala Palude, concessi et tradidi Andree, clerico, tenementum illud quod est apud Malam Paludem, situm inter terram ejusdem Andree et terram Alexandri Testart, sicut se proportat a terra mea quam michi retinui, sicut mete interposite dividunt, usque ad terram que fuit Roberti de Mara; tenendum eidem Andree et ejus heredibus de me et de meis heredibus, bene, pacifice, libere, quiete, hereditarie, reddendo inde annuatim michi et meis heredibus sex denarios redditus usualis monete, videlicet ad festum Sancti Michaelis. Licet autem dicto Andree et ejus heredibus facere omnem voluntatem suam de dicto tenemento, sicut de suo proprio, salvo jure dominico et redditu meo supradicto. Et ego et mei heredes debemus garantizare dicto Andree et ejus heredibus dictum tenementum contra omnes gentes, et de omnibus redditibus acquietare per redditum supradictum. Pro hujus hereditatis concessione dedit michi dictus Andreas LX solidos turonensium de recognitione. Quod ut ratum sit, presentem cartam ei feci, et eam sigillo meo confirmavi.

Actum fuit hoc anno Domini M° CC° vicesimo, mense maii, coram Nicholao Pigache, tunc majore Rothomagi, et sigillo communie fuit confirmatum.

Testibus hiis : Radulpho de Boes; Hugone Waleis; Bartholomeo Morin; Johanne de Sancto Candido, et multis aliis.

Orig. en parch. — Arch. de l'Eure, Fonds de Bon-Port, liasse 91, n° 90.

LV

Richard Bordon donne aux religieux de Bon-Port 2 sous de rente.

(1221, août.)

Noverint universi, tam presentes quam futuri, quod ego Ricardus Bordon, dedi et concessi, pro salute anime mee et parentum meorum, in puram et perpetuam elemosinam, Deo et Beate Marie de Bono-Portu et monachis ibidem Deo servientibus, duos solidos annui redditus, singulis annis, ad Natale percipiendos, in hereditate matris mee, scilicet in masagio Anfride La Havarde. Ipsi autem monachi Boni-Portus, audito obitu meo, anime mee servicium suum karitative persolvere tenentur. Quod ut ratum haberetur et stabile, sigilli mei munimine presentem paginam roboravi.

Actum anno gracie M° CC° vicesimo primo, mense augusto.

Testibus hiis : Domino......... Alisi, milite; Herberto Le Beneure; Johanne Sorel, et pluribus aliis.

Orig. en parch., un peu déchiré; reste de sceau en cire verte; attache de parchemin. — Arch. de l'Eure, Fonds de Bon-Port, liasse 405, n° 51.

LVI

Robert de Longueville donne aux religieux de Bon-Port 4 sous de rente à Dieppe.

(1222.)

Noverint universi, tam presentes quam futuri, quod ego, Robertus de Longueville, dedi et concessi Deo et Beate Marie de Bono-Portu et monachis ibidem Deo servientibus, pro salute anime mee et parentum meorum, in puram et perpetuam elemosinam, quatuor solidos annui redditus, singulis annis ad Pascha recipiendos, in terra scilicet quam tenet Gaufridus d'Allivet, quam ego predictus Robertus de Longueville comparavi a Gilleberto Milsant, que videlicet terra debet singulis annis quatuordecim solidos, de quibus ego ipse Robertus dedi decem monachis Mortui Maris, singulis annis recepturos, et monachis Boni-Portus alios quatuor, sicut predictum est, ad Pascha singulis annis recipiendos. Et ut ratum haberetur et stabile, sigilli mei munimine presentem paginam roboravi.

Actum anno gracie M° CC° vicesimo secundo.

Orig. en parch. — Arch. de l'Eure, Fonds de Bon-Port, liasse 48, n° 7.

LVII

Mahende, veuve Renoud du Montier, reconnaît avoir donné aux religieux de Bon-Port la cinquième partie de ses vignes sur le territoire de Louviers.

(1222, mai.)

E., archidiaconus Parisiensis, omnibus presentes litteras inspecturis, in Domino salutem. Notum facimus quod Mahodis, relicta defuncti Renodi de Monasterio, confessa est coram nobis se dedisse in elemosinam monachis de Bono-Portu quintam partem suarum vinearum quas habebat in territorio de Levreriis. Confessa est eciam se vendidisse eisdem monachis residuum predictarum vinearum pro sexaginta et decem libris parisiensium; promittens, fide prestita in manu nostra, quod dictas donationem et venditionem in perpetuum inviolabiliter observabit.

Actum anno Domini M° CC° XX° secundo, mense maio.

Orig. en parch. — Arch. de l'Eure, Fonds de Bon-Port, liasse 88, n° 1.

LVIII

Richard, clerc, de Mont-Hérout, donne aux religieux de Bon-Port huit boisseaux de froment pour faire des hosties, et 2 sous pour le luminaire de l'église.

(1223, juin.)

Ego Simon Sorel, miles, notum facio omnibus, presens scriptum inspecturis, quod Ricardus, clericus, de Monte-Heroudi, filius Quintini, dedit et concessit, in puram et perpetuam elemosinam, pro salute anime sue et parentum suorum, Deo et Beate Marie Boni-Portus, [et] monachis ibidem Deo servientibus, assensu et bona voluntate fratris sui Guillermi primogeniti, octo boissellos frumenti, minus valentes octo denarios monete currentis frumento meliori, et hoc ad opus sacriste, ut ex eo fiat sacrosanctus panis sacrificandus in altari. Preterea dedit idem Ricardus, clericus, predictis monachis, ad luminare ecclesie, duos solidos monete currentis. Hec autem omnia supradicta assignavit prefatus Richardus, clericus, singulis annis, ad festum Sancti Michaelis recipienda in septem virgatas terre Fossarum, que site sunt inter terram Durandi Letrainel, et inter terram Gonfridi de Kriquebeu, et in tribus aliis virgatis terre que site sunt inter terras Radulfi de Partenoy. Et sciendum est quod hec omnia supradicta, scilicet, octo boisselli frumenti et duo solidi recipiendi sunt, singulis annis, ad prefatum terminum, per manus illorum qui predictam terram tenuerunt. Et ut hec donatio et elemosina firma sit in posterum et stabilis, ego predictus Simon Sorel, miles, de cujus feodo movet predicta donatio, et sepefatus Ricardus, clericus, filius [Quintini] presens scriptum sigillorum nostrorum munimine roboravimus.

Actum anno gracie millesimo ducentesimo vicesimo tertio, mense junio.

Testibus hiis : magistro Gerfaut et domino Hernulfo Dansmets, Sancte

Barbare domino; Johanne de Faipou, milite; et Guillermo filio Gilberti et Radulfo Tillart et multis aliis.

Copie en papier. — Arch. de l'Eure, Fonds de Bon-Port, liasse 75, n° 2.

LIX

Guillaume de Mauquenchi donne aux religieux de Bon-Port un muid de vin à Port-Mort.

(1224, fin décembre.)

Noverint universi, tam presentes quam futuri, quod ego, Willermus de Malquenchi, filius domini Hugonis, militis, dedi et concessi Deo et Beate Marie de Bono-Portu et monachis ibidem Deo servientibus, pro salute anime mee, patris mei et matris mee et antecessorum meorum, unum modium vini, capiendum in cuvis, singulis annis, sine pressoragio, in tempore vindemiarum, videlicet in clauso meo de Pormor, quod situm est juxta clausum monachorum de Belbec. Ego autem predictus Willermus feci et obtuli hanc donationem super majus altare predicte ecclesie, videntibus monachis, quam ego et heredes mei tenemur guarantizare predictis monachis contra omnes. Insuper ego prefatus Willermus et heredes mei tenemur notum facere diem in quo scilicet predictum vinum recipient. Quod ut ratum haberetur et stabile, presentem paginam sigilli mei munimine roboravi.

Actum anno gracie M° CC° vicesimo quarto, in fine decembris.

Orig. en parch. — Arch. de l'Eure, Fonds de Bon-Port, liasse 105, n° 23.

LX

Guillaume Saillant du Bequet donne aux religieux de Bon-Port plusieurs rentes sur la terre du Puits.

(1225.)

Noverint universi, tam presentes quam futuri, quod ego Willermus Saillant, pro salute anime mee et antecessorum meorum, dedi et concessi Deo et Beate Marie Boni-Portus et monachis ibidem Deo servientibus, in puram et perpetuam elemosinam, assensu et bona voluntate Radulfi Lemarie et Geralmi de Bequet, dominorum fundi, quinque solidos turonensium annui redditus, quos Petrus Sancti Petri tenetur reddere predictis monachis annuatim, ad festum Sancti Michaelis, et heredes sui, super terram Putei assignatos. Quam terram predictus Petrus tenebat de me; de qua terra reddet monachis relevamenta, et ipsi plenam justiciam facient in ea. Preterea ego predictus Willermus Saillant dedi et concessi prefatis monachis septem solidos turonensium annui redditus ad festum Sancti Michaelis persolvendos, et duos capones cum duobus denariis ad Natale, et viginti ova et duos denarios ad Pascha, et duo servitia, excepto augusto, omnibus temporibus capienda. Que omnia Acelina, filia Sauvalle, et heredes sui reddent annuatim sepedictis monachis super terram que sita est juxta terram Ricardi Lemonnier. Et sciendum est quod licet predictis monachis facere plenam justiciam super predictam terram et habere relevamenta. Hec autem ego predictus Willermus Saillant, et Radulfus Li Mariez, et Geralmus de Bequet, predictis monachis contra omnes, fide tradita, tenemur guarantizare. Et ut ratum haberetur et stabile presentem paginam sigillorum nostrorum munimine roboravimus.

Actum anno gracie m° cc° vicesimo quinto.

Testibus hiis : Michaele de Curia, tunc temporis vicecomite Vallis-

Rodolii; Ricardo Havart; Odone de Fonte; Baldrico de Orival; Johanne Carpentario et pluribus aliis.

Orig. en parch. — Arch. de l'Eure, Fonds de Bon-Port, liasse 71, n° 1.

LXI

Louis VIII, roi de France, autorise les religieux de Bon-Port à faire venir chaque année jusqu'à cent tonneaux de vin pour l'usage de l'abbaye, francs de tous péages et droits de coutume.

(1225, à Saint-Germain-en-Laye.)

In nomine sancte et individue Trinitatis, amen.

Ludovicus, Dei gracia, Francorum rex.

Noverint universi, presentes pariter et futuri, quod nos concessimus in perpetuum dilectis nostris monachis Boni-Portus, ut ipsi, singulis annis, possint adducere apud Bonum-Portum, per pedagia nostra, libere et absque pedagio et alia consuetudine, usque ad centum dolia vini, tresellos videlicet vel, minores tresellis, ad bibendum in ipsa abbacia Boni-Portus et ad proprios usus ejusdem, et non ad donandum extra, neque ad vendendum. Quod ut perpetue stabilitatis robur obtineat, presentes litteras sigilli nostri auctoritate et regii nominis karactere inferius annotato, fecimus confirmari.

Actum apud Sanctum-Germanum-in-Laya, anno incarnationis Dominice millesimo ducentesimo vicesimo quinto, regni vero nostri anno secundo.

Astantibus in palacio nostro quorum nomina supposita sunt et signa : Dapifero nullo; signum Roberti, buticularii; signum Bartholomei, camerarii; signum Mathei, constabularii.

Bibl. Imp., Cart. de Bon-Port, ch. 44, f° 51 r° et v°.
Impr. Delisle, Cart. normand, p. 310, n° 1139.

LXII

André Boutevilain vend à Jean de Maucengni 8 sous et deux chapons de rente.

(1226.)

Sciant omnes, presentes et futuri, quod ego Andreas Boutevilain, filius Goce, assensu et voluntate matris mee, vendidi et concessi et omnino reliqui domino Johanni de Maucengniaco octo solidos turonensium et duos capones quos habebam apud Romelli, silicet quatuor solidos et unum caponem quos Willelmus de Marisco mihi debebat annui redditus, et quatuor solidos et unum caponem quos Emmelina de Marisco et participes ejus michi debebant annui redditus. Pro qua venditione et concessione dictus Johannes michi pre manibus donavit centum solidos turonensium; et ego et heredes mei tenemur hanc venditionem sibi et heredibus suis contra omnes gentes garantizare. Et ut hoc firmum et stabile permaneat, hanc venditionem, tactis sacrosanctis, juravi legitime observandam, et presens scriptum sigillo meo proprio confirmavi.

Testibus hiis: Domino Rogero de Daubuef, milite; domino Hugone de Anfrevilla, presbitero; Amando de Boes, et Willelmo le Vilain, tunc ballivus *(sic)* de Punte-Sancti-Petri; Stephano Havart; Roberto de Sacellis, et pluribus aliis.

Actum anno Domini m° cc° vicesimo sexto.

Orig. en parch. — Arch. de l'Eure, Fonds de Bon-Port, liasse 50, n° 1.

LXIII

Richard du Moulin (ou des Môles?) et sa femme reconnaissent le don d'une portion de terre et la vente du reste qu'ils ont faite aux religieux de Bon-Port.

(1226, mai.)

Ego Garnerius, decanus de Sarcellis, omnibus notum facio presentes litteras inspecturis, quod Ricardus de Molinum et Hodierna, uxor ejus, coram nobis constituti, recognoverunt quod dederant in perpetuam elemosinam ecclesie Beate Marie de Bono-Portu quintam partem cujusdam petiei terre, site versus furcas de Espinoil, circiter sex arpennorum, et residuum illius terre vendiderant prefate ecclesie pro duodecim libris parisiensium; fide corporali ab eis prestita, in manu nostra, quod nullatenus contra hoc venirent. Hanc autem elemosinam et venditionem concesserunt, fide media, filii, Laurentius, Balduiminus *(sic)*, Ansellus et domina Avelina, Bernido, vicarius, Adam, frater ejus, Willermus de Vico. Plegii autem sunt per fidem de predictis, sub pena sexaginta solidorum, Radulfus de Groolei, clericus, et Willermus, frater ejus. Hanc etiam donationem pariter et venditionem laudavit, voluit et concessit Willelmus Imperator, de Duel; et pro hac concessione habuit idem Willermus sexaginta solidos parisiensium. In cujus rei testimonium, presentes litteras conscribi et sigilli nostri impressione fecimus communiri.

Actum anno Domini m° cc° xx° sexto, mense maio.

Orig. en parch. — Arch. de l'Eure, Fonds de Bon-Port, liasse 105, n° 52.

LXIV

Raoul, fils de Hugues de Poses, vend à Jean Bourgueise son champ de la Noë de Poses.

(1226, septembre.)

Sciant omnes, presentes et futuri, quod ego Radulfus, filius Hugonis de Poses, vendidi et concessi, et hac presenti karta confirmavi Johanni Bourgueise [cer]tum campum meum de la Noe de Poses, sicut se habet et porportat, tenendum et habendum dicto Johanni et heredibus suis, de me et heredibus meis, libere, quiete, pacifice et hereditarie, reddendo inde michi et heredibus meis, a predicto Johanne et heredibus suis, unam unciam piperis, singulis annis, de redditu statuto, videlicet ad Pascha Domini, pro recognicione hujus hereditagii. Et ego Radulfus predictus et heredes mei tenemur antedictum campum garantizare et acquitare prefato Johanni et heredibus suis, in omnibus rebus et serviciis, per redditum superius nominatum, et excanbiare, de valore ad valorem, in propria hereditate nostra, si hoc eis garant...... concessione hujus vendicionis dedit michi...... quadraginta solidos turonensium. Ut hoc autem ratum..... futuris temporibus permaneat, ego jamdictus Radulfus presentem..... sigilli mei munimine roboravi.

Actum anno Verbi [M° CC°] vicesimo sexto, mense septembris.

Testibus hiis:..... es, milite; Sorello Cauvet; Radulfo Normant; Ricardo, fratre......; Ricardo Esveillart; Ricardo Havart; Wibert de Abbacia, et aliis.

Orig. en parch., endommagé par l'humidité. — Arch. de l'Eure, Fonds de Bon-Port, liasse 37, n° 1.

LXV

Roger le Praier donne aux religieux de Bon-Port une demi-acre de pré, dit le Pré-du-Long, au Vaudreuil.

(1227.)

Noverint universi, tam presentes quam futuri, quod ego Rogerius Pratarius, de Valle-Rodolii, dedi et concessi in puram et perpetuam elemosinam Deo et Beate Marie de Bono-Portu et monachis ibidem Deo servientibus, pro salute anime mee et parentum meorum, dimidiam acram prati sitam inter prata Vallis-Rodolii, que vulgo dicitur pratum de Longo juxta Trigenas, quas gallice dicimus *Trentennes* in una parte, et altera parte juxta pratum quod Beatrix de Gavreio elemosinavit predictis monachis Boni-Portus. Abbas autem predicti loci, videns devocionem meam et paupertatem, dedit michi centum et decem solidos, assensu capituli sui. Ego autem prefatus Rogerius et heredes mei prefatis monachis prefatum pratum tenemur guarantizare contra omnes; si autem illud pratum guarantizare non poterimus, de propria hereditate nostra tenebimur escambiare. Et ut [hoc] ratum haberetur et stabile, ego sepedictus Rogerius presentem paginam sigilli mei munimine roboravi.

Actum anno gracie m° cc° xx° septimo.

Testibus hiis : Michaele de Curia, tunc temporis vicecomite Vallis-Rodolii; Framberto, clerico suo; Jordano, nepote predicti Michaelis; Roberto Coipel; Renoldo Crasso, et Thoma, carnifice, et multis aliis.

Orig. en parch. — Arch. de l'Eure, Fonds de Bon-Port, liasse 85, n° 8.

LXVI

Guibert de l'Abbaye vend aux religieux de Bon-Port 30 sous de rente.

(1228, janvier.)

Noverint universi, tam presentes quam futuri, quod ego Wibertus .... abbati et conventui Boni-Portus, triginta solidos turonensium annui redditus in festo Sancti Michaelis, singulis annis..... precio librarum decem et octo turonensium. De quibus triginta solidis, Willermus Tyrellus et heredes sui, jure hereditario ..... em solidos turonensium et Guillebertus, filius Wiloti, qui manet apud Tornedous, et heredes sui, de mea propria emptione, viginti et unum solidos, singulis annis in festo Sancti Michaelis, michi et heredibus meis persolvere tenebantur, pro terra quam de me tenebant dicti Willermus et Guillebertus, sita apud Medietariam, juxta prata dictorum monachorum, in Valle-Rodolii; ipsos autem homines assignavi dictis monachis, ut illis nominatam pecuniam persolvant in termino superius assignato. Ego vero Wibertus et heredes mei predictam venditionem supradictis monachis contra omnes tenemur guarantizare. Et si forte aliquo modo contigerit quod dicti monachi prefatam pecuniam, in prefixo termino, integre et plenarie non habuerint, volo, concedo, et presenti carta confirmo, ut, pro defectu sui redditus, recursum habeant, et plenam justiciam faciant, in tota terra et in omni hereditate mea. Et ut hoc in posterum stabile sit et firmum, ego Wibertus presens scriptum sigilli mei munimine confirmavi.

Actum anno gracie millesimo cc° vicesimo octavo, mense januario.

Testibus hiis : Michaele, tunc temporis vicecomite Vallis-Rodolii; Henrico de Abbatia; Roberto Coipel; Frenberto, clerico; Jordano, et multis aliis.

Orig. en parch. — Arch. de l'Eure, Fonds de Bon-Port, liasse 85, n° 78.

LXVII

Roger le Praier quitte aux religieux de Bon-Port tous ses droits sur leurs prés de Louviers.

(1228, novembre.)

Noverint universi, tam presentes quam futuri, quod ego Rogerius Pratarius, vendidi et omnino quietavi abbati et conventui Boni-Portu, pro octo libris turonensium, quas ab ipsis monachis recepi, quicquid juris habebam et jure hereditario tenebam in pratis predictorum monachorum de Loviers, exceptis Lessostres et una logia et custodia predictorum pratorum. Ita scilicet, quod nichil amplius in totis pratis predictis reclamabo a modo in perpetuum, nec heredes mei, nec alius pro me, vel pro illis. Et hoc ego predictus Rogerius Pratarius et heredes mei predictis monachis contra omnes tenemur guarantizare; et ego prefatus Rogerius ita teneri inviolabiliter bona fide, et fide tradita in manu vicecomitis Vallis-Rodolii, Michaelis scilicet de Curia, concessi. Et ut firmum teneretur et stabile, presens scriptum sigilli mei munimine roboravi.

Actum anno gracie m° cc° xx° octavo, mense novembris.

Testibus hiis : Michaele de Curia, tunc temporis vicecomite Vallis-Rodolii; Renoldo Crasso, Pontis-Arche; Roberto Coipel; Gordano, filio Willelmi Barre; Roberto de Curia, et multis aliis.

Orig. en parch. — Arch. de l'Eure, Fonds de Bon-Port, liasse 88, n° 2.

LXVIII

Emma, femme de Pierre le Jeune, de Criquebeuf, donne aux religieux de Bon-Port trois vergées de terre à Caudebec.

(1228, novembre.)

Noverint universi, tam presentes quam futuri, quod ego Emma, uxor Petri Junioris de Kriqueboto, dedi et concessi Deo et Beate Marie de Bono-Portu et monachis ibidem Deo servientibus, assensu et bona voluntate predicti Petri, mariti mei, et heredum meorum, pro salute anime mee et antecessorum meorum, tres virgatas terre, in puram et perpetuam elemosinam, tenendas et possidendas dictis monachis sine reclamatione mei vel heredum meorum; que site sunt in territorio de Caudebecco, juxta terram Willelmi de Torbervilla, in una parte, et ex altera tangit chiminum qui ducit apud Vellebotum; que predicte tres virgate sunt de feodo domini Ricardi de Haricuria, militis, qui hanc meam donationem et elemosinam concessit, laudavit et voluit. Ego autem predicta Emma, consilio et bona voluntate prefati Petri, mariti mei, et heredum meorum, prefatam elemosinam prefatis monachis omnino quietavi, dedi et concessi. Quam predictam elemosinam ego sepedicta Emma et heredes mei sepedictis monachis contra omnes tenemur guarantizare. Quod ut ratum permaneat et stabile, presens scriptum sigilli mei munimine roboravi.

Actum anno gratie M° CC° vicesimo octavo, mense novembris.

Orig. en parch. — Arch. de l'Eure, Fonds de Bon-Port, liasse 71, n° 2.

LXIX

Roger Mouton et ses enfants cèdent à Sellon du Coudray et à sa femme une masure située à Rouen.

(1229, janvier.)

Sciant omnes quod ego Rogerus Mouton et Gillebertus, filius meus, et Amabilis, filia mea, concessimus et tradidimus Selloni de Coudreio et Juliane, uxori ejus, unam masuram terre sitam apud Rothomagum in Gornaut, inter terram Eustacii de Waraz, et terram Ermeline, sicut se proportat a vico ante usque ad murum civitatis per retro; tenendam antedictis Selloni et Juliane et eorum heredibus bene, pacifice, libere, quiete, hereditarie, reddendo inde annuatim nobis et nostris heredibus unam unciam cimini in Pascha, et Johanni Anglico et Basilie, uxori ejus, dominis illius tenementi, duodecim solidos redditus usualis monete, medietatem in nativitatem sancti Johannis, et medietatem in Natali Domini. Et licet de cetero antedictis Selloni et Juliane et eorum heredibus facere omnem voluntatem suam de dicta masura terre, sicut de suo proprio, salvo jure et redditu dominico antedicto, et redditu nostro antedicto. Et nos et nostri heredes tenemur garantizare eis et eorum heredibus dictam masuram terre contra omnes gentes, et de omnibus redditibus acquietare per redditus antedictos. Nam pro hujus hereditatis concessione dederunt nobis, dicti Sello et Juliana, xiii libras turonensium de recognitione.

Quod ut ratum sit, actum fuit hoc anno Domini M° CC° XX° nono, mense januarii, coram Nigasio de Cravilla, tunc majore Rothomagi. Et sigillis nostris, cum sigillo communie, fuit hoc confirmatum.

Testibus : Guillelmo de Kailli; Rodulfo Amiot; Willelmo, clerico, et aliis.

Orig. en parch. — Arch. de l'Eure, Fonds de Bon-Port, liasse 90, n° 51.

LXX

Simon Bonart, de Léry, reconnaît avoir reçu des religieux de Bon-Port une terre et tout ce que Richolde, sa mère, tenait desdits religieux.

(1229, février.)

Noverint universi presentes paginam inspecturi quod ego Symon Bonart de Lereio a viris religiosis abbate et conventu Boni-Portus recepi terram quam dicti monachi emerunt de Willermo Bougis; recepi etiam a predictis monachis quicquid Richoldis, mater mea, de ipsis monachis jure hereditario possidebat, quod integre et plenarie in manus ipsorum resignavit, fide manualiter prestita, quod ipsa in dicta hereditate nichil omnino de cetero reclamaret; hec, inquam, omnia recepi, jure hereditario possidenda, pacifice et quiete, pro quinquaginta solidis turonensium, quorum ego vel heredes mei medietatem, scilicet viginti quinque solidos in festo sancti Michaelis, et alteram medietatem, videlicet viginti quinque solidos in Natali Domini tenemur persolvere supradictis monachis annuatim, et pro quatuor serviciis, sive dietis, ad voluntatem magistri cellarii sui de Lereyo, annis singulis percipiendis. Si autem ad assignatos terminos predictam pecuniam, et quando voluerint, quatuor servicia in quolibet anno, prefati monachi non habuerint, licebit eis in tota terra et hereditate, quam de ipsis teneo tamquam dominis feodi, suam justitiam exercere, et terram et totam hereditatem meam manucapere, quoadusque nominatis monachis, annis singulis, a me vel a meis heredibus, ad assignatos terminos, predicta pecunia et servicia integre persolvantur. Quod ut ratum sit et firmum in perpetuum, presentes litteras sigilli mei caractere roboravi.

Testibus hiis : Gaufrido, presbitero de Lereyo; Stephano Havart; Petro Crasso; Jordano, genere suo; Willermo Auberico; Richardo Majore, de Wauvrayo; Roberto Mansel, et multis aliis.

Actum anno gracie millesimo ducentesimo vicesimo nono, mense februario.

Orig. en parch. — Arch. de l'Eure, Fonds de Bon-Port, liasse 48, n° 9.

LXXI

Guillaume Graverenc confirme la donation de trois setiers de vin par an qu'Ermenfroy, son père, a faite aux religieux de Bon-Port.

(1229, mars.)

Noverint universi, tam presentes quam futuri, quod ego Willelmus Graverenc creantavi et, presenti carta mea, confirmavi illam elemosinam quam Ermenfridus, pater meus, fecit et dedit Deo et Beate Marie de Bono-Portu et monachis ibidem Deo servientibus, scilicet tres sextarios vini; et, ut melius appareret confirmatio mea, augmentavi predictam elemosinam, dedique predictis monachis alios tres sextarios vini. Insuper ego, prefatus Willelmus Graverenc, desiderans utilitatem predictorum monachorum, motus devotione, pro salute anime mee et patris mei et antecessorum meorum, mutavi redditum vini et escambiavi in quatuor solidos annui redditus, ad festum sancti Michaelis, recipiendos in terra mea de Caudebec, que sita est juxta terram Symonis de La Leue. Hunc autem redditum, scilicet quatuor solidorum, recipient prefati monachi, singulis annis, per manum meam, vel per manum illius qui predictam terram tenuerit. Et ut hoc ratum haberetur et stabile, ego sepedictus Willelmus Graverenc, presens scriptum sigilli mei munimine roboravi.

Actum anno gracie m° cc° xx° nono, mense martio.

Testibus hiis : Domino Rogerio, tunc temporis Sancti-Albini presbitero, et domino Anquitillo, presbitero de Caudebec; Nicholao Orieut; Ricardo de Sancto Egidio; Nicholao Fortin, nepote predicti Willelmi; Claro; Legraverenc, et multis aliis. Et parte monachorum, fratre Martino, tunc temporis abbate; fratre Haimardo, cellerario; fratre Radulfo de Gisortio, et fratre Ricardo de Fontaine, socio predicti cellerarii.

Orig. en parch. — Arch. de l'Eure, Fonds de Bon-Port, liasse 74, n° 3.

LXXII

Gilbert le Fae, d'Evrardville, donne aux religieux de Bon-Port 5 sous de rente à prendre sur sa terre du Val-Normand.

(1229, mars.)

Noverint universi, tam presentes quam futuri, quod ego Gillebertus Le Fae, de Euvrardi-Villa, assensu et voluntate Amfrie, uxoris mee, et Thome Le Fae, filii mei, dedi et concessi, in puram et perpetuam elemosinam, Deo et Beate Marie Boni-Portus et monachis ibidem Deo servientibus, quinque solidos annui redditus. Et ego predictus Gillebertus notum facio omnibus quod, quando ingressus fuero viam universe carnis, tunc reddet uxor mea, vel heredes mei, quinque predictos solidos prefatis monachis, singulis annis, ad festum Sancti Michaelis, integre et plenarie. Et quamdiu vixero, ego Gillebertus teneor reddere tantummodo duos solidos, de quinque solidis, monachis supradictis; predicti autem quinque solidi assignati sunt in terra mea de Valle-Normant, que sita est inter terram Gaufridi Prepositi, ex una parte, et terram Michaelis Burnel, ex altera; quam terram emi de meo proprio. Et ut hoc ratum et stabile haberetur, presentem paginam sigilli mei munimine roboravi.

Actum anno gracie m° cc° vicesimo nono, mense marcio.

Testibus hiis : Odone, tunc temporis presbitero de Euvrardi-Villa; Richardo Vedzye; Rogero Textore; Osmundo Pilon; Roberto Aerain; Willermo Medietario; Rogero de Valle; Gaufrido Preposito et multis aliis.

Orig. en parch. — Arch. de l'Eure, Fonds de Bon-Port, liasse 76, n° 505.

LXXIII

Transaction entre Jourdain du Mesnil, chevalier, et Jean, son frère, aussi chevalier, au sujet de la propriété d'une saussaie à Acquigny.

(1229, 21 mars.)

Abbas et prior de Regali Monte et H., canonicus Sancte Marie-de-Campis, de Bello-Monte, universis presentes litteras inspecturis, salutem in Domino. Noverit universitas vestra quod com dissensio esset inter dominum Jord[anum] de Mesnillio, militem, ex una parte, et dominum Johannem, militem, fratrem ejusdem Jord[ani], ex altera, super sauceia sita juxta haiam de Aquigni, dicti fratres, de bonorum virorum consilio, pro bono pacis, compromiserunt in arbitros, videlicet in magistrum Th. de Sancto Taurino, electum dicti Jordani, et B. de Calvomonte, electum domini Johannis, super dicta sauceia, sub hac forma : quod dicti arbitri inquirerent de jure utriusque partis, per testes et instrumenta, prout, fide corporali prestita, partes promiserunt, in bona fide duxerint producenda tali modo, quod, si dicti arbitri inter se super dicto arbitrio concordaverint, dictum ipsorum servabitur a partibus; si autem dicti arbitri discordes extiterint, elegerunt partes tercium, videlicet abbatem Boni-Portus, cujus dictum, si cum aliquo dictorum arbitrorum concordaverit, observabitur, non obstante tercii contradictione. Si autem dictos duos arbitros, aliqua causa impediente, habere nequiverint, uterque dictorum arbitrorum loco sui electi quum habere nequiverit, alterum eliget, infra octo dies postquam sciverit quod eum habere non potuerit. Si autem contingerit quod dictum abbatem, tercium electum, habere non possint, dicti duo arbitri, vel alii loco ipsorum, electi loco abbatis Boni-Portus, eligerent alium................ cujus pronunciatum, dum com aliquo dictorum arbitrorum H. et G. pronunciato concordaret, observabitur, sicuti de pronunciato abbatis Boni-Portus dictum est. Promiserunt autem partes quod ea pars contra............ esset pronunciatum superdicto compromisso ei parti cui dicta sauccia adjudicabitur solveret decem libras parisienses pro expensis in litte factis; de qua pena dictus Johannes dictum Jordanum penitus quitavit, si pro eo pronunciaretur. Promisit etiam utraque pars quod veniret ad dies assignandos a duobus dictis arbitris sub pena centum solidorum pariensium, ab illa parte solvendorum, qui non veniret per se, vel per procuratorem sufficientem, ei parti igitur veniret in propria persona, vel procuratorem mitteret sufficientem, dicta autem pena, et qualibet die debet solvi in qua deficiet altera parcium, quominus veniet ad execucionem dictorum duorum arbitrorum, vallant etiam dictum arbitrium pena centum librarum parisiensium solvendarum parti observanti, pronunciatum a dictis arbitris super dicto compromisso, ab ea parte que a pronunciato resiliit. Fidem autem prestitit utraque pars de dictis centum libris solvendis, prout dictum est, et de hoc debent dare fidejussores sufficientes, prima die qua coram arbitris....... de omnibus autem retroactis que.... si dictum arbitrium fuerit pronunciatum, si se dicti fratres ad invicem quitaverunt, et si dictum arbitrium non fuerit pronunciatum infra Accensionem Domini, coram dicto abbate de Regali-Monte et conjudicibus suis, in eo statu in quo erant, die mercurii....... post letare Jerusalem ad occacionem eorumdem judicum, secundum retroacta, processuri comparebunt, et omnia erunt partibus salva que, dicta die mercurii, salva erant. Hec autem omnia supradicta, bona fide, dicti fratres juraverunt observasse; et etiam qui[c]qui[d] dicti arbitri viderint de jure esse addendum observabunt.

Datum anno Domini m° cc° xx° nono, dicta die mercurii post letare Jerusalem.

Orig. en parch. — Arch. de l'Eure, Fonds de Bon-Port, liasse 85, n° 2.

LXXIV

Pétronille et Nicolle, filles d'Osmont le Camérier, vendent aux religieux de Bon-Port une pièce de terre à Léry.

(1229, octobre.)

Omnibus Christi fidelibus ad quos presens scriptum pervenerit Th., decanus, et capitulum Rothomagense, salutem in Domino. Noverit universitas vestra quod constitute, in jure, in curia nostra, Nichol. et Petronilla, filie Osmundi Camerarii, de assensu et voluntate Willelmi Fort-Escu, et Guilleberti, filii Gaufridi Anglici, maritorum suorum, pro quinquaginta solidis, quos Willelmus de Cantimel donavit eisdem, tactis sacrosanctis evangeliis, juraverunt quod in quadam pecia terre ad faciendum quatuor pentoria quodlibet, videlicet de xviii pedibus terre, que sita [est] in parrochia Sancti Macuti, inter terram Mathei Le Barrier et terram Gencie Groignet, sicut se proportat, a terra Willelmi Mancel usque ad terram Galteri de Bosco, nichil de cetero reclamabunt, nec jure hereditario, nec nomine dotis, nec aliquo alio modo, nec aliquid per ipsas, preter viginti octo solidos redditus, quatuor terminis, videlicet, ad Natale vii solidos, et totidem in Pascha, et vii solidos in festo Sancti Johannis Baptiste, et totidem in festo Sancti Michaelis. Promiserunt insuper, dicte mulieres et mariti ipsarum, quod, de hac tradicione, dicto Willelmo cartam facient in communia Rothomagi, quando ab ipso fuerint requisiti.

Actum anno Domini m° cc° xx° ix°, mense octobris. Valete.

Orig. en parch. — Arch. de l'Eure, Fonds de Bon-Port, liasse 48, n° 41.

LXXV

Guillaume de Léry, fils de Michel, vend aux religieux de Bon-Port une métairie et ses dépendances à Léry.

(1229, décembre.)

Noverint universi, tam presentes quam futuri, quod ego Willermus de Lerie, filius Michaelis, assensu et bona voluntate uxoris mee Tecie, filie Willelmi, filii Basilie, vendidi monachis Boni-Portus masnagium meum de Lerie, integre et plenarie, in terra et vinea, et aliis ad predictum masnagium pertinentibus, que sita sunt in feodo predictorum monachorum, inter domum Symonis Bonart et domum Gaufridi Guernon. Hoc autem supradictum ego predictus Willelmus et Tecia, uxor mea, concessimus et quitavimus predictis monachis tenendum et possidendum sine reclamatione nostri, vel heredum nostrorum, in parrochia nostra de Lerie, pro quindecim libris turonensium, quas recepimus a predictis monachis. Et ego prefatus Willelmus teneor predicte Tecie, uxori mee, dotem suam excambiare in alia hereditate mea. Et ut hoc ratum haberetur et stabile, ego prefatus Willelmus presens scriptum sigilli mei munimine roboravi.

Actum anno gracie M° CC° XX° nono, mense decembris.

Orig. en parch. — Arch. de l'Eure, Fonds de Bon-Port, liasse 48, n° 10.

LXXVI

Raoul Corbel, d'Incarville, et Auberée, sa femme, vendent aux religieux de Bon-Port une acre de pré sise à Incarville.

(1230.)

Omnibus Christi fidelibus, presentes litteras inspecturis, officialis Ebroicensis, salutem in Domino. Noveritis quod............ nobis Radulfus

Corbel de Wicarvilla et Aubereda, uxor ejus, recognoverunt se vendidisse
.... religiosis, abbati et conventui Boni-Portus, Cisterciensis
ordinis, pro sex libris et quinque solidis turon................ coram
nobis pro pagatis. Renunciantes exceptioni non numerete pecunie, unam
acram prati................ dicebant sitam apud Wiscarvillam, inter
pratum Johannis Pinel, ex una parte, et pratum Fulconis Corbel.........
abbati et conventui et eorum successoribus habendam pacifice et perpetuo,
possidendam, et ad faciendam ex inde..... voluntatem, cum omni jure et
dominio quod habebant in eadem. Juraverunt insuper dicti Radulfus.....
.............., tactis sacrosanctis ewangeliis coram nobis, spontanea
voluntate, non coacti, quod in predicta.................. elemosine,
maritagii, vel aliqua alia ratione sibi modo competenti per se, vel per alium,
nichil.......... [recla]mabunt, nec dictos religiosos et eorum successores
super predictam aliquatenus molestabunt........... contra omnes guarantizabunt. Concessit etiam eisdem in perpetuum pacifice possidendum
dimid.................... dictis monachis vendidit, et pratum quod
Radulfus Corbel, avus suus, eis elemosinavit. Que omnia suo............
ut prenominatus dicebat Radulfus in hujus testimonium sigillum curie
Ebroicensis, ad instanciam............. cum sigillo dicti Radulfi Corbel
duximus apponendum.

Actum anno Domini M° CC° trecesimo.

<small>Orig. en parch., en mauvais état. — Arch. de l'Eure, Fonds de Bon-Port, liasse 89, n° 5.</small>

LXXVII

Durand-aux-Jambes vend la terre qu'il possède à Léry.

(1230, février.)

Sciant omnes, presentes et futuri, quod ego Durandus-as-Jambes, quietavi et de....... jure....... placiti totam terram quam possidebam de
feodo Hernandi de.......... Insula et Philippo de Insula, cognato ejus,

tanquam propinquioribus heredibus...... libris turonensium. Ego autem predictus Durandus juramento constrictus........ de predicto tenemento contra eos amodo non ibo, nec aliis qui illud tenementum....... garantizabo. Quod ut ratum et stabile permaneat, presens scriptum sigilli mei munimine roboravi.

Actum anno gracie M° CC° XXX°, mense februarii.

<small>Orig. en parch., détérioré par l'humidité. — Arch. de l'Eure, Fonds de Bon-Port, liasse 48, n° 11.</small>

LXXVIII

Roger Labbé donne aux religieux de Bon-Port 10 sous de rente.

(1230, février.)

Sciant omnes, presentes et futuri, quod ego Rogerus Labbe, assensu et voluntate Liecie, uxoris mee, dedi et concessi Deo et ecclesie Beate Marie de Bono-Portu, ad usus pauperum infirmorum, pro salute anime mee et antecessorum meorum, decem solidos annui redditus, in puram et perpetuam elemosinam, quod debebat michi annuatim Rogerus Le Huchier de quodam tenemento, quod tenebat de me, in vico de Potart, sito inter terram Ricardi de Capta-Villa, ex una parte, et venellam ipsius Ricardi, ex altera, sicut se porportat [in] longitudine et latitudine, habendos et possidendos eisdem pauperibus, vel procuratori eorum, de Rogero Le Huchier et heredibus suis, duobus terminis anni, videlicet ad Nativitatem sancti Johannis quinque solidos, et alios quinque solidos ad Nativitatem Domini. Licet autem de cetero monachis predicte domus, de jamdicto redditu decem solidorum, omnem suam facere voluntatem et justiciam suam exercere in dicto tenemento, pro jamdicto redditu habendo, terminis memoratis. Et ego Rogerus et heredes mei tenemur dictum redditum decem solidorum jamdicte domui contra omnes garantizare et de omnibus acquietare, et attornavi dictum

Rogerum Le Huichier ad redditum persolvendum a modo in manibus eorumdem. Quod ut ratum et stabile permaneat, presens scriptum sigillo meo confirmavi.

Actum anno gracie m° cc° tricesimo, mense februario.

Testibus hiis : Gauffrido l'Espicier; Willelmo, filio domine Guillelme Lespiciere; Roullando Lavenior; magistro Patricio ; Roberto Lespicier; Roberto Baiart, clerico, qui hanc cartam scripsit, et pluribus aliis.

Arch. de l'Eure. — Petit Cart. de Bon-Port, charte 19. — Fonds de Bon-Port, liasse 4, n° 26.

LXXIX

Etienne Gatinel donne aux religieux de Bon-Port 18 deniers de rente sur des terres au Bosc-Ascelin.

(1230, février.)

Noverint universi, tam presentes quam futuri, quod ego Stephanus Gatinel, assensu et voluntate Helyndis, uxoris mee, dedi et concessi in perpetuam elemosinam, Deo et Beate Marie de Bono-Portu et monachis ibidem Deo servientibus, decem et octo denarios annui redditus, quos debebat michi et heredibus meis Bertinus Lafeyte, annuatim, in festo Sancti Michalis, persolvendos, pro una acra terre, sita in terris de Bosco-Ascelini, quam dictus Bertinus jure hereditario tenebat de me. Ego autem assignavi predictum Bertinum, ut prefatis monachis ipse et heredes sui reddant predictos denarios ad terminum pretaxatum, alioquin liceat dictis monachis in prenominato Bertino et in terra predicta, pro suo redditu, suam plenariam justiciam exercere. Et hanc elemosinam ego prefatus Stephanus et heredes mei dictis monachis tenemur garantizare contra omnes. Pro hac concessione predicti monachi dederunt michi quatuordecim solidos turonensium. Et ut hoc firmum sit et stabile in perpetuum, presentem paginam sigilli mei munimine confirmavi.

Testibus hiis : Johanne Lamberti; Thoma de Porta; Henrico de Abbatia, et multis aliis.

Actum anno gracie m° cc° xxx°, mense februario.

Orig. en parch. — Arch. de l'Eure, Fonds de Bon-Port, liasse 105, n° 11.

LXXX

Raoul le François et sa femme vendent une pièce de terre à Gilbert Mordret.

(1231.)

Sciant omnes, presentes et futuri, quod ego Radulfus Le Franchois, assensu et voluntate Elene, uxoris mee, vendidi et penitus dimisi pro decem solidis turonensium Gileberto Mordret et Aelicie, uxori sue, quamdam peciam terre quam tenebant de Johanne Fessart, in vico Caprario, sitam inter terram meam, ex una parte, et terram Willelmi Lebreton, ex altera, sicut se proportat a vico ante usque ad terram dicti Willelmi, per retro; tenendam predictis Gileberto et Aelicie et eorum heredibus de Johanne Fessart et ejus heredibus, bene, et in pace, libere, quiete et hereditarie; reddendo inde annuatim, eidem Johanni, aut ejus heredibus, duos solidos monete currentis in Rothomago, medietatem ad Pascha, et aliam ad festum Sancti Michaelis, et dimidium caponem, ad Natale. Licet autem prenominatis Gileberto et Aelicie et eorum heredibus de predicta pecia terre totam suam facere voluntatem, sicut de suo proprio, salvo jure et redditu dominico, et nos et nostri heredes predictam peciam terre sepedictis contra omnes gentes tenemur garantizare. Pro hujus autem hereditatis concessione, dederunt predicti Elene, uxori mee, unum annulum argenti de recognitione, et Robino, filio meo, unum sterlingum.

Et ut hoc ratum sit, actum fuit coram Johanne Fessart, domino feodi, et sigillo meo fuit confirmatum, anno Domini m° cc° xxx° r°.

Testibus hiis : Willelmo Lebreton; Gileberto Fulcone, fratribus suis; Willelmo Le Portor; Guillelmo Angevin; Roberto Deutopin; Radulfo Berede; Petro Daufai; Reginaldo, clerico, et aliis multis.

<small>Orig. en parch. — Arch. de l'Eure, Fonds de Bon-Port, liasse 90, n° 5.</small>

LXXXI

Richard d'Harcourt vend à Odeline, fille de Guillaume de Cléon, la moitié d'un moulin sur la Seine, à Cléon.

(1231, avril.)

Notum sit omnibus, tam presentibus quam futuris, quod ego Ricardus de Haricuria dedi et concessi Odeline, filie Willelmi de Cleon, ut habeat medietatem cujusdam molendini siti in brachio de Cleon; tenendam de me et heredibus meis, sibi et suis heredibus, libere et quiete et pacifice, per decem et octo denarios monete currentis reddendos a predicta Odelina et heredibus suis michi et heredibus meis, annuatim in festo Sancti Michaelis. Licet autem predicte Odeline et ejus heredibus et participanti sibi in eodem molendino, ipsum ducere et ponere per totam aquam meam Sequane sine damno alicui faciendo. Et ut ratum sit, presens scriptum sigillo meo confirmavi.

Datum anno Domini millesimo cc° xxx° r°, mense aprilis.

<small>Copie collationnée de 1502. — Arch. de l'Eure, Fonds de Bon-Port, liasse 69, n° 45.</small>

LXXXII

Jeanne, fille d'Acelin, donne aux religieux de Bon-Port 12 deniers de rente sur des maisons, à Saint-Pierre-du-Châtel, à Rouen.

(1232.)

Noverint universi, tam presentes quam futuri, quod ego Johanna, filia

Acelini, assensu et bona voluntate Cecilie, sororis mee, pro salute anime mee et antecessorum meorum, dedi et concessi Sancte Marie de Bono-Portu, duodecim denarios monete currentis, singulis annis recipiendos in festo Sancti Michaelis, in domibus meis que site sunt in vico Templi, in parrochia Sancti Petri de Castello, retro domum Roberti fil..... que sita est inter portam Fabrorum et domos meas. Hanc autem donationem concessit se tenendam cet..... fide tradita in manu fratris Radulfi de Gisortio, monachi Boni-Portus, coram Nicholao ..... frie Burellon, et coram Philippo Letort. Et ut ratum haberetur et stabile, presen....... mei munimine roboravi.

Actum anno gracie m° cc° xxx° secundo.

<small>Orig. en parch., en mauvais état. — Arch. de l'Eure, Fonds de Bon-Port, liasse 90, n° 113.</small>

LXXXIII

Bernard l'Enfant, de Tournedos, vend aux religieux de Bon-Port le gord Morel, sis audit lieu de Tournedos.

(1232, février.)

Sciant omnes, presentes et futuri, quod ego Bernardus Infans de Tornedos, cum assensu et voluntate Nicholai, filii mei, vendidi et omnino reliqui, et hac presenti carta confirmavi monachis ecclesie Beate Marie de Bono-Portu, et successoribus suis, unum gordum quem habebam apud Tornedos, qui dicitur Gordus Morelli, quem de eisdem monachis tenebam per duos solidos redditus annualis. Tenendum et habendum eisdem monachis et successoribus suis, libere, quiete et pacifice, et jure hereditario in perpetuum possidendum, salvo jure dominico. Et ego, et heredes mei, eisdem monachis et successoribus suis dictam venditionem contra omnes gentes defendere et garantizare tenemur. Et pro ista venditione firmius prosequenda, dictis monachis donavi in contraplegium unam acram terre quam habeo in insula ante Tornedos, in feodo Hyberti de Abbatia, sitam inter terram Odonis Pigueri, ex una parte, et terram Lafamie de Landemare, ex altera, quam expendere non possem sine licentia dictorum monachorum. Hanc autem venditionem et conventionem ego Bernardus Infans et jam vocatus Nicholaus, filius meus, incoactus, dictis monachis et successoribus suis, super sacrosancta Dei verba juravimus, et propriis manibus fiduciavimus tenendam et firmiter observandam. Et pro ista venditione dederunt mihi dicti monachi triginta solidos turonensium. Quod ut ratum et stabile permaneat, hanc presentem cartam sigilli mei muninine confirmavi.

Actum anno Domini m° cc° xxx° secundo, mense februarii.

Hujus rei testes sunt : Dominus Ricardus Barre, tunc presbiter de Tornedos ; Willelmus Levreus; Vivianus Levreus; Willelmus Dex-le-set; Willelmus Blanchart, vetus, et Willelmus, filius ejus ; Radulfus, sutor, et plures alii.

Or. parch., sc. ent. — Arch. de l'Eure, Fonds de Bon-Port, liasse 54, n° 1.

LXXXIV

Godefroy des Dans, clerc, quitte à Robert, fils de Richard de Léry, un héritage sis en ladite paroisse.

(1232, avril.)

Noverint universi, tam presentes quam futuri, quod ego Gaufridus de Dans, clericus, et heredes mei quitavimus et concessimus Roberto, filio Ricardi, et heredibus suis de Lereio, hereditatem que est apud Lereium, videlicet de feodo Sagene, libere, quiete et pacifice, absque omni servicio ad predictam Sagenam pertinenti. Ita quod amodo in perpetuum predictus Robertus, filius Ricardi de Lereio et heredes sui tenebunt predictam hereditatem, et possidebunt ab abbate et conventu Boni-Portus. Pro hac autem concessione et donatione, dedit mihi predictus Robertus, filius Ricardi, viginti solidos turonensium, de quibus frater Martinus, abbas Boni-Portus, et ejusdem loci conventus, dederunt mihi prefato Gaufrido, clerico, medietatem, videlicet, decem solidos turonensium. Et sciendum quod predictus Robertus, filius Ricardi, et heredes sui tenentur persolvere, singulis annis, conventui Boni-Portus duos solidos monete currentis, ad festum Sancti Michaelis. Ego autem prefatus Gaufridus, clericus, fide corporaliter prestita, istam concessionem et donationem, coram fratre Thoma Rufo, monacho Boni-Portus, et Roberto, carnifice, concessi, tenendam sine reclamatione mei et heredum meorum. Et ad majorem confirmationem presens scriptum ego sepedictus Gaufridus, clericus, sigilli mei munimine roboravi.

Actum anno gracie m° cc° xxx° secundo, mense aprilis.

Testibus hiis : Domino Andrea, presbitero Pontis-Arche; Roberto Coispel; Roberto, carnifice; Nicholao, preposito Pontis-Arche; Nicholao, scriptore, et pluribus aliis.

Orig. en parch. — Arch. de l'Eure, Fonds de Bon-Port, liasse 48, n° 48.

LXXXV

Richard de Bellevue, évêque d'Évreux, confirme les dispositions prises par le roi saint Louis pour la subsistance des deux prêtres desservant l'église de Quatremare.

(1232, octobre.)

Universis Christi fidelibus presentes litteras inspecturis, R., divina miseratione Ebroicensis ecclesie minister humilis, salutem in Domino . . . . excellentissimi domini nostri Ludovici, illustris regis Francorum recepimus in hac verba :

Ludovicus, Dei gracia, Francorum rex. Notum . . . . . . quod nos attendentes bona ecclesiastica ecclesiarum . . . . precipue deputata, ad peticionem dilecti nostri magistri . . . . cobo, canonici Lexoviensis, concessimus et volumus, divine pietatis intuitu et................... remedio quod in ecclesia de quatuor Maris, que jure patronatus ad nostram donationem................ persone dec.......... statuantur que in sacerdotali ordine et in propriis personis continue deserviant in ecclesia memorata, et bona.......... equo dividant et ex equo percipiant, salvo nobis et heredibus nostris integre et per omnia predicte ecclesie patron.... ut firmum maneat in perpetuum, signum nostrum presentibus litteris duximus apponendum.

Actum aput Vi........... millesimo ducentesimo tricesimo secundo, mense octobris.

Nos igitur, consideratis fructibus et conventionibus totu............ intelleximus quod duo sacerdotes qui in dicta ecclesia personaliter ministrabunt, poterunt et debebunt de............... nationem commode sustentari, et nos eam sicut superius annotata est gratam et ratam habuimus et rite.......... et eam pontificali auctoritate et sigilli nostri appositione confirmavimus.

Actum anno Domini millesimo ducentesimo [tricesimo] secundo, mense octobris.

Orig. en parch., détérioré. — Arch. de l'Eure, Fonds de Bon-Port, liasse 11, n° 1.

LXXXVI

Adam, abbé de Saint-Ouen de Rouen, vend à Bernier Coquerel et à Gilbert, son frère, une pièce de terre à Rouen.

(1232, décembre.)

Omnibus Christi fidelibus, presentes litteras inspecturis, Adam, Dei gracia, humilis abbas Sancti-Audoeni Rothomagensis, totusque ejusdem loci conventus, salutem in Domino. Ad omnium noticiam volumus pervenire nos concessisse et tradidisse Bernero Kokerel et Aelicie, uxori ejus, et Gilleberto, fratri predicti Berneri, quandam terram cum sex pentoriis, sitam in terra nostra que fuit Walteri, sutoris, quam dedit nobis Acenis Numitor, juxta campum vinee nostre, sicut se proportat et mete dividunt, in longitudine et latitudine, a fosseto vinee nostre, usque ad terram Ricardi Loviers : inter terram Gaufridi Richevilein et terram Willelmi Majoris, et terram Radulfi Baisevent et terram Petri Legrant et terram Roberti Haut-Tondu : tenendum de nobis et successoribus nostris dictis Bernero et Aelicie, et Gilleberto, et eorum heredibus, libere, quiete et hereditarie ; reddendo inde nobis et successoribus nostris, singulis annis, decem et octo solidos currentis monete in Rothomagum, scilicet quatuor solidos et sex denarios, ad Nativitatem Domini, et totidem ad Pascha, et totidem ad festum Sancti Johannis Baptiste, et totidem ad festum Sancti Michaelis, in septembri. Licet autem dictis Bernero et Aelicie, et Gilleberto, et eorum heredibus, de predicta terra et pentoriis facere omnem voluntatem suam, sicut de suo proprio, salvo tamen censu nostro predicto et jure dominico. Et nos et nostri successores tenemur dictis Bernero, Aelicie, Gilleberto et eorum heredibus dictam terram contra omnes gentes garantizare et de omnibus redditibus adquietare per predictum redditum. Quod ut ratum et stabile permaneat, ego Adam, predictus abbas, presens scriptum sigillo meo confirmavi.

Actum fuit hoc anno Domini m° cc° xxx° secundo, et sigillo capituli nostri confirmatum, mense decembris.

Orig. en parch. — Arch. de l'Eure, Fonds de Bon-Port, liasse 48, n° 20.

LXXXVII

Laurence, dame de Saint-Cyr, donne aux religieux de Bon-Port 8 sous de rente sur un tènement au Bequet.

(1233.)

Noverint universi, tam presentes quam futuri, quod ego Laurentia, domina de Sancto Cirico, relicta quondam Johannis Croi, militis, assensu et bona voluntate Johannis, primogeniti mei, et Elysabeth et Aaline, filiarum mearum, dedi et concessi pro salute anime mee et omnium antecessorum meorum, in puram et perpetuam elemosinam, ecclesie Boni-Portus et monachis ibidem Deo servientibus octo solidos annui redditus monete currentis in tenemento sito apud Le Bequet.............. filius Andree, et quod nunc tenet Adam Li Charrons, de me et here............ possidendos libere, quiete et pacifice, sine reclamatione mei vel heredum......... in festo Sancti Michaelis, per manum illius qui predictum tenementum tenuit .... in posterum predictos monachos Boni-Portus, super hac elemosina in.................... sumpserit. Ego predicta Laurentia et heredes mei hanc elemosinam predictis monachis tenebimur guarantizare, vel alibi in hereditate nostra ad valorem excanbiare. Quod ut ratum haberetur et stabile, presens scriptum sigilli mei munimine roboravi.

Actum anno Domini m° cc° tricesimo tercio.

Testibus hiis : Domino Petro de Caudecote, milite; Johanne, filio meo; Helya de Bosco, et multis aliis.

<small>*Orig. en parch., déchiré en partie.*— *Arch. de l'Eure, Fonds de Bon-Port, liasse 71, n° 4.*</small>

LXXXVIII

Amauri, comte de Montfort, connétable de France, vidime les lettres de 1202, de Simon, comte de Montfort, son père, et d'Alice, sa mère.

(1233, février.)

Noverint universi, presentes litteras inspecturi, quod ego Amauricus, comes Montis-Fortis, Francie constabularius, vidimus et inspeximus litteras donationis et elemosine quam fecerunt dominus Simon, comes Montis-Fortis, quondam bone memorie genitor noster, et Aelix, uxor ejus, mater nostra, ecclesie Beate Marie de Bono-Portu et monachis ibidem, Deo servientibus, sub hac forma :

Universis ad quos littere, etc. *(Voir plus haut, n° XXXI, p. 29.)*

Hanc autem donationem et elemosinam, pro salute anime nostre et uxoris nostre, antecessorum et heredum nostrorum, concedimus, et paginam confirmamus presentem, sigilli nostri munimine roboratam.

Actum anno gratie millesimo ducentesimo tricesimo tercio, mense februario.

Bibl. Imp., Cart. de Bon-Port, ch. 77, f° 60 v° et 61 r°.

LXXXIX

Etienne le Caretier et Mathilde, sa femme, reconnaissent la vente qu'ils ont faite de 10 sous de rente à Adam de Hugleville, à prendre sur un tènement à Rouen.

(1233, 6 mars.)

Omnibus Christi fidelibus, ad quos presens scriptum pervenerit, officialis Rothomagensis, salutem in Domino. Noveritis quod constituti in jure coram nobis Stephanus Le Careter et Matildis, uxor ejus, recognoverunt se vendidisse Ade de Huglevilla, civi Rothomagensi, pro quatuor libris et quinque solidis turonensium de quibus tenuerunt se, coram nobis, pro paccatis, renunciantes exceptioni pecunie non numerate, decem solidos redditus usualis monete apud Rothomagum, percipiendos et habendos eidem Ade et ejus heredibus pacifice, ad festum Sancti Michaelis, in totali tenemento quod dicti Stephanus et Matildis dicebant se habere apud Sanctum Hilarium, inter terram Reneri Le Berchier, ex una parte, et terram Radulphi de Pavelleio, presbiteri Sancti Hilarii, ex altera, et inter terram Nicholai Malpin et terram Nicholai, sutoris, et perpetuo possidendos, et ad faciendum ex inde, salvo jure dominico, suam penitus voluntatem. Ita tamen quod licebit de cetero eidem Ade et ejus heredibus justiciam suam facere in totali predicto tenemento pro predicto redditu annuatim habendo, termino prenotato. Juraverunt insuper dicti Stephanus et Matildis, uxor ejus, tactis sacrosanctis ewangeliis, spontanea voluntate, coram nobis, quod in dicto redditu, ratione hereditagii, dotalicii, elemosine, vel aliqua alia ratione sibi modo competenti, per se vel per alium nichil de cetero reclamabunt, nec etiam dictum Adam et ejus heredes super prefato redditu aliquatenus molestabunt, set eis, pro posse suo, dictum redditum, in totali predicto tenemento guarantizabunt contra omnes, ita quod illum habeant et percipiant singulis annis termino superius nominato, liberum et quietum. In cujus rei testimonium, sigillum curie Rothomagensis, ad instanciam parcium, presenti scripto duximus apponendum.

Actum die lune ante Cineres, anno Domini m° cc° tricesimo tercio, mense martio. Valete.

Orig. en parch. — Arch. de l'Eure, Fonds de Bon-Port, liasse 90, n° 94.

XC

Alice, veuve d'André le Clerc, partage avec Guillaume le Clerc, neveu de son mari, un tènement sis à Rouen.

(Vers 1233, mars.)

Noverint universi quod Aelicia, que fuit uxor Andree dicti Clerici, dum ipsa esset vidua, et Guillelmus, dictus Clericus, nepos dicti Andree et heres ejus, partiti sunt inter se quoddam tenementum quod dicti Andreas et Aelicia simul apud Rothomagum conquisierunt in Mala Palude, inter terram Guillelmi Fructuarii...... et terram magistri Maugeri, sicut ipsum tenementum ligneum et lapideum se proportat....... usque ad gardignum heredum Matillidis de Mara. Partitio autem talis est quod dicte Aelicie..... in parte sua medietas dicti tenementi, ea videlicet medietas que est per deversus terram dicti Guillelmi Le Fruiter, et dicto Guillelmo remanet alia medietas, et reddet dicta Aelici, de parte sua, octo solidos redditus annuatim, et dictus Guillelmus sex solidos et sex denarios, de parte sua annuatim. Sciendum tamen est quod dictus Guillelmus debet reddere, de parte sua, annuatim dicte Aelicie quamdiu ipsa vixerit, decem solidos de dote sua, in festo Sancti Michaelis, et post decessum ipsius..... idem Guillelmus de illis decem solidis remanebit quietus. Ut autem hec partitio....... ipsa Aelicia et idem Guillelmus hoc partitum inde fecerunt cyrographum. Anno...... mense marcii, coram Laurentio de Longuo, tunc majore Rothomagi..... sigillo communire ad invicem confirmatum.

Testibus hiis : Guillelmus de K...... Nicholao de Deippa; Radulpho Amiot; Willermo, clerico, et aliis.

Orig. en parch., avec endenture, détérioré en partie. — Arch. de l'Eure, Fonds de Bon-Port, liasse 94, n° 440.

XCI

Robert du Becquet confirme la donation de 8 sous de rente faite par Laurence, veuve de Jean Croc, aux religieux de Bon-Port.

(1233, avril.)

Noverint universi, tam presentes quam futuri, quod ego Robertus de Bequet, assensu et voluntate Tcieie, matris mee, et heredum meorum, concessi et confirmavi Deo et Beate Marie Boni-Portus et monachis ibidem Deo servientibus, octo solidos annui redditus, monete currentis, quod domina Laurentia, quondam uxor domini Johannis Croc, dedit in elemosinam, pro salute anime sue, dicte ecclesie et monachis ibidem Deo servientibus; qui siti sunt apud Le Becquet, in tenemento quod tenuit Nicholaus, filius Andree, et quod nunc tenet Adam Le Caron. Insuper ego jamdictus Robertus concessi et confirmavi jamdicte ecclesie et fratribus, duos solidos annui redditus, sitos apud Le Becquet, in tenemento Radulfi de Griolai, quos pater meus Giraume de Becquet, pro salute anime sue, dedit in elemosinam eisdem. Iterum confirmavi et concessi sepedictis ecclesie et fratribus quinque solidos annui redditus quos Emma de Pontif, pro salute anime sue, dedit in puram et perpetuam elemosinam eisdem, qui siti sunt in tenemento dicte Emme de Pontif in feodo Radulfi Le Marie. Ego autem sepedictus Robertus de Becquet, tanquam dominus fundi, omnia supradicta hac presenti carta mea confirmavi jamdicte ecclesie et fratribus ibidem Deo servientibus, ita quod licebit eisdem plenariam justiciam facere super tenementa predicta, absque mei vel heredum meorum impedimento, si ad statutos terminos de paga predicte elemosine plenarie non fuerit eisdem persolutum, salvo jure domini capitalis. Hec autem omnia supradicta tenemur, ego jamdictus Robertus de Becquet et heredes mei, jamdictis ecclesie et fratribus in omnibus et contra omnes garantizare. Quod ut ratum et stabile permaneat, presentem cartam sigilli mei munimine confirmavi.

Actum anno gratie m° cc° tricesimo tercio, mense aprilis.

Testibus hiis : Gaufrido Bernart; Johanne Pellipario; Ricardo et Blasio, monachis Boni-Portus, et pluribus aliis.

Orig. en parch. — Arch. de l'Eure, Fonds de Bon-Port, liasse 71, n° 5.

XCII

Robert de Clère vend à Guillaume le Vavasseur 25 sous de rente sur un ténement sis au Marché.

(1233, avril.)

Noverint universi quod ego Robertus de Clere, de assensu Annetis, uxoris mee, vendidi Guillelmo le Vavassor, per undecim libras turonensium, quas michi paccavit, viginti quinque solidos redditus, monete currentis, percipiendos annuatim, medietatem in festo Sancti Michaelis et medietatem in Natali Domini, in omni tenemento meo quod est in Marcato, inter terram que fuit Radulfo de Extra-Portam et terram Rogeri de Marcato, sicut se proportat, ante et retro. Licebit etiam de cetero dicto Guillelmo et ejus heredibus omnem suam voluntatem facere de dicto redditu, sicut de suo proprio, salvo jure dominico, et facere justiciam suam in antedicto tenemento pro dicto redditu annuatim habendo in terminis prestatutis. Ego etiam et mei heredes tenemur garantizare dicto Guillelmo et ejus heredibus dictum redditum, in antedicto tenemento, contra omnes gentes, et de omnibus redditibus acquietare.

Quod ut ratum sit, actum fuit hoc coram Johanne de Valle-Richerii, tunc majore Rothomagi, et sigillo meo cum sigillo communie fuit hoc confirmatum, anno Domini m° cc° xxx° tercio, mense aprilis.

Testibus hiis : Willemo de Kalli; Luca de Bervilla; Roberto Alani; Ingerranno Filluel; Willelmus, clerico communie, et aliis multis.

Orig. en parch. — Arch. de l'Eure, Fonds de Bon-Port, liasse 59, n° 1 ter.

XCIII

Guillaume de Veretot, chevalier, et Agnès, sa femme, vendent à Guillaume Hodengel et à Odeline, sa femme, 12 sous de rente sur un ténement sis à Rouen.

(1238, mai.)

Sciant omnes quod ego Willelmus de Veretot, miles, et Agnes, uxor mea, filia quondam Henrici de la Huese, vendidimus Willelmo Hodengel et Odeline, uxori ejus, pro centum et quindecim solidis turonensium quos nobis pre manibus paccaverunt, duodecim solidos redditus monete currentis, percipiendos annuatim in tenemento illo quod est apud Malum Paludem, inter terram que fuit Andree Clerici, et terram Johannis, filii Radulfi Strabonis, sicut se proportat a vico ante, usque ad terram que fuit Maugeri

Quoqui; videlicet, medietatem in festo Sancti Michaelis, et aliam medietatem in Pascha. Licebit etiam de cetero dictis Willelmo et Odeline et eorum heredibus omnem suam voluntatem facere de dicto redditu, sicut de suo proprio, et justiciam suam facere, si opus fuerit, in totali dicto tenemento, pro dicto redditu annuatim habendo, terminis prestatutis. Nos autem et nostri heredes tenemur garantizare dictis Willelmo et Odeline, et eorum heredibus, dictum redditum in dicto tenemento contra omnes gentes, et de omnibus redditibus acquietare, ut eum libere percipiant.

Quod ut ratum sit, actum fuit hoc coram Johanne de Valle Richerii, tunc majore Rothomagi, anno Domini m° cc° xxx° tercio, mense maio, et sigillis nostris cum sigillo communie Rothomagi fuit hoc confirmatum.

Testibus hiis : Simone Garini, Ricardo de Orbec, et aliis.

Orig. en parch. — Arch. de l'Eure, Fonds de Bon-Port, liasse 94, n° 408.

XCIV

Guillaume de Veretot, chevalier, et Agnès, sa femme, reconnaissent la vente de 12 sous de rente qu'ils ont faite à Guillaume Hodengel.

(1233, 9 mai.)

Omnibus Christi fidelibus, presentibus et futuris, officialis Rothomagensis, salutem in Domino. Noveritis quod constituti coram nobis Willelmus de Weretot, miles, et Agnes ejus uxor, ut dicebant, recognoverunt se vendidisse Willelmo Hodengel, pro centum et quindecim solidis turonensium, de quibus coram nobis tenuerunt se pro pagatis, renunciantes exceptioni pecunie non numerate, duodecim solidos annui redditus, quos dicebant se percipere annuatim in quadam masura sita in parrochia Sancti Macuti, in vico de Mala Palude, inter terram Andree, clerici, et terram Johannis, filii Hersendis; percipiendos singulis annis a dicto Willermo Hodengel et ejus heredibus, medietatem ad festum Sancti Michaelis, et aliam medietatem ad Pascha Domini, et habendos pacifice et perpetuo possidendos et ad faciendam exinde, salvo jure dominico, suam penitus voluntatem. Preterea dicta Agnes, de assensu dicti Willermi, mariti sui, qui presens erat, tactis sacrosanctis evangeliis, juravit in dictis duodecim solidis annui redditus, per se vel per alium, ratione hereditagii, vel elemosine, sive aliqua alia ratione sibi modo competenti, nichil de cetero reclamabit, nec dictum Willermum Hodengel, vel ejus heredes, super hiis aliquatenus molestabit. Quod ut ratum sit, presentem cartam sigillo curie nostre duximus roborandam.

Actum anno Domini M° CC° XXX° tercio, die lune ante Ascensionem Domini.

Orig. en parch. — Arch. de l'Eure, Fonds de Bon-Port, liasse 91, n° 107.

XCV

Alexandre le Pinteur vend à Gilbert Mordret et à Alice, sa femme, un ténement à Rouen, paroisse Saint-Maclou.

(1233, juin.)

Noverint universi quod ego Alexander Pinctor, de assensu et voluntate Nicholae, uxoris mee, concessi et tradidi Gilleberto Mordret et Aelicie, uxori ejus, tenementum illud quod est in parrochia Sancti Macuti, inter terram que fuit Bernier Musart, et terram que fuit Willelmi Fructerii, sicut se proportat a vico ante, usque ad terram que fuit Gocelini de Mara retro; tenendum et possidendum dictis Gilleberto et Aelicie et eorum heredibus bene, in pace, hereditarie, reddendo inde annuatim michi et meis heredibus quindecim solidos redditus monete currentis, medietatem in festo Sancti Michaelis, et medietatem in Pascha. Licebit etiam de cetero dictis Gilleberto et Aelicie et eorum heredibus omnem suam voluntatem facere de dicto tenemento, sicut de suo proprio, salvo jure dominico et redditu meo supradicto. Ego autem et mei heredes tenemur garantizare eis et eorum heredibus dictum tenementum contra omnes gentes et de omnibus redditibus acquietare per redditum superius nominatum; nam propter hoc dicti Gillebertus et Aelicia michi dederunt xxxv libras turonensium de recognitione, et Nicholae, uxori mee, unam tunicam de precio xl solidorum.

Quod ut ratum sit, eis exinde cartam feci, sigillo meo, cum sigillo communie confirmatam, coram Johanne de Valle-Richerii, tunc majore Rothomagi.

Actum fuit hoc anno Domini m° cc° xxx° tercio, mense junio.

Testibus hiis : Willelmo de Castro ; Gaufrido Cambitore ; Willelmo, clerico communie, et aliis.

Orig. en parch. — Arch. de l'Eure, Fonds de Bon-Port, liasse 48, n° 16.

XCVI

Geoffroy Richevilain fieffe à Roger Langlois un tènement sis en la paroisse de Saint-Vivien de Rouen.

(1233, décembre.)

Noverint universi quod ego Gaufridus Riqevilain concessi et tradidi Rogero Anglico tenementum illud quod est in parrochia Sancti-Viviani, inter terram Elye Le Rous, ex una parte, et terram quam michi retinui, ex altera, sicut mete interposite dividunt, sicut se proportat ab orto meo ante, usque ad terram Laurencii Calcensis, tenendum et possidendum dicto Rogero et ejus heredibus bene, in pace, hereditarie, reddendo inde annuatim michi et meis heredibus decem solidos redditus, monete currentis apud Rothomagum, in quatuor terminis, videlicet in Natali Domini, duos solidos et sex denarios, et totidem in Pascha, et totidem in nativitate Sancti Johannis, et totidem in festo Sancti Michaelis. Licebit etiam de cetero dicto Rogero et ejus heredibus omnem suam voluntatem facere de dicto tenemento sicut de suo proprio, salvo jure dominico et redditu meo superius nominato. Ego autem et mei heredes tenemur garantizare dicto Rogero et ejus heredibus dictum tenementum contra omnes gentes........ acquietare per redditum supradictum. Nam propter hoc dictus Rogerus michi dedit sexaginta quinque solidos turonensium de recognitione.

Quot ut ratum sit, actum fuit hoc anno Domini m° cc° xxx° tercio, mense decembris, coram Johanne de Valle-Richerii, tunc majore Rothomagi, et sigillo meo cum sigillo communie fuit hoc confirmatum.

Testibus hiis : Radulfo Barba; Ricardo Dorbecco, et aliis multis.

Orig. en parch. — Arch. de l'Eure, Fonds de Bon-Port, liasse 90, n° 62.

XCVII

Nicholas, fils de Onfroy du Mesnil, vend aux religieux de Bon-Port 2 deniers tournois de rente sur un ténement à Léry.

(1234.)

Universis presentes litteras inspecturis, officialis Ebroicensis, salutem in Domino. Noverit universitas vestra, quod in presentia nostra constituti Nicholaus, filius Hunfridi de Meisnil, defuncti, et Richeudis, ejus uxor, recognoverunt se vendidisse et concessisse abbati et conventui de Bono-Portu, sex solidos et duos denarios turonensium annui redditus, quos prenominati N. et R., ejus uxor, et eorum antecessores annuatim percipere solebant ad festum Sancti Dyonisii, ut dicebant dicti N. et R., ejus uxor, de quodam tenemento sito apud Lerei, ante clausum dictorum abbatis et conventus. Quod tenementum Rogerus, filius Willelmi de Chimino, defuncti, et sorores sue, ex successione materna, de dicto Nicholao tenebant et possidebant, per redditum supradictum, pro sexaginta et decem solid.s turonensium, de quibus prenominati Nicholaus et Richeudis, ejus uxor, coram nobis se tenuerunt pro pagatis. Ita videlicet quod prenominati monachi et eorum successores dictos sex solidos et duos denarios turonensium annui redditus ad idem festum annuatim percipient a prefatis Rogero, et ejus sororibus et eorum heredibus, libere, quiete et pacifice, absque ulla reclamatione ex parte dictorum Nicholai et Richeudis, ejus uxoris, et heredum suorum..... Nicholaus et Richeudis, ejus uxor, de bona voluntate eorumdem et sine ulla coactione..... tactis sacrosanctis, coram nobis quod in dictis sex solidis et duobus denariis turonensium ann....... chis venditis et concessis, neque ratione dotis, neque aliqua alia ratione...... per se...... [re]clamabunt. In cujus rei testimonium et munimen nos ad peti[tionem]........ presentibus litteris apposuimus.

Actum anno Domini m° cc° xxx° quarto.

<small>Orig en parch., détérioré par l'humidité. — Arch. de l'Eure, Fonds de Bon-Port, liasse 48, n° 19.</small>

XCVIII

Guillaume, fils de Michel de Léry, vend aux religieux de Bon-Port une vergée de terre à Léry.

(1235.)

Noverint universi, tam presentes quam futuri, quod ego Willelmus, filius Michaelis de Lereio, vendidi et omnino dereliqui, assensu et bona voluntate Tetie, uxoris mee, abbati et conventui Boni-Portus unam virgatam terre, sitam juxta prata de Lerie, inter terram Symonis Bouart, ex una parte, et terram Willelmi Barre, ex altera, de feodo predictorum monachorum, pro viginti quinque solidos turonensium quos dederunt michi predicti monachi. Hanc autem virgatam terre ego predictus Willelmus, filius Michaelis, et heredes mei predictis monachis contra omnes tenemur garantizare. Et hoc concessimus ego prefatus Willelmus et uxor mea Tetia prenominata, fide corporaliter prestita in manu domini officialis Ebroicensis. In hujus rei testimonium ego sepedictus Willelmus, filius Michaelis, presens scriptum sigilli mei munimine roboravi.

Actum anno gracie m° cc° tricesimo quinto.

Orig. en parch. — Arch. de l'Eure, Fonds de Bon-Port, liasse 48, n° 21.

XCIX

Simon Bonart vend aux religieux une masure, terre et jardin, à Léry.

(1235.)

Noverint universi, tam presentes quam futuri, quod ego Symon Bonart, assensu et bona voluntate Matildis, uxoris mee, et liberorum meorum, vendidi et concessi ecclesie Beate Marie de Bono-Portu et monachis ibidem Deo servientibus unam masuram cum terra et gardino predicte masure pertinentibus; quam masuram, cum predictis, tenebam de feodo predictorum monachorum, que etiam sita est in capite ville Lerey a parte des...... juxta terram que fuit Willelmi, filii Michaelis de Leire, ex una parte, et ex altera, juxta terram Durandi de Gardin, sicut se proportat a chemino usque ad aquam que dicitur Ardura. Vendidi etiam predictis monachis, ego predictus Symon Bonart, similiter assensu et bona voluntate predicte M., uxoris mee, et liberorum meorum, cum hiis supradictis unam virgatam terre, sitam in garenna de Leire, inter terram quam ipsi monachi emerunt de Willelmo, filio Michielis *(sic)*, ex una parte, et terram Durandi de Gardino, ex altera, que ....gata est de feodo predictorum monachorum. Et quia debebam eisdem monachis annuatim quator corveias, unam mihi quitaverunt pro venditione predicta, aliis autem tribus corveis eisdem sicut antea remanentibus. Et pro hiis omnibus supradictis ego predictus Symon Bonart recepi pre manibus a dictis monachis sex libras et quindecim solidos turonensium. Hec autem omnia supradicta tenemur, tam ego Symon, quam mei heredes, dictis monachis contra omnes garantizare. In hujus rei testimonium ego predictus Symon Bonart presentem cartam sigilli mei munimine confirmavi.

Actum anno Domini m° cc° tricesimo quinto.

Testes sunt hujus rei : Reginaldus de Alisi, tunc temporis vicecomes Vallis-Rodolii; Petrus Crassus; Hymbertus de..... Barre desuper Rippam, et pluribus aliis.

Orig. en parch., endommagé par l'humidité. — Arch. de l'Eure, Fonds de Bon-Port, liasse 48, n° 22.

C

Simon Bonart reconnaît la vente qu'il a faite aux religieux de Bon-Port d'une masure, terre et jardin, situées à Léry.

(1235.)

Universis Christi fidelibus, presentes litteras inspecturis, officialis Ebroicensis, salutem in Domino. Noverit universitas vestra quod in presentia nostra constituti Symon Bonart de Leireio et Matildis, uxor ejus, recognoverunt se vendidisse et concessisse monachis Sancte Marie de Bono-Portu, Cisterciensis ordinis, quamdam masuram, cum terra et gardino dicte masure pertinentibus, sitam in capite ville de Leireio, inter chiminum qui ducit ad Dans et aquam que dicitur Ardura, pro centum solidis turonensium, de quibus coram nobis se tenuerunt pro pagatis; tenendam et habendam dictam masuram dictis monachis liberam et quietam, sine de cetero dictorum Symonis et M., uxoris ejus, et heredum suorum reclamatione vel impedimento. Prenominati autem Symon et Matildis, ejus uxor, de bona voluntate eorumdem et sine ulla coactione, juraverunt coram nobis super sacrosanctis, quod in predicta venditione, ratione dotis sive aliqua alia ratione, nichil de cetero reclamabunt. In hujus rei testimonium presentibus litteris sigillum curie Ebroicensis apposuimus.

Actum anno Domini m° cc° tricesimo quinto.

Orig. en parch. — Arch. de l'Eure, Fonds de Bon-Port, liasse 48, n° 24.

CI

Nicolas du Mesnil vend aux religieux de Bon-Port 6 sous 6 deniers de rente sur un ténement, à Léry.

(1235.)

Sciant omnes, tam presentes quam futuri, quod ego Nicholaus, filius Humfridi de Mesnil, vendidi et concessi, assensu et bona voluntate Richeudis, uxoris mee, et omnium heredum meorum, monachis Sancte Marie de Bono-Portu, sex solidos et duos denarios usualis monete annui redditus, quos heredes Roce, quondam uxoris Galteri Bogis de Leire, mihi et heredibus meis reddere tenebantur in festo Sancti Dyonisii, pro quodam tenemento sito ante clausum dictorum monachorum apud Leire, cum terra campestri quod tenebam de predictis monachis, et predicti heredes Roce de me, per predictos sex solidos et duos denarios, quos de cetero prenominati monachi, ad prenominatum terminum, per manus illorum qui predictum tenementum tenuerint, singulis annis percipient, sine mei et heredum meorum impedimento. Et licebit eisdem plenariam facere justiciam super dictum tenementum, et manu tenere si, ad prefixum terminum integre et plenarie suum non habuerint redditum. Et pro hac venditione dederunt michi predicti monachi premanibus sexaginta solidos turonensium. Et hec omnia supradicta tenemur, tam ego N. quam mei heredes, dictis monachis contra omnes garantizare, vel, si necesse fuerit, alibi ad valorem excambiare.

Quod ut ratum et stabile permaneat, presentem cartam sigilli mei munimine confirmavi.

Actum anno Domini m° cc° tricesimo quinto.

<small>*Orig. en parch.* — *Arch. de l'Eure, Fonds de Bon-Port, liasse 48, n° 25.*</small>

CII

Guillaume, fils de Michel de Léry, et Tecie, sa femme, reconnaissent la vente qu'ils ont faite aux religieux de Bon-Port d'une vergée de terre à Léry.

(1235, mai.)

Universis Christi fidelibus, presentes litteras inspecturis, officialis Ebroicensis, salutem in Domino. Noverit universitas vestra quod in presentia nostra constituti Willemus, filius Michaelis de Lerei, et Tecia, ejus uxor, recognoverunt se vendidisse et concessisse monachis Sancte Marie de Bono-Portu, Cistercensis ordinis, unam virgatam terre, sitam juxta prata de Lerei, inter terram Symonis Bonart, ex una parte, et terram Willelmi Barre, ex altera, pro viginti quinque solidis, de quibus prenominati Willelmus et Tecia, ejus uxor, coram nobis se tenuerunt pro pagatis. Prenominati autem Willelmus et Tecia, de bona voluntate eorumdem et sine ulla coactione, juraverunt, tactis sacrosanctis, coram nobis, quod in dicta virgata terre, ratione dotis sive aliqua alia ratione, nichil de cetero reclamabunt. In hujus rei testimonium presentibus litteris ad petitionem partium sigillum curie Ebroicensis apposuimus.

Actum anno Domini m° cc° tricesimo quinto, mense maio.

<small>*Orig. en parch.* — *Arch. de l'Eure, Fonds de Bon-Port, liasse 48, n° 25.*</small>

CIII

Erembourge, sœur de M° Mauger Lequeu, ratifie la vente faite par son fils, à Gilbert Mordret, d'un tènement à Rouen.

(1335, 30 juin.)

Omnibus Christi fidelibus, presentes litteras inspecturis, officialis Rothomagensis, salutem in Domino. Noveritis quod constituta coram nobis Eremburgis, quondam uxor magistri Maugeri Coci, ut dicebat, concessit et ratam habuit venditionem quam Garnerus Cocus, filius ejusdem Eremburgis fecerat Gilleberto Mordret et Aelicie, ejus uxori, super tenemento cum domibus, sito in Mala Palude Rothomagi, inter terram que fuit Andree, clerici, et terram Hersendis Le Borgne, sicut se proportat a vico usque ad terram que fuit Remburgis, ut dicebatur. Preterea dicta Eremburgis, sponte et sine coactione, tactis solempniter sanctis evvangeliis, coram nobis juravit quod in totali dicto tenemento cum domibus, desuper, nomine dotalitii, hereditagii, elemosine, seu quolibet alia ratione, sibi modo competenti, nichil de cetero reclamabit, nec dictos Gillebertum Mordret et Aeliciam, ejus uxorem, vel eorum heredes super hoc aliquatenus molestabit. Et quod eisdem Gilleberto et Aelicie, et eorum heredibus, contra omnes pro posse suo garantizabit.

Quod ut ratum permaneat, presenti scripto sigillum curie Rothomagensis, ad ejusdem Eremburgis instantiam, duximus apponendum.

Actum anno Domini M° CC° XXX° quinto, mense junio, in crastino apostolorum Petri et Pauli. Valeat universitas vestra in Domino.

Orig. en parch. — Arch. de l'Eure, Fonds de Bon-Port, liasse 91, n° 98.

CIV

Ysabelle, femme de Guillaume de Tourville, reconnait la donation qu'elle a faite aux religieux de Bon-Port de plusieurs rentes.

(1235, 29 juillet.)

Omnibus Christi fidelibus, ad quos presens scriptum pervenerit, officialis auctoritate decani et capituli Rothomagensis, salutem in Domino. Noveritis quod Ysabellis, uxor domini Willelmi de Torvilla, militis, in presentia nostra, recognovit se dedisse et concessisse, in puram et perpetuam elemosinam, Deo et ecclesie Beate Marie de Bono-Portu et monachis ibidem Deo servientibus, pro salute anime sue et antecessorum suorum, decem solidos redditus usualis monete, in quibus dicebat Johannem Foache de Coudreio sibi teneri annuatim, videlicet in quinque solidis ad festum Sancti Michaelis, et in quinque solidis ad mediam Quadragesimam. Recognovit etiam se dedisse eisdem monachis, et in puram et perpetuam elemosinam concessisse, quinque solidos et quatuor capones et quatuor denarios et quadraginta ova annui redditus, in quibus dicebat Willelmum le Meteeier de Coudreio [sibi teneri annuatim], videlicet in predictis quinque solidis, ad festum Sancti Michaelis, et in quatuor caponibus et quatuor denariis ad Natale Domini, et in quadraginta ovis ad Pascha. Recognovit etiam se dedisse et concessisse eisdem monachis in puram et perpetuam elemosinam septem solidos redditus, in quibus dicebat Boutevilain de Duno sibi teneri annuatim ad festum Sancti Michaelis : quos omnes redditus predicti homines eidem annuatim, de maritagio suo, reddere tenebantur, ut dicebat. Dedit etiam et concessit eisdem monachis quicquid juris habebat et habere poterat in hominibus supradictis, ita quod liceat eis in predictis hominibus et eorum heredibus justiciam suam exercere, si opus fuerit, pro predictis redditibus annuatim habendis, terminis supradictis. In cujus rei testimonium, sigillum curie Rothomagensis, ad peticionem dicte Ysabellis, presenti scripto duximus apponendum.

Actum anno Domini m° cc° xxx° quinto, mense julio, die dominica post festum Sanctorum Jacobi et Christophori. Valete.

<small>Orig. en parch. — Arch. de l'Eure, Fonds de Bon-Port, liasse 105, n° 27.</small>

CV

Rabel de Muies confirme la donation de 10 sous de rente faite aux religieux de Bon-Port par Gilbert de Villette, son oncle.

(1235, septembre.)

Noverint universi, tam presentes quam futuri, quod ego Rabel de Muies, dedi et concessi, et hac presenti carta confirmavi ecclesie Beate Marie de Bono-Portu et monachis ibidem Deo servientibus, decem solidos monete currentis annui redditus, quos dominus Gillebertus de Villeta, avunculus meus, pro salute anime sue et animarum patris et matris sue, predicte ecclesie dedit in puram et perpetuam elemosinam, percipiendos singulis annis in festo Sancti Remigii super tenementum quod Johannes de Prato, tunc temporis de ipso tenebat; quem Johannem ego dictus Rabel dictis monachis ad dictum redditum persolvendum assignavi, salvo tamen jure domini capitalis. Et licebit dictis monachis plenariam facere justiciam super predictum tenementum, nisi predictus redditus plene et integre ad prefixum terminum eisdem fuerit persolutus. Et hec omnia supradicta tam ego dictus R. quam mei heredes contra omnes tenemur garantizare. Quod ut ratum et stabile permaneat, presentem cartam sigilli mei munimine confirmavi.

Actum anno Domini m° cc° tricesimo quinto, mense septembris.

Testes sunt hujus rei : Willelmus de Jussi; Willelmus de Damenevilla; Almaricus Sancmelle, milites; Nicholaus de Livet; Robertus Louvet, et multi alii.

<small>Orig. en parch. — Arch. de l'Eure, Fonds de Bon-Port, liasse 88, n° 1 bis.</small>

CVI

Guillaume dit le Clerc, croisé, et Auffride la Potière, sa femme, reconnaissent la vente qu'ils ont faite à Jean l'Écrivain, fils de ladite Auffride, d'un tènement sis à Rouen.

(1235, 15 novembre.)

Omnibus Christi fidelibus ad quos presens scriptum pervenerit, officialis Rothomagensis, salutem in Domino. Noveritis quod constituti in jure coram nobis Guillermus dictus Clericus, crucesignatus, nepos quondam Andree Clerici, defuncti, et Auffride La Potiere, uxoris ejus, recognoverunt se dedisse et concessisse et omnino reliquisse Johanni Scriptori, clerico, filio dicte Auffride, pro servicio suo et pro triginta libris turonensium, de quibus tenuerunt se pro pagatis coram nobis, renunciantes exceptioni pecunie non numerate, quoddam tenementum ligneum et lapideum, quod dicebant se habere in Mala Palude apud Rothomagum, inter terram Aelicie, uxoris Gilleberti Mordret, et terram que fuit magistri Maugeri, sicuti se proportat a vico ante usque ad gardignum heredum Matildis de Mara; eidem Johanni et ejus heredibus, habendum pacifice, et perpetuo possidendum, et ad faciendum exinde, salvo jure dominico, suam penitus voluntatem. Juravit insuper dictus Clericus Guillelmus, nepos dicti Andree Clerici, tactis sacrosanctis ewangelis, spontanea voluntate.......... in dicto tenemento, ratione hereditatis, elemosine, vel aliqua alia ratione sibi modo competenti, per se vel per alium, nichil de cetero reclamabit. In cujus rei testimonium, sigillum curie Rothomagensis, ad instanciam parcium, presenti scripto duximus apponendum.

Actum anno Domini m° cc° tricesimo quinto, mense novembris, die jovis post festum Sancti Martini hyemalis.

Vidimus de 1250. Orig. en parch. — Arch. de l'Eure, Fonds de Bon-Port, liasse 94, n° 111.

CVII

Eustache de Dreux vend à Jourdain du Mesnil, chevalier, une pièce de vigne sise à Menilles.

(1235, décembre.)

Sciant presentes et futuri, presens scriptum inspecturi, quod ego Eustachius de Drocis, assensu et voluntate Marthe, uxoris mee, vendidi et concessi, et hac presenti carta mea confirmavi, pro viginti libris parisiensium, Jordano de Mesnillo, militi, unam peciam vinee in longum et in latum, sitam in parrochia de Menides, inter vineam Acelini Ande, ex una parte, et limitem de Monte-Garpin. Ita videlicet quod dictus Jordanus de Mesnillo, miles, et heredes sui dictam vineam tenebunt, et jure hereditario possidebunt, sine reclamatione mei et dicte uxoris mee et heredum meorum, libere, quiete, et pacifice, ab omnibus que ad manum meam et heredum meorum possunt vel poterunt pervenire, et facient et reddent Johanni de Chambines, domino dicte vinee, et heredibus suis servitia et redditus que faciebam et reddebam, videlicet tresdecim denarios et unum obolum parisiensium, in festo Sancti Remigii annuatim...... Et heredes mei dicto Jordano de Mesnillo, militi, et heredibus suis dictam vineam garantizare et defendere contra omnes, vel alibi in propria hereditate nostra, valore ad valorem excambiare. Quod ut ratum et stabile futuris temporibus permaneat, presens scriptum sigilli mei munimine roboravi.

Actum anno Domini M° CC° XXX° quinto, mense decembris.

Orig. en parch. — Arch. de l'Eure, Fonds de Bon-Port, liasse 75, n° 4.

CVIII

Baudry d'Étables vend aux religieux de Bon-Port une pièce de terre sise à Caudebec au Catelier.

(1236.)

Notum sit omnibus, tam presentibus quam futuris, quod ego Baldricus de Stallis vendidi et concessi monachis Sancte Marie de Bono-Portu quamdam peciam terre quam emi a Nicholao Fortin, sitam in parrochia Sancte Marie de Caudebec, apud le Castelier, inter terram Laurentii Moisson, ex una parte, et terram quam Thomas Blancvilain emit a Roberto de Fossato, ex altera, tenendam et habendam dictis monachis, libere, quiete et pacifice, salvo jure domini capitalis, absque mei de cetero et heredum meorum reclamatione. Et sciendum quod ego predictus Baldricus et mei heredes tenemur dictam pecciam terre contra omnes garantizare. Et pro hac venditione et concessione dederunt michi predicti monachi triginta quinque solidos turonensium. Quod ut ratum et stabile permaneat, presentem cartam sigilli mei munimine confirmavi.

Actum anno Domini M° CC° tricesimo sexto.

Orig. en parch. — Arch. de l'Eure, Fonds de Bon-Port, liasse 71, n° 10.

CIX

Robert Bras-de-Seine reconnaît devoir aux religieux de Bon-Port 4 sous de cens de rente sur une pièce de terre à Caudebec.

(1236.)

Noverint universi, tam presentes quam futuri, quod ego Robertus Braz de Saine debeo monachis Sancte Marie de Bono-Portu quatuor solidos censuales de annuo redditu, percipiendos eisdem, singulis annis, in festo Sancti Michaelis, super quamdam peciam terre quam de ipsis teneo per predictum censum, liberam et quietam, salvo jure domini capitalis, sitam in territorio de Caudebec, apud le Castelier, quam pecciam terre emerunt a Baldrico de Stallis. Et licebit dictis monachis plenariam exercere justiciam super predictam pecciam terre, et manu tenere nisi predictus redditus integre et plenarie ad prefixum terminum eisdem fuerit persolutus. In hujus rei testimonium presentem cartam sigilli mei munimine confirmavi.

Actum anno Domini M° CC° XXX° sexto.

Orig. en parch. — Arch. de l'Eure, Fonds de Bon-Port, liasse 71, n° 7.

CX

Guillaume de Saint-Romain, bourgeois de Rouen, vend à Etienne Havart, de Léry, tous les héritages qu'il possédait dans la vallée du Vaudreuil.

(1236.)

Sciant omnes, presentes et futuri, quod ego Willelmus de Sancto-Romano, burgensis Rothomagensis, vendidi et concessi, et hac presenti karta confirmavi Stephano Havart de Lereio, pro viginti quinque libris turonensium, quos inde michi dedit, totum illud quod hereditarie possidebam in Valle-Rodolii, in terris et redditibus et omnibus rebus aliis : tenendum et possidendum dicto Stephano et heredibus suis, de me et heredibus meis, bene et pacifice, libere et quiete, reddendo inde michi et heredibus meis annuatim quasdam cerothecas tribus denariis, scilicet ad Pascha. Et ego jamdictus Willelmus et heredes mei dictum hereditagium eidem Stephano et heredibus suis prenominatum redditum contra omnes tenemur garantizare, et alibi ad valorem, si opus affuerit, in propria hereditate nostra excambiare, salvo tamen jure et redditu capitalium dominorum. Et ad majorem hujus rei confirmationem presentem kartam sigilli mei munimine roboravi.

Actum anno gracie m° cc° xxx° sexto.

Testibus hiis : Jordano de Mesnillo; Willelmo de Sauceio, militibus; Petro Blancvilain, clerico, filio Garini Blancvilain; Petro Lecras; Johanne Letavernier; Raginaldo de Mota; Galfrido Havardi, et pluribus aliis.

<small>*Orig. en parch.; reste d'attache, tressée de fil bleu, noir et jaune.* — Arch. de l'Eure, Fonds de Bon Port, liasse 85, n° 3.</small>

CXI

Robert Louvet donne au portier de Bon-Port 7 sous de rente sur la terre de Cléon.

(1236, mai.)

Noverint universi, tam presentes quam futuri, quod ego Robertus Lovet de Becquet, assensu et voluntate Beatricis, uxoris mee, et Roberti filii mei, et omnium heredum meorum, dedi in puram et perpetuam elemosinam, pro salute anime mee et omnium amicorum meorum, portario abbatie Beate Marie de Bono-Portu septem solidos monete currentis, annui redditus, percipiendos singulis annis in fésto Sancti Michaelis, per manus istorum hominum quorum nomina inferius sunt annotata, videlicet : per manus Hermenfroidi Gaverent, sex solidos, et per manus Guillelmi Guion, duodecim denarios, super terram quam dicti homines tenebant de me apud Cleon. Et licebit dicto portario plenariam exercere justiciam, tam super dictos homines et eorumdem successores, quam super terram, sicuti facere solebam, nisi predictus redditus integre et plenarie eidem, ad prefixum terminum, fuerit persolutus. Ego autem predictus Robertus Louvet et mei heredes tenemur predictam elemosinam jamdicto portario contra omnes defendere et garantizare. In hujus rei testimonium, presentem cartam sigilli mei munimine confirmavi.

Actum anno Domini m° cc° tricesimo sexto, mense maii.

<small>*Orig. en parch.* — Arch. de l'Eure. Fonds de Bon-Port, liasse 69, n° 46.</small>

CXII

Guillaume Barre vend à Pierre de Mauléon 58 sous de rente à prendre sur un tènement à Léry.

(1237, octobre.)

Noverint universi, tam presentes quam futuri, quod ego Guillelmus Barre de super Ripam, de parrochia de Leire, vendidi et concessi, assensu........ uxoris mee et omnium heredum meorum, Petro de Malo-Leone, tunc temporis castellano de Ponte-Arche, quinquaginta et octo solidos....... nui redditus percipiendos, singulis annis, videlicet viginti et duos solidos et sex denarios, ad terminos assignatos de paga, super quamdam...... Gaufridus Anglicus et ejus filius, sitam juxta cheminum de Eure, inter terram Nicholai Papeil, ex una parte, et terram Roberti filii .... ter domum Galteri d'Arsel et aquam Eure, octo autem solidos super terram Gilleberti Letellier, et octo solidos super terram Rog...... terre dictorum G. et R. site sunt inter terram predicti Nicholai Papeil, ex una parte, et inter terram dicti Roberti filii...... assignavi dicto Petro et heredibus suis quindecim solidos percipiendos super insulam Manerii que fuit Hugonis, filii R........ redditus, scilicet quinque solidos et duos capones assignavi P. percipiendos super unam virgatam terre sitam *As Houiieres*....... una parte, et terram Emmeline La Clere, ex altera, quam virgatam terre Guerardus de Lereio de me tenebat. Et s...... de dicta virgata terre non poterant reddere viginti predictos solidos et duos capones, liceret dicto Petro et suis heredibus facere just....... virgatas terre quas habeo super aquam Eure quoadusque suum habent redditum, videlicet viginti solidos et duos capones superius nominatos........ omnia suprascripta vendidi et concessi, et hac presenti carta confirmavi Petro predicto de Male Leone et heredibus suis tenenda et hab........ et quiete, salvo jure capitalium dominorum, per sex denarios annui redditus michi et heredibus meis reddendos, ad festum Sancti Remigii..........bus suis. Ita sane quod ego predictus Guillelmus Barre de super Rippam et mei heredes tenemur eisdem omnia, que in hac pagina continentur, garantizare, et omnia servicia ad quoscumque dominos pertinencia reddere et facere. Ita quod possint pacifice predictos redditus cum ....bam et habere poteramus, quiete possidere, et si casu, aliquo contingente, predicta in dictis locis non poterimus garantizare pre...... valore ad valorem..... hereditate nostra excambiare quam tempore carte confectionis tenebamus. Licebit eciam..... plenariam justiciam facere super dicta tenementa, nisi dictus redditus, singulis annis, ad terminos assignatos de paga eisdem fuerit...... concessione et venditione et hac garantizatione dedit michi dictus Petrus viginti libras turonensium. Quod ut ratum et stabile per[maneat], presentem cartam dominus Jordanus de Mesnil, miles, et Stephanus Havart, domini feodales supradictorum tenementorum sigillorum suorum............ sigilli mei benigne confirmaverunt dictam venditionem, firmam et ratam habentes.

Actum anno Domini M° ...., mense octobris.

Orig. en parch., très-endommagé par l'humidité. — Arch. de l'Eure, Fonds de Bon-Port, liasse 48, n⁰ˢ 28 et 24.

CXIII

Guillaume le Praier cède aux religieux de Bon-Port 3 deniers de rente, à prendre sur une pièce de pré à Hacten.

(1237, novembre.)

Sciant omnes, tam presentes quam futuri, quod ego Guillelmus Pratarius, assensu et voluntate Rosce, uxoris mee, et omnium heredum meorum, vendidi et concessi et omnino reliqui, monachis Sancte Marie de Bono-Portu, tres denarios annui redditus quos michi dicti monachi.

singulis annis, reddere tenebantur, pro quadam peccia prati, sita ad Haetes, super quam Erambertus de Valle-Rodolii, clericus, eisdem decem solidos annui redditus in perpetuam dedit elemosinam. Preterea vendidi dictis monachis quicquid juris et possessionis habebam vel habere poteram in dicta pecia prati; tenendos in perpetuum pacifice possidendos, et ad faciendam ex inde suam penitus voluntatem, absque mei et heredum meorum reclamatione. Et tenemur, tam ego predictus Guillelmus Pratarius, quam mei heredes, omnia supradicta dictis monachis contra omnes guarantizare et omnes redditus et servitia ad dictum pratum spectantia, domino capitali reddere et facere et de dote acquitare, vel alibi ad valorem, si necesse fuerit, excambiare. Et pro hac venditione et concessione et guarantizatione prenominati monachi michi decem solidos turonensium dederunt. Hanc autem venditionem et concessionem feci dictis monachis, renuncians omni juri canonico et civili. Quod ut ratum et stabile permaneat, presentem cartam sigilli mei munimine confirmavi.

Actum anno Domini m° cc° tricesimo septimo, mense novembris.

Orig. en parch. — Arch. de l'Eure. Fonds de Bon-Port, liasse 85, n° 9.

CXIV

Guillaume Barre et Durande, sa femme, vendent à Pierre de Mauléon, châtelain du Pont-de-l'Arche, 56 sous 6 deniers et 4 chapons, à prendre sur plusieurs biens situés à Léry.

(1238, janvier.)

. . . . ras inspecturis, officialis Ebroicensis, salutem in Domino. Noverit universitas vestra quod Guillelmus Barre de L. . . . ., constituti recognoverunt se vendidisse et concessisse Petro de Malo-Leone, castellano de Ponte-Arche. . . . . annui redditus, sitos in parrochia de Lere,

cujus scilicet redditus predicti Guillelmus et Duranda, ejus ux..........
percipere consueverunt per manus Galfridi Anglici et Roberti, filii ejus, de
quadam pecia terre, sita inter terram Nich.........rdi ex altera, et per
manus Gileberti Textoris octo solidos ad idem festum de quadam pecia terre,
sita inter terram predicti Galfridi......[T]extoris, ex altera, et per manus
Rogeri Textoris octo solidos ad idem festum, et duos capones ad Natale
Domini, de quadam pecia terre............ Gilleberti, ex una parte, et
terram Roberti filii Ricardi, ex altera, et per manus Radulfi Lovel, quindecim solidos, ad idem festum, de insula Manerii qu......... Roberti.
Et per manus Gerardi Le Bocheron quinque solidos ad idem festum, et
duos capones ad Natale Domini, de una virgata terre, sit..........arre,
ex una parte, et terram Emeline La Clere, ex altera, prout dicebant dicti
Guillelmus et Duranda, ejus uxor, coram nobis........... Malo-Leone
et heredes sui totum redditum supradictum imperpetuum percipient libere,
quiete et pacifice, ad terminos prenotatos.............. virorum supradictorum et eorum heredum, vel per manus illorum qui dictas terras et insulam
tenebunt, reddendo inde annuatim................. et eorum heredibus
sex denarios currentis monete de redditu, ad festum Sancti Remigii pro
omnibus que ad manus........ et ad manus eorum heredum possunt vel
poterunt evenire. Prenominati vero Guillelmus et Duranda, ejus uxor, et
.... octo solidos et sex denarios, et quatuor capones prefato
Petro et suis heredibus contra omnes et in omni................ et alibi
in propria hereditate eorumdem, valore ad valorem excambiare, si necesse
.... sacrosanctis coram nobis, de bona voluntate eorumdem et
sine ulla coactione, quod omnia prescripta prout superius........ fideliter...
[obser]vabunt, et quod in supradictis quinquaginta et octo solidis et sex
denariis et quatuor caponibus.................. de Malo................ssis,
neque ratione dotalicii, nec aliqua alia ratione, per se, nec per alios, aliquid
de cetero reclamabunt. Pro............. venditione et concessione redditus
supradicti, prefatus Petrus de Malo-Leone dedit predictis Guillelmo et
Durande............. uxori, vig[inti] libras turon., de quibus coram nobis
se tenuerunt propagatis. In cujus rei testimonium et munimen, nos, ad

peticionem parcium, sigillum curie Ebroicensis presentibus litteris apposuimus.

Actum anno Domini m° cc° xxx° octavo, mense januario.

<small>*Orig. en parch., fort détérioré.* — Arch. de l'Eure, Fonds de Bon-Port, liasse 48, n° 29.</small>

CXV

Pierre de Louvetot vend à maître Jean de Carville 10 sous de rente, à Rouen.

(1238, juillet.)

Noverint universi quod ego, Petrus de Lovetot, vendidi in perpetuum magistro Johanni de Carvilla, clerico, pro centum solidis turonensium, de quibus michi satisfecit, decem solidos annui redditus, usualis monete, apud Rothomagum, percipiendos annuatim eidem Johanni et ejus heredibus, quatuor terminis : duos solidos et sex denarios in festo Sancti Michaelis, totidem in Natali Domini, totidem in Pascha, totidem in Nativitate Sancti Johannis, super tenementum meum, situm in Alba Via, in parrochia Sancti-Gildardi, inter terram Rogeri de Bosco-Willelmi et terram Renoldi Claron, a vico ante usque ad terram Roberti Lepileor, per retro. Licebit etiam de cetero eidem Johanni et ejus heredibus facere omnem voluntatem suam de predicto redditu, sicut de suo proprio, salvo jure dominico, et facere justiciam suam in dicto tenemento pro dicto redditu annuatim habendo terminis antedictis. Et ego et mei heredes de pacto tenemur garantizare eidem Johanni et ejus heredibus dictum redditum in dicto tenemento contra omnes gentes et de omnibus redditibus acquietare.

Quod ut ratum et stabile sit, actum fuit hoc anno Domini m° cc° tricesimo octavo, mense julio, coram Nigasio de Carvilla, tunc majore Rothomagi, et sigillo meo cum sigillo communie fuit hoc confirmatum.

Testibus hiis : Simone Garin ; Radulfo Barbe ; Willelmo, clerico, et aliis multis.

Orig. en parch. — Arch. de l'Eure, Fonds de Bon-Port, liasse 90, n° 58.

CXVI

Agnès de Saint-Lô vend à Guillaume le Vavasseur 10 sous de rente, sur une maison à Rouen.

(1238, janvier.)

Noverint universi quod ego Agnes, filia Willelmi de Sancto-Laudo, vidua, vendidi Willelmo Le Vavassor, civi Rothomagi, pro centum solidis turonensium quos michi paccavit, decem solidos redditus monete currentis, percipiendos annuatim in festo Sancti Johannis in tenemento illo quod situm est apud Sanctum-Vivianum, ante crucem archiepiscopi, sicut se proportat inter terram Ade Anglici, ex una parte, et terram Fulconis de Aufai, ex altera parte, et per retro, et vicum per ante. Licebit etiam de cetero dicto Willelmo et suis heredibus omnem suam voluntatem facere de dicto redditu, sicut de suo proprio, salvo jure dominico, et justiciam suam facere in dicto tenemento, pro dicto redditu annuatim habendo termino antedicto. Ego autem et mei heredes tenemur garantizare dicto Willelmo et suis heredibus dictum redditum, in dicto tenemento, contra omnes gentes et de omnibus redditibus acquietare : et de hac garantizatione posui ei in contra plegium omnia bona mea ubicumque sint.

Quod ut ratum sit, actum fuit hoc anno Domini M° CC° XXX° octavo, mense januario : coram Roberto, filio Alani, tunc majore Rothomagi, et sigillo meo cum sigillo communie fuit hoc confirmatum.

Testibus hiis : Radulfo Amiot ; Rogerio, filio Agnetis, et aliis multis.

Orig. en parch. — Arch. de l'Eure, Fonds de Bon-Port, liasse 90, n° 55.

CXVII

Nicolas Gobelin vend aux religieux de Bon-Port 5 sous de rente à prendre sur tous ses biens, à Léry.

(1238, février.)

Sciant presentes et futuri quod ego Nicholaus Gobelin, de assensu et voluntate Emeline, uxoris mee, vendidi et omnino dereliqui monachis Beate Marie Boni-Portus quinque solidos annui redditus, sitos super masagium meum et super totum tenementum quod potest mihi evenire ex parte patris mei. Insuper elemosinavi dictis monachis duodecim denarios, et Duranda, uxor mea, duodecim denarios, et Helvisa, mater predicte Durande, similiter duodecim denarios, habendos et percipiendos predictis monachis, singulis annis, a me et heredibus meis, annuatim ad duos terminos, videlicet, in festo Sancti Remigii quatuor solidos turonensium, et totidem ad festum omnium Sanctorum. Et poterunt dicti monachi facere justitiam suam in omnibus tenementis que ego vel heredes mei apud Lereium de cetero tenebimus et possidebimus, si predicti octo solidi non fuerint eis persoluti ad terminos prenominatos. Et sciendum est quod si filius meus primogenitus recesserit a me, dum vixero, teneretur respondere mihi de duobus solidis supradictis, ex parte dicte Durande, matris sue, et Helvisie, matris ejusdem Durande. Pro hac autem vendicione et concessione facienda, dederunt mihi predicti monachi quadraginta et quinque solidos turonensium. Et ego et mei heredes, singulis annis, dictis monachis dictos octo solidos, absque dilatione aliqua, ad terminos prenominatos reddere tenemur. Quod ut firmum sit et stabile, presentem cartam sigillo meo sigillavi.

Actum anno gracie m° cc° tricesimo octavo, mense februario.

Testibus: Domino Gaufrido, tunc presbytero de Lereio; Stephano.....;

Petro Crasso; Willelmo Barre; Rogero de Montot; Gaufrido ...., et multis aliis.

Orig. en parch., un peu détérioré par l'humidité. — Arch. de l'Eure, Fonds de Bon-Port, liasse 48, nº 51.

CXVIII

Nicolas le Waleis vend aux religieux de Bon-Port une pièce de vigne, à Léry.

(1238, février.)

Sciant presentes et futuri quod ego Nicholaus Le Waleis, de assensu et voluntate Thecie, uxoris mee, vendidi et omnino quitavi monachis Boni-Portus, pro quatuor libris et quatuordecim solidis turonensium, quas ipsi mihi pagaverunt, quandam pechiam vinee, sitam in parrochia de Lereio, de feodo dictorum monachorum, inter vineam Petri Crassi, ex una parte, et vineam Gaufridi dicti Caponis, ex altera; habendam et possidendam predictis monachis integre et quiete, salvis redditibus qui debentur de dicta vinea, videlicet hiis : Willelmo Beguin, undecim solidos turonenses; Auvreio le Boscheron totidem et duas gallinas, et Petro Crasso tres solidos; absque omni calumpnia et reclamatione de cetero, ex parte mei vel heredum meorum. Et poterunt dicti monachi de predicta vinea facere voluntatem suam tanquam de suo proprio tenemento, salvis viginti et quinque solidis turonensium et duabus gallinis supradictis, quos dicti monachi reddent annuatim predictis Willelmo, Auvreio, et Petro et eorum heredibus ad terminos consuetos. Et si contigerit quod uxor mea supervixerit me et debuerit habere dotem in dicta vinea, assigno ei post decessum meum dimidiam acram terre, sitam juxta pontem de Lereio, pro excambio dotis dicte vinee. Alioquin si noluerit excambiationi consentire, et in dicta vinea dotem, secundum consuetudinem patrie debuerit habuere, dicti monachi tenebunt et possidebunt dictam dimidiam acram terre in manu sua quamdiu dicta Thecia vixerit, in recompensationem dotis dicte vinee. Hec autem omnia prout in presenti carta continentur, ego Nicholaus et heredes mei dictis monachis contra omnes tenemur garantizare vel alibi, si necesse fuerit, valore ad valorem, excambiare. Quod ut firmum sit et stabile, presentem cartam sigillo meo sigillavi.

Actum anno gracie M° CC° tricesimo octavo, mense februarii.

Testibus.... [Gau]frido, tunc presbytero de Lereio; Stephano Havard; Petro Crasso; Willelmo Barre; Rogero de Mon...... ...frido Auberici; Roberto le Walei, et multis aliis.

Orig. en parch., un peu détérioré. — Arch. de l'Eure, Fonds de Bon-Port, liasse 48, n° 30.

CXIX

Etienne Havart confirme la vente faite aux religieux par Jean, fils de Lucas, d'une pièce de vigne, à Léry.

(1239, avril.)

Noverint universi, tam presentes quam futuri, quod ego Stephanus Havart, de Lereio, concedo et hac presenti carta confirmo monachis Sancte Marie Boni-Portus, venditionem illam quam Johannes, filius Luce, fecit dictis monachis, scilicet de quadam petia plante vinee, que sita est inter plantam vine[e] dictorum monachorum et haiam de Leire; ita quod de cetero, tam ego quam mei heredes in dicta pecia, ratione hereditatis, dominii, seu aliqua alia ratione, poterimus reclamare, nec dictos monachos super hec aliquatenus molestare. In cujus rei testimonium, presentem cartam sigilli mei appositione confirmavi.

Actum anno Domini M° CC° XXX° nono, mense aprilis.

Orig. en parch. — Arch. de l'Eure, Fonds de Bon-Port, liasse 48, n° 33.

CXX

Alice la Folete donne aux religieux de Bon-Port 4 sous de rente, au Becquet.

(1240.)

Noverint universi, tam presentes quam futuri, quod ego Aaliz la Folete, dedi et concessi, in puram et perpetuam elemosinam, Deo et Beate Marie Boni-Portus et monachis ibidem Deo servientibus, pro salute anime mee et omnium amicorum meorum, quatuor solidos annui redditus, monete currentis, percipiendos singulis annis, ad festum Sancti Michaelis, de terra quam tenebat de me Radulfus Flori, sita apud le Bechet, inter terram Ricardi de Orto, ex una parte, et terram Guillermi de Orto, ex altera; tenendos et habendos libere et quiete, in elemosinam perpetuam et puram, absque mei vel heredum meorum de cetero reclamatione. Et licebit dictis monachis plenariam justiciam exercere in dicta terra, nisi dictus redditus eisdem ad prefatum terminum integre fuerit persolutus. Et hoc tenemur, tam ego Aaliz quam mei heredes, dictis monachis contra omnes garantizare. Et ut hoc ratum et stabile permaneat, presentem cartam sigilli mei munimine roboravi.

Actum anno Domini m° cc° quadragesimo.

Testibus hiis: Domino Johanne de Sancto Petro Liesros, presbytero; fratre Radulfo de Sancto Desiderio, monacho; fratre Blasio, Boni-Portus monacho; Rogero Levigneron, et pluribus aliis.

Orig. en parch. — Arch. de l'Eure, Fonds de Bon-Port, liasse 74, n° 8.

CXXI

Geoffroy Vasquier vend à Robert de Pintervillle 10 sous de rente, à Incarville.

(124., janvier.)

Notum sit omnibus, presentibus et futuris, quod ego Gaufridus Waliquier vendidi et concessi Roberto de Pintarvilla decem solidos, usualis monete in Normannia, annui redditus, quos Willelmus de Bequet michi annuatim reddebat, quinque solidos ad festum Sancti Johannis Baptiste et quinque solidos ad festum Sancti Remigii, pro uno masagio, sito in parrochia de Wiscarvilla, inter masagium heredum Roberti Lallier et masagium Simonis de Folevilla et Willelmi Lebel : tenendos et habendos hos decem solidos redditus, jure hereditario, eidem Roberto et suis heredibus, bene et in pace, libere et quiete, et sine ulla reclamatione mei vel heredum meorum, salvo jure dominico. Et ego dictus Gaufridus et mei heredes, jamdicto Roberto et suis heredibus, dictos decem solidos redditus contra omnes et in omnibus curiis deffendere et garantizare, aut, si opus affuerit, in nostro proprio hereditagio, valore ad valorem, excambiare tenemur. Licebit vero dicto Roberto et suis heredibus justiciam exercere plenariam in predicto masagio, si necesse fuerit, pro redditu supradicto. Et pro concessione hujus venditionis, predictus Robertus premanibus pagavit michi centum solidos turonensium. Et ut hoc ratum et stabile permaneat, hanc presentem cartam fieri feci et sigillo meo confirmavi.

Actum anno Domini M° CC° XL°.., mense januarii.

Hujus rei testes sunt : Christophorus de Cultura; Oudo de Bequet; W. Lebel; Simon......; Johannes Lallier, et plures alii.

Orig. en parch. — Arch. de l'Eure, Fonds de Bon-Port, liasse 89, n° 1.

CXXII

Guillaume le Prayer vend à Jean Boterel 7 sous de rente sur plusieurs héritages, au Vaudreuil.

(1241, 8 septembre.)

Notum sit omnibus, presentibus et futuris, quod ego Guillelmus le Prayer, de Gavreio, vendidi et concessi, et hac presenti karta confirmavi Johanni dicto Boterel, clerico, de Valle-Rodolii, decem solidos turonensium redditus, quos dictus Johannes debebat michi annuatim, ad festum Sancti Michaelis, pro omnibus denariis, videlicet mas..... vel alii...... aliis juribus quem habebam et jure hereditario, ratione serjantarie mee, vel qualibet alia habere poteram in omnibus animalibus pastum euntibus per prata de Valle-Rodolii, ad meam serjantariam pertinencia, post visionem dictorum........ per mandatum domini regis factam, cujuscumque predicta animalia sint; que omnia antedicta ego predictus Guillelmus predicto Johanni Boterel et heredibus Gaudivest feodaveram : tenendos et habendos, et jure hereditario in perpetuum possidendos predictos decem solidos cum omnibus antedictis sibi Johanni Boterel, clerico, et suis heredibus de me et heredibus....... per quasdam cerothecas vel tres denarios redditus michi vel heredibus meis......... persolvendos. Licebit autem dicto Johanni et suis heredibus.......... feodationis et in ista........ .... predictus Johannes sexaginta solidos turonensium de quibus me......... .... presentem kartam sigilli munimine roboravi.

Actum anno Domini m° cc° [xl° 1°] in Nativitate Beate Marie Virginis.

Hujus rei sunt testes : Johannes le Senescal; Gaufridus le Barbier; ...... le Prayer; Thomas de Celier; Thomas Lespec; Thomas Cantelou; Garinus Boulengier, et plures alii.

Orig. en parch., en très-mauvais état. — Arch. de l'Eure, Fonds de Bon-Port, liasse 85, n° 4.

CXXIII

Durand de la Ruelle vend à Raoul Begnart 7 vergées de terre au Mesnil-Jourdain.

(1241, janvier.)

Notum sit omnibus, presentibus et futuris, quod ego Durandus de Ruella vendidi et concessi, de assensu et voluntate Aceline, uxoris mee, et omnium heredum meorum, Radulfo Begnart, presbytero de Mesnilio-Jordanis, septem virgutas terre, in una pecia, que pecia sita est inter terram de Damenevilla, ex una parte, et campum quod vocatur le *Champ Henrri*, ex altera, tenendam et habendam, jure hereditario, dictam peciam terre eidem Radulfo et ejus heredibus de me et de meis heredibus, bene et in pace, libere et quiete, et sine ulla reclamatione mei vel heredum meorum, salvo jure dominico. Ego Durandus jamnotatus et heredes mei, predicto Radulfo, presbytero, et ejus heredibus, hanc dictam peciam terre de septem virgutis, contra omnes gentes et in omnibus curiis, ad usus et consuetudines Normannie, deliberare et garantizare tenemur, per duos capones de redditu, quos dictus Radulfus et ejus heredes tenentur reddere michi aut meis heredibus, ad Nathale Domini, de redditu statuto. Ego jamdictus Durandus fiduciavi dicto Radulfo et ejus heredibus dictam venditionem tenendam et firmiter observandam. Pro concessione hujus venditionis predictus Radulfus pagavit michi decem et octo libras turonensium. Et quod hoc sit firmum et stabile, hanc presentem cartam fieri feci et sigillo meo confirmavi. Et Acelina, uxor mea, assignata est in una pecia terre, que sita est juxta masagium meum et vocatur............ dote sua, illius prenominate pecie terre.

Actum anno Domini M° cc° xl° primo, mense januarii.

Orig. en parch., quelque peu déchiré. — Arch. de l'Eure, Fonds de Bon-Port, liasse 73, n° 8.

CXXIV

Gilles, veuve de Guillaume le Mire, fait don aux religieux de Bon-Port de 12 deniers de rente.

(1241, mars.)

Notum sit omnibus, presentibus et futuris, quod ego Gilles, relicta Guillelmi Medici, de Ponte-Arche, dedi et concessi Beate Marie de Bono-Portu et monachis ibidem Deo servientibus, pro animabus antecessorum... .... mea, in puram........nam, singulariter ad elemosinam porte ejusdem domus, duodecim denarios....... currentis........tim percipiendos, in masura illa quam tenet Gu..... Cardin, in vico de......ste a quocumque dictam masuram tenente et possidente : tenendos et habendos.......... absque ulla mei vel heredum meorum de cetero reclamatione..... facere suam plenam justiciam in dicta masura pro redditu. [Et] ut hoc donum firmum et stabile permaneat, presentem cartam sigilli mei munimine roboravi.

Actum est hoc anno Domini M° CC° XL° primo, mense martii.

Hujus rei sunt testes : Robertus ....; Johannes, filius ejus; Stephanus le Conteor; Germanus le Bochier; Guerardus, et plures alii.

Orig. en parch., détérioré en partie. — Arch. de l'Eure, Fonds de Bon-Port, liasse 63, n° 45.

CXXV

Jean de Carville, archidiacre d'Évreux, ratifie la vente faite par Raoul de Croisset et sa femme, à Henri le Beuf, d'une pièce de terre à Aubevoie.

(1242, novembre.)

Noverint universi, tam presentes quam futuri, quod ego Johannes de Carvilla, archidiaconus Ebroicensis, volo et concedo illam venditionem quam Radulfus de Croysset et Enme, uxor ejus, fecerunt Henrico dicto Le Buef, super quadam pecia terre, cum edificio supraposito, quod tenebant de feodo meo in Alba Via, sita inter terram Radulfi Liemosche, ex una parte, et terram Michaelis Lecarpentier, ex altera, tenendam et jure hereditario de cetero possidendam dicto Henrico et heredibus suis, de me et heredibus meis, bene et pacifice, sicut se proportat de longitudine et latitudine, a vico per ante, usque ad aliam terram meam, per retro; reddendo inde michi et heredibus meis, singulis annis, a prefato Henrico et heredibus suis quindecim solidos usualis monete in Normannia, videlicet ad festum Sancti Michaelis, sicut dictus Radulphus de Croysset mihi annuatim reddebat, salva tamen quadam via ad quadrigam competenti, quam ibi juxta retinui, sicut in carta, quam dictus Radulphus de me ex prefato hereditagio habebat, continetur. Promisit etiam dicta Enme, uxor prefati Radulfi, in presentia mea, fide media, se in prescripto tenemento, sive ratione dotis, sive alia de causa, nichil amodo reclamaturam. Et ut hoc magis ratum et stabile permaneat, ad petitionem utriusque partis, presenti pagine sigillum meum apposui in testimonium veritatis.

Actum est hoc anno ab Incarnatione Domini m° cc° quadragesimo secundo, mense novembris.

Testibus hiis : Theobaldo Fabro; Rogero le Pasteilier; Raginaldo ad Bordous; Radulfo de Castro; Johanne de Freschenne; Gilleberto Merel; Rogero Fourre, et pluribus aliis.

Orig. en parch. — Arch. de l'Eure, Fonds de Bon-Port, liasse 48, n° 46.

CXXVI

Bernard le Tavernier et Jeanne, sa femme, vendent à Guillaume de Saint-Léonard 4 livrées de rente, à Rouen.

(1242, janvier.)

Noverint universi, quod ego Bernardus Le Tavernier et Johanna, uxor mea, vendidimus Willelmo de Sancto-Leonardo, pro quadraginta quinque libris turonensium, quas nobis paccavit, quator libratas annui redditus, percipiendas annuatim, in Pascha vinginti solidos, et in festo Sancti Johannis vinginti solidos, et in festo Sancti Michaelis vinginti solidos, et in Natali Domini vinginti solidos, in duobus tenementis sitis apud Rothomagum, in vico de Mala Palude, quorum unum situm est inter terram canonicorum Duorum Amancium et viculum Laurentii Camentarii, sicut se proportat a vico per ante usque ad terram Laurentii predicti; aliud situm est inter terram Ricardi Cornubiensis et terram heredum Hugonis Wastel, sicut se proportat a vico ante usque ad Rodobeccam. Licebit etiam de cetero dicto Willelmo et suis heredibus omnem suam voluntatem facere de dicto redditu, sicut de suo proprio, salvo jure dominico . . . . ciam facere in dictis tenementis pro dicto redditu ann . . . . endo terminis antedictis. Nos autem et nostri heredes tenemur garantizare dicto Willelmo et suis heredibus dictum redditum, in dictis tenementis contra omnes gentes, et de omnibus redditibus acquietare.

Quod ut ratum sit, actum fuit hoc anno Domini m° cc° quadragesimo secundo, mense januario, coram Gaufrido de Valle-Richerii, tunc majore Rothomagi, et sigillis nostris cum sigillo communie, fuit hoc confirmatum.

Testibus . . . .

Orig. en parch., détérioré en partie par l'humidité; reste d'attache tissé en fil blanc et bordé de deux fils noirs. — Arch. de l'Eure, Fonds de Bon-Port, liasse 91, n° 405.

CXXVII

Raoul Moisson vend à Jean Durand, du Pont-de-l'Arche, 20 sous de rente, au Bec-Thomas.

(1242, mars.)

Notum sit omnibus, presentibus et futuris, quod ego Radulfus Moisson, de parrochia Sancti-Martini, justa Beccum-Thome, assensu et voluntate

Marie, uxoris mee, vendidi, tradidi et omnino reliqui Johanni Durant, de Ponte-Arche, xx. solidos annui redditus turonensium, percipiendos annuatim, ad festum Beati Michaelis, super quoddam gardinum et masagium meum sita, sicut se proportant [in] longitudine et latitudine, inter riveriam de Becco-Thome, ex una parte, et semitam que tendit apud montem Ricoul, ex altera : pro viii. libras turonensium de quibus dictus Johannes Durant michi plenarie satisfecit ; tenendos et habendos, et jure hereditagio possidendos, de me et heredibus meis sibi et heredibus suis libere, quiete et pacifice, salvo tamen jure dominico : tali condicione quod ego dictus Radulfus Moisson, vel heredes mei, dicto Johanni Durant, vel heredibus suis, dictum redditum in domo ejusdem apud Pontem-Arche, annuatim, ad terminum prenotatum, reddere et affere tenemur. Si vero ego dictus Radulfus Moisson vel heredes mei dicto Johanni Durant vel heredibus suis dictum redditum ad terminum predictum non redderimus, licebit dicto Johanni Durant, vel heredibus suis, facere justiciam suam in predictis gardino et masagio, pro redditu suo habendo, et de predictis xx. solidis redditus facere voluntatem suam sicut de proprio suo hereditagio. Et ego siquidem dictus Radulfus Moisson et heredes mei dicto Johanni Durant et heredibus suis dictum redditum garantizare tenemur contra omnes gentes, et de omnibus consuetudinibus et redditibus aquietare. In cujus rei testimonium, presentem cartam sigillo meo, cum sigillo domini feodi capitalis, ego dictus Radulfus Moisson dicto Johanni Durant tradidi roboratam.

Actum anno Domini m° cc° xl° secundo, mense marcio.

Testibus hiis : Domino Roberto Louvel, tunc presbytero de Ponte-Arche ; Simone, preposito de Becco-Thome ; Willelmo Danois ; Petro Lecras ; Roberto Mansel, et pluribus aliis.

Orig. en parch. — Arch. de l'Eure, Fonds de Bon-Port, liasse 75, n° 29.

CXXVIII

Jourdain du Mesnil, chevalier, donne à Raoul Begnart, prêtre, le droit de chauffage, de pasnage, de pâturage, etc., dans ses bois, au Mesnil-Jourdain.

(1243, novembre.)

Omnibus presentes litteras audituris, notum sit quod ego Jordanus de Mesnilio, miles, dedi et concessi pro suo servitio, pro bono et honore, Radulfo Begnart, presbitero, usagium suum ad ignem et hebergagium in suo capitali masagio, per libratam forestarii mei, pasnagium, pasturagium bestiis suis de suo hospitio, cum bestiis meis vel heredum meorum, in omnibus nemoribus meis, et unam peciam mee terre, que sita est inter viam de Canapevilla et campum Leprosorum, et omne illud quod habebam et habere poteram apud Magnevile, de excidencia domini Willelmi de Torvilla, ad omne tempus vite dicti Radulfi. Tenendum et possidendum istud dictum tenementum, sicut ante divisum est, jamdicto Radulfo bene et in pace, libere et quiete, in omnibus, et sine ulla reclamatione mei vel heredum meorum, in omni tempore vite sue. Et ego jamdictus Jordanus et mei heredes, jamdicto Radulfo omne istud donum contra omnes gentes, et in omnibus curiis deffendere et garantizare tenemur, in omni tempore vite sue : et sciendum est quod post decessum jamdicti Radulfi dictum donum michi vel meis heredibus in pace et sine calupnia revertetur. Et si aliquis ex heredibus meis veniebat qui istud donum vellet substrahere de manu dicti Radulfi infra vitam suam, dictus heres, per tenorem istarum literarum, tenetur satisfacere jamdicto Radulfo de centum et quadraginta libris turonensium, antequam ad dictum donum possit revertere. Et quod hoc firmum et stabile permaneat, quantum ad tempus vite dicti Radulfi, in istis presentibus literis sigillum meum feci apponi.

Datum die veneris proxima ante festum Sancti Andree, apostoli, anno Domini m° cc° xl° tercio, mense novembris.

Orig. en parch. — Arch. de l'Eure, Fonds de Bon-Port, liasse 75, n° 7.

CXXIX

Jourdain du Mesnil, chevalier, et Isabelle, sa femme, donnent aux religieux de Bon-Port le moulin de Landemare.

(1243, novembre.)

Universis presentes litteras inspecturis, ego Jordanus de Menillo-Jordani, miles, et ego Ysabellis, uxor dicti Jordani, salutem in Domino. Noverit universitas vestra nos dedisse et concessisse Deo et Beate Marie de Bono-Portu, et monachis ibidem Deo servientibus, quoddam molendinum, datum nobis in maritagio, quod habebamus apud Landemare, in aqua Ardure, in puram et perpetuam elemosinam, quiete et pacifice, sine contradictione vel reclamatione nostri vel heredum nostrorum, perpetuo possidendum, cum omnibus pertinenciis suis et cum omni jure et dominio quod nos et heredes nostri in dicto molendino habebamus et habere poteramus, tam in sicca molta quam in alia molta, et omnibus aliis consuetudinibus ad dictum molendinum pertinentibus. Licebit etiam dictis monachis de dicto molendino et ejus pertinenciis, sine contradictione nostri vel heredum nostrorum, suam penitus facere voluntatem; et volumus et concedimus, quod, si dicti monachi super dicta donatione a nobis vel heredibus nostris in aliquo foro ecclesiastico seu seculari, seu quocumque alio modo fuerint molestati sive inquietati, quod ille, qui ipsos molestaverit sive super hoc inquietaverit, eisdem centum libras monete currentis solvere teneatur. Volumus eciam quod dicti monachi teneant et possideant dictum molendinum, in ea consuetudine et saisina, tam in moltis, aquis, piscariis, quam aliis rebus, in qua dictum molendinum erat, quando illud in manu nostra tenebamus, absque nostri de cetero vel heredum nostrorum reclamatione. Et hec omnia supradicta tenemur nos et heredes nostri dictis monachis, contra omnes garantizare, et, si necesse fuerit, alibi, valore ad valorem, excambiare; et eciam tenemur dictos monachos super dicta donatione et concessione, immunes conservare pariter et indempnes, et omnia dampna et depertita *(sic)* que occasione dicte donationis et concessionis sustinebunt, eisdem, ad dictum ipsorum, restituere, si de dicta garantizatione et excambiatione nos, vel heredes nostri, defecerimus quoquomodo. Has vero conventiones pro nobis et heredibus nostris juravimus spontanea voluntate, tactis sacro sanctis euvangeliis, nos fideliter observaturos, renunciantes, super hoc, pro nobis et heredibus nostris, sub fide prestiti sacramenti, omni juri canonico et civili et omnibus litteris a sede apostolica impetratis sive impetrandis, et omnibus eciam exceptionibus que possent obici contra presens instrumentum. In hujus rei testimonium et munimen, presentibus litteris, tam ego Jordanus quam ego Ysabellis, sigilla nostra dignum duximus apponenda.

Actum anno Domini millesimo ducentesimo quadragesimo tercio, mense novembris.

Bibl. Imp., Cart. de Bon-Port, ch. 47, f° 54.
Impr. Delisle, Cart. normand, n° 1163, p. 320.

CXXX

Guillaume le Praier vend à Jean Boterel 4 acus de rente, à Vauvral.

(1243, janvier.)

Notum sit omnibus, presentibus et futuris, quod ego Guillelmus le Praier. de Gavreio, vendidi et concessi, et omnino dereliqui, Johanni dicto Boterel, clerico, de Valle-Rodolii, quatuor solidos monete currentis in Normannia, annui redditus, de quibus isdem Johannes debebat michi duos solidos annuatim ad festum Sancti Michaelis, pro duabus foreriis pratorum, quas de me tenebat, sitas inter aquam de Mort-Eure et prata domini regis. Thomas le Praier, frater meus, duos solidos annuatim ad festum Sancti Johannis Baptiste, pro quadam pecia prati, sita inter boterias prati Johannis Tabernarii et pratorum Marescalli de longo vie de la Croce, et quadam pecia terre sita in montibus de Gavreio, inter terram Petri majoris et terram Gaufridi Malet : tenendos et habendos et jure hereditario in perpetuum possidendos et eciem *(sic)* percipiendos sibi et heredibus suis de me et Thoma, fratre meo, et heredibus nostris, bene et pacifice, libere et quiete, annuatim ad dictos terminos, et ad omnem voluntatem suam, tanquam de propria hereditate sua faciendam, sine aliqua mei et dicti Thome, fratris mei, et heredum nostrorum, reclamatione, salvo tamen jure dominico. Licebit autem dicto Johanni et ejusdem heredibus supra dictam peciam prati et terre omnem suam justiciam facere plenariam, quousque de dictis duobus solidis quos dictus Thomas debet, se pro pagatos teneant, si necesse fuerit, et emenda. Et, pro hac venditione et concessione, dedit michi dictus Johannes decem et octo solidos turonensium, de quibus me teneo pro pagatum. Et ego predictus Guillelmus et heredes mei, a quacumque parte sint et veniant predicto Johanni et suis heredibus, omnem predictum redditum contra omnes et in omnibus curiis, ad usus et consuetudines Normannie, tenemur deffendere et garantizare, vel alibi, si opus affuerit, in propria hereditate nostra ad valorem excambiare. Quod ut ratum et stabile permaneat, presentem kartam sigilli mei munimine roboravi.

Actum anno Domini m° cc° xl.° iii°, mense januario.

Testibus hiis : Thoma le Praier; Rogero le Praier; Thoma de Celier; Gaufrido le Barbier; Willelmo Liece ; Simone Lespec; Nicholao Lemonnier ; Radulfo, fratre suo, et pluribus aliis.

Orig. en parch. — Arch. de l'Eure, Fonds de Bon-Port, liasse 85, n° 5.

CXXXI

Innocent IV accorde vingt jours d'indulgences aux pénitents qui visiteront l'église de N.-D. de Bon-Port le jour de l'Assomption de la sainte Vierge.

(1244, 13 juin, à Civita-Castellana.)

Innocentius, episcopus, servus servorum Dei, dilectis filiis, abbati et conventui Boni-Portus, Cisterciensis ordinis, Ebroicensis diocesis, salutem et apostolicam benedictionem.

Licet is de cujus munere venit ut sibi a fidelibus suis digne ac laudabiliter serviatur de habundancia pietatis sue que merita supplicium excedit, et vota multo majora retribuat quam valeant pro mereri. Nichilominus tamen desiderantes Domino reddere populum acceptabilem, fideles Christi ad serviendum et quasi quibusdam illectivio muneribus indulgenciis scilicet et remissionibus invitamus; cupientes igitur ut ecclesia vestra, que in honorem beatissime Virginis est constructa, congruis honoribus frequentetur, omnibus vere penitentibus et confessis qui eam in die Assumptionis ejusdem Virginis venerabiliter visitarint, de omnipotentis Dei misericordia et beatorum Petri et Pauli apostolorum, ejus auctoritate confisi, viginti dies, de injuncta sibi penitencia, misericorditer relaxamus.

Datum apud Civitatem Castellanam, idus junii, pontificatus nostri anno primo.

Bibl. Imp., Cart. de Bon-Port, ch. 10, f° 12 v°.

CXXXII

Jean le Fournier, de Surtauville, donne aux religieux de Bon-Port 8 sous de rente au Becquet.

(1244, juin.)

Noverint universi, presentes et futuri, quod ego Johannes le Fornier, de Sortouvilla, [dedi] et presenti carta confirmavi Deo et Beate Marie de Bono-Portu, et monachis ibidem Deo servientibus, tempore dedicationis, pro salute anime mee, patris mei et matris mee et omnium amicorum meorum, in puram et perpetuam elemosinam, octo solidos annui redditus monete currentis; percipiendos singulis annis in festo Sancti Michaelis, super quamdam domum sitam apud le Becquet ante portam Johannis Croc, et super unam acram terre in diversis partibus sitam, et ad feodum dicte domus pertinentem; quam domum cum terra predicta tenet de me Johannes

Beaucosin de Becquet : tenendos et habendos predictis monachis libere et quiete et pacifice, absque ulla de cetero mei vel heredum meorum reclamatione. Licebit etiam dictis monachis de dicto redditu suam penitus facere voluntatem et plenariam exercere justiciam in dictis locis, pro suo redditu et emenda, nisi dictus redditus eisdem ad prefixum terminum fuerit persolutus. Et hec tenemur, tam ego Johannes quam mei heredes, dictis monachis contra omnes garantizare. Et ut hoc ratum et stabile permaneat, in futurum presentem cartam sigilli mei munimine roboravi.

Actum anno Domini м° cc° quadragesimo quarto, mense junio.

Testibus hiis : Domino Guillermo de Tuit Symer, presbitero ; Gilleberto dicto Pain de Vece; Roberto Leubart, et pluribus aliis.

Orig. en parch. — Arch. de l'Eure, Fonds de Bon-Port, liasse 71, n° 13.

CXXXIII

Saint Louis vidime et confirme la donation faite aux religieux de Bon-Port par le seigneur du Mesnil-Jourdain d'un moulin à Landemare.

(1244, juillet, à Pont-de-l'Arche.)

Ludovicus, Dei gracia, Francorum rex, notum facimus quod nos litteras Jordani de Mesnillo-Jordani, militis defuncti, et Ysabellis, relicte ejusdem Jordani, vidimus in hec verba :

Universis presentes, etc. *(Voir la charte rapportée à l'année 1243, novembre, n° CXXIX.)*

Nos autem predictam elemosinam, cum de feodo nostro moveat, volumus et concedimus, et, ad pelicionem dicte Ysabellis, in hujus rei testimonium et munimen, presentibus litteris nostrum apponi fecimus sigillum.

Actum apud Pontem-Arche, anno Domini millesimo ducentesimo quadragesimo quarto, mense julio.

Bibl. Imp., Cart. de Bon-Port, ch. 47, f° 34.
Impr. Delisle, Cart. normand, p. 520, n° 1168.

CXXXIV

Julienne de Cavoville donne à Isabelle du Mesnil la dot qu'elle avait à prendre sur la terre de son mari.

(1244, août.)

Universis presentes litteras inspecturis, ego Juliana de Cavalvilla, relicta Roberti Lion, militis defuncti, salutem. Noveritis quod Juliana quitavi in perpetuum domine Ysabelli, relicte domini Jordani de Mesnillio, militis, defuncti, et ejus heredibus totam dotem illius terre quam Robertus Lion, miles, quondam maritus meus defunctus, vendidit Helluino de Bestisi. Et pro hac quitatione, predicta Ysabellis michi donavit xxii solidos turonensium et sex denarios. Ut hoc autem firmum et stabile teneatur, presentibus litteris sigillum meum apposui.

Actum anno Domini m° cc° quadragesimo quarto, mense augusto.

Testibus hiis : Michaele Lebiscauf; Gaufrido Lebiscauf; Johanne Tabernario, de Valle Rodeli; Girardo de Mesnillio; Aalardo de Menillio; Jacobo de monasterio, cum pluribus aliis.

Orig. en parch., mutilé. — Arch. de l'Eure, Fonds de Bon-Port, liasse 105, n° 58 bis.

CXXXV

Innocent IV avertit les prieurs et les sous-prieurs de l'ordre de Cîteaux de n'excommunier, ou de ne dénoncer comme excommuniés, même par ordre des délégués du Saint-Siége, les fondateurs de leurs monastères, ou des cités, châteaux et hameaux de leur voisinage.

(1244, 28 février, à Latran.)

Innocencius, episcopus, servus servorum Dei, dilectis filiis, abbati Cistercii et universis coabbatibus ejus, Cisterciensis ordinis, salutem et apostolicam benedictionem.

Quanto studiosus divine contemplationi vacatis devote Domino famulando, tanto libencius quieti vestre volumus providere. Cum igitur sicut porreta nobis vestra peticio continebat, nonnumquam judices a sede apostolica delegati alicui vestrum plerumque priori vel supperiori ordinis Cisterciensis injungant, ut excommunicent aut excommunicatos denuncient proprios sui monasterii fundatores, seu civitatum castrorum quoque ac villarum communia, in quorum territorio vel confinio sunt monasteria vestra sita, sine quorum pace subsistere vix potestis, et quod ad villas extra monasterium, personaliter accedentes, eosdem excommunicatos ab eis singulis diebus dominicis et festivis, pulsatis campanis et candelis accensis, publice nuncient evitandos propter quod quies monastici ordinis perturbatur et frequenter incurritis odia plurimorum. Nos, tranquillitati vestre paterna volentes sollicitudine providere auctoritate presencium, districtius inhibemus ne quis predictorum absque mandato sedis apostolice speciali, aut legati ab ejus latere destinati premissa vobis injungere, ac ad ea compellere vos presumat invitos, eadem auctoritate nichilominus concedentes, ut si secus quod non credimus presumptum fuerit, nos ei in premissis non teneamini aliquatinus obedire. Nulli ergo omnino hominum liceat hanc paginam nostre inhibitionis et concessionis infringere vel ei ausu temerario contraire. Si quis autem hoc attemptare presumpserit, indignationem omnipotentis Dei et Beatorum Petri et Pauli apostolorum ejus se noverit incursurum.

Datum Laterani, iii kalendas marcii, pontificatus nostri anno primo.

Bibl. Imp., Cart. de Bon-Port, ch. 23, f° 19.

CXXXVI

Roger Gatinel donne aux religieux de Bon-Port 3 sous de rente, à Incarville.

(1244, mars.)

Noverint universi, presentes et futuri, quod ego Rogerus Gatinel, de

Wicarvilla, dedi. ....sinam, pro salute anime mee et omnium antecessorum meorum, Deo et Beate Marie de Bono......... .... tres solidos turonensium annuatim percipiendos ad festum Sancti Michaelis de me et de.................. perpetui......... terra, sitam apud Wicarvillam, juxta ecclesiam; que terra vocatur terra de Tronquai, inter haiam ex una parte, et inter terram Petronille Quarruet... et Florie filie Renoldi, ex altera. Et licebit dictis monachis de predicto redditu suam facere voluntatem, et plenariam justiciam exercere in predicta terra, si predictus redditus eisdem non fuerit ad predictum terminum.... ..... predictus Rogerus et heredes mei hanc donacionem tenemur dictis monachis contra omnes garantizare vel alibi, si necesse fuerit, excambiare ad........................... Ut hoc sit in perpetuum firmum et stabile, presentem cartam sigilli... ....
. Actum [anno m° cc°] quadragesimo quarto, mense marcio.

Orig. en parch., endommagé par l'humidité. — Arch. de l'Eure, Fonds de Bon-Port, liasse 89, n° 7.

CXXXVII

Guillaume Humant et Robert dit Selles, son frère, vendent aux religieux de Bon-Port une pièce de terre, à Léry.

(1244.)

Noverint universi, tam presentes quam futuri, quod ego Guillelmus Humant et ego Robertus dictus Selles, fratres, vendidimus et omnino reliquimus, assensu et voluntate Emmeline et Eremborgis, uxorum nostrarum, quamdam peciam terre, sitam juxta semitam que vocatur semita Hyberti et juxta haiam de Leire, tenendam et habendam libere et quiete in perpetuum, absque ulla reclamatione et impeditione nostrum et heredum nostrorum, per unum caponem, annui redditus, reddendo Vincentio Malet vel heredibus suis ad Natale et per moltam sicam domino capitali. Et tenemur tam ego Guillelmus et ego Robertus dictam pecciam terre contra omnes garantizare et deffendere contra omnes, per dictum redditum, et si necesse fuerit alibi ad valorem excambiare, et de omnibus et in omnibus acquietare preter predicta. Hec autem omnia juravimus, tam ego Guillelmus, et ego Robertus, et ego Emmelina, et ego Eremborgis, predicte mulieres, tactis evangeliis sanctis, fideliter tenenda et contra omnes garantizanda. Et pro hiis dicti monachi nobis dederunt triginta solidos turonensium. Quod ut ratum et stabile permaneat, presentem cartam sigilli mei munimine confirmavi.

Actum anno gracie m° cc° quadragesimo quarto.

Orig. en parch. — Arch. de l'Eure. Fonds de Bon-Port, liasse 48, n° 47.

CXXXVIII

Thomas Aubry vend à Thomas Dieudonné 20 sous de rente et un chapon, à Léry.

(1245, septembre.)

Noverint universi, presentes et futuri, quod cum ego Thomas Auberi, de Lereio, deberem Thome Deodato septem libras turonensium, ob restaurationem cujusdam domus quam mihi dictus Thomas Deodatus tradiderat ad manendum, tali conditione facta coram multis hominibus bonis et fide dignis, quod si dicta domus combureretur, aliquo casu accidente, dum in eadem manerem, tenerer, ego dictus Thomas Auberi, dicto Thome Deodato ad dictum bonorum virorum dicte domus......... restaurare, et quum, casu accidente ita evenit, consilio et dicto bonorum virorum debui reddere, ego dictus Thomas Auberi, dicto Thome Deodato..... libras turonensium. Sed quia de dictis septem libris eidem Thome satisfacere non poteram, vendidi eidem viginti solidos annui redditus et unum caponem quos habebam in parochia de Lereio, pro octo libris turonensium, de quibus sic mihi satisfecit dictus Thomas Deodatus. Relaxavit mihi septem libras quas eidem debebam, et in puris denariis, viginti solidos turonensium mihi dedit pro dicto redditu habendo et in perpetuum possidendo sibi et heredibus suis, absque contradiccione mei vel heredum meorum, et recipiendo singulis annis, talibus locis et talibus terminis : videlicet quatuordecim super quamdam masuram ad festum Sancti Michaelis, quam tenet de me Petrus Lebovier apud Forchi, et quatuor solidos ad festum Sancti Egidii super unam peciam terre sitam juxta Quercus ad Capud-Ville, quam tenet de me Guillelmus Leduc, et unum caponem ad Nativitatem Domini percipiendum a dicto Guillelmo Leduc, et duos solidos ad festum Sancti Michaelis super unam peciam terre sitam juxta predictas Quercus, quam tenet de me supradicto, Thoma Auberi, Henricus Guennart. Et sciendum quod, tam ego Thomas Auberi quam mei heredes, tenemur dictum redditum dicto Thome Deodato et heredibus suis contra omnes garantizare vel alibi, si necesse fuerit, ad valorem excambiare. In hujus rei testimonium et mu[nimen] ego sepedictus Thomas Auberi presentem cartam tradidi dicto Thome Deodato sigilli mei munimine roboratam.

Actum anno Domini M° CC° quadragesimo quinto, mense septembris.

Testibus hiis : Petro Lebel, tunc vicecomite; Clemente Clerico, et Ancelino Legoolir; Stephano Fauseth, et pluribus aliis.

Orig. en parch., détérioré en partie. — Arch. de l'Eure, Fonds de Bon-Port, liasse 48, n° 53.

CXXXIX

Innocent IV décide que les monastères de l'ordre de Cîteaux ne pourront être visités et réformés par nuls autres que par des abbés dudit ordre et des moines députés par ces abbés.

(1245, 5 octobre, à Lyon.)

INNOCENCIUS, episcopus, servus servorum Dei, dilectis filiis abbati Cistercii ejusque coabbatibus et conventibus universis, Cisterciensis ordinis; salutem et apostolicam benedictionem.

Thesauro virtutum sic preclara vestra religio suum semper astrincxit affectum quod habetur et in conspectu Regis eterni placita et in oculis hominum graciosa. Ipsa quidem ut columba mitis et humilis et electa Domini specialis, pulchra per totum aspicitur, omnem a se rugam enormitatis abiciens et maculam deformitatis excludens, jugulantibus illis qui paterne sollicitudinis in ea gerunt officium, quod ibidem nulle possint viciorum spine sue crescere, sed ipsa florum honoris et fructuum honestatis immarcessibili polleat ubertate; propter hunc et enim sancte operationis effectum, numquam ordo vester officio aliene visitationis vel correctionis indiguit, sed de ipso aliquibus aliis reformationis beneficium ex providencia sedis apostolice jam provenit. Cum itaque nos, qui ex hujusmodi virtuosis actibus spiritu in Domino exultamus, claris agnoscamus indiciis dictum ordinem esse aliis recte vite speculum et salutifere conversationis exemplum quod ipse sicut olim sic et in posterum, ab ejusdem dumtaxat abbatibus ac monachis ydoneis, quos vos filii abbates ad hoc provideritis deputandos et a nullo alio visitari possit, aut corrigi, auctoritate presencium duximus statuendum, eadem auctoritate nichilominus decernentes ut si aliquid contra statutum hujusmodi a quoquam propria extiterit temeritate presumptum, sit irritum et inane, et si forte alique sentencie in nos occasione hujusmodi prolate fuerint, nullum robur optineant firmitatis, mandato sedis apostolice semper salvo. Nulli ergo omnino hominum liceat hanc paginam nostre constitutionis infringere, vel ei ausu temerario contraire. Si quis autem hoc attemptare presumpserit, indignationem omnipotentis Dei et beatorum Petri et Pauli apostolorum ejus se noverit incursurum.

Datum Lugduni, III nonas octobris, pontificatus nostri anno tercio.

Bibl. Imp., Cart. de Bon-Port, ch. 4, f° 8 v°.

CXL

Innocent IV défend aux prélats, sous peine d'excommunication majeure, de lancer l'excommunication et l'interdit contre les domestiques, serviteurs, bienfaiteurs, meuniers, boulangers, vendeurs et acheteurs des religieux de l'ordre de Cîteaux.

(1245, 5 octobre, à Lyon.)

INNOCENCIUS, episcopus, servus servorum Dei, dilectis filiis abbati Cistercii ejusque abbatibus et conventibus universis, Cisterciencis ordinis, salutem et apostolicam benedictionem.

Cum a nobis petitur, quod justum est et honestum, tam vigor equitatis quam ordo exigit rationis, ut id per sollicitudinem officii nostri ad debitum perducatur effectum. Ex parte si quidem vestra fuit propositum coram nobis, quod nonnulli ecclesiarum prelati vestris libertatibus invidentes, cum eis non liceat ex apostolice sedis indulto in vos excommunicationis vel interdicti sentencias promulgare, in familiares, servientes et benefactores, ac illos qui molunt in molendinis, vel coquunt in furnis vestris; quique vendendo seu emendo vel alias vobis communicant, sentencias proferunt memoratas; sicque non vim et potestatem privilegiorum vestrorum sed sola verba servantes, vos quodam modo excommunicant dum vobis alios communicare non sinunt; et ex hoc judicari videmini judicio Judeorum; et qui vobis communicant in predictis illud evenit inconveniens, quod majore excommunicationem incurrant, quam excommunicatis communicando fuerant incursuri. Quare nobis humiliter supplicastis ut providere quieti vestre super hoc paterna sollicitudine curaremus. Nos igitur, vestris supplicationibus inclinati, ne quis predictorum hujusmodi sentencias in fraudem privilegiorum apostolice sedis de cetero promulgare presumat, auctoritate presencium inhibemus, decernentes eas si per presumptionem cuipiam taliter promulgari contigerit, irritas et inanes. Nulli ergo hominum liceat hanc paginam nostre inhibitionis infringere, vel ei ausu temerario contraire. Si quis autem hoc attemptare presumpserit, indignationem omnipotentis Dei et beatorum Petri et Pauli apostolorum ejus se noverit incursurum.

Datum Lugduni, iii nonas octobris pontificatus nostri anno tercio.

Bibl. Imp., Cart. de Bon-Port, ch. 17, f° 16 v°.

CXLI

Innocent IV enjoint aux autorités ecclésiastiques de respecter les privilèges et immunités de l'ordre de Cîteaux.

(1245, 5 octobre, à Lyon.)

INNOCENTIUS, episcopus, servus servorum Dei, venerabilibus fratribus archiepiscopis et episcopis, et dilectis filiis, decanis, archidiaconis, prepositis, prioribus, archipresbiteris, officialibus et aliis ecclesiarium prelatis ad quos littere iste pervenerint, salutem et apostolicam benedictionem.

Dilecti filii, abbas Cistercii ejusque coabbates et conventus, universi Cisterciensis ordinis, suam ad nos querimoniam destinarunt quod licet eis a sede apostolica sit indultum, ut a forensibus conventibus sint immunes, nullique in eos, vel eorum monasteria seu confratres, inibi commorantes, excommunicationis, suspensionis, aut interdicti contra id, quod ab origine ordinis observatum fuisse dignoscitur, sentencias promulgare; que si promulgate fuerint, decernuntur per hujusmodi indulgenciam irrite ac inanes; nos tamen eorum quieti et libertatibus de quo miramur non modicam invidentes ac molientes infringere indulgenciam supradictam in eos contra indultum hujusmodi de isto [sancto] predictas sententias promulgatis, quos ut fatigetis laboribus et expensis interdum ad forenses conventus accedere quandoque sentenciarum nostrarum execuciones quacumque sint auctoritate prolate suscipere invitos compellitis pro vestro arbitrio voluntatis, quamquam ex generali quod suscepisse diceminī apostolice sedis mandato teneamini eosdem in suis libertatibus et privilegiis contra pravorum pressuras et molestias defensare; sic que sit in indulgencia concessa eis causa solacii et quietis, sit ipsis vobis contra ipsam quasi conspirantibus causa dispendii et laboris. Cum igitur sicut in lege dicitur parum sit in civitate jus esse, nisi qui illud teneatur existat, dignumque ac conveniens videatur, ut indulgencie ac privilegia que devotis ac benemeritis indulgenter contra presumptorum audaciam cum expedit defendantur, universitatem vestram rogamus monemus et hortamur attente, per apostolica vobis scripta, in virtute obediencie districte, precipiendo mandantes quatinus privilegia et indulgencias ac libertates eisdem, ab apostolica sede concessa, et eorum consuetudines rationabiles et antiquas firmas et illibatas eis de cetero pro apostolice sedis et nostra reverencia observantes, ab ipsorum super premissis coactione ac molestia penitus quiescatis; ita quod ipsi concessa eis valeant tranquillitate gaudere; ac super hoc per sedem eandem non oporteat, aliter provideri.

Datum Lugduni, iii nonas octobris, pontificatus nostri anno tercio.

Bibl. Imp., Cart. de Bon-Port, ch. 14, f° 14 v°.

CXLII

Innocent IV décide que les religieux de l'ordre de Citeaux ne seront point tenus d'aller aux synodes et assemblées conventuelles, si ce n'est pour la foi seulement.

(1245, 5 octobre, à Lyon.)

Innocencius, episcopus, servus servorum Dei, [dilectis filiis] abbati Cistercii ejusque coabbatibus et conventibus universis Cisterciensis ordinis, salutem et apostolicam benedictionem.

Cum a nobis petitur quod justum est et honestum, tam vigor equitatis, quam ordo exigit rationis, ut id per sollicitudinem officii nostri ad debitum perdicatur effectum, ex parte si quidem vestra fuit propositum coram nobis quod licet ordini vestro per privilegia sedis apostolice sit indultum ut nullus episcopus, seu alia persona ad sinodos, vel forenses conventus, nisi pro fide vos ire compellat, aut in vos vel monasteria seu eciam personas dicti ordinis excommunicationis, suspensionis aut interdicti, sentencias promulgare presumat, que si promulgate fuerint, tanquam contra apostolice sedis indulta, prolate decernuntur per eadem privilegia irrite ac inanes, nichilominus tamen plerique prelati et judices ordinari ac alii ecclesiarum rectores eadem privilegia, quibus muniti estis, evacuere supersticiosis adinventionibus, molientes asserant vos pro quavis offensa ratione delicti existeri fori sui sicut que vocantes vos ad placita capitula ac penitenciale forum sicut alios clericos seculares vos super hoc multiplici vexatione fatigant quamquam excessus vestri tam per generale quam eciam cotidiana que fuit in singulis monasteriis vestri ordinis congrua penitencia puniantur. Quare nobis humiliter supplicastis ut presumptionem talium cohibere paterna sollicitudine curaremus. Nos igitur, attendentes quod et si ex suscepti cura regiminis de universis sancte matris ecclesie filiis curam et sollicitudinem gerere teneamur, de illis tamen specialius cogitare nos convenit, qui postposuitis vanitatibus seculi jugem impendunt domino famulatum ac volentes quieti vestre super premissis paterna in posterum sollicitudine providere, ut nullus vos seu monasteriorum vestrorum personas ad sinodos, vel forenses conventus nisi pro fide dumtaxat vel hujusmodi placita seu capitula forum penitenciale absque mandato sedis apostolico speciali evocare eciam delicti ratione presumat, maxime cum vos, filii abbates, punire excessus quoslibet secundum statuta vestri ordinis parati sitis, auctoritate presencium districtius inhibemus; decernentes eadem auctoritate sentencias si quas hac occasione per presumptionem cujuspiam promulgari contigerit, irritas et inanes. Salvo in omnibus apostolice sedis mandato. Nulli ergo omnino hominum liceat hanc paginam nostre inhibitionis infringere vel ei ausu temerario contraire. Si quis autem hoc attemptare presumpserit, indignationem omnipotentis Dei et beatorum Petri et Pauli apostolorum ejus se noverit incursurum.

Datum Lugduni, III nonas octobris, pontificatus nostri anno tercio.

Bibl. Imp., Cart. de Bon-Port, ch. iv, f° 16 r°.

CXLIII

Innocent IV décide que les religieux de l'ordre de Citeaux seront promus aux ordres sans subir d'examen de la part des évêques, excepté ceux qui auraient commis un crime notoire ou seraient affligés d'une grande difformité physique.

(1245, 5 octobre, à Lyon.)

Innocencius, episcopus, servus servorum Dei, dilectis filiis abbati Cistercii ejusque coabbatibus et conventibus universis, Cisterciensis ordinis, salutem et apostolicam benedictionem.

Meritis vestre sacre religionis inducimur ut favoris benigni gracia vos jugiter prosequamur, sed in his precipue que noscuntur ad cultum divini nominis pertinere. Cum itaque, sicut lecta coram nobis, universitati vestre peticio continebat monachi ordinis vestri ab institutione ipsius soliti sint a prelatis ecclesiarum, sine aliqua examinatione, ad ordines promoveri, nos, devotionis vestre precibus inclinati, ut hoc ipsum circa monachos ejusdem ordinis eis dumtaxat, exceptis in quibus fuit notorum crimen, vel enorme corporis vicium, a prelatis eisdem perpetuis temporibus observetur, auctoritate presencium duximus statuendum. Nulli ergo omnino hominum liceat hanc paginam nostre constitutionis infringere, vel ei ausu temerario contraire. Si quis aut hoc attemptare presumpserit, indignationem omnipotentis Dei et beatorum Petri et Pauli apostolorum ejus se noverit incursurum.

Datum Lugduni, III nonas octobris, pontificatus nostri anno tercio.

Bibl. Imp., Cart. de Bon-Port, ch. 19, f° 47 v°.

CXLIV

Innocent IV décide que, dans les paroisses où les religieux de l'ordre de Citeaux jouissaient des anciennes dîmes, les nouvelles leur appartiendront dans la même proportion.

(1245, 5 octobre, à Lyon.)

Innocencius, episcopus, servus servorum Dei, dilectis filiis abbati Cistercii ejusque coabbatibus et conventibus universis, Cisterciensis ordinis, salutem et apostolicam benedictionem.

Justis petentium desideriis, dignum est nos facilem prebere consensu et vota, que a rationis transite non discordant, effectu prosequente complere. Eapropter, dilecti in Domino filii, vestris justis precibus inclinati, auctoritate vobis presensium indulgemus, ut in parrochiis illis in quibus veteres vobis decime sunt concesse, novalium quoque de quibus aliquis hactenus non percepit proportione qua veteres vos contingunt percipere valeatis. Nulli ergo omnino hominum liceat hanc paginam nostre concessionis infringere, vel ei ausu temerario contraire. Si quis autem hoc attemptare presumpserit, indignationem omnipotentis Dei et beatorum Petri et Pauli apostolorum ejus se noverit incursurum.

Datum Lugduni, III nonas octobri, pontificatus nostri anno tercio.

Bibl. Imp., Cart. de Bon-Port, ch. 21, f° 18 v°.

CXLV

Innocent IV confirme toutes les libertés, immunités et exemptions concédées aux monastères de l'ordre de Cîteaux par ses prédécesseurs et par les rois, princes et autres fidèles.

(1245, 5 octobre, à Lyon.)

Innocencius, episcopus, servus servorum Dei, dilectis filiis abbati Cistercii ejusque coabbatibus et conventibus universis, Cisterciensis ordinis, salutem et apostolicam benedictionem.

Solet annuere sedes apostolica piis votis, et honestis petencium precibus favorem benivolum impertiri. Eapropter, dilecti in Domino filii, vestris justis postulationibus grato concurrentes assensu omnes libertates et immunitates a predecessoribus nostris romanis pontificibus, sive per privilegia seu alias, indulgencias ordini vestro concessas, necnon libertates et exemptiones secularium exactionum, a regibus et principibus vel aliis Christi fidelibus rationabiliter vobis indultas, auctoritate apostolica confirmamus, et presentis scripti patrocinio communimus. Nulli ergo omnino hominum liceat hanc paginam nostre confirmationis infringere, vel ei ausu temerario contraire. Si quis autem hoc attemptare presumpserit, indignationem omnipotentis Dei et beatorum Petri et Pauli apostolorum ejus se noverit incursurum.

Datum Lugduni, III nonas octobris, pontificatus nostri anno tercio.

Bibl. Imp., Cart. de Bon-Port, ch. 25, f° 20.

CXLVI

Innocent IV met sous la protection de saint Pierre le monastère de Bon-Port, ainsi que toutes ses dépendances et appartenances, et confirme toutes ses libertés, immunités et exemptions.

(1245, 16 octobre, à Lyon.)

INNOCENTIUS, episcopus, servus servorum Dei, abbati monasterii de Bono-Portu, ejusque fratribus, tam presentibus quam futuris, regularem vitam professis, salutem in Domino et apostolicam benedictionem.

Religiosam vitam eligentibus apostolicum convenit adesse presidium, ne forte cujuslibet temeritatis incursus, aut eos a proposito revocet, aut robur (quod adsit) sancte religionis infringat; quapropter, dilecti filii in Domino, vestris justis postulationibus clementer annuentes, et monasterium de Bono-Portu, Ebroicensis diocesis, in quo divino estis obsequio mancipato, sub Beati Petri et nostra protectione suscipimus, et presenti scripti privilegio communicamus. In primis, siquidem statuentes ut ordo monasticus qui secundum Deum et Beati Benedicti regulam atque institutionem Cisterciensium fratrum a vobis ante concilium generale susceptam, in eodem monasterio institutus esse dinoscatur, perpetuis ibidem temporibus inviolabiliter observetur.

Preterea quascumque possessiones, quecumque bona, idem monasterium in presenti juste et canonice possidet, aut in futurum concessione pontificum, largitione regum vel principum, oblatione fidelium, seu aliis justis modis, prestante Domino, poterit adipisci, firma vobis vestrisque successoribus et illibata permaneant, in quibus hec propriis duximus exprimenda vocabulis.

Locum ipsum in quo prefatum monasterium situm est cum omnibus pertinenciis suis, decimas de Cricbeuf, de Santolio, de Vallibus, grangiam de Maresdans, cum omnibus pertinentiis suis;

Molendinum de Poses cum omnibus pertinenciis suis, domos et possessiones quas habetis in civitate Rothomagi, domos et possessiones quas habetis de Vidame;

Chlausum de Lereio, cum omnibus pertinenciis suis, vineas quas in Dol, Hommechon, Sancto-Gratiano, Bleusium, Boug'val, Gavereio, et in Vallibus, cum omnibus pertinenciis;

Annuum redditum centum marcarum argenti, in villa que dicitur Dieppa;

Viginti carrucatas terre;

Usum lignorum et pasturam in foresta de Bord;

Decem carrucatas terre, usum lignorum et pascua in foresta de Cauvitz;

Jus in aqua Secane a Ponte-Arche usque ad falesiam de Mueis;

Cum redditibus et piscationibus suis;

Prata Vallis-Rodolii, Locoveris, Vicarville, Havre et Lire, cum omnibus pertinenciis suis;

Molendinum de Landemare, cum omnibus pertinenciis suis, cum pratis, vineis, terris, nemoribus, rivagiis et pascuis, in bosco et plano, in aquis et molendinis, in viis et semitis, et omnibus aliis libertatibus et immunitatibus suis.

De possessionibus [que] habetis ante concilium generale, ac etiam novalium que propriis manibus aut sumptibus colitis, de quibus aliquis hactenus non percipit, sive de ortis et virgultis et piscationibus vestris, vel de nutrimentis animalium vestrorum, nullus a vobis decimas exigere vel extorquere presumat.

Liceat quoque vobis clericos, vel laïcos liberos et absolutos a seculo fugientes, ad conversionem recipere et eos absque contradictione aliqua retinere.

Et prohibemus insuper ut nullo fratrum vestrorum, post factam in monasterio vestro professionem, fas sit, sine abbatis licentia, de eodem loco discedere; discedentem vero absque communium litterarum suarum cautione, nullus audeat retinere. Quod si quis forte retinere presumpserit, licitum vobis sit in ipsos monachos vel conversos regularem sententiam promulgare; illud districtius inhibentes in terras jus quodlibet Boni...... Ecclesie vestre collatum liceat personaliter dari, sive alio modo alienari, absque consensu totius capituli, vel majoris, vel sanioris partis ipsius.

Si que vero donationes aliter quam dictum est facte fuerunt, eas irritas esse censemus, atque etiam prohibemus ne aliquis monachus, sive conversus sub professione vestre domus astrictus, sine consensu et licentia abbatis, et majoris partis capituli vestri pro aliquo fidem ineat, vel ab aliquo pecuniam mutuo accipiat, ultra summam capituli vestri providentia constitutam, nisi propter manifestam domus vestre utilitatem. Quod si facere forte presumpserit, non teneatur conventus pro hiis aliquarum respondere.

Licitum preterea sit vobis, in causis propriis, sive civilem, sive criminalem, contineant questionem, fratrum vestrorum testimoniis uti, ne pro defectu testium, jus vestrum in aliqua alea depereat.

Insuper, auctoritate apostolica inhibemus ne ullus episcopus, vel quelibet alia persona, ad synodes vel conventus forenses vos ire, vel judicio seculari de vestra propria substantia, vel possessionibus vestris subjacere compellant, nec ad domos vestras, causa ordinis celebrandi, causas tractandi, vel aliquos conventus publicos convocandi, venire presumat, nec regularem electionem abbatis vestri impediat, aut de instituendo, vel removendo eo, qui tempore fuerit, contra statuta Cisterciensis ordinis, si aliquatenus intromittat.

Si vero episcopus in cujus parochia domus vestra fundata est, cum humilitate et devotione qua convenit requisitus, substitutum abbatem benedicere, et aliaque ad officium episcopale pertinent, vobis conferre renuerit, licitum sit abbati eidem, si tamen sacerdos fuerit, proprios novicios benedicere et alia que ad officium suum pertinent exercere, et vobis omnia ab alio episcopo percipere, que a vestro fuerunt indebite denegata.

Illud adjicientes ut in recipiendis professionibus, que a benedictis vel benedicendis abbatibus exhibentur, ea sint episcopi forma et expressione contenta, que ab origine ordinis noscitur instituta ut scilicet abbates ipsi episcopo, salvo ordine suo, profiteri debeant et contra statuta ordinis sui nullam professionem facere compellentur.

Pro consecrationibus vero altarium, vel ecclesiarum, sive pro oleo sancto, vel quolibet ecclesiastico sacramento, nullus a vobis sub obtentu consuetudinis, vel alio modo quicquam audeat extorquere, sed hec omnia gratis vobis episcopus diocesanus impendet : alioquin liceat vobis quemcumque malueritis catholicum adire antestitem, gratiam et communionem apostolice sedis habentem, qui nostra........ auctoritate, vobis quod postulatur impendat.

Quod si sedes diocesani episcopi forte vacaverit, interim omnia ecclesiastica sacramenta a vicinis episcopis accipere, libere et absque contradictione possetis, sic tamen ut ex hoc in posterum proprio episcopo nullum prejudicium generatur.

Quia vero interdum proprii episcopi copiam non habetis, si quem episcopum romanum, sedis (ut diximus) gratiam et communionem habentem, et de quo plenam notitiam habeatis, per vos transire contigerit, ab eo benedictiones vasorum et vestium, consecrationes altarium, ordinationes monachorum, auctoritate apostolice sedis recipere valeatis.

Porro si episcopi, vel alii ecclesiarum rectores, in monasterium vestrum, vel personas ibidem constitutas suspensionis, excommunicationis, vel interdicto, sententiam promulgaverint, sive etiam in mercenarios vestros, pro eo quod decimas, sicuti dictum est, non persolvatis, sive aliqua occasione eorum que ab apostolica benignitate vobis indulta sunt, seu benefactores vestros, pro eo quod aliqua vobis beneficia, vel obsequia, ex caritate prestiterint, vel ad laborandum adjuverint, in illis diebus in quibus vos laboratis, et alii feriantur, eandem sententiam protulerint; ipsam tanquam contra sedis apostolice indulta prolatam decrevimus irritandam, nec littere ille firmitatem habeant quas, tacito nomine Cisterciensis ordinis, et contra indulta apostolicorum privilegiorum constiterit impetrari.

Preterea, cum communi interdictum terre fuerit, liceat vobis nihilominus in vestro monasterio, exclusis excommunicatis et interdictis, divina officia celebrare.

Libertati quoque et tranquillitati vestre, paterna in pristinum sollicitudine, providieri volentes, auctoritate apostolica prohibemus, ut intra clausuras locorum seu grangiarum vestrarum nullus rapinam seu furtum facere, ignem apponere, sanguinem fundere, hominem tenere, capere vel interficere, seu violentiam audeat exercere.

Preterea, omnes libertates et immunitates a predecessoribus nostris romanis pontificibus ordini vestro concessis, necnon libertates et exemptiones secularium, exactionum a regibus et principibus, vel aliis fidelibus rationabiliter vobis indultas, auctoritate apostolica confirmamus et presentis scripti privilegio communicamus, decernimus ergo ut nulli hominum liceat prefatum monasterium temere perturbare, aut ejus possessiones auferre, vel ablatas retinere, minuere, seu quibuslibet vexationibus fatigare, sed omnia integra conserventur eorum, pro quorum gubernatione, et sustentatione concessa sunt, usibus omnimodis pro futura, salva sedis apostolice auctoritate, et in predictis decimis moderatione concilii generalis.

Si qua igitur in futurum ecclesiastica secularisve persona hanc nostre constitutionis paginam, sciens contra eam temere venire tentaverit, secundo tertiove commonita, nisi reatum suum congrua satisfactione correxerit, potestatis honorisque sui careat dignitate, eamque se divino judicio existere de perpetua impietate cognoscat et a sacratissimo corpore et sanguine Dei et Domini nostri Jesu Christi aliena fiat, atque in extremo examine districte subjaceat ultioni. Cunctis autem eidem littere sua verba servantibus, sit pax Domini nostri Jesu Christi, quatenus et hic fructum bone actionis percipiant, et apud districtum judicem premium eterni Patris inveniant. Amen, amen, amen.

Un signe d'une croix inscrite dans un cercle avec ces mots : Petrus

Paulus, Innocentius papa quartus; *autour cette devise* : Notas fac mihi, Domine, vias vite; *à côté* : Ego Innocentius, catholice Ecclesie episcopus, *et encore un signe* : J N.

A côté : Ego Petrus, titulo Sancti-Marcelli presbiter cardinalis, *entre une croix et un paraphe.*

Plus bas, entre une croix et un paraphe : Ego Willelmus, basilice Duodecim Apostolorum presbiter cardinalis.

Et encore entre une croix et un paraphe : Ego Franciscus Johannes, titulo Sancti-Laurentii in Lucina presbiter cardinalis.

De l'autre côté, entre une croix et un paraphe : Ego Egidius Sanctorum Cosme et Damiani diaconus cardinalis.

Plus bas et de la même manière : Ego Octavianus, Beate Marie in Via Lata diaconus cardinalis.

Plus bas et de même : Ego Petrus, Sancti-Georgii ad velum aureum diaconus cardinalis.

Plus bas et de même : Ego Johannes, Sancti-Nicolai in Curio Tulliano diaconus cardinalis.

Plus bas et de même : Ego Willelmus, Sancti-Eustachii diaconus cardinalis.

Contresigné, entre une croix et un paraphe : Ego Oto, Portuensis et Sancte-Rufine episcopus.

Et plus bas de même : Ego Willelmus, Sabinensis episcopus.

Datum Lugduni, per manum magistr. Marini, dicte romane Ecclesie vice-cancellarii, I idus octobris, indictione IV, Incarnationis dominice anno 1245, pontificatus vero domini Innocentii pape quarti anno tertio.

Ainsi scellé en plomb auquel il y a d'un costé imprimé deux têtes au-dessus desquelles etoient en lettres : S. Petrus......., *et de l'autre costé etoit écrit* : INNOCENTIVS PP. IIII, *sur lacs de soie rouge et jaune.*

_{Copie moderne en papier. Arch. de l'Eure, Fonds de Bon-Port, liasse 1, n° 7.}

CXLVII

Richard des Marets vend à Guillaume de Brionne deux pièces de terre à Saint-Melain.

(1245, octobre.)

Noverint universi, tam presentes quam futuri, quod ego Ricardus de Maresco, de assensu et voluntate Aalicie, uxoris mee, vendidi et concessi Willelmo de Briona duas pechias terre, sitas in parrochia Sancti Melani, quarum una sita est inter terram Radulfi de Sancto Melano, ex una parte, et terram Gilleberti Avignon, ex altera; et alia sita est similiter inter terram predicti Radulfi de Sancto-Melano, ex una parte, et terram predicti Gilleberti Avignon, ex altera, in alio loco, per centum solidos turonensium, quos ille michi donavit : habendum, tenendum, et jure hereditario possidendum, sibi et heredibus suis, libere, quiete et pacifice ab omnibus redditibus et actionibus que sunt vel accidere possunt, et sine reclamatione aliqua de cetero mei vel heredum meorum, salvo jure domini capitalis. Et ego predictus Ricardus et heredes mei Willermo et heredibus suis predictam terram contra omnes et in omnibus curiis, ad usus et consuetudines patrie, tenebimur garantizare, vel alibi, in propria hereditate nostra, valore ad valorem excambiare. Quod ut ratum et stabile permaneat, istam kartam sigilli mei munimine confirmavi.

Actum anno Domini m° cc° xl° v°, mense octobris.

Testibus hiis : Radulfo Gohistre; Ricardo Fabro; Henrico Rufo, et multis aliis.

Orig. en parch.; reste d'attache en parchemin. — Arch. de l'Eure, Fonds de Bon-Port, liasse 105, n° 54.

CXLVIII

Innocent IV confirme aux religieux de l'abbaye de Bon-Port la concession faite par Richard Cœur-de-Lion, roi d'Angleterre, du droit de patronage en l'église de Criquebeuf, et par Garin, évêque d'Évreux, de deux parts de dîme de ladite église.

(1245, 10 mars, à Lyon.)

INNOCENCIUS, episcopus, servus servorum Dei, dilectis filiis abbati et conventui monasterii de Bono-Portu, Cisterciensis ordinis, Ebroicensis diocesis, salutem et apostolicam benedictionem.

Justis petencium desideriis dignum est nos facilem prebere consensum, et nota que a rationis tramite non discordant, effectu prosequente complere. Cum igitur, sicut ex parte nostra fuit propositum coram nobis clare memorie R., rex Anglie, jus patronatus quod in ecclesia de Crikebeuf, diocesis Ebroicensis, habebat, et post modum bone memorie. G., Ebroicensis episcopi, duas partes decimarum ejusdem ecclesie ad ipsum spectancium, tercia rectori et clericis in eadem ecclesia servientibus reservata, pia liberalitate, vobis duxerint concedenda, prout in ejusdem regis et episcopi litteris plenius dicitur contineri : nos, devotionis vestre precibus inclinati, quod ab eis super hoc pie et provide factum est, ratum et gratum habentes, illud auctoritate apostolica confirmamus, et presentis scripti patrocinio communimus. Nulli ergo omnino hominum liceat hanc paginam nostre confirmationis infringere, vel ei ausu temerario contraire. Si quis autem hoc attemptare presumpserit, indignationem omnipotentis Dei et beatorum Petri et Pauli apostolorum ejus se noverit incursurum.

Datum Lugduni, vi idus marcii, pontificatus nostri anno secundo.

Bibl. Imp., Cart. de Bon-Port, ch. 9, f° 12.

CXLIX

Louis IX met sous la sauvegarde royale l'abbaye et les religieux de Bon-Port.

(1245, mars, au Vaudreuil.)

Ludovicus, Dei gracia, Francorum rex, universis amicis, ballivis et prepositis suis, salutem.

Noveritis quod nos abbaciam et monachos de Bono-Portu, et res ad ipsos pertinentes, in nostra per jus suscepimus custodia et protectione. Proinde vobis mandantes [precipimus] ut, tam ipsos quam res ad ipsos pertinentes, que in vestris potestatibus sunt, caras habeatis, et eas tanquam nostras proprias per jus custodiatis et protegatis. Quod si eis in potestatibus vestris injuria facta fuerit, eam eis sine dilatione emendari faciatis.

Actum apud Vallem-Rodolii, anno Domini millesimo ducentesimo quadragesimo quinto, mense marcio.

Bibl. Imp., Cart. de Bon-Port, ch. 45, f° 51 v°.
Impr. Delisle, Cart. normand, p. 321, n° 1171.

CL

Emeline la Guerarde vend aux religieux de Bon-Port une pièce de pré dans la grande île, à Criquebeuf.

(1245, avril.)

Omnibus hec visuris officialis curie Rothomagensis, salutem in Domino. Noveritis quod constituta in jure coram nobis Emelina Laguerarde, vidua, parrochie de Yngovilla juxta Pontem-Arche, ut dicitur, recognovit se vendidisse et omnino dimisisse abbati et conventui Boni-Portus, pro viginti duobus solidis turonensibus, de quibus tenuit se pro pagata coram nobis, renuntians exceptioni pecunie non numerate, unam petiam prati quam dicebat se habere in magna insula inter prata dictorum religiosorum undique, excepta quadam salcheia ibidem adjacente, quam retinet; tenendam et possidendam predictis religiosis et eorum successoribus, libere et quiete, et ad faciendam ex inde, salvo jure dominico, omnem suam penitus voluntatem. Juravit insuper predicta Emelina, tactis sacrosanctis evangeliis spontanea voluntate, coram nobis, quod in antedicta petia prati ratione hereditatis, dotalicii, maritagii, elemosine, vel aliqua alia ratione, sibi vel hactenus competenti, per se vel per alium, nichil de cetero reclamabit, et quod dictos religiosos et eorum successores super pre........ aliquo foro ecclesiastico vel seculari nullatenus molestabit. In cujus rei testimonium, sigillum curie nostre ad instantiam, huic presenti scripto duximus apponendum.

Actum anno Domini M° CC° XL° quinto, mense aprilis. Valete.

Orig. en parch. — Arch. de l'Eure, Fonds de Bon-Port, liasse 11, n° 6.

CLI

Thierri, l'orfèvre, vend à Jean d'Etrépagni, chanoine de Saint-Cande, 60 sous de rente sur une maison à Rouen.

(1245.)

Sciant universi, presentes et futuri quod ego Terricus, aurifaber, de assensu............... Basilie, uxoris mee, vendidi, Domino Johanni de Estrepeigni, canonico Beati Candidi................ pro xxx. libris turonensium, de quibus pre manibus satisfecit michi, sexaginta solidos redditus............ monete, percipiendos sibi vel cuicumque voluerit in locis et tenementis sub................ licet in tenemento meo de vico comitis de Lieucestre, quod situm est inter terram...............

et terram Osberti de Petri-Valle, a vico per ante, usque ad Renellam; quadraginta solidos.............. in Pascha, et medietatem in festo Sancti Johannis Baptiste, et viginti solidos in festo......... in Corveseria, inter cimiterium Beate Marie Rotunde, et terram Nicholai............ Natali Domini. Licebit etiam de cetero dicto Johanni et cuicumque voluerit .... suam facere de dicto redditu, sicut de suo proprio, salvo in omnibus jure.............. justiciam in dictis tenementis pro eodem redditu, singulis annis, habendo ut dictum............... dictorum tenementorum non posset percipere illum redditum sicut pre assign........ voluerit facere justiciam pro omni defectu illius redditus annuatim in .... sicut enim peractum est. Ego etiam et mei heredes tenemur garantizare.......... voluerit dictum redditum in dictis tenementis, ut dictum est, contra omnes...........ditibus acquietare. Quod ut ratum sit in perpetuum cartam pre..............[si]gilli mei munimine roboratam.

Actum fuit hoc anno Domini................. coram Ysemberto Lonc Ventre, tunc majore Rothomagi, et sigillo communie............ Fulcone de Sancto-Martino.

Orig. en parch. en mauvais état. — Arch de l'Eure, Fonds de Bon-Port, liasse 90, n° 1.

CLII

Eudes Rigaud, archevêque de Rouen, ordonne que les 100 marcs d'argent, dus à l'abbaye de Bon-Port sur les revenus de la ville de Dieppe, seront payés en sterlings.

(1246, 26 avril, à Port-Mort.)

Universis presentes litteras inspecturis, Odo, miseratione divina Rothomagensis archiepiscopus, salutem in Domino.

Noveritis quod cum inter nos, ex una parte, et religiosos viros, abbatem et conventum Boni-Portus, Cisterciensis ordinis, ex altera, super modo solutionis centum marcharum argenti pro redditu quem habent in villa nostra de Dieppa, facienda eisdem, contentio verteretur, dictis abbate et conventu instanter petentibus, ut de dictis centis marchis argenti in stellinguis satisfaceremus eisdem, nobis id, prout debebamus facere, recusantibus post multas altercationes et lites, tam nos quam dicti abbas et conventus, voluimus et concessimus quod viri religiosi abbas Beati Dyonisii in Francia et abbas de Valle Beate Marie, Cisterciensis ordinis, vel etiam viri ydonei quos dicti abbates ad hoc duxerint deputandos, super modo solutionis predicte per testes legitimos et juratos diligenter inquirant, videlicet qualiter centum marche argenti predicte olim a nostris predecessoribus et ab eis qui archiepiscopatus Rothomagensis regalia tenuerunt, prefatis abbati et conventui consuevere persolvi, promittentes tam nos quam sepefati abbas et conventus, quod facta inquisitione super premissis ordinationem dictorum abbatum, quod ad hujus modi inquisitionem elegimus faciendam, firmiter observabimus quo ad modum solutionis predicte. Damus etiam dictis inquisitoribus plenariam potestatem subditos nostros per sensuram ecclesiasticam, si necesse fuerit, compellendi ut super premissis testimonium perhibeant veritati. In cujus rei testimonum, presentes litteras nostro dictique abbatis sigillis fecimus communiri.

Actum apud Porcum-Mortuum, anno Domini M° CC° XL° VI°, die jovis in crastino Beati Marci Evangeliste.

<small>Orig. en parch. — Arch. de la Seine-Inf., Fonds de l'Archevêché, A. 2. — C. 19.</small>

CLIII

Vincent Borgeise vend aux religieux de Bon-Port une acre de terre à Poses, au triége du Champ-Florentin.

(1246, avril.)

Noverint universi, presentes et futuri, quod ego Vencencius Borgeise, assensu et voluntate Aaliz, uxoris mee, vendidi et omnino reliqui abbati et conventui Boni-Portus, Cisterciensis ordinis, unam acram terre, sitam in parrochia de Poses, in campo qui dicitur Florentin, inter terram Sancti Quintini, ex una parte, et terram Johannis Borgeise, fratris mei, ex altera : habendam et possidendam in perpetuum, libere et pacifice, et absque reclamatione mei vel heredum meorum. Et ego predictus Vencencius et heredes mei tenemur dictam terram dictis abbati et conventui contra omnes garantizare, vel alibi, si necesse fuerit, ad valorem excambiare, et omnia dampna et deperdita que, occasione dicte venditionis, predictis abbati et conventui evenerint tenemur ad dictum ipsorum restaurare, et totam hereditatem meam in contraplegium assignavi propter hoc supradictis religiosis. Et licebit dictis abbati et conventui de predicta terra suam penitus facere voluntatem. Pro hac autem venditione dederunt mihi predicti abbas et conventus sex libras turonensium, de quibus teneo me pro pagato. Et ut hoc firmum et stabile permaneat, presentem cartam sigilli mei munimine roboravi.

Actum anno Domini m° cc° quadragesimo sexto, mense aprilis.

Orig. en parch. — Arch. de l'Eure, Fonds de Bon-Port, liasse 37, n° 2.

CLIV

Richard, dit Raber des Monts, donne aux enfants d'Alix la Bouchère une maison à Léry.

(1246, mai, à Léry.)

Sciant omnes, presentes et futuri, quod ego Ricardus, dictus Raber de Montibus, dedi et concessi, pro suo servitio, pueris Ahelicie la Bochiere, de Leriaco, videlicet Johanni, Johanne et Margarete, quamdam domum cum fundo terre, quam emi apud Leriacum de Renoudo de Mautort, que sita est inter terram Nicholaï Malingres et terram Heremburgis Crespun, sicut se proportat in longum et latum, a vico ante, usque ad vineam monachorum, per retro; tenendam et possidendam dictis pueris et eorum heredibus de me et meis heredibus, libere, quiete, et hereditarie. Ita quod dicta Ahelicia, mater puerorum habebit suum manere in dicta domo, sibi soli, quamdiu vixerit, sine ulla reclamatione; in ea hereditagii post mortem suam de suis heredibus, reddendo inde mihi annuatim et heredibus meis dimidiam unciam commini, ad festum Beati Egidii abbatis, et abbati et conventui Boni-Portus septem solidos turonensium, et sex denarios redditus, scilicet ad festum Beati Michaelis quatuor solidos, et ad Pascha Domini tres solidos et sex denarios. Licebit etiam de cetero dictis pueris et heredibus eorum de dicta domo cum fundo terre facere omnem voluntatem suam sicut de suo proprio hereditagio, salvo jure dominico et redditu supradicto. Ego autem predictus Ricardus et mei heredes tenemur dictis pueris et eorum heredibus dictam domum cum fundo terre contra omnes garantizare. Et si dicti pueri sine herede seu heredibus de ipsis procreatis decesserint, volo et concedo quod dicta domo *(sic)* cum fundo terre ad dominum Johannem Fromont, presbyterum de Communisvilla, vel ad heredes suos remeabit, salvo manere dicte Ahelicie sibi soli quamdiu vixerit. Quod ut ratum sit, sigillo meo sigillavi.

Actum in plena parrochia, apud Leriacum, anno Domini m° cc° xl° sexto, mense maio.

Testibus hiis : Domino J., presbytero de Leriaco; W. Havart, clerico; Johanne Clerico; Stephano Legrieu; Nicholao Lebochier, et multi alii *(sic)*.

Orig. en parch. — Arch. de l'Eure, Fonds de Bon-Port, liasse 48, n° 56.

CLV

Alice du Donjon et sa fille Eustase vendent à Roger Petit-Gars 9 sous de rente à Rouen.

(1246, 18 août.)

Noverint universi quod ego Aelicia de Dujone et ego Eustasia, ejusdem

Aelicie filia, vendidimus et penitus dimisimus Rogero Petit-Gars et Emengardi, uxori sue, pro decem novem solidis turonensium, quos nobis pagaverunt pre manibus, duos solidos annui redditus, quos nobis reddebant annuatim ad festum Sancti Johannis Baptiste, de tenemento illo quod situm est in Malapalude, inter terram Martini de Huesa et terram Aelicie Mordret, sicut se proportat, a vico ante, usque ad terram Martini de Huesa, retro. Licebit etiam de cetero dictis Rogero et Emengardi et eorum heredibus omnem suam facere voluntatem de dicto redditu, sicut de suo proprio, salvo jure dominico, sine nostri vel heredum nostrorum de cetero reclamatione. Quod ut ratum sit, actum fuit hoc coram Freher de Novo Mercato, tunc majore Rothomagi, et sigillis nostris cum sigillo communie fuit hoc confirmatum, anno Domini M° CC° XL° sexto, mense augusto, sabbato post Assumptionem Beate Marie.

Actum fuit hoc de assensu Johannis Villani, mariti dicte Eustacie, qui hoc voluit et concessit.

Testibus hiis : Radulpho Reingot; Laurentio de Mesnillo, et multis aliis.

Orig. en parch. — Arch. de l'Eure, Fonds de Bon-Port, liasse 94, n° 115; quatre restes d'attaches.

CLVI

Saint Louis donne aux religieux de Bon-Port 100 acres dans la forêt de Bord.

(1246, février, à Vincennes.)

Ludovicus, Dei gracia, Francorum rex.

Notum facimus universis, presentibus pariter et futuris, quod nos viris religiosis, abbati et conventui Boni-Portus, Cisterciensis ordinis, pro restauratione dampnorum que sustinebant, ut dicibant, pro terris traditis ad culturam in forestis nostris de Borz et de Aquosis, dedimus et concessimus imperpetuum centum acras terre, sitas in dicta foresta de Borz, juxta terras dictorum religiosorum quas habent in eadem foresta de dono Ricardi, quondam regis Anglie. Dedimus etiam eisdem sex modios et quinque sextaria et unam minam bladi, videlicet duas partes de ybernagio, in molendinis nostris de Ponte-Arche, medietatem in nativitate Beati Johannis Baptiste, et aliam medietatem in nativitate Domini; et terciam partem avene, in redditibus prepositure nostre Vallis-Rodolii, in festo Sancti Michaelis annuatim percipiendam. De his autem supradictis, dicti abbas et conventus se tenent pro pagatis, secundum quod in ipsorum quam nobis tradiderunt, plenius continetur carta cujus tenor talis est.

Omnibus hec visuris, frater R., abbas Boni-Portus, totusque ejusdem loci conventus, salutem in Domino. Noveritis quod nos, de communi assensu et voluntate et assensu venerandi patris nostri E., abbatis de Valle Beate Marie, tenemus nos pro pagatis de centum acris terre, et de sex modiis et quinque sextariis, et una mina bladi, que habemus de mandato domini Ludovici, Dei gracia, Francorum regis, pro recompensatione dampnorum que sustinebamus occasione terrarum ad culturam traditarum in forestis de Borz et de Aquosis, scilicet pro dampnis de foresta de Aquosis, centum predictas acras terre, quas habemus de mandato ejusdem regis, in foresta de Borz sitas, juxta terras quas habemus in dicta foresta de dono pie recordationis Ricardi, quondam regis Anglie; et pro remuneratione dampnorum de foresta de Borz, sex modios et quinque sextaria, et unam minam bladi, cujus due partes sunt de ybernagio, et tertia de avena, de mandato domini regis, annuatim percipienda. Nec in dictis terris de cetero aliquid reclamabimus, exceptis pasturis animalium nostrorum, quas habebimus in terris illis quando non fuerint seminate. In cujus rei testimonium, venerabiles abbates de Valle Beate Marie et de Vallibus Sarnerii, presentibus litteris, cum nostro sigillo, sua apposuerunt sigilla. Actum anno Domini m° cc° quadragesimo sexto, mense februarii.

Nos vero, ut hec nostra donacio et concessio religiosis dictis facta rata futuris temporibus habeatur, presentem paginam sigilli nostri munimine fecimus roborari.

Actum apud Vicennam, anno Domini m° cc° quadragesimo sexto, mense februario.

Bibl. Imp., Cart. de Bon-Port, ch. 57, f° 28.
Impr. Du Monstier. Neustria pia, p. 897.
Analyse. Delisle. Cart. normand, p. 77, n° 465.

CLVII

Guillaume de Becquet, curé de Monceaux, vend à Robert de Meulent 20 sous de rente, sur le moulin du Becquet.

(1246, 28 février.)

Universis presentes litteras inspecturis, officialis curie Ebroicensis, salutem in Domino..... in nostra presentia constitutus, Guillelmus, presbiter de Moncelli Villa, recognovit se ven..... liquisse Roberto de Mellento, venditori foreste domini regis de Tractu..... redditus percipiendos in molendino suo de Becquet, simul vel alibi in..... dictum redditum annuum, sibi vel eis qui ab eo causam habebunt nob..... si vero dictus Robertus predictum redditum, abbati et conventui Boni-Portus...... redditum tenetur dicto Roberto et suis heredibus, vel abbati et conventui supradictis..... deliberare a domino feodali in..... feodo dictus Robertus vel ille sine illi cui..... noluerit in elemosinam seu modo alio voluerint assignari, fide prestita corporali...... redditus supradicti. Dedit idem Robertus decem libras turonensium eidem presbitero, de quibus tenuit.... dictus Robertus et heredes ipsius, vel monachi supradicti, seu illi qui a dicto Roberto..... et possidebunt jure hereditario, libere, quiete et pacifice, absque ulla reclamatione..... vero presbiter predictum redditum annuum dicto Roberto et suis heredibus, vel monachis predictis..... tenetur deliberare et contra omnes garantizare et alibi in propria hereditate ejusdem... valorem, si necesse fuerit, excambiare. Promisit autem dictus presbiter bona fide se predictum..... seu hiis qui ab eo causam habebunt..... infra quindecim dies deliberare et etiam assignare ita... ...chi supradicti se habebunt pro contentis de deliberatione et assignatione redditus supradicti..... presbiter quod nisi predictum redditum deliberaret et assignaret infra terminum supradictum..... ipse presbiter teneretur solvere dicto Roberto decem libras turonensium nomine pene per fidem su..... corporalem. Renunciavit etiam dictus presbiter exceptioni non numerate pecunie..... impetrando et cuicumque juris auxilio per que dicti redditus vendicio posse..... universitati vestre tenore presentium significamus.

Actum die martis post..... Invocavit me, anno Domini m° cc° xl° sexto.

Orig. en parch., en mauvais état. — Arch. de l'Eure, Fonds de Bon-Port, liasse 71, n° 20.

CLVIII

Robert de Meulent donne aux religieux de Bon-Port les 20 sous de rente qu'il a achetés de Guillaume de Becquet.

(1246, 15 mars.)

Noverint universi, tam presentes quam futuri, quod ego Robertus de Mellento dedi et concessi, in puram et perpetuam elemosinam, pro salute anime mee et pro salute specialiter anime Emmeline, quondam uxoris mee, viginti solidos monete currentis, annui redditus, in festo Sancti Remigii percipiendos, quos predictos viginti solidos comparavi a domino Guillelmo de Becquet, tunc temporis presbitero de Moncelli Villa, prout apparet in litteris de emptione sigillatis sub sigillo officialis Ebroicensis, quas tradidi abbati et conventui Boni-Portus Cisterciensis, pro donatione quam feci eisdem de dicto redditu, pro anima dicte Ameline, que jacet in eorum cimitterio, et debent converti dicti viginti solidi in pitanciam conventus, in die anniversarii dicte Emmeline. In cujus rei testimonium, tradidi presentes litteras dictis religiosis sigilli mei munimine roboratas.

Actum anno Domini M° CC° XL° sexto, feria tercia ante letare Jerusalem.

Orig. en parch. — Arch. de l'Eure, Fonds de Bon-Port, liasse 71, n° 21.

CLIX

Guillaume de Bequet, curé de Monceaux, garantit les 20 sous de rente donnés par Robert de Meulent aux religieux de Bon-Port.

(1246.)

Universis presentes litteras inspecturis, officialis Ebroicensis, salutem in Domino. Noverit universitas vestra quod Willelmus, presbiter de Moncellis, filius quondam Giraumi de Beket, defuncti, in nostra presentia constitutus, venditionem viginti solidorum, currentis monete, annui redditus, quam ipse fecit Roberto de Melento pro decem libris turonensium, solutis eidem presbitero, prout..... confessus fuit coram nobis, et elemosinatis ecclesie Beati Marie Boni-Portus a dicto Roberto, ut dicitur, pro salute anime antecessorum suorum, quem scilicet redditum annualem Willelmus dictus Le Beel et Odo Thome prefato presbitero............ ad festum Sancti Remigii, ut dicebant, de vavassoria sua sita apud Le Beket, ecclesie memorate Beate Marie Boni-Portus, contra omnes tenentur garantizare. Prenominatus etiam Willelmus, presbiter, atornavit prefatos Willelmum dictum Le Beel et..... dictum redditum religiosis viris ecclesie supradicte ad dictum terminum de cetero fideliter persolvendum de vavassoria supradicta, volens et concedens coram nobis quod predicti religiosi ecclesie supradicte suam plenariam justiciam poterunt facere et exercere in predicta vavassoria, pro predicto redditu et emenda, ad usus et consuetudines patrie,

si predicti Willelmus Le Beel et..... defecerint in solutione predicti redditus ad terminum predictum. Et ad hoc obligavit dictus G............
....
....

Orig. en parch., détruit en partie par l'humidité. — Arch. de l'Eure, Fonds de Bonport, liasse 71, n° 22.

CLX

Baudry Sauvale vend à Raoul Sauvale, son frère, la part d'héritage qu'il avait à Saint-Pierre-d'Incarville et à Louviers.

(1247, avril.)

Sciant omnes, tam presentes quam futuri, quod ego Baudricus Sauvale vendidi et concessi, et hac presenti carta confirmavi, Radulfo Sauvale, fratri meo, totum hereditagium meum quod habebam in parrochia Sancti Petri de Wiscarvilla, videlicet in campis, in villa, in masagio, in terris, in redditibus et in omnibus aliis rebus ad dictum hereditagium pertinentibus, ubicumque sint in parrochia de Wiscarvilla, et in parrochia de Locoveris. Vendidi etiam dicto Radulfo omnia excidentia cum suis pertinenciis, que ratione dicti hereditagii michi vel heredibus meis possent ullatenus evenire. Vendidi insuper totam familiaritatem cum suis pertinenciis quam habebam in parrochia de Wiscarvilla et de Locoveris. Habendum, tenendum et jure hereditario possidendum totum predictum hereditagium, libere, bene et pacifice, et absque ulla reclamatione mei vel heredum meorum de cetero, salvo tamen jure et servitio domini regis Francorum. Ego vero predictus Baudricus et mei heredes, prenominato Radulfo et suis heredibus, totum hereditagium prenotatum et omnia excidentia, cum omni dominio familiaritatis predivise contra omnes in omnibus curiis ad usus Normagnie, tenemur deffendere et garantizare. Pro hac autem venditione et concessione prenominatus Radulfus donavit michi pre manibus triginta libras turonensium, de quibus ego me teneo pro pagato. Ut hoc autem firmum et stabile de cetero teneatur, presentem cartam fieri feci sigilli mei munimine........

Actum anno Domini M° CC° quadragesimo septimo, mense aprili.

Hujus rei sunt testes : Ricardus....... Gaillarde; Johannes Gaillarde, fratres; Michael de Canapevilla; Alanus dictus Famulus, et [plures alii].

<small>*Orig. en parch., détérioré en partie par l'humidité.* — Fonds de Bon-Port, liasse 89, n° 26.</small>

CLXI

Guillaume Helluin de Limaie vend à Jean Durand une pièce de terre à Pont-de-l'Arche.

(1247, mai.)

Notum sit omnibus, presentibus et futuris, quod ego Willelmus, dictus Helluin de Limaie, vendidi et concessi, et hoc presenti scripto confirmavi, Johanni Durant, de Ponte-Arche, unam peciam terre ad campos, cultibilem, sitam videlicet in parrochia Sancti Vigoris Pontis-Arche, inter terram Roberti Le Conteor, ex una parte, et vineam Gaufridi Estordi, ex altera, pro sexdecim solidis turonensium michi solutis pre manibus, in pecunia numerata : tenendam et habendam dictam pechiam terre, sicut se habet in longitudine et latitudine, prefato Johanni et ejus heredibus, de me et meis heredibus per advenantum feodi, libere, pacifice, jureque hereditario possidendam, omni contradictione postposita vel calumpnia de cetero mei vel heredum meorum, salvo tamen jure dominico. Et ego prenominatus Willelmus et heredes mei dicto Johanni et heredibus suis predictam terram, contra omnes gentes tenemur garantizare, deliberare et deffensare, vel alibi, si necesse fuerit, in propria hereditate nostra, valore ad valorem, excambiare. Quod ut ratum et stabile futuris temporibus teneatur, hanc presentem cartam sigilli mei munimine roboravi.

Actum anno gracie m° cc° xl° septimo, mense maii.

Isti sunt testes : Willelmus Daneys; Christianus Le Sueor; Robertus Le Conteor; Symon Machon, et plures alii.

<small>Orig. en parch. — Arch. de l'Eure, Fonds de Bon-Port, liasse 63, n° 85.</small>

CLXII

Julienne Baudri donne aux religieux de Bon-Port tout le droit qu'elle avait sur les tenanciers des terres de Guillaume de Montbé.

(1247, août.)

Noverint universi, tam presentes quam futuri, quod ego Juliana, quondam uxor Baudri de Stallis, tempore viduitatis mee, quitavi et omnino reliqui abbati et conventui Boni-Portus quicquid juris habebam et habere poteram, ratione hereditatis, elemosine, dotis, sive alio modo, michi modo vel de cetero heredibus meis competenti, in redditibus et in tenementis que Gaufridus de Bosco..... et Guillelmus de Montbee tenent de dictis abbate et conventu, ita quod tam ego Juliana quam mei heredes........ nichil poterimus reclamare : immo tenemur fide media contra omnes garantizare. In cujus rei testimonium presentem cartam sigilli mei munimine confirmavi.

Actum anno Domini m° cc° xl° septimo, mense augusti.

<small>Orig. en parch. — Arch. de l'Eure, Fonds de Bon-Port, liasse 71, n° 11.</small>

CLXIII

Hamon le Harenguier et Julienne, sa sœur, vendent à Robert Coepel trois boisseaux de blé et autres rentes, à Criquebeuf-sur-Seine.

(1247, septembre.)

Sciant omnes, presentes et futuri, quod ego Hamon le Harenguier et ego Juliana, uxor ejus, filia Galteri dicti Mustel, de Ponte-Arche, vendidimus et concessimus et omnino dereliquimus Roberto Coepel, filio Willelmi Coepel, tres boessellos bladi et unum caponem et septem denarios turonensium et obolum annui redditus, qui nobis reddebantur annuatim de Maria la Tiniere, et de Rogero Gouion, de masura et terra cultibili sita in parrochia de Criqueboto super Secanam; percipiendos annuatim dicto Roberto et heredibus suis, videlicet tres boessellos bladi ad festum Sancti Michaelis, et ad Nathale Domini unum caponem, et ad Pascha Domini septem denarios et obolum et decem ova. Tenendos et habendos dicto Roberto et heredibus suis, libere, pacifice et quiete, absque ulla reclamatione de cetero nostri vel heredum nostrorum. Et licebit eidem Roberto de dicto redditu, sicut de suo proprio, suam penitus facere voluntatem. Ego vero dictus Hamon, et ego dicta Juliana et heredes nostri dicto Roberto et heredibus suis prenominatum redditum contra omnes tenemur garantizare, vel alibi, si necesse fuerit, in propria hereditate nostra, valore ad valorem, excambiare. Et de....... venditione et concessione observanda, ego dicta Juliana juravi, spontanea voluntate mea, tactis sacrosanctis evangeliis, quod ratione....... vel maritagii, vel hereditagii, in foro seculari vel civili, dictum Robertum, de cetero super hoc non molestabo. Pro hac autem venditione et concessione dictus Robertus dedit nobis pre manibus viginti et duos solidos turonensium in peccunia numerata. Et ut hoc ratum et stabile permaneat, hanc presentem cartam sigillorum nostrorum munimine confirmavimus.

Actum anno Domini м° cc° quadragesimo septimo, mense ...imbris.

Testibus hiis : Stephano Computatore; Petro Gocelin ; Michaele Carnifice; Germano Carnifice; Galtero de Atrio.

Orig. en parch. — Arch. de l'Eure, Fonds de Bon-Port, liasse 11, n° 7.

CLXIV

Jean Riqueut vend à Philippe des Dans une pièce de terre à Bon-Port.

(1247, mars.)

Noverint universi, tam presentes quam futuri, quod ego Johannes Riqueut, de parrochia Sancti Vigoris Pontis-Arche, assensu et voluntate Laurentie, uxoris mee, vendidi et concessi et omnino dereliqui Philippe de Dans unam peciam terre, sitam in parrochia antedicta, inter terram dicte Philippe, ex una parte, et murum domini regis, ex altera, sicut se porportat a nuce mea, per ante, usque ad murum domini regis, per retro : tenendam et possidendam dicte Philippe et heredibus suis de me et heredibus meis, bene, pacifice, libere et hereditarie, absque ulla reclamatione de cetero mei vel heredum meorum, salvo tamen jure dominico. Licebit autem de cetero dicte Philippe et heredibus suis de dicta pechia terre, sicut de suo proprio omnem suam facere voluntatem. Et ego dictus Johannes et heredes mei dicte Philippe et heredibus suis dictam pechiam terre contra omnes gentes garantizare tenemur, vel alibi, si necesse fuerit, valore ad valorem, in propria hereditate nostra excambiare. Juravit insuper predicta Laurentia, tactis sacrosanctis ewangeliis, spontanea voluntate, quod in predicta pechia terre, ratione hereditagii, maritagii, dotalicii, elemosine, seu aliqua ratione alia, per se vel per alium nichil de cetero reclamabit, nec dictam Philipam, aut heredes suos in foro ecclesiastico vel seculari, aliquatenus molestabit. Pro hac autem venditione et concessione predicta Philipa sexaginta solidos turonensium michi donavit, de quibus me teneo pro pagato. Et ut hoc sit ratum et stabile in perpetuum, hanc presentem cartam ei feci, et eam sigilli mei munimine confirmavi.

Actum fuit hoc, anno Domini m° cc° xl septimo, mense marcii.

Testibus hiis : Renulfo Le Cras; Thoma de Capite-Pontis; Roberto Coispel; Stephano dicto Computatore; Benedicto de Ponte-Arche, et pluribus aliis.

Orig. en parch. — Arch. de l'Eure, Fonds de Bon-Port, liasse 63, n° 84.

CLXV

Samson de Grouchet, chevalier, donne aux religieux de Bon-Port 15 sous de rente et tout le droit qu'il avait à Saint-Aubin.

(1247.)

Noverint universi, tam presentes quam futuri, quod ego Sanson de Grochet, miles, dedi et concessi, et hac presenti carta confirmavi, in puram et perpetuam elemosinam, Deo et ecclesie Beate Marie de Bono-Portu, et monachis ibidem Deo servientibus, quindecim solidos annui redditus, monete currentis, percipiendos singulis annis, cum omni jure et dominio que habebam et habere poteram in tenementis Radulfi Carete et Magarete Carete, que tenebant de me, sitis subtus montes Sancti Egidii de Coteburnenc, libere et quiete, absque mei vel heredum meorum de cetero reclamatione. Et licebit dictis religiosis, de dictis scilicet redditu et dominio, suam penitus facere voluntatem et plenariam exercere justiciam in dictis tenementis, nisi singulis annis in festo Sancti Remigii prenominatus redditus eisdem fuerit integre persolutus. Et hec omnia tenemur, tam predictus Sanson, miles, quam mei heredes, dictis religiosis contra omnes garantizare, vel alibi ad valorem excambiare; nec poterimus, tam ego sepedictus Sanson quam mei heredes, dictos religiosos super premissis....... molestare, renunciantes super hoc omni juri canonico et civili. Quod ut ratum et stabile permaneat, presentem cartam sigilli mei munimine confirmavi.

Actum anno Domini M° CC° XL° septimo.

Orig. en parch. — Arch. de l'Eure, Fonds de Bon-Port, liasse 69, n° 3.

CLXVI

Erard Mustel vend aux religieux de Bon-Port une pièce de terre en la garenne de Léry.

(1247.)

Noverint universi, tam presentes quam futuri, quod ego Erardus Mustel, assensu et voluntate Tecie, uxoris mee, vendidi et omnino reliqui abbati et couventui Boni-Portus, Cisterciensis ordinis, quandam petiam terre, sitam in warana de Leire, juxta terram Thome Bertin, ex una parte, et terram Guillelmi Boterel, ex altera, juxta viam de Laquesnee; tenendam et habendam dictis abbati et conventui, libere et quiete, et ad faciendam exinde penitus voluntatem, absque mei vel heredum meorum de cetero reclamatione. Et hec tenemur, tam ego dictus Erardus quam mei heredes, dictis abbati et conventui, ad usus et consuetudines Normannie, deffendere, garantizare et deliberare contra omnes. Et in contraplegium tradidi eisdem religiosis quandam peciam vinee, sitam juxta vineam Rogeri Bollie, ex una parte, et vineam Gaufridi, filii Poulein, ex altera, tenendam et habendam in perpetuum pro predictis, si ego Erardus vel heredes mei defecerimus, in garantizando predicta. Et pro hiis dederunt mihi dicti religiosi quatuordecim solidos turonensium, de quibus me teneo pro pagato. Quod ut ratum et stabile permaneat, presentem cartam sigillo meo confirmavi.

Actum anno gracie M°........

Orig. en parch. — Arch. de l'Eure, Fonds de Bon-Port, liasse 48, n° 58.

CLXVII

Samson de Grouchet, chevalier, et Pétronille, sa femme, donnent aux religieux de Bon-Port l'emplacement du moulin de la Ronche avec le moulin, situé au lieu dit le Bras-de-la-Ronche.

(1248, avril.)

Sciant presentes et futuri quod ego Sanson de Grouchet, miles, et Petronilla, uxor mea, de communi assensu, dedimus et concessimus perpetualiter Deo et Sancte Marie de Bono-Portu et monachis ibidem Deo servientibus, Cisterciensis ordinis, pro salute animarum nostrarum et antecessorum nostrorum, in perpetuam elemosinam, sedem molendini de Roncha, cum molendino sito in loco qui vocatur le Braz-de-la-Ronche, cum omni jure et dominio, et cum omnibus pertinenciis quas habebamus vel habere poteramus [in] predictis sede et molendino, ad habendum et ad possidendum dictis monachis in perpetuum integre, libere et quiete, sicut elemosina potest et debet liberius et quietius haberi, teneri et possideri ; et ad faciendum exinde suam penitus voluntatem, absque omni prorsus nostri et omnium nostrorum heredum de cetero calumpnia, reclamatione et exactione; reddendo inde, singulis annis, sexaginta solidos monete currentis, scilicet : triginta solidos ad festum Sancti Michaelis Radulpho de Sancto Melano, vel ejus heredibus, et totidem ad eundem terminum heredibus Radulphi de Longo-Essarto. Insuper, juravimus super sacrosancta evangelia, spontanea voluntate, non coacti, quod in predictis sede et molendino cum pertinenciis eorumdem, ratione hereditatis, possessionis, elemosine, dotis, vel aliqua alia ratione, nichil de cetero reclamabimus; immo tenemur, tam nos quam nostri heredes, omnia supradicta contra omnes bona fide garantizare, vel alibi, si necesse fuerit, in nostro alio tenemento, in loco oportuno, valore ad valorem excambiare, salvo jure capitalium dominorum.

In cujus rei testimonium et munimen, presentem cartam sigillis nostris confirmavimus.

Actum anno Domini millesimo ducentesimo quadragesimo octavo, mense aprili.

<small>Bibl. Imp., Cart. de Bon-Port, ch. 40, f° 30 v°. — Mss. 8408, 2, 2, B f. XVIII^{xx} VII r° et v°. Impr. Delisle, Cart. normand, p. 93, n° 323.</small>

CLXVIII

Guillaume le Duc vend au gardien de l'hospice des pauvres de Bon-Port une pièce de vigne à Léry.

(1248, juillet.)

Noverint universi, tam presentes quam futuri, quod ego Guillelmus dictus Le Duc, de parrochia de Lerei, vendidi et concessi et omnino reliqui custodi de hospicio pauperum Boni-Portus quamdam peciam vinee sitam inter vineam Galteri d'Arsel, ex una parte, et vineam Guillelmi Le Napier, ex altera; tenendam et habendam libere et quiete imperpetuum dicto hospicio, cum omni jure et dominio quod habebam et habere poteram in eadem; reddendo inde annuatim Roberto Basire vel ejus heredibus, sex solidos turonensium ad festum Sancti Michaelis, et unum caponem ad Natale. Et licebit dicto custodi vel ejus successori, salvo redditu antedicto, de dicta vinea suam penitus facere voluntatem. Et hec tenemur, tam ego Guillelmus dictus Le Duc quam mei heredes, dicto custodi vel ejus successori contra omnes garantizare, vel alibi ad valorem excambiare in propria hereditate mea et de dote aquittare. Et pro hiis dedit mihi dictus custos, de denariis pauperum, viginti quinque solidos turonensium, de quibus me teneo pro pagato. Quod ut ratum et stabile permaneat in futurum, presentem cartam sigilli mei munimine confirmavi.

Actum anno Domini M° CC° quadragesimo octavo, mense julii.

<small>Orig. en parch. — Arch. de l'Eure, Fonds de Bon-Port, liasse 48, n° 62.</small>

CLXIX

Guillaume Napier et Roche, sa femme, vendent aux religieux de Bon-Port une pièce de vigne, sise au Mont-Bejout.

(1248, septembre.)

Noverint universi quod ego Guillelmus dictus Napier et Rocha, uxor mea, vendidimus et concessimus, de communi assensu, et elemosinavimus Deo et Beate Marie Boni-Portus et hospitio pauperum ejusdem loci quamdam petiam vinee sitam in Monte-Beiout, inter vineam quam custos dicti hospitii pauperum emerunt *(sic)* a Guillelmo Le Duc, ex una parte, et vineam monachorum Boni-Portus, ex altera; tenendam et habendam dicto hospitio pauperum et ejus custodibus in perpetuum, libere et quiete; reddendo inde nobis vel heredibus nostris, solummodo singulis annis, unum denarium ad festum Sancti Michaelis, absque omni alia reclamatione, et heredibus nostris, inde facienda. Et tenemur, tam ego Guillelmus et Rocha quam nostri heredes, dictam vineam dicto hospitio pauperum et custodibus dicti hospitii contra omnes garantizare vel alibi, valore ad valorem, in nostra propria hereditate excambiare. Insuper juravimus, spontanea voluntate, tactis sacrosanctis evangeliis, quod in dicta vinea, ratione hereditatis, elemosine, dotis, seu alia ratione sibi modo vel de cetero competenti, reclamabimus, inmo contra omnes garantizabimus. Et pro hiis dederunt nobis dicti monachi, de caritate domus, centum solidos turonensium. Quod ut ratum et stabile permaneat, presentem cartam sigillorum nostrorum munimine confirmavimus.

Actum anno Domini m° cc° xl° octavo, mense septembris.

Testibus hiis : Domino Guillelmo, capellano tunc temporis de Leire; Roberto Le Mansel; Guillelmo, clerico; Thoma Greco; Germano Anglico; Guillelmo, genere Simonis Bonart, et pluribus aliis.

Orig. en parch. — Arch. de l'Eure, Fonds de Bon-Port, liasse 48, n° 65.

CLXX

Jean Morel vend aux religieux de Bon-Port trois vergées de terre au triége de l'Escachier.

(1248, décembre.)

Noverint universi, presentes et futuri, quod ego Johannes Morel, assensu et voluntate Johenne, uxoris mee, vendidi et omnino reliqui abbati et conventui Boni-Portus, Cisterciensis ordinis, tres virgatas terre, sitas apud Lesquachier, inter terram Roberti Carpentarii, ex una parte, et terram Johannis Carpentarii, ex altera, abotantes terre Willelmi Saillant, pro triginta et septem solidis turonensium, de quibus teneo me pro pagato. Et dicti religiosi tenebunt dictam terram libere et pacifice, absque mei vel heredum meorum reclamacione in eternum, salvo jure dominico; videlicet decem et octo denariis in festo Sancti Michaelis et totidem in Pascha, singulis annis, heredibus Galteri de Poses, militis, persolvendis. Et licebit dictis religiosis de dicta terra suam penitus facere voluntatem. Et dictam terram, tam ego dictus Johannes quam mei heredes, tenemur contra omnes garantizare, vel alibi, si necesse fuerit, excambiare ad valorem, et omnia dampna et deperdita, que occasione hujus vendicionis dictis religiosis evenerint, in integrum restaurare. De hiis omnibus dictis religiosis fideliter observandis, omnia tenementa mea eisdem in contraplegium obligavi. In cujus rei testimonium, presentem cartam sigilli mei munimine roboravi.

Actum anno Domini M° CC° quadragesimo octavo, mense decembri.

Orig. en parch. — Arch. de l'Eure, Fonds de Bon Port, liasse 48, n° 64.

CLXXI

Roger le Comte vend aux religieux de Bon-Port une masure à Léry.

(1248, janvier.)

Noverint universi, presentes et futuri, quod ego Rogerus dictus Comes vendidi et omnino reliqui abbati et conventui Boni-Portus, Cisterciencis ordinis, quicquid habebam et habere poteram in masura sita apud Lereium, inter masuram Petri Barbarii, ex una parte, et masuram Aceline Potiere, ex altera, tenendam et possidendam in perpetuum, libere et pacifice, cum omnibus que ad ipsam pertinent, absque mei vel heredum meorum reclamacione. Et licebit dictis monachis de dicta masura et ejus pertinenciis suam penitus facere voluntatem. Hanc autem vendicionem tam ego, dictus Rogerus, quam heredes mei, contra omnes tenemur garantizare dictis monachis, vel alibi, si necesse fuerit, excambiare, valore ad valorem, et omnia dampna et deperdita, que occasione vendicionis hujus ipsis evenerint, eisdem in integrum restaurare. De hiis autem omnibus dictis monachis fideliter et firmiter observandis, omnia mea mobilia et immobilia eisdem in contraplegium obligavi. Pro hac autem vendicione dicti monachi dederunt michi sexaginta solidos turonensium, de quibus teneo me pro pagato. In cujus rei testimonium, presentes litteras sigillo meo [confirmavi].

Actum anno Domini M° CC° quadragesimo octavo, mense januario.

Orig. en parch. — Arch. de l'Eure, Fonds de Bon-Port, liasse 48, n° 38.

CLXXII

Gautier du Mesnil vend à Raoul Begnart, son oncle, une pièce de terre au Mesnil-Jourdain.

(1248, février.)

Notum sit omnibus, presentibus et futuris, quod ego Galterus de Mesnilio, nepos domini Radulfi Begnart, presbiteri de Mesnilio, vendidi et concessi domino Radulfo Begnart, avunculo meo, unam peciam mee terre, que vocatur campus de Boninc, et sita est in perreyo, juxta terram Willelmi Anglici de Mesnilio; tenendam et jure hereditario possidendam eidem domino Radulfo et suis heredibus, bene et in pace, libere et quiete, et sine ulla reclamacione mei vel heredum meorum, salvo jure dominico. Et ego dictus Galterus et mei heredes jamdicto domino Radulfo Begnart et suis heredibus illam dictam peciam terre contra omnes deffendere et garantizare, aut si opus affuerit, in nostro proprio hereditagio, valore ad valorem, excambiare tenemur. Et sciendum est quod campus meus de Valeya tenetur illam dictam peciam terre de perreyo, jamdicto domino Radulfo Begnart venditam, adquietare ab omnibus serviciis et redditibus erga omnes dominos capitales, nisi de tribus rectis aubsiliis communalibus in Normannia. Et pro concessione hujus venditionis predictus dominus Radulfus, presbiter, pre manibus pagavit michi centum solidos turonensium. Et ut hoc ratum et stabile permaneat, hanc presentem cartam fieri feci et sigillo meo confirmavi.

Actum anno Domini m° cc° xl° octavo, mense februario.

Hujus rei sunt testes : Rogerus de Monasterio; Galterus, filius Reginaldi; Girardus Tabernarius; Willermus Anglicus, et plures alii.

Orig. en parch. — Arch. de l'Eure, Fonds de Bon-Port, liasse 73, n° 6.

CLXXIII

Jean Lambert et ses héritiers reconnaissent 2 sous de rente, dus à l'abbaye de Bon-Port sur une maison à Elbeuf.

(1248.)

Noverint universi quod ego Johannes Lambert de Velleboto et heredes mei tenemur abbati et conventui Boni-Portus in duobus solidis annui redditus, monete currentis, ad Natale Domini annuatim, pro domo et platea que dicti abbas et conventus michi et heredibus mei in hereditatem tradiderunt, sitis apud Wellebotum, in vico Mulense, inter domum meam, ex una parte, et terram heredum Roberti Corel, ex altera; et poterunt dicti abbas et conventus vel eorum nuntium justiciam plenariam exercere, nisi dictus redditus ad dictum terminum eis integre fuerit persolutus, et manutenere dictam domum cum fundo. Quod ut ratum et stabile permaneat, presentem cartam sigilli mei munimine confirmavi.

Actum anno Domini M° CC° XL° octavo.

<small>Orig. en parch. — Arch. de l'Eure, Fonds de Bon-Port, liasse 70, n° 15.</small>

CLXXIV

François de Mont-Berger, chevalier, confirme une donation faite à l'abbaye de Bon-Port, puis fait don à l'église de Saint-Maclou de Rouen de 1,000 livres, et de 200 écus à l'église de Saint-Éloi-des-Prés.

(1248.)

Notum sit, presentibus et futuris, quod ego Franciscus de Monte-Bergerio, miles, confirmavi, et gratum habui, quatuor acras terre quas dedit pater meus, Johannes, abbati Sancte Trinitatis, sitas juxta montem dicti loci, et pariter reditum feodi sui et terre de Bono-Portu juxta Bucum-Accardum, abbati Beate Marie de Bono-Portu et monachis ibidem Deo servientibus, excepta tamen pensione unius panis et semi potus vini, percipienda unaquaque hebdomada in eodem monasterio, cum libertatibus et privilegiis domus et terre de Monte-Bergerio. Et propterea quod ecclesia Sancti Maloy Rothomagensis, nativitatis mee locus, est fere una parte funditus demolita ob vetustatem, et precipue mea capella Sancti Johannis Baptiste, juxta ejusdem ecclesie parietes, in qua privatim omnibus est monumentum domus mee de Monte-Bergerio et successorum meorum, sicut in capella nostra Beate Marie Consolationis et Sancti Firmini, sita in ecclesia Sancti Eligii de Pratis, et pro participatione bonorum spiritualium que fiunt et fient de cetero in eisdem ecclesiis, quam participationem rectores et thesaurarii michi misericorditer concesserunt, dedi et concessi Deo et Beate Marie et dicte ecclesie Sancti Maloy mille libras turonensium, et ecclesie Sancti Eligii bis centum nummos ad memoriam annualem uxoris mee, tumulatam in mea capella Beate Marie Consolationis et Sancti Firmini, in puram et perpetuam elemosinam, pro salute anime mee uxoris, et Johannis, nepotis, et omnium antecessorum et successorum meorum; et capellanis meis, scilicet capellano Sancti Johannis Baptiste unum hortum et parvam domum quam habeo in dicta parrochia Sancti Maloy, juxta parvum rivulum, sicut se proportat in longum et latum. Item duas acras terre, scilicet prima apud Molendinos, secunda in valle Sancti-Gervasii. Item quinquaginta solidos, annui redditus, percipiendos in domo mea Rothomagi, et prandium in die Nativitatis Domini nostri et Pentecostes annuatim, cum capellano meo Beate Marie Consolationis et Sancti Firmini, cui pariter dedi quinquaginta solidos annui redditus, habendos in eadem domo mea Rothomagensi. Item decem solidos in domo dicta La Quille, sita in parrochia Sancti Eligii. Item tres vergas terre apud villam dictam Le Homme, juxta viam regis ad Fierville. Item unam vergam terre et ultra, sitam apud de Boudevilla. Item unam acram terre et ultra, in Valle Marromme, quoniam dicti capellani tenebuntur, quolibet anno, scilicet capellanus Sancti Johannis Baptiste, celebrare unam missam pro salute anime mee unaquaque hebdomada, et capellanus Beate Marie Consolationis et Sancti Firmini in diebus festis Beate Marie Virginis, Sancti Johannis, Petri, Pauli, Martini, et omnium apostolorum evangelistarum unam missam, hora quinta, annuatim, et dare pauperibus quinque denarios in festis Beate Marie, et celebrare tres missas, una vice solum, in dictis locis du Homme, Boudeville, et Marromme, seu in ecclesia Sancti Gervasi Rothomagensis, pro pauperibus defunctis. Omne quod donum et redditum supradictum, sicut se proportat, dedi et concessi; tenendum et possidendum libere et pacifice, tanquam puram elemosinam, dictis nostris capellanis et successoribus suis, de me et heredibus meis, sub patronatu et presentatione mea, successorumque meorum. Hoc ad donum dictus Franciscus et heredes mei tenemur garantizare dictis capellanis contra omnes gentes. Et ut hoc ratum et stabile permaneat, presens scriptum sigilli mei munimine confirmavi.

Actum anno Domini millesimo ducentesimo quadragesimo octavo.

Testibus hiis : Lodoïco de Fontanella; Jacobo du Neufbourg, et Johanne de Monte-Bergerio.

Copie en papier, collationnée. — Arch. de l'Eure, Fonds de Bon-Port, liasse 80, n° 12.

CLXXV

Roger Busquet, d'Elbeuf, fieffe à Nicolas Toustain tous les héritages qu'il possède dans la paroisse de Saint-Aubin-de-Coteburnen.

(1249, 11 juillet.)

Noverint universi, presentes pariter et futuri, quod ego Nicholaus Tostani, quondam filius Roberti Tostani de Hamello, accepi in feodum et hereditatem a Rogero Busket, de Welleboe, meo participe, quicquid hereditatis habebat in parochia Beati Albini de Coteburnenc, in gardinis, in sabulis et mareskis; tenendum michi et meis heredibus bene et pacifice ab eo et ejus heredibus, per decem et octo solidos, monete currentis; reddendos sibi et ejus heredibus, a me et meis heredibus annuatim, hiis terminis, videlicet sex solidos in festo Sancti Egidii, sex solidos ad Natale Domini, et sex solidos ad Pascha; et nisi dictus redditus a me vel meis heredibus sibi vel ejus heredibus annuatim solutus fuerit in terminis nominatis, volo et presenti carta confirmo quod ille, vel ejus heredes, tam in hereditate mea, quam possideo, quam in illa quam ab illo accepi, suam justiciam faciant plenarie...... sicut in suo proprio, sine quolibet impedimento : ita tamen quod idem Rogerus et ejus heredes tenentur dictam hereditatem garantizare michi et meis heredibus, per dictum redditum et de omni redditu........ ....itio adquietare, salvo jure dominico. In cujus rei testimonium et munimen, presentem cartam eidem Rogero tradidi sigilli mei munimine roboratam.

Actum....... xl° nono, mense julio, in octab. Beati Martini estivalis.

Testibus : .... sauli; Roberto Buket; Acelino Marchi; W...... pluribus aliis.

Orig. en parch., déchiré dans le bas. — Arch. de l'Eure, Fonds de Bon-Port, liasse 69, n° 2.

CLXXVI

Guillaume Fordin vend aux religieux de Bon-Port 8 sous 6 deniers de rente sur une pièce de vigne à Léry.

(1249, 28 octobre.)

Noverint universi, tam presentes quam futuri, quod ego Guillelmus Fordin, de parrochia de Lereio, vendidi et concessi abbati et conventui Boni-Portus octo solidos et sex denarios, monete currentis, annui redditus, quos dicti abbas et conventus annuatim mihi vel heredibus meis reddere tenebantur, pro quadam pecia vinee, sita in territorio de Esmaiart. Quam vineam dicti religiosi emerunt a Petro Crasso de Lereio; tenendam et habendam in perpetuum, absque ulla reclamatione mei vel heredum meorum, sine aliqua redibitione alicui ex inde facienda. Et tenemur, tam ego Guillelmus quam mei heredes, dictum redditum dictis religiosis contra omnes garantizare, vel alibi ad valorem excambiare. Pro hac autem venditione dederunt mihi pre manibus dicti religiosi sexaginta et decem solidos turonensium de quibus me teneo pro pagato. Quod ut ratum et stabile permaneat, presentem cartam sigilli mei munimine confirmavi.

Actum anno Domini M° CC° quadragesimo nono, in festo Sanctorum Symonis et Jude.

Orig. en parch. — Arch. de l'Eure, Fonds de Bon-Port, liasse 48, n° 65.

CLXXVII

Guillaume dit Poitevin ratifie la vente d'une rente faite aux religieux de Bon-Port par Vivien de la Ruelle, sur une pièce de terre au port de Vauvray.

(1249.)

Noverint universi, tam presentes quam futuri, quod ego Guillelmus dictus Pictavensis, de parrochia Sancti Petri de Gavereio, ratam habeo et gratam venditionem illam quam Vivianus de Ruella fecit abbati et conventui Boni-Portus de tredecim solidis et uno capone super quamdam peciam terre sitam apud portum de Gavereio, ita quod si dicti religiosi percipere non poterint in dicta terra dictos tredecim solidos et caponem, volo et concedo quod dicti religiosi possint, sine contradictione mei vel heredum meorum, in omni hereditate quam....... de ipsis justiciam suam facere pro dictis tredecim solidis et capone......... eisdem debeo de omni mea hereditate et hec tenemur tam........... contra omnes dictis religiosis in perpetuum guarantizare, vel alibi in omni hereditate mea, ubicumque sit, ad valorem excambiare. Quod ut ratum et stabile permaneat, presentem cartam sigilli mei munimine confirmavi.

Actum anno Domini m° cc° quadragesimo nono.

Orig. en parch., détérioré par l'humidité. — Arch. de l'Eure, Fonds de Bon-Port, liasse 56, n° 1.

CLXXVIII

Hilaire, curé de l'église de Léry, lègue tous ses biens aux religieux de Bon-Port, et leur donne 40 livres tournois à convertir en rente.

(1250, avril.)

Universis presentes litteras inspecturis Hylarius, rector ecclesie de Lereio, salutem in Domino. Notum facio quod ego compos mentis mee et in bona valetudine constitutus, propter Cisterciensis ordinis suffragia spectantia ad salutem anime, apud Bonum-Portum meam eligo sepulturam et Deo et Beate Marie et religiosis ibidem jugiter Deo servientibus, pro salute anime mee do, lego liberaliter et concedo omnia mea bona mobilia et immobilia, habita et habenda, ubicumque fuerint inventa, post decessum. Verumptamen dictorum bonorum, sicut prius, retineo dominium et possessionem in utendis et fruendis quoad vitam. Et dictis monachis religiosis juravi, tactis sacrosanctis ewangeliis, spontanea voluntate, quod de dictis bonis habitis et habendis nichil omnino alienabo vel patiar alienari de cetero in fraudem dictorum religiosorum prejudicium vel gravamen, vel propter aliquam conventionem, rancorem, injuriam, malivolentiam ortam, vel de cetero oriendam, nisi de abbatis ibidem pro tempore existentis licentia speciali. Item dictis religiosis dedi pre manibus quadraginta libras turonensium ad redditum comparandum, de quo redditu constituo et volo quod de sexaginta solidis emptis de dictis denariis, annis singulis, fiat in die obitus mei pictancia in conventu. In cujus rei testimonium presentes litteras sigilli mei munimine roboravi.

Actum anno Domini m° cc° quinquagesimo, mense aprilis.

Orig. en parch. — Arch. de l'Eure, Fonds de Bon-Port, liasse 48, n° 68 bis.

CLXXIX

Vidimus par l'official de Rouen d'une charte par laquelle Guillaume dit le Clerc, croisé, et Auffride la Potière, sa femme, reconnaissent la vente qu'ils ont faite à Jean l'Écrivain, fils de ladite Auffride, d'un tènement à Rouen.

(1250, 27 mai.)

Omnibus hec visuris, officialis Rothomagensis, salutem in Domino. Noveritis nos, anno Domini millesimo ducentesimo quinquagesimo, die veneris post Trinitatem, quandam cartam sigillo curie nostre sigillatam vidisse et diligenter inspexisse in hec verba :

Omnibus Christi fidelibus, etc. *(Voir plus haut, n° CVI, p. 105.)*

Hoc autem quod vidimus testamur, salvo jure cujuslibet.

Datum dictis die et anno. Valete.

Orig. en parch. — Arch. de l'Eure, Fonds de Bon-Port, liasse 91, n° 111.

CLXXX

Alice Saudebrouil, du consentement de son mari, vend aux religieux de Bon-Port un tènement à Rouen.

(1250, mai.)

Noverint universi, tam presentes quam futuri, quod ego Aalicia, filia

Yberti Clerici, assensu et voluntate Radulphi Sautdebroel, mariti mei, vendidi et omnino reliqui abbati et conventui Boni-Portus, Cisterciensis ordinis, Ebroicensis dyocesis, quoddam tenementum ligneum et lapideum cum pertinentiis suis, situm in parrochia Sancti Machuti Rothomagensis, in vico de Mala-Palude, inter domos dictorum abbatis et conventus, ex una parte, et tenementa Alicie Mordret et heredum Gilleberti Mordret, ex altera, sicuti se proportat, a vico per ante, usque ad terram heredum Matildis de Mara, per retro : tenendum et habendum in perpetuum dictis religiosis libere et quiete, et ad faciendum inde penitus suam voluntatem, salvo jure dominico. Et tenemur, tam ego predicta Alicia et Radulphus, maritus meus, quam nostri heredes, omnia prenominata dictis religiosis in omnibus et contra omnes deffendere et garantizare. Et pro hac garantizatione et venditione dederunt michi pre manibus dicti religiosi triginta et una libras et dimidiam turonensium de quibus me teneo pro pagata. Juravimus insuper ego Alicia et Radulphus, maritus meus, spontanea voluntate, quod in dicto tenemento et pertinentiis ejus ratione dotalicii, hereditatis, possessionis, sive aliqua alia ratione, nobis modo vel de cetero competenti, nichil reclamabimus, immo dictos religiosos super premissis in omnibus conservabimus indempnes. In cujus rei testimonium, ad petitionem nostram, venerabiles viri prior et capitulum Sancti Laudi Rothomagensis, una cum sigillis nostris, presentibus litteris sua apposuerunt sigilla.

Actum anno Domini M° CC° quinquagesimo, mense maii.

Orig. en parch. — Arch. de l'Eure, Fonds de Bon-Port, liasse 91, n° 115.

CLXXXI

Alice Saudebroeil vend aux religieux de Bon-Port un tènement à Rouen.

(1250, mai.)

Omnibus hec visuris, officialis Rothomagensis, salutem in Domino. Noveritis quod in nostra presencia constituta Aelicia, uxor Radulphi

Saudubruil, tunc de parrochia Sancti Machuti Rothomagensis, ut dicebat, de assensu et voluntate predicti ejus mariti, qui presens erat, recognovit se vendidisse et omnino reliquisse abbati et conventui Boni-Portus, pro triginta et una libris turonensium, et pro decem solidis turonensium pro quadam guinpla ad opus dicte Aelicie, de recognitione, de quibus tenuit se pro pagata coram nobis, renuncians exceptioni pecunie non numerate, quoddam tenementum integre ligneum et lapideum, quod dicebat se habere in eadem parrochia, inter tenementum dictorum abbatis et conventus, quod tenent, ut dicitur, elemosinarie de dono Aelicie Mordret, ex una parte, et tenementa dicte Aelicie Mordret, et heredum Gilleberti Mordret, sicuti se protendit a vico, per ante, usque ad terram heredum Matildis de Mara, per retro; tenendum et possidendum eisdem abbati et conventui, bene et [in] pace, jure hereditario; et ad faciendam ex inde, salvo tamen jure dominico, omnem suam penitus voluntatem. Juraverunt insuper predicti Radulphi et Aelicia, uxor ejus, tactis sacrosanctis ewangeliis, spontanee coram nobis, quod in dicto totali tenemento, tam ligneo quam lapideo, vel in parte ejusdem, ratione hereditatis, dotalicii, maritagii, elemosine, vel aliqua alia ratione, sibi modo competenti, in aliquo foro ecclesiastico, seu seculari, per se vel per alium nichil de cetero reclamabunt, et quod dictos abbatem et conventum super premissis nullatenus molestabunt, sed ipsi Radulphus et uxor ejus, ac eorumdem heredes, predictis abbati et conventui predictum totale tenementum ligneum et lapideum, contra omnes garantizabunt; asserentes, sub juramento prestito, quod in isto contractu aliquid nesciunt quod turpem questum sapiat vel usuram. In cujus rei testimonium, sigillum curie nostre, ad instanciam parcium, salvo jure cujuslibet, presenti scripto duximus apponendum.

Actum anno Domini m° cc° quinquagesimo, mense maio.

Orig. en parch. — Arch. de l'Eure, Fonds de Bon-Port, liasse 94, n° 112.

CLXXXII

Alix Mordret donne aux religieux de Bon-Port une maison à Rouen.

(1250, 21 septembre.)

Universis presentes litteras inspecturis, decanus christianitatis Rothomagensis, in Domino salutem. Noveritis quod in nostra presencia constituta Aaliz Mordret, vidua, de parrochia Sancti Machuti Rothomagensis, recognovit se dedisse, pro salute anime sue et omnium amicorum suorum, Deo et Beate Marie de Bono-Portu et monachis ibidem Deo servientibus, domum suam cum tenemento et pertinenciis ejus que habebat, ut dicitur, in Mala-Palude, inter terram Gocelin de Mara per retro, ex una parte, et terram Guillelmi de Ogiervilla, per ante, ex altera, et a latere inter terram quam dicti monachi emerunt a Radulpho Sautdebroel, ex una parte, et terram Guillelmi de Communia, ex altera. Tenendum et habendum dictis monachis in perpetuum libere et quiete, salvo jure capitalium dominorum, retento in predictis quoad vixerit usufructu. In cujus rei testimonium, presentibus litteris sigillum nostrum apposuimus.

Actum anno Domini M° CC° quinquagesimo, in festo Sancti Mathei, apostoli.

Orig. en parch. — Arch. de l'Eure, Fonds de Bon-Port, liasse 94, n° 103.

CLXXXIII

Robert Herart vend aux religieux de Bon-Port une pièce de terre à Léry.

(1250, septembre.)

Notum sit omnibus, presentibus pariter et futuris, quod ego Robertus dictus Herart, assensu et voluntate Margarete, uxoris mee, vendidi et concessi et omnino reliqui abbati et conventui Boni-Portus, Cisterciensis ordinis, unam peciam terre quam habebam in territorio de Lereio, sitam inter terram dictorum abbatis et conventus, ex una parte, et terram Michaelis dicti Morant, ex altera, sicut se proportat in longitudine et latitudine : aboutantem superius ad terram Nicholai Le Tourien, inferius aboutantem ad terram Guillelmi Leporchier : tenendam et habendam et possidendam in perpetuum, jure hereditario, in pace, libere et quiete, absque aliqua contradictione mei vel heredum meorum. Et sciendum est quod, tam ego dictus Robertus, quam heredes mei, tenemur dictis religiosis abbati scilicet et conventui predictam peciam terre contra omnes garantizare, vel alibi, si necesse fuerit, valore ad valorem, excambiare in nostra propria hereditate, secundum usum patrie. Juravimus etiam ego sepedictus Robertus Erarth et Margareta, uxor mea, spontanea voluntate, non coacti, quod in dicta pecia terre a modo nichil reclamabimus, ratione feodi, vel dotis, seu aliqua alia ratione. Pro hac autem venditione et quitacione dederunt mihi Roberto Erarth dicti religiosi, abbas videlicet et conventus Boni-Portus, sex libras turonensium, de quibus teneo me integre et perfecte et plenarie pro pagato. Ut igitur hoc ratum et stabile in perpetuum perseveret, presentem cartam eisdem dedi sigilli mei munimine roborantem et confirmantem omnia supradicta.

Actum anno gracie m° cc° quinquagesimo........ mense septembris.

Testibus hiis : Roberto.................. Nicholao Carnifice, et pluribus aliis.

Orig. en parch. — Arch. de l'Eure, Fonds de Bon-Port, liasse 48, n° 6.

CLXXXIV

Jeanne Chefdeville vend à M° Robert le Maçon tous ses droits sur plusieurs héritages à Alisay.

(125., janvier.)

Omnibus hec visuris, officialis Rothomagensis salutem in Domino.

Noveritis quod constituta in jure coram nobis Johanna, uxor Nicholai de Capiteville, de parrochia de Alisiaco tunc temporis, de assensu et voluntate predicti mariti sui, qui presens erat, recognovit se quitasse et penitus dimississe, mera liberalitate, magistro Roberto de Ponte-Arche, Lathomo, quicquid juris de cetero seu alterius cujuscumque juris habebat, vel habere poterat et reclamare ac posset quoquo modo in futurum, in tribus petiis terre quas dictus Nicholaus vendidit magistro Johanni, presbitero de Alisi; quas terras idem lathomus evicit seu retraxit per bursam, quarum una sita est in parrochia de Alisiaco, que vocatur Campus Monachorum, inter terram dicti Lathomi, ex una parte, et terram que dicitur terra Aumierot, ex altera. Secunda sita est per medium queminum per quod itur apud Pontem Sancti Petri, inter terras dicti Lathomi et terras Aumierot; et tercia sita est in nois Baudrici in mariscis, inter terram Habrahe de Ponte-Arche, ex una parte, et terram Johannis Anglici, ex altera, sicut ipse tres pecie terre se proportant integraliter in longum et in latum : tenendas et habendas et pacifice perpetuo possidendas ipsi magistro Roberto et suis heredibus, bene et in pace, libere et quiete, et ad faciendam ex inde, salvo jure dominico, sicut de suo proprio, suam penitus voluntatem............. insuper........... Nicholaus et Johanna, ejus uxor, tactis sacrosanctis ewang.. .... tribus petiis terre, ratione hereditatis, dotis...... .... massionis, obligationis vel aliqua alia................... vel per alium nichil de cetero reclamabunt................premissis in aliquo foro ecclesiastico vel.............. et suis heredibus contra omnes garantizabunt.................... et heredes suos quoad hec obligantes............. scripto sigillum nostrum ad instanciam parcium dux............ ... mense januarii.

Orig. en parch., détruit en partie par l'humidité. — Arch. de l'Eure, Fonds de Bonport, liasse 66, n° 5.

CLXXXV

Guerin Lasnier vend à Clément le Clerc 34 deniers tournois de rente à Garennes.

(1250, 11 février.)

Noverint universi, presentes et futuri, quod ego Garinus dictus Lasnier, vendidi et concessi et omnino reliqui, et hac presenti carta confirmavi Clementi Clerico, filio Franbert, triginta et quatuor denarios turonensium, annui redditus, quem redditum dictus Clemens michi reddebat singulis annis, ad Pascha Domini, pro duabus pechiis terre, quas eidem feodaveram, sitis in Garenna ante molendinum monachorum Boni-Portus, et aboutantibus ad cheminum regis : tenendum et habendum in perpetuum hereditagium, dictum redditum dicto Clementi et heredibus suis de me et heredibus meis libere, quiete et pacifice, et absque ulla de cetero reclamatione mei vel heredum meorum, et ad faciendam penitus suam plenarie voluntatem de predictis duabus pechiis terre et de predictis triginta et quatuor denariis redditus, tanquam de sua propria hereditate, salvo tamen jure dominico. Et sciendum est quod dictus Clemens et heredes sui tenentur reddere viginti et sex denarios turonensium redditus tribus particibus, scilicet Agneti, relicte Walteri le Boulenger, octo denarios turonensium, ad festum omnium Sanctorum, et Crispine, relicte Rogeri Le Woangnart, octo denarios turonensium, similiter ad festum omnium Sanctorum, et heredibus Guillelmi Guerart decem denarios turonensium ad festum Sancti Michaelis. Preterea ego, jam dictus Garinus et heredes mei, tenemur dicto Clementi et heredibus suis predictam terram deliberare ab omnibus aliis redditibus, versus omnes dominos liberam et immunem, pro istis xxvi denariis turonensium quos dictus C. et heredes sui reddere tenentur. Pro hac autem concessione et venditione dedit michi predictus Clemens viginti et quinque solidos turonensium, de quibus tenui me pro pagato. Ad cujus rei testimonium, ego predictus Garinus, presentem cartam fieri feci et sigilli mei munimine roboravi.

Actum anno Domini M° CC° quinquagesimo, die sabbati post octabas Purificationis Beate Marie Virginis.

Testibus hiis : Guillelmo Maquerel; Arnulpho de Crasvilla; Rogero de Crasvilla; Reginaldo de Crasvilla; Gileberto dicto Lupo; Roberto Rabel, et pluribus aliis.

Orig. en parch. — Arch. de l'Eure, Fonds de Bon-Port, liasse 48, n° 68.

CLXXXVI

André Picard et Pétronille, sa femme, vendent aux religieux de Bon-Port 7 sous de rente à Léry.

(1250, février.)

Noverint universi, presentes et futuri, quod ego Andreas dictus Picardus et ego Petronilla, uxor ejus, de parrochia de Leri, vendidimus et omnino reliquimus abbati et conventui Boni-Portus, Cisterciensis ordinis, septem solidos turonensium annui redditus percipiendos, singulis annis, in festo Sancti Michaelis, super quadam masura, sita apud Leri, de feodo dictorum abbatis et conventus, inter masuram Thome Gobelin, ex una parte et masuram Roberti de Forieres, ex altera, cum omni jure et dominio quod nos in dicta masura habebamus et habere poteramus : habendam et possidendam in perpetuum, libere et quiete et pacifice, et absque ulla reclamacione nostri vel heredum nostrorum; et dictam vendicionem tenemur contra omnes garantizare nos, heredes nostri, vel alibi, si necesse fuerit, excambiare ad valorem. Et ego predicta Petronilla, spontanea voluntate, non coacta, juravi, tactis sacrosanctis evangeliis, quod nunquam per me, neque per alium in dicta vendicione, racione hereditatis, vel maritagii sive dotis, vel aliqua alia racione aliquid reclamabo, nec dictos abbatem et conventum super hiis de cetero molestabo. Pro hac autem vendicione dederunt nobis dicti abbas et conventus quadraginta et duos solidos turonensium, de quibus tenemur nos pro pagatis. In cujus rei testimonium, presentibus litteris sigilla nostra duximus apponenda.

Actum anno Domini m° cc° quinquagesimo, mense februario.

<small>Orig. en parch. — Arch. de l'Eure, Fonds de Bon-Port, liasse 48, n° 67.</small>

CLXXXVII

Guillaume du Bec confirme la vente faite par André et Pétronille, sa femme, aux religieux de Bon-Port de 7 sous de rente à Léry.

(1250, février.)

Noverint universi, presentes et futuri, quod ego Willelmus de Becco, de parrochia de Leri, volui et concessi, et hac presenti carta confirmavi, vendicionem quam Andreas et Petronilla, uxor ejus, fecerunt abbati et conventui Boni-Portus, videlicet de septem solidis turonensium, annui redditus, percipiendis, singulis annis, in festo Sancti Michaelis, super masura sita apud Leri, de feodo dictorum abbatis et conventus, inter masuram Thome Gobelin, ex una parte, et masuram Roberti de Forieres, ex altera, cum omni jure et dominio quod dicti Andreas et Petronilla in dicta masura habebant et habere poterant. Nec in dictis septem solidis, nec in dicta masura, nec ego, nec heredes mei aliquid reclamare poterimus, immo omnia supradicta eisdem garantizare tenemur contra omnes; ita quod si ipsi dictos septem solidos et dictam masuram, ut dictum est, quiete et pacifice aliqua occasione possidere non poterunt, volo et concedo ut ipsi plenariam justiciam exerceant super quamdam peciam terre quam teneo de ipsis, sitam inter terram Roberti Le Mansel, ex una parte, et terram Symonis Rance, ex altera, et super aliam petiam terre sitam inter terram Johannis

Filioli, ex una parte, et terram Nicholai Polain, ex altera, donec predicta sint eisdem plenarie restituta. In cujus rei testimonium, presenti carte sigillum meum apponere procuravi.

Actum anno Domini м° cc° quinquagesimo, mense februario.

Orig. en parch. — Arch. de l'Eure, Fonds de Bon-Port, liasse 48 n° 66.

CLXXXVIII

Guillaume Hodenguel et Odeline, sa femme, reconnaissent la vente qu'ils ont faite aux religieux de Bon-Port de 12 sous de rente à Rouen.

(1250, février.)

Omnibus hec visuris, officialis Rothomagensis, salutem in Domino.

Noveritis quod constituti in jure coram nobis Willelmus Hodenguel et Odelina, uxor ejus, de parrochia Sancti Machuti Rothomagensis tunc temporis, recognoverunt se vendidisse et omnino reliquisse viris religiosis abbati et conventui Boni-Portus, pro sex libris et quinque solidis turonensium, de quibus tenuerunt se coram nobis pro pagatis, renunciantes exceptioni pecunie non numerate, duodecim solidos annui redditus usualis monete quos dicebant se habere annuatim, medietatem videlicet in Pascha, et medietatem in festo Sancti Michaelis, in quodam tenemento sito, ut dicitur, in eadem parrochia, in Mala-Palude, inter terram que fuit Andree Clerici, et terram Johannis, filii Radulphi Strabonis, sicut se proportat a vico, per ante, usque ad terram que fuit Maugeri Coci, per retro. Licebit etiam de cetero eisdem, abbati et conventui et eorum successoribus, de dicto redditu facere omnem voluntatem suam integre, sicut de suo proprio, salvo jure dominico, et justiciam suam facere in dicto tenemento, pro prefato redditu annuatim habendo, terminis prenotatis. Juraverunt insuper predicti Willelmus et Odelina, uxor ejus, tactis sacrosanctis ewangeliis, spontanea voluntate, coram nobis, quod in dicto redditu, ratione hereditatis, dotalicii, maritagii, elemosine vel aliqua alia ratione, sibi modo competenti, per se vel per alium, nichil de cetero reclamabunt : nec eciam dictos religiosos et eorum successores super prefato redditu in aliquo foro ecclesiastico vel seculari aliquatenus molestabunt. In cujus rei testimonium, sigillum curie Rothomagensis, ad instanciam partium, salvo jure cujuslibet, presenti scripto duximus apponendum.

Actum anno Domini millesimo ducentesimo quinquagesimo, mense februario. Valete.

Orig. en parch. — Arch. de l'Eure, Fonds de Bon-Port, liasse 91, n° 109.

CLXXXIX

Roger le Praier vend aux religieux de Bon-Port 10 sous tournois et trois chapons de rente.

(1251, 3 mai.)

Noverint universi, presentes et futuri, quod ego Rogerus, filius Willelmi Pratarii, vendidi et omnino reliqui abbati et conventui Boni-Portus, Cisterciensis ordinis, assensu et voluntate predicti W., patris mei, decem solidos turonensium et tres capones, annuatim redditus, quos michi et patri meo reddere tenebantur, singulis annis, pro vinea que fuit Hugonis Secretarii, et pro vinea quam tenet Willelmus Anglicus de dictis monachis; nec in dicto redditu, nec in dictis tenementis, nec ego, nec heredes mei aliquid de cetero poterimus reclamare : et omnia supradicta tenemur contra omnes garantizare vel alibi, si necesse fuerit, excambiare valore ad valorem; et omnia dampna et deperdita que occasione hujus venditionis dictis monachis evenerint, tenemur ad dictum ipsorum eisdem restaurare. Et de hiis pactionibus fideliter observandis, nos predictus W. et dictus Rogerus, omnia bona nostra, mobilia et immobilia, in contraplegium eisdem tradidimus obligata. Pro hac autem venditione dederunt nobis dicti monachi quatuor libras turonensium, de quibus tenemur nos pro pagatis. In cujus rei testimonium, presentibus litteris sigilla nostra duximus apponenda.

Actum anno Domini м° cc° quinquagesimo primo, in Inventione Sancte Crucis.

Orig. en parch. — Arch. de l'Eure, Fonds de Bon-Port, liasse 48, n° 69.

CXC

Eustache d'Orival vend à M⁰ Nicolas du Pont-de-l'Arche, chanoine de Lisieux, 17 sous de rente à Sotteville.

(1251, juin.)

Sciant omnes presentes, pariter et futuri, quod ego Huistace d'Orival vendidi et concessi et omnino derelinqui magistro Nicholao de Ponte-Arche, canonico Luxoviensi tunc temporis, xvii solidos turonensium annui redditus quos habebam in parrochia de Sotteville, juxta Pontem-Arche, absque ulla mei vel heredum meorum de cetero reclamatione, salvo tamen jure capitali. Qui predicti xvii solidi sunt siti super unum masagium, cui masagio due acre terre aut plus sunt pertinentes. Quod masagium et que terra sunt siti inter cheminum domini regis illius ville, ex una parte, et cheminum de Oissel, ex alia, aboutantes super terram Johannis de Houleguate. Et pro hac autem venditione et concessione predictus magister Nicholaus sex libras turonensium michi pre manibus persolvit. Et ego predictus Huistace et heredes mei, a quacumque parte sint et veniant, predicto magistro Nicholao et suis heredibus omnem predictum redditum contra omnes et in omnibus curiis, ad usus et consuetudines Normannie, tenemur deffendere et guarantizare, vel alibi, si opus affuerit, in propria hereditate nostra, videlicet supra campum meum de Media Touaille, quem habeo ad vallem, situm inter terram domine de Anglesquevilla, ex una parte, et terram mei domini Johannis, presbiteri d'Orival, fratris mei, ex altera, valore ad valorem excambiare. Quod ut ratum et stabile permanent, presentem cartam sigilli mei munimine roboravi.

Actum anno Domini m° cc° l° primo, mense junii.

Testibus hiis : Guillelmo Le Petit de Valle; Roberto Potage; Rogero Lebouvier; Thoma Malpin; Radulfo Meillon, et pluribus aliis.

Orig. en parch. — Arch. de l'Eure, Fonds de Bon-Port, liasse 68, n° 2.

CXCI

Emeline, femme de Jean d'Anneville, vend à rente, à Guillaume Davy, un tènement à Rouen.

(1251, septembre.)

Noverint universi quod ego Emelina, uxor Johannis de Annevilla, de assensu et grato ejusdem Johannis, viri mei, concessi et tradidi Guillelmo dicto Davy quoddam tenementum, situm apud Sanctum Vivianum, inter tenementum Radulphi Le Caucheis, et vicum qui ducit versus fontem Sancti Audoeni, sicut se proportat a Rodobecca, per ante, usque ad terram Godefridi Norri, retro : tenendum et possidendum dicto Guillelmo et ejus heredibus, bene, in pace, libere et hereditarie, reddendo inde annuatim michi et meis heredibus duas unchias piperis, annui redditus, ad Pascha Domini, et dominis quindecim solidos redditus, terminis quibus debentur. Licebit etiam de cetero dicto Guillelmo et ejus heredibus omnem suam facere voluntatem de dicto tenemento, sicut de suo proprio, salvo jure dominico, et redditu, et meo redditu antedictis. Ego autem et mei heredes tenemur garantizare dicto Guillelmo et ejus heredibus predictum tenementum contra omnes gentes, per redditum antedictum; nam propter hoc ipse michi dedit triginta et quatuor libras turonensium de recognitione. Quod ut ratum sit, actum fuit hoc coram Gaufrido de Valle-Richerii, tunc majore

Rothomagi, et sigillo meo cum sigillo dicti Johannis, viri mei, et cum sigillo communie fuit hoc confirmatum.

Anno Domini m° cc° quinquagesimo primo, mense novembris.

Testibus hiis : Nicholao Gyboin; Willelmo de Calli; et Nicholao, clerico, de Communia, et aliis multis.

<small>*Orig. en parch., avec trois attaches en ruban de fil bleu et blanc croisé, sceaux enlevés.* — Arch. de l'Eure, Fonds de Bon-Port, liasse 90, n° 55.</small>

CXCII

Guillaume Davy quitte à Guillaume de la Commune le marché qu'il avait fait avec Emeline de Fécamp, en la paroisse de Saint-Vivien de Rouen.

(1251, novembre.)

Noverint universi quod ego Guillelmus Davy quitavi penitus et dimisi domino Guillelmo de Communia, pro triginta quatuor libris et quatuordecim solidis turonensium, quas michi pre manibus reddidit, tale mercatum quale habueram ab Emelina de Fiscampo et a Johanne de Annevilla, marito suo, videlicet illius tenementi siti in parrochia Sancti Viviani, inter terram Radulphi Caletensis, ex una parte, et vicum qui ducit ad fontem Sancti Audoeni, ex altera, sicut se proportat a Rodobecca, per ante, usque ad terram Godefridi Norri, per retro. Licebit enim de cetero dicto Guillelmo et ejus heredibus omnem suam facere voluntatem de dicto tenemento, sicut de suo proprio, salvo jure dominico, sine mei de cetero aut heredum meorum reclamatione aut contradicto. Et quod hoc ratum sit, actum fuit hoc coram Gaufrido de Valle-Richerii, tunc majore Rothomagi, et sigillo meo cum sigillo communie fuit hoc confirmatum.

Anno Domini m° cc° quinquagesimo primo, mense novembri.

Testibus hiis : Matheo Groso; Nicholao Gyboin; Gaufrido de Valle-Richerii; Philipo d'Orliens, et pluribus aliis.

<small>*Orig. en parch.* — Arch. de l'Eure, Fonds de Bon-Port, liasse 90, n° 56.</small>

CXCIII

Innocent IV décide que certains statuts sur la juridiction de l'ordinaire, dans quelques cas spécifiés, ne portent aucune atteinte aux libertés et immunités des religieux de l'ordre de Citeaux.

(1251, 17 novembre, à Pérouse.)

INNOCENCIUS, episcopus, servus servorum Dei, dilectis filiis abbati Cistercii ejusque coabbatibus et conventibus universis, Cisterciensis ordinis, salutem et apostolicam benedictionem.

Cum nuper duxerimus statuendum ut exempti quantacumque gaudeant libertate, nichilominus tamen ratione delicti seu contractus aut rei de qua contra ipsos agitur, rite possint coram locorum ordinariis conveniri, et illi quo ad hoc sententiam in ipsos juridictionis prout jus exigit exercere, vos dubitantes ne per constitucionem hujusmodi libertatibus et immunitatibus vobis et ordini vestro per privilegia et indulgencias ab apostolica sede concessis prejudicari valeat, nobis humiliter supplicastis ut providere super hoc indempnitati vestre paterna sollicitudine curaremus. Quia vero ejusdem ordinis sacra religio sic vos apud nos dignos favore constituit, ut nobis votivum existat nos ab omnibus per que vobis possint provenire dispendia immunes libenti animo preservare auctoritate vobis presencium indulgemus ut occasione constitucionis hujusmodi nullum eisdem libertatibus et immunitatibus imposterum prejudicium generetur. Nulli ergo omnino hominum liceat hanc paginam nostre concessionis infringere vel ei ausu temerario contraire. Si quis autem hoc attemptare presumpserit, indignationem omnipotentis Dei et Beatorum Petri et Pauli apostolorum ejus se noverit incursurum.

Datum Perusii, xv kalendas decembris, pontificatus nostri an10 nono.

Bibl. Imp., Cart. de Bon-Port, ch. 22, f° 18 v°.

CXCIV

Guillaume Petit et Osane, sa femme, vendent aux religieux de Bon-Port 2 sous de rente sur une vigne appelée les Carriaux, à Léry.

(1252, avril.)

Noverint universi, tam presentes quam futuri, quod ego Willelmus dictus Parvus et Osana, uxor mea, vendidimus et omnino reliquimus viris religiosis abbati et conventui Beate Marie Boni-Portus duos solidos annui redditus, percipiendos singulis annis, ad festum Beati Michaelis Archangeli, a Nicholao dicto Rasket et ejus heredibus, super quamdam vineam que vocatur Les Carriaus, sitam in parrochia de Leri, in feodo dictorum religiosorum, inter terram Gilleberti Florie, ex una parte, et terram Ansquetilli dicti Marchaant, ex altera, tenendos et habendos in perpetuum, libere et pacifice, a dictis religiosis, absque nostri vel heredum nostrorum aliqua reclamatione. Et si forte ita contigerit quod, me predicto W. moriente, predicta O., uxor mea, supervivat et velit dictos abbatem et conventum super hoc disturbare et contra predictam venditionem venire, dicti abbas et conventus ad omnem hereditatem meam habebunt recursum, et eam in manu sua tenebunt quoadusque habeant in feodo suo excambium ad valorem. Tenemur et dictis abbati et conventui dictam venditionem contra omnes garantizare vel, si necesse fuerit, in feodo suo, valore ad valorem excambiare. Et hec omnia, tactis sacrosanctis ewangeliis, juravimus fideliter observare, nec in aliquo in posterum, per nos vel per alios, quoquomodo contraire. Recepimus autem a dictis abbate et conventu, pro hac venditione, viginti solidos turonensium in pecunia numerata. Et ut hec omnia rata et inconcussa permaneant in futurum, presentem cartam sigillorum nostrorum munimine roboravimus.

Actum anno Domini m° cc° quinquagesimo secundo, mense aprili.

Orig. en parch. — Arch. de l'Eure, Fonds de Bon-Port, liasse 48, n° 70.

CXCV

Jean Davy donne aux religieux de Bon-Port 2 sous de rente à Bourgtheroulde.

(1252, avril.)

Noverint universi presentes pariter et futuri, quod ego Johannes Davy dedi et concessi, assensu et voluntate Nicolae, uxoris mee, in puram et perpetuam elemosinam, pro salute animarum nostrarum, Deo et Beate Marie de Bono-Portu et monachis ibidem Deo servientibus, duos solidos annuatim redditus, sitos in villa deu Borcteroude, supra quamdam mazuram quam tenet de me Nicolaus Lespex; que videlicet masura sita est inter domum Johannis Le Barbier, ex una parte, et domum Dei, ex altera : tenendos et habendos libere, quiete et pacifice, absque mei vel heredum meorum de cetero reclamatione. Et licebit dictis religiosis de predicto redditu suam penitus facere voluntatem, et in predicta masura suam exercere justiciam, nisi predictum redditum ad Natale Domini integre fuerit persolutum. Et ego antedictus Johannes elegi in eadem abbatia sepulturam meam. Quod ut ratum et stabile permaneat, presentem cartam sigilli mei munimine roboravi.

Actum anno Domini m° cc° l° ii°, mense aprilis.

Copie moderne sur papier. — Arch. de l'Eure, Fonds de Bon-Port, sans numéro d'ordre.

CXCVI

Guillaume de la Commune, prêtre de Braquetuit, cède à Raoul le Brasseur le ténement qu'il avait eu de Guillaume Davy, en la paroisse de Saint-Vivien, à Rouen.

(1252, juin.)

Noverint universi quod ego Willelmus dictus de Communia, presbiter de Braquetuit, dimisi penitus et reliqui Radulfo Brasciatori, pro triginta libris turonensium, quas michi persolvit, tenementum illud quod habueram de Willemo Davy, mercennario, situm in parrochia Sancti Viviani, inter vicum pavimenti, et terram Godefridi Norri, sicut se proportat a terra ejusdem Radulfi usque ad alium vicum. Ita quod de cetero licebit dicto Radulfo et ejus heredibus omnem suam facere voluntatem de dicto tenemento, sicut de suo proprio, salvo jure dominico et redditu, sine mei de cetero aut heredum meorum reclamatione aut contradicto. Quod ut ratum sit, actum fuit hoc coram Martino Pigache, tunc majore Rothomagi, et sigillo meo cum sigillo communie fuit hoc confirmatum.

Anno Domini M° CC° quinquagesimo secundo, mense junio.

Testibus hiis : Nicholao Gyboin; Johanne Pigache; Nicholao de Communia, clerico, et multis aliis.

Orig. en parch. — *Arch. de l'Eure, Fonds de Bon-Port, liasse 90, n° 57.*

CXCVII

Jean Guerart vend à Savary Leclerc la moitié d'une maison sise à Léry.

(1252, janvier.)

Noverint universi, presentes et futuri quod ego, Johannes dictus Guerart, vendidi et concessi et omnino relinqui Savarico Clerico medietatem cujusdam masagii, siti inter masagium Johannis Marescal, ex una parte, et masagium Petri Dencrues, ex altera, sicut se proportat in longum et in latum, tenendam et, jure hereditario perpetuo, eidem Savarico et ejus heredibus de me et de meis heredibus possidendam, libere, quiete, bene et in pace et hereditarie, absque ulla mei vel meorum heredum reclamatione. Licet autem de cetero dicto Savarico et ejus heredibus de jamdicta masagii medietate omnem suam facere voluntatem, sicut de suo proprio hereditagio, salvo jure capitalium dominorum. Et ego et heredes mei tenemur, de firmo pacto, dicto Savarico et ejus heredibus dictam masagii medietatem contra omnes garantizare, vel valore ad valorem excambiare in nostro hereditagio, si garantizare non poterimus. Pro qua venditione et garantizatione dictus Savaricus decem solidos monete currentis michi dedit. Et quod hoc sit ratum et firmum et stabile imperpetuum, hanc presentem cartam dicto Savarico tradidi sigilli mei munimine confirmatum.

Actum anno Domini M° CC° L^{mo} secundo, mense januarii.

Testibus hiis : Rich. Lestoré; Guillelmo, ejus filio; Guillelmo Cobe; Galtero, filio Symonis, et pluribus aliis.

Orig. en parch., endommagé par l'humidité. — Arch. de l'Eure, Fonds de Bon-Port, liasse 48, n° 75.

CXCVIII

Enguerran d'Annebec, chevalier, ratifie la donation d'un tènement à Sotteville, faite aux religieux de Bon-Port par Jean d'Orival.

(1253, octobre.)

Universis presentes litteras inspecturis, Engerrenus d'Annebeuc, miles, in Domino salutem. Noveritis me gratam et ratam habere donationem et elemosinam quam dominus Johannes de Aurea-Valle fecit viris religiosis abbati et conventui Boni-Portus, Cisterciensis ordinis, de tenemento quod de me tenebat apud Sotevillam, per sex denarios annui redditus; quod tenementum sive feodum vocatur Feodum-Majoris. Insuper ego predictus Engerrenus, pietatis intuitu, et pro salute anime mee et omnium amicorum meorum, vivorum et defunctorum, dictis religiosis prenominatos sex denarios dedi in elemosinam perpetuam, tenendos et habendos absque ulla reclamatione mei vel heredum meorum : et tenemur tam ego Engerrenus quam mei heredes garantizare eis dictos sex denarios, et donationem dicti presbiteri, tanquam dominus feodi, confirmo. In cujus rei testimonium, presenti scripto sigillum meum apposui.

Actum anno Domini m° cc° quinquagesimo tercio, mense octobris.

Orig. en parch. — Arch. de l'Eure, Fonds de Bon-Port, liasse 68, n° 5.

CXCXIX

Robert Tuillier vend à Guillaume Danois 7 sous de rente à Montaure.

(1253, novembre.)

Notum sit omnibus, presentibus et futuris, quod ego Robertus Tegularius, de Monte-Aureo, vendidi et concessi et omnino reliqui Guillelmo Danois, de Ponte-Arche, septem solidos annui redditus percipiendos annuatim desuper una pecia terre, sita inter terram Thome Boscart, ex una parte, et leprosariam de Monte-Aureo, ex altera ; tenendos et habendos jamdictos septem solidos redditus eidem Guillelmo Danois et heredibus suis de me et heredibus meis, singulis annis, ad festum Sancti Michaelis. Et dictus Guillelmus et heredes sui de cetero reddent domino regi, vel ejus mandato, duos solidos ad dictum festum de jamdictis septem solidis redditus, de jamdicta pechia terre. Licebit autem dicto Guillelmo et heredibus suis plenariam exercere justiciam super dicta pecia terre, propter redditum et emendam, nisi ad prefixum terminum jamdictus redditus persolveretur. Et ego jamdictus Robertus et heredes mei dictos septem solidos redditus eidem Guillelmo et heredibus suis contra omnes gentes et in omnibus curriis, ad usus et consuetudines Normannie, deffendere et garantizare tenemur, vel alibi, si opus affuerit, in propria hereditate nostra ad valorem excambiare. Et pro concessione hujus venditionis dedit mihi jamdictus Guillelmus Danois quadraginta solidos turonensium. Quod ut ratum et stabile permaneat, hanc presentem cartam fieri feci et sigillo meo confirmavi.

Actum anno Domini M° CC° L° tercio, mense novembris.

Hujus rei testes sunt : Matheus de Valle; Gamelinus Fortin; Gaufridus Quocus; Stephanus Rossel; Michael Lehuchier, et plures alii.

Orig. en parch. — Arch. de l'Eure, Fonds de Bon-Port, liasse 17, n° 12.

CC

Jean de Saint-Amand vend à Richard, son frère, tout ce qu'il possédait dans les paroisses de Criquebeuf et de Fresnose.

(1254, août.)

Notum sit omnibus, presentibus et futuris, quod ego Johannes, filius Nicholae Sancti Amandi, vendidi et concessi et omnino reliqui quidquid habebam hereditatis apud Kriquebeuf et Fresnose, in domibus, terris et sallicibus, Ricardo, fratri meo, pro octo libris turonensibus, talibus terminis persolvendis : modo viginti solidos; ad festum Sancte Pasche, proximo venturum, viginti solidos; et infra festum Sancti Stephani de estate, totum residuum. Tenendam et habendam et sibi et heredibus suis in perpetuum, absque reclamatione mei vel heredum meorum, libere, quiete et pacifice, salvo jure capitalium dominorum. In hujus rei testimonium, presentibus litteris sigillum meum apposui.

Testibus hiis : Petro de Mesnerio; Thoma Fabro; Radulfo de Kriquebeuf et Gaufrido Portario; Stephano Letreesth, et pluribus aliis.

Actum anno Domini M° CC° quinquagesimo quarto, mense augusti.

Orig. en parch. — Arch. de l'Eure, Fonds de Bon-Port, liasse 11, n° 15.

CCI

Louis IX vidime la donation faite aux religieux de Bon-Port, au mois d'avril 1248, par Sanson de Grouchet, chevalier, et Pétronille, sa femme.

(1254, novembre, Paris.)

Ludovicus, Dei gracia, Francorum rex.

Notum facimus universis, tam presentibus quam futuris, quod nos litteras dilecti et fidelis nostri Sansonis de Grouchet, militis, et Petronille, ejus uxoris, vidimus in hec verba :

Sciant presentes et futuri, etc. *(Voir plus haut, n° CLXVII, p. 171.)*

Nos autem donacionem predictam, prout superius continetur, volumus, concedimus et confirmamus, salvo jure alieno. Quod ut perpetue stabilitatis robur obtineat, presentem paginam sigilli nostri auctoritate et regii nominis karactere inferius annotato fecimus communiri.

Actum Parisiis, anno Domini M° CC° L° quarto, mense novembris, regni nostri anno vicesimo octavo; astantibus in palatio nostro, quorum nomina supposita sunt et signa : Dapifero nullo; buticulario nullo; signum Alfonsi, camerarii; signum Gilonis, constabularii.

Bibl. Imp., Mss. 8408, 2, 2 B, f° xviij^xxvij r° et v°. — Cart. de Bon-Port, f° 30 v°. — Impr. Delisle, Cart. normand, p. 92, n° 525.

CCII

Robert de Pintervillc donne aux religieux de Bon-Port 10 sous de rente à Saint-Pierre-d'Incarville.

(1254, décembre.)

Notum sit omnibus, presentibus et futuris, quod ego Robertus de Pintarvilla, senex, de consensu et voluntate Godolent, uxoris mee, dedi et concessi in puram et perpetuam elemosinam pauperi domui Beate Marie de Bono-Portu decem solidos turonensium, annui redditus, monete usualis, quos Guillelmus de Becquet et mater ejus reddebant michi annuatim, videlicet quinque solidos ad festum Sanctis Johannis Baptiste, et quinque solidos ad festum Sancti Remigii, de masagio suo sicut se pourportat in longum et in latum, quod situm est in parrochia Sancti Petri de Vicarvilla, inter masuram heredum Guillelmi dicti Pulchri, ex una parte, et masuram Haisie Laillere, ex altera. Ita tamen quod ego Robertus et Godelent, uxor mea, recepti simus in domo paupere supradicta. In cujus rei testimonium, ego dictus Robertus hanc presentem cartam sigilli mei munimine confirmavi.

Datum anno Domini M° CC° L° quarto, mense decembris. Hiis testibus : Rogero Bestohi; Guillelmo de Pintarvilla; Egidio de Valle-Rodolii, et pluribus aliis.

Arch. de l'Eure, Fonds de Bon-Port, Petit Cart., ch. 17, liasse 4, n° 26.

CCIII

Raoul Sauvalle confirme la donation faite aux religieux de Bon-Port de 10 sous tournois de rente par Robert de Pinterville.

(1254, mars.)

Sciant omnes, presentes pariter et futuri, quod ego Radulphus dictus

Sauvalle et heredes mei ratum et gratum habemus et concedimus elemosinam quam Robertus de Pintarvilla et Godranna, uxor ejus, dederunt Deo et Beate Marie de Bono-Portu, pro salute animarum suarum et antecessorum suorum, ad usus pauperum pauperis hospicii predicte domus : scilicet decem solidos annui redditus percipiendos singulis annis, per manum Guillelmi de Becqueto super masnagium ubi manet dictus Guillelmus. Et sciendum quod, tam ego Radulphus dictus Sauvalle, quam heredes mei, dictam elemosinam tenemur garantizare contra omnes, ita quod nunquam contra dictam elemosinam veniemus vel aliquod faciemus quod ad renunciacionem dicte elemosine valere possit, renunciantes super hoc omni juri, tam ecclesiastico quam civili. In cujus rei testimonium, presenti scripto sigillum meum apposui.

Actum anno Domini M° CC° L° quarto, mense marcio.

Arch. de l'Eure, Petit Cart. de Bon-Port, ch. 18, liasse 4, n° 26.

CCIV

Etienne le Charetier vend à Guillaume du Pont-de-l'Arche tout ce qui lui appartient à Léry.

(1254.)

Noverint universi, tam presentes quam futuri, quod ego Stephanus dictus Auriga, de Leri, vendidi et concessi.......... de Ponte-Arche, omne illud quod habebam vel habere de cetero poteram, ratione hereditagii in duobus masagiis co........, sitis in parrochia Sancti Audoeni de Leri, ante domum Durandi Lecras, sicut se protendit in longum et in lat..... Roberti Le Waleis, ex uno latere, et masagium heredum Willelmi de Becco, ex alio, et etiam omne illud quod h.......... poteram, ratione hereditagii, in quadam pecia vinee, que sita est in eadem parrochia penes v....... vineam monachorum de Bono-Portu, ex uno latere, et vineam

Johannis as Perrees, ex alio, pro....... quibus, jam mihi pre manibus satisfecit; tenendum et possidendum dicto Willelmo et heredibus suis....
..... hereditari........ absque ulla reclamatione vel contradictione de cetero mei vel heredum meorum........ et heredibus suis, de masagiis, de domibus et vinea supradictis omnem s..... de suo proprio hereditagio, salvo tamen in omnibus jure capitali........... mei dicto Willelmo et heredibus suis masagia cum domibus......... re vel excambiare, valore ad valorem, in proprio hereditagio........... Quod hoc autem ratum et stabile futuris temporibus perman.... .....mine r....oratam.

Actum fuit anno Domini m° cc° l° quar.....
.......do Lecras; Stephano Wandart; Roberto de Bardovilla; Roberto Leval.....

<small>Orig. en parch., mutilé dans plusieurs endroits. — Arch. de l'Eure, Fonds de Bon-Port, liasse 48, n° 74.</small>

CCV

Alexandre IV décide que les statuts d'Honorius et d'Innocent ne portent aucune atteinte aux libertés et immunités des religieux de l'ordre de Citeaux.

(1254-1261.)

Alexander, episcopus, servus servorum Dei, dilectis filiis, abbati Cistercii et ceteris coabbatibus et conventibus Cisterciensis ordinis, salutem et apostolicam benedictionem.

Sacre nostre religionis inducti meritis, votis vestris libenter annuimus, eaque vobis concedimus proque materia submota gravaminis status vestri tranquillitas procuretur. Sane nobis exponere curavistis, quod ex speciali privilegio sedis apostolice obtinetis, ut nulli omnino hominum liceat in vos vel in vestra monasteria, seu fratres inibi constitutos contra id quod ab origine vestri ordinis noscitur observatum excommunicationis, suspentionis, seu contradicti sentencias promulgare felicis quoque memorie. Honorius, papa, predecessor noster, quieti vestre paterna volens diligencia providere, adiciendo de gratia potiori, suis litteris vobis indulsit, ut non solum aliis, sed nec eciam dicte sedis legatis predictas vel eciam depositionis sentencias, in vos vel predicta monasteria seu sedis ejusdem speciali mandato, licitum sit proferre quas, si ex tunc proferri contingere, decrevit irritas et inanes. Insuper omnino prohibuit, ne predicti legati, procurationes pecuniarias a vobis exigere vel extorquere presumant, sed cum ad domos vestri ordinis accesserunt sive carnium esu, cibis regularibus sint contenti. Porro quia vos nuper omnia indulta quibuscumque personis, sive ecclesiasticis prelatis et aliis regularibus et non regularibus, sive secularibus principibus et aliis minoribus et quorumcumque locorum, capitulis, collegiis, conventibus, et communibus, seu communitatibus a, felicis recordationis, Innocencio, papa predecessore nostro, vel vobis concessa; quod videlicet per delegatos, conservatores aut executores, a sede apostolica deputatos seu per delegatos ab ipsis, vel per legatos sedis ejusdem aut ordinarios, seu delegatos eorum, interdici, suspendi, vel excommunicari quodque ipsis ingressus ecclesie prohiberi, et quod terre sue interdicto ecclesiastico supponi non valeant totaliter auctoritate apostolica duximus revocanda, ita quod deinceps nullum robur, nullumque vigorem obtineant, nec premissi per ea juvare se valeant ulterius vel tueri, nisi principes ipsi sint reges, vel uxores, aut filii seu fratres regum, aut alii magnates, sublimesque viri qui antiquitus a predicta sede similem gratiam habuerunt, nos metuentes vobis per hoc prejudicium generari, apostolice provisionis super hoc remedium implorastis. Nos itaque ad peticionem dilecti filii nostri, Innocencii, tituli Sancti Laurencii in Lucina, presbiteri cardinalis, vestris precibus inclinati, quod per revocationem hujusmodi nullum libertatibus et immunitatibus vobis a prefata sede concessis, prejudicium in posterum generetur auctoritate vobis presencium indulgemus. Nulli ergo omnino hominum liceat hanc paginam nostre concessionis infringere, vel ei ausu temerario contra ire.

Si quis autem hoc attemptare presumpserit, indignationem omnipotentis Dei et Beatorum Petri et Pauli, apostolorum ejus, se noverit incursurum.

Bibl. Imp., Cart. de Bon-Port, ch. 12, f° 13.

CCVI

Alexandre IV autorise l'évêque d'Évreux à accorder aux religieux de Bon-Port la permission d'élever des autels et de célébrer le saint sacrifice pour leur usage particulier dans leurs granges.

(1255, 29 avril, à Naples.)

ALEXANDER, episcopus, servus servorum Dei, venerabili fratri episcopo Ebroicensi, salutem et apostolicam benedictionem.

Dilecti filii abbas et conventus monasterii de Bono-Portu, Cisterciensis ordinis, tue diocesis, nobis humiliter supplicarunt ut in eorum grangiis possint altaria construere ibique ad opus familie ipsorum dumtaxat per capellanum proprium divina facere celebrari eis licenciam concedere dignaremur. Volentes igitur in hac parte tibi deferre qui loci diocesanus existis, fraternitati tue, per apostolica scripta mandamus, quatinus eis, si expedire videris, postulata concedas sine juris prejudicio alieni.

Datum Neapoli, III kalendas maii, pontificatus nostri anno primo.

Bibl. Imp., Cart. de Bon-Port, ch. 26, f° 20 v°.

CCVII

Alexandre IV décide que les terres appartenant aux religieux de Bon-Port et cultivées par eux-mêmes ne paieront aucune dîme aux curés des paroisses où elles se trouvent.

(1255, 1er mai, à Naples.)

ALEXANDER, episcopus, servus servorum Dei, dilectis filiis, abbati et conventui monasterii de Bono-Portu, Cisterciencis ordinis, Ebroicensis diocesis, salutem et apostolicam benedictionem.

Ex serie vestre peticionis accepimus, quod cum nobis a sede apostolica indultum existat, ut de terris vestris, quas propriis manibus aut sumptibus colitis, sitis a prestatione decimarum immunes, quia tamen contingit vos interdum aliquas ex ipsis terris, necessitate cogente, vel utilitate pensata, aliis tradere excolendas, ex quibus parrochialium ecclesiarum rectoribus oportet vos decimas exhibere, ac timeatis ex hoc vobis posse prejudicium in posterum generari, nobis humiliter supplicastis, ut providere in hac parte indempnitati vestre, et vestri monasterii de benignitate sedis apostolice curaremus. Nos igitur vestris super hoc supplicationibus inclinati, auctoritate vobis presencium indulgemus, ut de dictis terris cum vos ipsas propriis manibus aut sumptibus duxeritis ulterius excolendas, nullus a vobis decimas occasione hujusmodi exigere vel extorquere presumat. Nulli ergo omnino hominum liceat hanc paginam nostre concessionis infringere, vel ei ausu temerario contra ire.

Si quis autem hoc attemptare presumpserit, indignationem omnipotentis Dei et Beatorum Petri et Pauli, apostolorum ejus, se noverit incursurum.

Datum Neapoli, kalendas maii, pontificatus nostri anno primo.

Bibl. Imp., Cart. de Bon-Port, ch. 7, f° 11.

CCVIII

Alexandre IV décide que les statuts du pape Innocent, son prédécesseur, ne portent aucune atteinte aux libertés et immunités des moines de Bon-Port.

(1255, 1er mai, à Naples.)

ALEXANDER, episcopus, servus servorum Dei, dilectis filiis, abbati et conventui monasterii de Bono-Portu, Cisterciensis ordinis, salutem et apostolicam benedictionem.

Cum felicis recordationis Innocentius papa, predecessor noster, duxerit statuendum ut exempti quantumcumque gaudeant libertate, nichilominus tamen ratione dilicti seu contractus, aut rei de qua contra ipsos agitur rite possint coram locorum ordinariis conveniri, et illi quo ad hec suam in ipsos juridicionem prout jus exigit exercere, vos dubitantes ne per constitutionem hujusmodi libertatibus et immunitatibus, vobis et ordini vestro per privilegia et indulgencias ab apostolica sede concessis, prejudicari valeat, nobis humiliter supplicastis, ut providere super hoc indempnitati vestre paterna sollicitudine curaremus.

Quia vero ejusdem ordinis sacra religio sic vos apud nos dignos favore constituit, ut nobis votivum existat vos ab omnibus per que vobis possent provenire dispendia immunes libenti animo preservare auctoritate vobis presentium indulgemus, ut occasione constitucionis hujusmodi nullum eisdem libertatibus et immunitatibus in posterum prejudicium generetur. Nulli ergo omnino hominum liceat hanc paginam nostre concessionis infringere, vel ei ausu temerario contra ire.

Si quis autem hoc attemptare presumpserit, indignationem omnipotentis Dei et Beatorum Petri et Pauli, apostolorum ejus, se noverit incursurum.

Datum Neapoli, kalendas maii, pontificatus nostri anno primo.

Bibl. Imp., Cart. de Bon-Port, ch. 8, f° 11 v°.

CCIX

Alexandre IV décide, à l'instar du pape Honorius, son prédécesseur, qu'aucune sentence d'excommunication, de suspension et d'interdit ne pourra être lancée contre les monastères de l'ordre de Citeaux par les légats du siége apostolique, sinon de son mandement spécial.

(1255, 18 septembre, à Anagni.)

ALEXANDER, episcopus, servus servorum Dei, dilectis filiis, abbati Cisterciensi et universis coabbatibus ejus, et fratribus sub eodem ordine Deo servientibus, salutem et apostolicam benedictionem.

Cum ordinis vestri generosa plantatio multe religionis et honestatis flores et fructus protulerit, effuso longe lateque laudabilis conversationis odore, apostolice sedis auctoritas considerans per Marthe solicitudinem providendum esse Marie quieti ut orantis Marie suffragiis satagentis Marthe sollicitudo ministerii juvaretur, ne alicujus temeritatis incursus sancte conversationis otium perturbaret, ordinem ipsum et privilegiis et nonnullis indulgenciis specialis gratie prerogativa munivit. Nos autem, qui salutifera comoda vestra benigno favore prosequimur, tranquillitati vestre libenter, prout possumus, providemus ad instar felicis recordationis Honorii, pape, predecessoris nostri, auctoritate presencium inhibentes ne legati sedis apostolice, sine speciali mandato nostro, in vos excommunicationis vel suspensionis, et in monasteria vestra interdicti sentencias contra ea, que vobis sunt ab apostolica sede concessa, promulgent. Nulli ergo omnino hominum liceat hanc paginam nostre inhibitionis infringere, vel ei ausu temerario contra ire.

Si quis autem hoc attemptare presumpserit, indignationem omnipotentis Dei et Beatorum Petri et Pauli, apostolorum ejus, se noverit incursurum.

Datum Anagnie, XIII kalendas octobris, pontificatus nostri anno primo.

Bibl. Imp., Cart. de Bon-Port, ch. 20, f° 18.

CCX

Alexandre IV défend aux évêques d'exiger des religieux de l'ordre de Citeaux le droit de gîte.

(1255, 6 décembre, à Latran.)

ALEXANDER, episcopus, servus servorum Dei, dilectis filiis, abbati Cistertii ejusque coabbatibus et conventibus universis Cisterciensis ordinis, salutem et apostolicam benedictionem.

Sedes apostolica duxit vobis proinde concedendum, ut a nullo alio nisi a pluribus abbatibus, seu vestri ordinis monachis a dictis abbatibus super hoc deputatis visitari vel corrigi valeatis. Quia vero sic sunt procurationes visitationi annexe, ut prelatis non sint, nisi visitent exhibende auctoritate presencium, ne quisquam diocesanus aut prelatus alius a vobis procurationes hujusmodi exigere vel extorquere presumat, nec vos eas exhibeatis eisdem districtius inhibemus. Decernentes eadem auctoritate irritum et inane, si quid contra inhibitionem hujusmodi a quoquam propria fuerit temeritate presumptum; ac sententias, si que in vos hujusmodi occasione prolate fuerint, non tenere. Nulli ergo omnino hominum liceat hanc paginam nostre inhibitionis et constitutionis infringere, vel ei ausu temerario contra ire.

Si quis autem hoc attemptare presumpserit, indignationem omnipotentis Dei et Beatorum Petri et Pauli, apostolorum ejus, se noverit incursurum.

Datum Laterani, viii idus decembris, pontificatus nostri anno primo.

Bibl. Imp., Cart. de Bon-Port, ch. 3, f° 8 v°.

CCXI

Alexandre IV autorise l'abbé de Cîteaux à déléguer en son absence le pouvoir de délier les moines de l'excommunication aux prêtres de son ordre, discrets et instruits, qu'il lui conviendra de choisir.

(1255, 1ᵉʳ février, à Naples.)

ALEXANDER, episcopus, servus servorum Dei, dilectis filiis abbati Cistercienci, ejusque coabbatibus universis, Cisterciensis ordinis, salutem et apostolicam et benedictionem.

Cum sicut ex parte vestra fuit propositum coram nobis, quod monachos vestros ac religiosas personas vobis subjectas ab excommunicatione quam pro violenta injectione manuum in se ipsos incurrunt absolvere valeatis, ac prioribus vestris super hoc committere vices nostras vobis a sede apostolica sit indultum, et sepe contingat propter nostram et priorum ipsorum absenciam illos qui hujusmodi sentenciam incidunt diutius in ipsa non sine animarum suarum periculo remanere.

Nos, vestris in hac parte supplicationibus inclinati, quod super hiis vices vestras eciam aliis discretis et litteratis vestri ordinis sacerdotibus absentibus vobis committere, prout expedire videritis, valeatis, vobis auctoritate presencium plenam concedimus facultatem.

Nulli ergo hominum liceat hanc paginam nostre concessionis infringere vel ei ausu temerario contra ire.

Si quis autem hoc attemptare presumpserit, indignationem omnipotentis Dei, et Beatorum Petri et Pauli apostolorum, ejus se noverit incursurum.

Datum Neapoli, kalendas februarii, pontificatus nostri anno primo.

Bibl. Imp., Cart. de Bon-Port, ch. 18, f° 17.

CCXII

Renaud Tanquers, chevalier, confirme la donation faite aux religieux de Bon-Port de 30 sous de rente.

(1258, octobre.)

Noverint universi, ad quos presentes littere pervenerint, quod ego Reginaldus dictus Tanquers, miles, confirmavi, concessi et laudabiliter commendavi Deo et ecclesie Beate Marie de Bono-Portu et monachis Domino ibidem servientibus, tringinta solidos annui redditus, monete currentis in Normannia, quos jure hereditario in meo feodo possident de donatione Johannis dicti Durant, de Ponte-Arche, in puram et perpetuam elemosinam, pro salute anime sue et antecessorum suorum; sitos videlicet super masagium et gardinum Radulfi dicti Moisson, de parrochia Sancti Martini juxta Beccum-Thome; viginti solidos annuatim percipiendos, ad festum Beati Michaelis, et alios decem solidos ad predictum festum, super gardinum Acelini dicti Moisson; tenendos et jure hereditario in posterum possidendos dictos xxx solidos, annui redditus, dictis monachis et eorum successoribus, libere, quiete et pacifice, absque ulla mei vel heredum meorum de cetero contradictione vel impedimento, salvo tamen jure meo capitali. Volo autem, concedo et confirmo eisdem monachis et eorum successoribus ut super predictis masagio et gardino suam plenarie exerceant justiciam, tam pro redditu quam emenda, si ad predictum festum eisdem de predicto redditu non fuerit sattisfactum. Si vero ita accideret quod mei heredes contra istam concessionem et confirmationem aliqua occasione vellent aliquid attemptare, volo et obligo dictos meos heredes ut dictis monachis vel eorum successoribus de debito centum solidorum turonensium persolvere teneantur. Et ut hoc ratum et stabile dictis monachis in perpetuum permaneat, presentes meas litteras eisdem tradidi sigilli mei munimine roboratas.

Actum anno Domini m° cc° l° sexto, mense octobris.

<small>Orig. en parch. — Arch. de l'Eure, Fonds de Bon-Port, liasse 75, n° 30.</small>

CCXIII

Louis IX mande au châtelain du Vaudreuil de permettre aux religieux de Bon-Port de prendre dans la forêt de Bord le merrain et le bois nécessaire à leur usage pour tous leurs manoirs en France.

(1256, mars, à Pont-Audemer.)

Ludovicus, Dei gracia Francorum rex, castellano de Valle-Rodolii, salutem.

Mandamus vobis quatinus, abbati et conventui de Bono-Portu, marreinium et ligna ad omnes usus suos de foresta Bordi ad omnia maneria sua in Francia, cum opus fuerit, ducere sine difficultate aliqua permittatis.

Actum apud Pontem-Audomari, anno Domini m° cc° quinquagesimo sexto, mense martio.

<small>Orig. en parch. — Arch. de l'Eure, Fonds de Bon-Port, liasse 14, n° 1 bis. — Bibl. Imp., Cart. de Bon-Port, ch. 42, f° 34 v°.
Impr. Delisle, Cart. normand, n° 574, p. 107.</small>

CCXIV

Roger Langlois et Ermeline, sa femme, donnent aux religieux de Bon-Port 2 sous de rente à Venables.

(1256, mars, à Venables.)

Notum sit omnibus, presentibus et futuris, quod ego Rogerus Anglicus de Fontenevart, de Parrochia de Venables, et Ermelina, uxor mea, dedimus et concessimus Deo et Ecclesie Beate Marie de Bono-Portu et monachis ibidem Deo servientibus, in puram et perpetuam elemosinam, pro salute animarum nostrarum, duos solidos annui redditus, monete currentis, percipiendos, singulis annis, ad festum Omnium Sanctorum, sitos super tenementa nostra : videlicet duodecim denarios super campum Tigier, et alios duodecim denarios super vineam de Albis Montibus de Venables; tenendos et habendos dictis religiosis bene, pacifice et quiete, absque ulla contradictione de cetero nostri vel heredum nostrorum. Et licebit dictis religiosis super dictum campum Tigier et dictam vineam suam plenariam exercere justiciam, nisi dictus redditus ad dictum terminum fuerit eisdem integre persolutus, et poterunt de predicto redditu suam omnino facere voluntatem. Insuper dedimus et concessimus dictis religiosis, post decessum nostrum, omnia bona nostra mobilia ubicumque inventa fuerint, ita tamen ut qui prior nostrum ingressus fuerit viam universe carnis, dicti religiosi percipient medietatem dictorum bonorum nostrorum, et alter aliam medietatem retinebit. Dicti vero religiosi nos in fratres et familiares receperunt, quia aput eos sepulturas nostras elegimus et participationem spiritualium bonorum, que fiunt in domo ipsorum, tam ad vitam quam ad mortem, postulamus. Quod ut firmum et stabile permaneat in futurum, presentem cartam sigillorum nostrorum munimine roboravimus.

Actum aput Venables, in plena parrochia, anno Domini M° CC° L° sexto, mense martii.

Orig. en parch. — Arch. de l'Eure, Fonds de Bon-Port, liasse 105, n° 44.

CCXV

Jean Roussel, écuyer, charge Robert d'Alisay de payer aux religieux de Bon-Port 10 sous de rente sur une terre du Thuit-Signol.

(1257, 27 juin.)

Noverint universi, ad quos presentes littere pervenerint, quod ego Johannes, armiger, dictus Roussel, de Becco-Thome, assignavi et attornavi Robertum dictum d'Alisie, de Tuit-Signol, hominem meum ad persolvendos decem solidos annui redditus, monete usualis, Deo et Beate Marie de Bono-Portu et monachis ibidem Domino servientibus, quos dictus Robertus michi annuatim reddebat ad festum Beati Remigii de quadam pecia terre quam de me, jure hereditario, possidebat, sitam in parrochia de Tuit-Signol, inter terram Nicholai d'Alisie, ex una parte, et terram Radulfi Olivier, ex altera; tenendos et habendos predictos decem solidos annui redditus dictis monachis, usque ad spacium sex annorum, termino incipiente, in festo Beati Remigii, anno Domini m° cc° l° septimo, tali condicione quod ego Jehannes Roussel infra dictum terminum debeo emere dictis monachis in suo feodo vel alibi decem solidos annui redditus, secundum quod eisdem melius videbitur expedire, aut persolvere centum solidos turonensium eisdem si malluero ad dictum redditum comparandum. Si vero ita accideret quod ego jamdictus Johannes infra dictum terminum eisdem monachis de predictis decem solidis annui redditus non providerem, vel de centum solidis non satisfacerem, volo et concedo quod dicti monachi habeant ac jure hereditario possideant antedictum redditum in perpetuum absque ulla mei vel heredum meorum reclamatione, salvo jure domini capitalis. Volo eciam quod habeant talem justiciam super dictum hominem qualem in ipsum habeo pro redditu et emenda. In cujus rei testimonium, presentes litteras eisdem monachis tradidi sigilli mei munimine confirmatas.

Actum anno Domini M° CC° L° VII°, mense junii, die mercurii post festum Beati Johannis Baptiste.

Hujus rei sunt testes : Guillelmus de Tuit, miles; Reginaldus Tanquers, miles; Robertus Doulle, de Sancto Petro de Sarqueus; Robertus d'Alisie et plures alii.

Orig. en parch. — Arch. de l'Eure, Fonds de Bon-Port, liasse 76, n° 68.

CCXVI

Louis IX déclare les religieux de Bon-Port quittes et francs de tous péages royaux.

(1257, juillet, à Verneuil.)

Ludovicus, Dei gracia, Francorum rex.

Noverint universi, presentes pariter et futuri, quod nos, divine pietatis intuitu, ob remedium anime nostre et animarum inclite recordationis Ludovici regis, genitoris nostri, et Blanche regine, genitricis nostre, et aliorum antecessorum nostrorum, abbati et conventui Boni-Portus, Cisterciensis ordinis, concessimus ut de rebus suis propriis in usus ipsorum proprios convertendis, in omnibus pedagiis nostris, tam per terram quam per aquam, imperpetuum quitti sint penitus et immunes ab omni pedagio, theloneo et alia quacunque costuma. Quod ut ratum et stabile permaneat in futurum, presentes litteras sigilli nostri fecimus impressione muniri.

Actum Vernolii, anno Domini millesimo ducentesimo quinquagesimo septimo, mense julio.

Bibl. Imp., Cart. de Bon-Port, ch. 55, f° 27.
Impr. Delisle, Cart. normand, p. 110, n° 598.

CCXVII

Alexandre IV décide que les religieux de l'ordre de Cîteaux ne pourront être appelés en jugement que par lettres faisant mention des privilèges dont ils jouissent.

(1257, 2 novembre, à Viterbe.)

ALEXANDER, episcopus, servus servorum Dei, dilectis filiis, abbati Cistercii ejusque coabbatibus et conventibus universis, Cisterciensis ordinis, salutem et apostolicam benedictionem.

Lecta coram nobis universitatis vestre peticio continebat, quod licet ordini vestro a sede apostolica sit indultum, ne per litteras sedis ejusdem conveniri possitis que de ordine vestro non fecerint mentionem, nonnulli tamen ecclesiarum prelati et judices vestris libertatibus invidentes et aliquas litteras sedis predicte ad eos impetrari contigerit in quibus generaliter continetur quod, non obstante aliquo privilegio seu indulgencia, tam exemptis quam non exemptis, cujuscunque ordinis existant a se denominata concessis per que attribute ipsis jurisdictionis explicacio impediri valeat vel differri, et de quibus oportet fieri mentionem in commissis eis negociis per litteras ipsas procedant; in nos juridictionem indebitam vendicare necnon litterarum ipsarum pretextu, nos evocare ad se in judicium non verentur in totius nostri ordinis maximum prejudicium et gravamen. Vestris itaque supplicationibus eo favorabilius annuentes, quo scimus ordinem vestrum esse aliis recte vite speculum et salutifere conversationis exemplum; ut conveniri per hujusmodi litteras non possitis seu ad judicium evocari que non fuerint de dicto ordine et de hac indulgencia mentionem vobis auctoritate presencium indulgemus. Nulli ergo omnino hominum liceat hanc paginam nostre confringere vel ei ausu temerario contra ire.

Si quis autem hoc attemptare presumpserit, indignationem omnipotentis Dei et Beatorum Petri et Pauli, apostolorum ejus, se noverit incursurum.

Datum Viterbii, iiii nonas novembris, pontificatus nostri anno tercio.

Bibl. Imp., Cart. de Bon-Port, ch. 24, f° 19 v°.

CCXVIII

Simon dit Bonnart vend aux religieux de Bon-Port une pièce de terre à Léry.

(1257, 28 décembre.)

Noverint universi, presentes et futuri, quod ego Simon dictus Bonnart, de Lereio, vendidi et concessi et hac presenti carta confirmavi abbati et conventui Beate Marie de Bono-Portu, Cisterciensis ordinis, Ebroicensis diocesis, unam peciam terre, quam habebam apud Lereum, sicuti se proportat in longitudine et latitudine de suo feodo, versus la Quesnee, inter terram dictorum monachorum, ex una parte, et inter terram Johannis filii Ricardi de Gardigneio, ex altera; tenendam et habendam, et jure hereditario possidendam dictis abbati et conventui et eorum successoribus de me et heredibus meis, libere et quiete, bene et in pace, et sine ulla mei vel heredum meorum de cetero reclamatione, salvo jure dominico. Et ego jamdictus Simon et heredes mei a quaque sint parte vel veniant dictis abbati et conventui et eorum successoribus dictam peciam terre contra omnes gentes et in omnibus curiis, ad usus et consuetudines Normannie, deffendere et garantizare tenemur, aut in nostro proprio hereditagio ubicumque sit ad valorem si opus affuerit excambiare. Licebit autem dictis abbati et conventui et eorum successoribus de predicta pecia terre sicut de suo proprio hereditagio suam integre facere voluntatem. Pro ista autem venditione et concessione, dictus abbas et conventus michi dederunt quadraginta solidos turonensium, de quibus......... plenarie extitit satisfactum. Et ut hoc ratum et stabile imperpetuum per...... presentem cartam eisdem tradidi sigilli mei munimine confirmatam.

Actum an........ m° cc° quinquagesimo septimo, in festo Innocentium, mense decembris.

Hujus rei.......... Durandus de Gardingneio; Nicholaus Bonnart; Stephanus Lemanssel; Johannes de Gar........; Nicholaus le Bouchier; Ybertus Bonnart, et plures alii.

Orig. en parch. un peu déchiré. — Arch. de l'Eure, Fonds de Bon-Port, liasse 48, n° 76 bis.

CCXIX

Guillaume de Boes vend à Robert de Bardouville une pièce de vigne à Léry.

(1257, janvier.)

Sciant omnes, presentes et futuri, quod ego dictus de Boes, assensu et voluntate Aalicie, uxoris mee, et omnium meorum heredum, vendidi et concessi et omnino dereliqui Roberto de Bardovilla unam peciam mee vinee, site in parrochia de Lereyo, inter vineam Rogeri Ool, ex una parte, et vineam Baudrici dicti Archidiaconi, ex altera : tenendam et habendam et jure hereditagio imperpetuum possidendam de me et meis heredibus sibi et suis heredibus libere, quiete, et in pace, et sine mei et heredum meorum reclamatione, et ex omni actione mundana que possit et debeat ad manus meas vel ad manus meorum heredum pervenire de cetero. Si dampna vel deperdita evenerint prefato Roberto de Bardovilla vel suis heredibus, ratione vinee prefate, ex mea parte vel heredum meorum, vel ratione Aalicie, uxoris mee, Thomas Ool et heredes ejus predicto Roberto et suis heredibus tenentur garantizare pro predicto Willelmo et suis heredibus et pro Aalicia, uxore sua, valore ad valorem, si opus fuerit, in vinea sua sita in prefata parrochia, juxta vineam prefatam, ex una parte, et vineam Gaufridi Plataine, ex altera, sicut se proportat in latum et longum. Pro hac autem venditione et concessione, predictus Robertus dedit michi centum et duos solidos, de quibus est michi plenarie satisfactum in pecunia numerata. Et ut hoc ratum et stabile imperpetuum permaneat, nos vero prenominati Willelmus et Aalicia, et prefatus Thomas, omnia prescripta, prout superius sunt expressa, juravimus, tactis sacrosanctis ewangeliis, predicto Roberto suis heredibus fideliter observare contra omnes gentes, salvo tamen jure in omnibus dominico, videlicet quatuor solidos et duos capones ad Natale Domini. Et ad majorem confirmationem sigillum prefati Thome, cum testimonio sigillorum nostrorum, presentibus litteris apponi procuravimus.

Datum anno Domini millesimo ducentesimo quinquagesimo septimo, mense januarii.

Testibus hiis : Durando de Garding; Durando Crasso; Gaufrido Plataine; Guillelmo de Becco; Stephano Quatedrario; Hugo *(sic)* Roulant.

<small>Orig. en parch. — Arch. de l'Eure, Fonds de Bon-Port, liasse 48, n° 74.</small>

CCXX

Renaut dit Trousebout, chevalier, donne aux religieux de Bon-Port 10 livres tournois de rente sur son moulin de la Trouseboutière.

(1257, mars.)

Sciant omnes presentes et futuri, quod ego Reginaldus dictus Trousebout, miles, dedi et in puram elemosinam perpetuam concessi, pro salute anime mee, necnon et parentum meorum et omnium antecessorum meorum, et Johanne, uxoris mee, Deo et monasterio Beate Marie Boni-Portus, et religiosis ibidem Deo et Beate Marie famulantibus, decem libras turonensium annui redditus, sitas in molendino meo de la Trousebotiere, quod vocatur Warin; percipiendas et habendas dictis religiosis vel eo mandato, causam habenti ab eis, annis singulis in perpetuum, in dicto molendino, sive in proventibus dicti molendini hiis terminis, videlicet in Nativitate Domini centum solidos, et in Nativitate Beati Johannis Baptiste centum solidos. De quo redditu ordinavi ut in die obitus mei, singulis annis, habeat conventus pittanciam ad minus quadraginta solidorum, libere, quiete et pacifice, sine reclamatione, contradictione, seu impedimento de cetero mei vel heredum meorum. Ita quod iidem religiosi ex nunc de dicto redditu suam omnimodam poterunt facere voluntatem, et insuper licebit eisdem super dictum molendinum plenariam facere justiciam pro dicto redditu habendo annuatim. Preterea ego dictus Reginaldus me et heredes meos specialiter obligavi ad garantizandum dictis religiosis in perpetuum, dictum annuum redditum contra omnes, vel ad excambiandum illum in hereditate mea vel alibi competenter, si illum, aliquo casu contingente, nequiverimus garantizare. In cujus rei testimonium, presentem cartam sigilli mei munimine confirmavi; et ego Johanna, uxor dicti Reginaldi, hanc donationem volui, laudavi et approbavi, et presenti carte, una cum sigillo dicti Reginaldi, mariti mei, sigillum meum ad majorem confirmationem, nulla vi compulsa, apposui; sed posius *(sic)* spontanea voluntate.

Actum anno Domini millesimo ducentesimo quinquagesimo septimo, mense marcio.

<small>Bibl. Imp., Cart. de Bon-Port, ch. 44, f° 32.
Impr. Delisle, Cart. normand, p. 112, n° 600.</small>

CCXXI

Jeanne des Hayes, femme de Renaut Trousebout, chevalier, donne aux religieux de Bon-Port 40 sous de rente.

(1257, mars.)

Sciant omnes presentes et futuri, quod ego Johanna de Haiis, uxor

Reginaldi dicti Trousebout, militis, de assensu et voluntate dicti Reginaldi, mariti mei, dedi et in puram et perpetuam elemosinam concessi, pro salute anime mee, necnon et parentum meorum et antecessorum meorum, et dicti Reginaldi, mariti mei, Deo et monasterio Beate Marie Boni-Portus, et religiosis Deo et Beate Marie ibidem famulantibus, quadraginta solidos annui redditus, ad pittanciam faciendam conventui singulis annis, in die obitus mei, percipiendas a Guillelmo de Bordeni, super totum feodum quod tenet de me in parrochia Sancti Petri de Bosco-Bernardi-Coumin, in festo Sancti Michaelis annuatim percipiendos, et habendos dictis religiosis, vel eorum mandato causam habenti ab eis, annis singulis inperpetuum, a dicto Guillelmo vel heredibus suis, libere, quiete et pacifice, sine reclamatione, contradictione seu impedimento de cetero, mei vel heredum meorum. Ita quod idem religiosi suam ex nunc de dicto redditu facere poterunt omnimodam voluntatem; et insuper licebit eisdem super totam terram quam dictus Guillelmus tenet de feodo meo plenariam facere justitiam, pro dicto redditu habendo annuatim. Preterea ego dicta Johanna, me et heredes meos obligavi specialiter ad garantizandum dictis religiosis dictum annuum redditum contra omnes inperpetuum, vel ad excambiandum illum in hereditate mea vel alibi competenter, si illum, aliquo casu contingente, nequiremus garantizare. In cujus rei testimonium, presentem cartam sigilli mei munimine confirmavi. Et ego Reginaldus, maritus dicte Johanne, hanc donationem volui, laudavi et approbavi, et presenti carte una cum sigillo dicte Johanne, uxoris mee, sigillum meum, ad majorem confirmationem, apponere dignum duxi.

Actum anno Domini millesimo ducentesimo quinquagesimo septimo. mense marcio.

Bibl. Imp., Cart. de Bon-Port, ch. 44, f° 52.
Impr. Delisle, Cart. normand, p. 112, n° 600.

CCXXII

Louis IX confirme les possessions des religieux de Bon-Port.

(1257, avril, à Gisors.)

Ludovicus, Dei gracia, Francorum rex.

Noverint universi, presentes pariter et futuri, quod nos, divini amoris intuitu, et ob remedium anime nostre et animarum inclite recordationis regis Ludovici, genitoris nostri, et clare memorie Blanche regine, genitricis nostre, et aliorum antecessorum nostrorum, monachis de Bono-Portu, Cisterciensis ordinis, domos, terras ac alias possessiones et res suas quascumque, ab eis titulo emptionis seu donationis aut alio quocumque modo rationabiliter acquisitas, quas usque nunc pacifice possederunt, concedimus et auctoritate regia confirmamus, salvo jure in omnibus alieno. Quod ut ratum et stabile permaneat in futurum, presentes litteras sigilli nostri fecimus impressione muniri.

Actum apud Gisorcium, anno Domini millesimo ducentesimo quinquagesimo septimo, mense aprili.

Bibl. Imp., Cart. de Bon-Port, ch. 45, f° 54.
Impr. Delisle, Cart. normand, p. 107, n° 579.

CCXXIII

Aceline Mellouin vend aux religieux de Bon-Port deux parts d'une vergée de terre dans l'île en face de l'église des Dams.

(1258, 25 mars.)

Noverint universi, presentes et futuri, quod ego Acelina, filia Guillelmi

Helloin, vendidi et hac presenti carta confirmavi abbati et conventui Beate Marie de Bono-Portu duas partes cujusdam vergie terre quas habebam, sitas in insula coram monasterio Sancti Petri des Dans, inter terram Matildis, sororis mee, ex una parte, et terram dictorum monachorum, ex altera, pro decem solidis turonensium mihi ab eisdem plenarie satisfactionis, tenendas et jure hereditario possidendas dictis monachis et eorum successoribus de me et heredibus meis, libere et quiete et pacifice, absque ulla mei vel heredum meorum de cetero reclamatione, salvo jure in omnibus capitalium dominorum. Et ego et mei heredes, dictis monachis et eorum successoribus, predictas duas partes meas predicte vergie terre tenemur deffendere et garantizare contra omnes, et in nostro proprio hereditagio, ubicumque sit, excambiare, si opus sit, ad valorem.

Actum anno Domini M° CC° L° VII°, mense marcio, in die Annonciationis Beate Marie Virginis.

Hujus rei sunt testes : Guillelmus Cornart; Johannes Monachus; Silvester Piscionarius; Ricardus Lestore, et plures aliis.

Orig. en parch. — Arch. de l'Eure, Fonds de Bon-Port, liasse 34, n° 6.

CCXXIV

Simon Bonnart donne aux religieux de Bon-Port une demi-acre de terre à Léry.

(1258, avril.)

Notum sit omnibus, presentibus et futuris, quod ego Simon Bonnart, de parrochia Sancti Audoeni de Lereio, dedi et concessi, et omnino dereliqui in puram et perpetuam elemosinam pro salute anime mee, Deo et monasterio Beate Marie Boni-Portus et religiosis Deo et Beate Marie ibidem Deo famulantibus, ad usus porte ejusdem domus, dimidiam acram terre, de feodo dictorum religiosorum, sitam in garenna de Lereio, inter terram

Roberti de Bardouvilla, ex una parte, et terram Durandi Letoupe, ex altera, tenendam et habendam et possidendam dictam dimidiam acram terre in perpetuum a me vel meis heredibus, libere, quiete et pacifice, sine reclamatione, contradictione seu impedimento de cetero mei vel heredum meorum. Ita tamen quod dicti religiosi suam, ex nunc, de dicta terra facere poterunt omnimodam voluntatem. Preterea, ego Symon Bonnart et heredes mei dictis religiosis dictam dimidiam acram terre in perpetuum contra omnes, ad usus et consuetudines Normannie, tenemur defendere et garantizare, vel in propria hereditate nostra, valore ad valorem, si necesse fuerit, excambiare, si dictam terram aliquo casu contingere nequiverimus garantizare. Et ut hoc sit firmum et stabile, presentem cartam sigilli mei munimine roboravi.

Actum anno Domini m° cc° l° viii°, mense aprili.

Orig. en parch. — Arch. de l'Eure, Fonds de Bon-Port, liasse 48, n° 81.

CCXXV

Henri d'Oissel donne aux religieux de Bon-Port 5 sous sur une masure et deux pièces de terre à Léry, et 12 deniers sur une maison à Pont-de-l'Arche.

(1258, 23 mai.)

Noverint universi, tam presentes quam futuri, quod ego Henricus de Oissel, assensu et voluntate Helvisie, uxoris mee, vendidi et concessi et omnino reliqui abbati et conventui Beate Marie de Bono-Portu, quinque solidos annui redditus, monete currentis, sitos videlicet, quatuor solidos in parrochia de Leri super quoddam masagium situm inter masuram Guillelmi Danois, de Ponte-Arche, ex una parte, et feodum abbatisse Sancti Salvatoris Ebroicensis, ex altera, et super duas pecias terre sitas in garanna, quarum una sita est inter terram Guillelmi Le Sage, ex una parte, et terram

Johannis Le Hisdeus, ex altera, quos mihi reddebat annuatim Guillelmus, filius Johannis Luce, scilicet ad festum Sancti Michaelis duos solidos, et ad Purificationem Beate Marie duos solidos, et duodecim denarios apud Pontem-Arche, sitos super quamdam domum sitam inter domum uxoris Ade Anglici defuncti, ex una parte, et domum Gilleberti Belart, ex altera, percipiendos ad Natale Domini, quos Abenia, uxor Aubinet, mihi reddebat : tenendos et habendos dictos quinque solidos dictis abbati et conventui, bene, pacifice et quiete, absque ulla reclamatione de cetero vel contradictione mei vel heredum meorum. Et tenemur, tam ego prefatus Henricus quam mei heredes, predictis religiosis predictum redditum contra omnes garantizare, vel alibi, si necesse fuerit, ad valorem excambiare, maxime et specialiter super domum meam sitam apud Pontem-Arche, inter domum Guillelmi dicti Romme, ex una parte, et domum Guillelmi, filii Roberti Grommet, ex altera, quam non poterimus, tam ego quam heredes mei, vendere vel aliquo modo alienare, absque dictorum religiosorum licentia speciali. Insuper predicta Helvisia, uxor mea, juravit, tactis sacrosanctis evangeliis, spontanea voluntate, non coacta, quod predictos religiosos, vel eorum successores, in aliquo foro tam ecclesiastico quam civili, ratione dotis, vel alia occasione amodo nullatenus molestabit, quin teneatur a die quo fecerit, in viginti solidos turonensium pene dictis monachis persolvendis, si contra eos, ut dictum est, super hoc moverit questionem. Et licebit dictis religiosis et eorum successoribus plenariam exercere justiciam in predictis masagiis et peciis terre, nisi predictus redditus ad predictos terminos fuerit eisdem integre persolutus. Pro hac autem venditione et concessione dederunt mihi et dicte Helvisie, uxori mee, prefati religiosi, triginta et octo solidos turonensium, de quibus tenemus nos in omnibus pro pagatis. In cujus rei testimonium, ad majorem affirmationem predicta Helvisia, uxor mea, sigillum suum una cum sigillo meo presenti carte apponere dignum duxit.

Actum anno Domini m° cc° quinquagesimo octavo, in festo Sancti Desiderii, martiris.

Testibus hiis : Hetart; Galtero de Atrio; Roberto de Maretot; Roberto de Ymara; Gaufrido de Maio; Stephano Le Manssel, de Leri; Henrico Clerico, et pluribus aliis.

Orig. en parch. — Arch. de l'Eure, Fonds de Bon-Port, liasse 48, n° 84 bis.

CCXXVI

Ameline dite Baschac, d'Elbeuf, donne aux religieux de Bon-Port 12 deniers de rente à la Poterie du Bourgtheroulde.

(1258, mai.)

Noverint universi, presentes et futuri, quod ego Amelina dicta Baschac, de Welleboto, dedi et concessi, et hac presenti carta confirmavi, Deo et Beate Marie de Bono-Portu et monachis ibidem Deo servientibus, pro salute anime mee et mariti mei defuncti, et antecessorum nostrorum, duodecim denarios annui redditus monete usualis, quos Simon dictus Mariavala, de Burgo-Teroudi, michi reddere tenebatur de quadam pecia terre, sita apud Poteriam Burgi-Teroudi, inter terram Galteri Alexandri, ex una parte, et terram Honfredi Sireode, ex altera : tenendos et jure hereditario possidendos dictos xii. denarios, annui redditus, dictis monachis et eorum successoribus de me et heredibus meis, libere, pacifice et quiete, absque ulla mei vel heredum meorum de cetero reclamatione, salvis in omnibus jure et redditu capitalium dominorum. Et ego jamdicta Amelina et heredes mei dictis monachis et eorum successoribus dictum redditum in omnibus locis et curiis tenemur garantizare ac deffendere contra omnes, aut in nostro proprio hereditagio, ubicumque fuerit, ad valorem excambium facere, si necessitas id exposcat. Et qui dictam peciam terre jure hereditario possidebit, volo ut predictum redditum dictis monachis annuatim persolvat, videlicet ad festum Beati Michaelis. Licebit autem dictis monachis de predicto redditu suam integre facere voluntatem sicuti de suo proprio hereditagio. Et ut hoc ratum et stabile permaneat, presentem cartam eisdem tradidi sigilli mei munimine confirmatam.

Actum anno Domini m° cc° l° octavo, mense maii.

Hujus rei sunt testes : Hebertus Textor; Ricardus Lautbert, senex; Robertus Lautbertus, juvenis; Johannes de Caucheis; Robertus de Franc, et plures alii.

Orig. en parch. — Arch. de l'Eure, Fonds de Bon-Port, liasse 105, n° 36.

CCXXVII

Jean Gocelin vend aux religieux de Bon-Port une maison à Pont-de-l'Arche.

(1258, juin.)

Noverint universi, tam presentes quam futuri, quod ego Johannes Gocelin, burgensis de Ponte-Arche, assensu et voluntate Matildis, uxoris mee, vendidi et concessi et omnino reliqui, abbati et conventui Beate Marie de Bono-Portu, quamdam domum quam habebam apud Pontem-Arche, sitam inter domum heredum Gileberti Coispel, ex una parte, et domum Galteri de Atrio, ex altera, sicut se proportat a vico ante usque ad murum domini regis retro, reddendo inde singulis annis sex solidos et unum caponem et duos denarios annui redditus, videlicet Petro Computatori et suis heredibus, quatuor solidos et unum caponem, scilicet ad Natale Domini, duos solidos et unum caponem, et ad festum Sancti Johannis Baptiste, duos solidos, et ad dictos terminos leprosarie de Ponte-Arche duos solidos; insuper et domino regi, duos denarios ad festum Sancti Remigii : tenendam et habendam predictam domum predictis religiosis, bene, pacifice et quiete, absque ulla contradictione, vel reclamatione de cetero mei vel heredum meorum, salvo tamen jure predictorum capitalium dominorum. Et licebit dictis religiosis, de predicta domo per predictum redditum suam penitus facere voluntatem, et tenemur, tam predictus Johannes quam heredes mei, dictis religiosis supradictam domum contra omnes garantizare, vel, si necesse fuerit, ad valorem excambiare in meo proprio hereditagio, videlicet super tres pecias terre, quarum una sita est apud Pontem-Arche, inter terram Reginaldi Gocelin, ex una parte, et terram Petri Computatoris, ex altera; et altera sita est in eadem parrochia Pontis-Arche, inter terram Johannis Piquart, ex una parte, et terram Guillermi de Ducler, ex altera; et tercia sita est similiter apud Pontem-Arche, inter terram Radulfi de Valle, ex una parte, et terram heredum Thome le Buegues, ex altera. Insuper super decem solidos turonensium et sex capones annui redditus, quos Robertus Medicus reddidit michi et heredibus meis, pro omnibus que tenet de me. Preterea super duos solidos turonensium annui redditus, quos Asselin Letestu reddit michi et heredibus meis, pro quadam saucheia de insula de Gloriete, quam tenet de me. Siquidem et super dimidiam acram prati, sitam apud Sotevillam, quam habeo ibidem inter pratum Johannis Lefranc, ex una parte, et pratum Germani Ruffi, ex altera; et iterum super duos solidos turonensium annui redditus, quos Johannes Roulant reddit michi et heredibus meis pro domo sua, ita plane quod dicti religiosi super hec omnia supradicta habebunt recursum, si in garantizatione predicte domus cum suis pertinenciis, tam ego quam heredes mei, defecerimus in futurum; et poterunt de omnibus supradictis suam omnino facere voluntatem, sicut de suo proprio, et plenariam exercere justiciam si, ut dictum est, defecerimus in garantizando. Renuntiavimus, tam ego predictus Johannes quam heredes mei, et eciam predicta Matilpdis, uxor mea, super hiis omnibus, omni juri, tam canonico quam civili, et omnibus exceptionibus que possunt vel possent, de cetero, obici contra presentem cartam. Pro hac autem venditione et concessione dederunt predicti religiosi michi, et predicte Matilpde, uxori mee, triginta et quinque libras turonensium pre manibus, de quibus nos tenemus pro pagatis. Quod ut firmum et stabile permaneat in futurum, predicta Matilpdis, uxor mea, ad majorem confirmationem, sigillum suum, una cum sigillo meo, apponere presenti carte dignum duxit.

Actum anno Domini millesimo ducentesimo quinquagesimo octavo, mense junio.

Testibus : Roberto Coispel; Ricardo Mahiel; Stephano Computatore; Petro Computatore; Guillelmo Anglico, et pluribus aliis.

Bibl. Imp., Cart. de Bon-Port, ch. 59, f° 29.
Impr. Delisle, Cart. normand, p. 119, n° 629.

CCXXVIII

Louis IX confirme les donations faites par Renaud dit Trousebout, chevalier, et par Jeanne des Hayes, sa femme, aux religieux de Bon-Port.

(1258, juillet, à Andresy.)

Ludovicus, Dei gracia, Francorum rex.

Noverint universi, presentes pariter et futuri, quod nos litteras Reginaldi dicti Trousebout, militis, vidimus in hec verba :

Sciant omnes, presentes, etc. *(Voir plus haut, n° CCXX, p. 222.)*

Item, alias litteras Johanne de Haiis, uxoris prefati Reginaldi dicti Trousebout, militis, vidimus in hec verba :

Sciant omnes, presentes, etc. *(Voir plus haut, n° CCXXI, p. 223.)*

Nos autem, premissa omnia, prout superius continentur, volumus, concedimus, et auctoritate regia confirmamus, salvo jure in omnibus alieno. Quod ut ratum et stabile permaneat in futurum, presentes litteras sigilli nostri fecimus impressione muniri.

Actum apud Andresiacum, anno Domini millesimo ducentesimo quinquagesimo octavo, mense julio.

Bibl. Imp., Cart. de Bon-Port, ch. 44, f° 52.
Impr. Delisle, Cart. normand, p. 112, n° 600.

CCXXIX

Ambroise, bourgeois de Beaumont-le-Roger, vend à Jean Gocelin tous les droits qu'il avait sur une maison à Pont-de-l'Arche.

(1258, octobre.)

Noverint universi, tam presentes quam futuri, quod ego Ambrosius, burgensis de Bello-Monte-Rogeri, assensu et voluntate Emmeline, uxoris mee, vendidimus et concessimus et omnino dereliquimus Johanni Gocelin, burgensi de Ponte-Arche, omne illud quod habebamus vel habere poteramus in quadam domo quam habebamus apud Pontem-Arche, sitam inter domum heredum Gilleberti Coyspel, ex una parte, et domum Galteri de Atrio, ex altera : tenenda et habenda omnia supradicta dicto Johanni Gocelin et ejus heredibus, libere, et quiete et pacifice ab omnibus, absque ulla contradictione vel reclamatione de cetero nostri vel heredum nostrorum, salvo tamen jure et redditu dominorum capitalium. Pro hac autem venditione et concessione, dictus Johannes Gocelin dedit nobis sexaginta solidos turonensium pre manibus, de quibus nos tenemus penitus pro pagatis. Et ego Ambrosius et Emmelina, uxor mea, et heredes nostri omnia supradicta dicto Johanni Gocelin et ejus heredibus contra omnes, ad usus et consuetudines Normannie, tenemur garantizare, vel, valore ad valorem, in propria hereditate nostra, si necesse fuerit, excambiare. Et ut hoc sit firmum et stabile, presentem cartam munimine sigillorum nostrorum dicto Johanni tradidimus sigillatam.

Datum anno Domini M° CC° quinquagesimo octavo, mense octobri.

Orig. en parch. — Arch. de l'Eure, Fonds de Bon-Port, liasse 63, n° 106.

CCXXX

Guillaume Legras vend aux religieux de Bon-Port une acre de terre à Léry.

(1258, décembre.)

Omnibus Christi fidelibus presentes litteras inspecturis, officialis Ebroicensis salutem in Domino. Noveritis quod constituti coram nobis Guillelmus dictus Le Cras et Margareta, uxor ejus, de parrochia de Leri, recognoverunt se vendidisse abbati et conventui Boni-Portus, pro sex libris turonensium de quibus se tenuerunt pro pagatis coram nobis, renunciantes exceptioni peccunie non numerate, terciam partem unius acre terre, sitam inter terram Thome Legrin, ex una parte, et terram Nicholai Hasart, ex altera : dictis religiosis, pacifice tenendam et perpetuo possidendam et ad ex eisdem voluntatem suam penitus faciendam. Preterea dicti Guillelmus et Margareta, sponte et sine choactione, tactis solemniter sanctis ewangeliis, coram nobis juraverunt quod in dicta terra, nomine hereditagii, dotalicii, elemosine, seu qualibet alia ratione sibi modo competenti, per se, vel per alium, nichil de cetero reclamabunt, nec dictos abbatem et conventum super hoc aliquatenus molestabunt, et quod dictis abbatis et conventui dictam terram contra omnes pro posse suo garantizabunt. Quod ut ratum permaneat, presenti scripto sigillum curie Ebroicensis, ad eorum instanciam duximus apponendum.

Actum anno Domini m° cc° l° octavo, mense decembris. Valete in Domino.

Orig. en parch. — Arch. de l'Eure, Fonds de Bon-Port, liasse 48, n° 85.

CCXXXI

Louis IX donne à ferme perpétuelle aux religieux de Bon-Port dix-neuf charretées de foin, à prendre chaque année dans les prés du Vaudreuil.

(1258, février, à Paris.)

Ludovicus, Dei gracia, Francorum rex.

Noverint universi, presentes pariter et futuri, quod nos abbati et conventui Boni-Portus, Cisterciensis ordinis, ad firmam perpetuam concessimus, pro viginti quinque libris decem solidis turonensium, nobis annuatim in hunc modum solvendis, medietate videlicet ad scacarium Pasche, et alia medietate ad scacarium Beati Michaelis, decem et novem scharreias feni, prout eas percipiebamus in pratis Vallis-Rodolii, medietatem subtrabum praerie Vallis-Rodolii, Hummi, Leriaci et de Loviers, cum medietate logie ibidem, si fuerit, sicut fieri consuevit, et quemdam redditum ibidem percipiendum, qui vulgaliter dicitur les Manseis. Premissa autem eisdem abbati et conventui, sicut dictum est, concessimus, salvo jure in omnibus alieno. Quod ut ratum et stabile permaneat in futurum, presentes litteras sigilli nostri fecimus impressione muniri.

Actum Parisius, anno Domini millesimo ducentesimo quinquagesimo octavo, mense februario.

Bibl. Imp., Cart. de Bon-Port, ch. 58, f° 29.
Impr. Delisle, Cart. normand, p. 114, n° 607.

CCXXXII

Michel Segnar vend aux religieux de Bon-Port une pièce de terre à Léry.

(1258, février.)

Noverint universi, presentes et futuri, quod ego Michael Segnar, de Lereio, vendidi et hac presenti carta confirmavi abbati et conventui Beate Marie de Bono-Portu, Cysterciensis ordinis, quamdam peciam terre quam habebam in parrochia de Lereio, versus Terrepart, sicut se proportat in longitudine et latitudine, inter terram Guilleberti Legren, ex una parte, [et] terram Guillelmi Guerant, ex altera : tenendam et jure hereditario possidendam predictam peciam terre dictis abbati et conventui et eorum successoribus, de me et meis heredibus, liberam et quitam de molta, de campartu et de omnibus aliis redevanciis; et poterunt de dicta pecia terre, tanquam de suo proprio hereditagio, suam integre facere voluntatem. Ego vero jamdictus Michael et mei heredes dictam peciam terre contra omnes gentes et in omnibus locis et curiis defendere et garantizare dictis abbati et conventui tenemur, aut in nostro proprio hereditagio, ubicumque sit, excambiare, si opus affuerit, ad valorem. Pro ista autem venditione dicti abbas et conventus mihi dederunt sexaginta quatuor solidos turonensium de quibus michi pre manibus sattisfecerunt.

Actum anno Domini M° CC° L° VIII°, mense februarii, et hoc totum meo sigillo confirmavi.

Orig. en parch. — *Arch. de l'Eure, Fonds de Bon Port, liasse 48, n° 77.*

CCXXXIII

Gamelin dit Fortin vend à Guillaume dit Danois 7 sous et quatre chapons de rente à Montaure.

(1258, février.)

Notum sit omnibus, tam presentibus quam futuris, quod ego Gamelinus dictus Fortin, de parrochia de Monteaureo, vendidi et concessi et omnino dereliqui Guillelmo dicto Danoys, de Ponte-Arche, septem solidos et quatuor capones annui redditus, quos Guillermus Faber de Haia debebat michi annuatim : scilicet ad festum Sancti Michaelis septem solidos, et ad Nathale Domini quatuor capones, de duabus pechiis terre, sitis apud Le Hogart, boto ad botum, inter terram Romani de Monteaureo quam tenet de Guillelmo dicto Danoys, ex una parte, et terram Martini dicti de Bonnere, ex altera; recipiendos, et jure hereditario possidendos, predictos septem solidos et predictos quatuor capones de redditu predicto Guillelmo Danoys et heredibus suis, ad terminos antedictos, libere, quiete et pacifice, absque ulla de cetero mei vel meorum reclamatione heredum. Pro hac autem hujus redditus venditione et concessione dedit michi predictus Guillelmus Danoys quatuor libras turonensium de quibus michi plenarie satisfecit.... in pecunia numerata. Licebit autem de cetero predicto Guillelmo Danoys et heredibus suis de predicto redditu, ut dictum est, omnem suam penitus facere voluntatem, sicut de suo proprio hereditagio, salvo tamen jure capitalium dominorum, et facere suam plenariam justiciam super predictas duas pechias terre pro redditu suo et emenda, nisi ad predictos terminos persolvetur. Et ego jamdictus Gamelinus et heredes mei predicto Guillelmo Danoys et heredibus suis predictos septem solidos et quatuor capones de redditu contra omnes gentes garantizare debemus, vel alibi, si necesse fuerit, in nostro proprio hereditagio, ubicumque sit, valore ad valorem, excambiare tenemur, et in futuris tenebimur. Et ut hoc firmum et stabile futuris temporibus permaneat, hanc presentem cartam ei feci et sigilli mei munimine roboravi.

Actum anno Domini m° cc° l° octavo, mense februarii.

Testibus hiis : Christophoro Karon; Guillelmo Lebosqueron; Stephano dicto Roussel; Hugone Pie-de-Bois; Ricardo Le Teulier, et pluribus aliis.

Orig. en parch. — Arch. de l'Eure, Fonds de Bon-Port, liasse 17, n° 16.

CCXXXIV

Jean Leblanc vend à Robert Coispel une acre et demie de terre à Sotteville.

(1259, juin.)

Notum sit omnibus, tam presentibus quam futuris, quod ego Johannes Leblanc, de Ymaire, vendidi et concessi et omnino dereliqui Roberto dicto Coispel, de Ponte-Arche, quamdam acram et dimidiam terre cultibilis, sitam in parrochia de Sotevilla, in duabus pechiis, quarum una sita est inter terram Johannis Le Franc, ex una parte, et terram heredum Guillelmi Rossel defuncti, ex altera, abotans ad viam portus de Sotevilla, ex una parte, et alia sita est ad noam du Veel, inter terram Nicholai Lestore, ex una parte, et terram heredum predicti Guillelmi Rossel, ex altera, abotans ad terram Thome de Houlegate, ex una parte, et ad rypam Sequane, ex altera : tenendam et habendam et jure hereditario possidendam predictam acram et dimidiam terre predicto Roberto et heredibus suis libere, quiete et pacifice, absque ulla de cetero mei vel meorum reclamatione heredum. Pro hac autem hujus hereditagii venditione et concessione dedit michi predictus Robertus sexaginta solidos turonensium, de quibus michi plenarie satisfecit in peccunia numerata. Licebit autem de cetero predicto Roberto et heredibus suis de predicta acra et dimidia terre, ut dictum est, omnem suam penitus facere voluntatem, sicut de sua propria hereditate, salvo tamen jure et redditu capitalium dominorum. Et ego jamdictus Johannes Leblanc et heredes mei predicto Roberto et heredibus suis contra omnes gentes garantizare debemus, vel alibi in nostro proprio hereditagio, ubicumque sit, valore ad valorem, excambiare tenemur et in futuris tenebimur. Et ut hoc firmum et stabile futuris temporibus permaneat, hanc presentem cartam predicto Roberto feci, et sigilli mei munimine roboravi.

Actum anno Domini m° cc° l° nono, mense junii.

Testibus hiis : Nicholao Leforthaie; Michaele Carnifice; Nicolao Carnifice; Stephano Computatore; Henrico de Oissel, et pluribus aliis.

<small>Orig. en parch. — Arch. de l'Eure, Fonds de Bon-Port, liasse 68, n° 4.</small>

CCXXXV

Louis IX vidime la vente faite au mois de juin 1258, par Jean Gocelin, aux religieux de Bon-Port, d'une maison à Pont-de-l'Arche.

(1259, août, à Gournai.)

Ludovicus, Dei gratia, Francorum rex.

Noverint universi, presentes et futuri, quod nos litteras Johannis Gocelin, burgensis de Ponte-Arche, vidimus sub hac forma :

Noverint universi, etc. *(Voir plus haut, n° CCXXVII, p. 230.)*

Nos autem predictam vendilionem, prout superius continetur, volumus, concedimus et auctoritate regia confirmamus, retentis nobis in ipsa domo et pertinenciis suis censu nostro et justicia, et salvo jure in omnibus alieno. Quod ut ratum et stabile permaneat in futurum, presentes litteras sigilli nostri fecimus impressione muniri.

Actum apud Gornaium, anno Domini millesimo ducentesimo quinquagesimo nono, mense augusto.

<small>Bibl. Imp., Cart. de Bon-Port, ch. 29, f° 39 r°.
Impr. Delisle, Cart. normand, p. 119, n° 229.</small>

CCXXXVI

Renout de Montot reçoit de Martin Houlart 20 livres tournois en dépôt, pour lesquelles il donne en garantie tous ses biens meubles et immeubles.

(1259, novembre.)

Noverint universi, ad quos presentes littere pervenerint, quod ego Renoudus de Montot recepi de Martino Houlart vingicti libras turonensium in custodia, pro quibus ei obligavi, assensu et voluntate Avicie, uxoris mee, omnia bona mea, mobilia et immobilia, ubicumque sint. Videlicet domum meam, sitam juxta masuram Durandi Le Cras, ex una parte, et domum Matilidis Malingres, ex altera, et aliam domum meam, sitam juxta domum Johannis Malingres, ex una parte, et domum Roberti, nati Tiecie, ex altera, et quandam pechiam terre, sitam juxta terram Nicholai Poulain, ex una parte, et terram Durandi Le Coupe, ex altera, et vingicti quatuor solidos turonensium, annui redditus, videlicet septem solidos super Jacobum Le Batelier, et super Ansquetillum Marquant novem solidos, et super Berenguier, de Cremonville, octo solidos. Ita quod omnia predicta bona tam mobilia quam immobilia non possumus vendere nec alienare, donec de predicta summa pecunie sibi plenarie fuerit satisfactum. Et ut hoc firmum et stabile permaneat, presentibus litteris apposuimus sigillos nostros.

Actum anno Domini M° CC° quinquagesimo nono, mense novembris.

Testibus hiis : Willermo Fabro; Johanne Quetel; Nicholao Mervere; Willermo de Viculo; Willermo Le Cras, et pluribus aliis.

Orig. en parch. — Arch. de l'Eure, Fonds de Bon-Port, liasse 48, n° 91.

CCXXXVII

Matilde Goce vend aux religieux de Bon-Port 4 sous tournois de rente.

(1259, décembre.)

Noverint universi, presentes litteras inspecturi, quod ego Matildis Goce vendidi et concessi et omnino dereliqui abbati et conventui Beate Marie Boni-Portus quatuor solidos turonensium, annui redditus, videlicet ad festum Sancti Michaelis persolvendos, sitos super masnagium meum, scilicet inter masnagium Gilleberti Florie, ex una parte, et masnagium Nicholai Polain, ex altera, aboutizans ad vicum de cheminio, ex una parte, et vineam Maci, ex altera, videlicet ad faciendam pitanciam de dictis quatuor solidis cum aliis, dictis religiosis Boni-Portus, in die obitus magistri Hylarii, tunc temporis rectoris ecclesie Beati Audoeni de Lereio, qui dictum redditum comparavit : tenendos et habendos et jure hereditario possidendos dictos quatuor solidos dictis religiosis de me et meis heredibus, annuatim ad predictum festum persolvendos, libere, quiete et pacifice, absque ulla reclamatione, contradictione, seu impedimento de cetero, mei vel heredum meorum. Ita tamen quod dicti religiosi suam, ex nunc, de predicto redditu facere poterunt omnimodam voluntatem. Et licebit dictis religiosis pro dicto redditu, si necesse fuerit, super totum masnagium meum et super totum tenementum meum, ubicumque fuerit, tam ad villam quam ad campos, plenariam facere justiciam, nisi dictus redditus ad predictum terminum fuerit persolutus. Pro hac autem venditione et concessione dicti religiosi michi dederunt pre manibus xxx. solidos turonensium, de quibus me teneo penitus pro pagato. Et ego Matildis Goce et heredes mei dictis religiosis dictum annuum redditum in perpetuum tenemur garantizare, vel valore ad valorem in propria hereditate nostra, si necesse fuerit, excambiare, si dictum redditum, aliquo casu contingente, nequiverimus garantizare. Et ut hoc sit firmum et stabile, presenti carta sigilli mei munimine roboravi.

Datum anno M° CC° quinquagesimo nono, mense decembris.

Testibus hiis : Roberto Gargate; Willelmo Bertin; Symone Race; Stephano Legreu; Johanne Auberi; Thoma Legreu, clerico; Radulfo de Bosco-Cabot.

Orig. en parch. — Arch. de l'Eure, Fonds de Bon-Port, liasse 48, n° 92.

CCXXXVIII

Nicolas Papel vend aux religieux de Bon-Port 20 sous de rente sur une pièce de terre à Léry.

(1259, décembre.)

Noverint universi, presentes litteras inspecturi, quod ego Nicholaus Papei vendidi et concessi et omnino dereliqui abbati et conventui Beate Marie Boni-Portus viginti solidos turonensium, annui redditus, videlicet ad festum Sancti Michaelis persolvendos, sitos super tres virgatas terre, que site sunt apud l'Ormet, inter terram Guillelmi Havart, ex una parte, et terram heredum Roberti de......... ex altera, aboutantes ad cheminum de Locoveris, videlicet ad faciendam pitanciam de dictis viginti solidis cum aliis, dictis religiosis Boni-Portus, in die obitus magistri Hylarii, tunc temporis rectoris ecclesie Beati Audoeni de Lereio, qui dictum redditum comparavit : tenendos et habendos et jure hereditario possidendos dictos viginti solidos dictis religiosis, de me et meis heredibus annuatim ad predictum festum persolvendos, libere, quiete et pacifice, absque ulla reclamatione, contradictione seu impedimento de cetero mei vel heredum meorum. Ita tamen quod dicti religiosi suam, ex nunc, de predicto redditu facere poterunt omnimodam voluntatem. Et licebit dictis religiosis pro dicto redditu, si necesse fuerit, super tres virgatas terre et super totum tenementum meum, ubicumque fuerit, tam ad villam quam ad campos, plenariam facere justiciam, nisi dictus redditus ad predictum terminum fuerit persolutus. Pro hac autem venditione et concessione dicti religiosi mihi dederunt pre manibus octo libras turonensium, de quibus me teneo penitus pro pagato. Et ego Nicholaus Papei et heredes mei dictis religiosis dictum annuum redditum in perpetuum tenemur garantizare, vel valore ad valorem in propria hereditate nostra, si necesse fuerit, excambiare, si dictum redditum, aliquo casu contingente, nequiverimus garantizare. Et ut hoc sit firmum et stabile, presentem cartam sigilli mei munimine roboravi.

Datum anno Domini M^o CC^o quinquagesimo nono, mense decembris.

Testibus hiis : Roberto Gargate; Willelmo Bertin; Symone Race; Stephano Le Greu; Johanne Auberi; Thoma (Legreu), clerico; Radulfo de Bosco-Cabot.

Orig. en parch. — *Arch. de l'Eure, Fonds de Bon-Port, liasse 48, n° 93.*

CCXXXIX

Amaury du Tait, chevalier, confirme la donation de 10 sous de rente faite aux religieux de Bon-Port par Jean Roussel, écuyer.

(1259, mars)

Notum sit omnibus, presentibus et futuris, quod ego Amauricus de Tuito, miles, concessi ac eciam confirmavi, abbati et conventui Boni-Portus, decem solidos annui redditus, sitos in meo feodo, apud Tuitum-Signol, quos Johannes dictus Roussel, armiger, eisdem pro salute anime sue et antecessorum concessit suorum, sitos super quamdam peciam terre, quam Robertus de Aliseio tenet jure hereditagii. Concedo eciam et confirmo eisdem monachis quemdam caponem, quem dictus Robertus de Aliseio michi reddebat annuatim ad Natale de predicta pecia terre, cum omni justicia et redevanciis et relevamento et hommagio et forefactura et omnibus aliis exigenciis que possent ad manum meam amodo pervenire. Hec autem omnia supradicta ego dictus Amauricus, miles, dictis abbati et conventui deffendam et garantizabo in omnibus locis et curiis, cum meis expensis, in quantum potero et debebo. Et si dicti abbas et conventus super dictum redditum vel dominium molesti essent, vel citati, vel eciam fatigati ab alio domino et non possem eos deffendere et deliberare, ego eisdem redderem omnia dampna et deperdita que occasione hujusmodi sustinerent, et crederem solummodo dicto eorum super dampnis et deperditis absque alia probatione eorumdem. Item redderem eisdem viginti quinque solidos turonensium, quos dicti abbas et conventus michi dederunt pro confirmatione ista eisdem concedenda. Et super hiis omnibus supradictis meos heredes, in quantum possum, obligo et relinquo obligatos in perpetuum eisdem ad omnia supradicta in perpetuum observanda. In cujus rei testimonium, presenti scripto sigillum meum apponere dignum duxi.

Actum anno Domini M° CC° L° IX°, mense marcii.

Orig. en parch. — Arch. de l'Eure, Fonds de Bon-Port, liasse 76, n° 69.

CCXL

Jean Aubry vend aux religieux de Bon-Port 5 sous de rente sur ses biens près de Léry.

(1259, mars, à Léry.)

Sciant omnes, tam presentes quam futuri, quod ego Johannes Auberi, de Lereio, vendidi et concessi et omnino reliqui abbati et conventui Beate Marie Boni-Portus quinque solidos annui redditus, ad festum Sancti Michaelis, singulis annis persolvendos, ad faciendam supradicto conventui pictanciam cum aliis annui redditus denariis, in die obitus magistri Hylarii, tunc temporis rectoris ecclesie Beati Audoeni de Lereio, qui pro salute anime sue ad comparandum predictis religiosis redditum pecuniam numeratam dedit : percipiendos super totum masagium meum, situm aput Leri, inter masagium Rogeri Le Hydeus, ex una parte, et vicum de Torch..... ex altera, abotant ad vineam Roce et ad vicum qui ducit ad chiminum : tenendos et habendos dictis religiosis bene, pacifice et quiete, absque reclamatione vel contradictione de cetero mei vel heredum meorum. Et licebit dictis religiosis de predicto redditu suam omnino facere voluntatem, et plenariam exercere justiciam super totam hereditatem meam, ubicumque sit, nisi predictus redditus ad prefatum terminum fuerit eisdem integre persolutus. Et tenemur, tam ego predictus Johannes quam heredes mei, predictum redditum dictis religiosis contra omnes garantizare, vel ad valorem excambiare. Insuper renunciavi, tam ego predictus Johannes quam heredes mei, super hoc omni juri, tam canonico quam civili, omni appellationi, fori, doli et omnibus exceptionibus que possunt vel possent de cetero obici contra presens instrumentum. Pro hac autem venditione et concessione dederunt mihi religiosi pre manibus quadraginta solidos turonensium, de quibus me teneo pro pagato. Quod ut firmum et stabile permaneat, presentem cartam sigilli mei munimine roboravi.

Actum in plena parrochia aput Leri, anno Domini m° cc° l° nono, mense martio.

Testibus hiis : Gaufrido Auberi ; Galtero Legreu ; Thoma Legreu, clerico ; Radulpho Textore ; Gilleberto Legreu ; Stephano, et pluribus aliis.

Orig. en parch. — Arch. de l'Eure, Fonds de Bon-Port, liasse 48, n° 88.

CCXLI

Gilbert Florie vend aux religieux de Bon-Port 6 sous de rente sur une pièce de vigne.

(1259.....)

Noverint universi, presentes litteras inspecturi, quod ego Gillebertus

Florie vendidi et concessi, et omnino dereliqui, abbati et conventui Beate Marie Boni-Portus, sex solidos turonensium annui redditus, videlicet ad festum Sancti Egidii persolvendos, sitos super quandam pechiam vinee, videlicet, inter vineam Rogeri Bollie, ex una parte et vineam Johannis Boterel, ex altera, aboutantem ad Campos-Marius in uno capite, et ad vineam Nicholai Papei, in alio, videlicet ad faciendam pitanciam de dictis solidis sex cum aliis, dictis religiosis Boni-Portus in die obitus magistri Hylarii, tunc temporis rectoris ecclesie Beati Audoeni de Lereio, qui dictum redditum pro salute anime operavit : tenendos et habendos, et jure hereditario possidendos dictos sex solidos dictis religiosis de me et meis heredibus, annuatim, ad festum Sancti Egidii persolvendos, libere, quiete et pacifice, absque ulla reclamatione, contradictione seu impedimento de cetero mei vel heredum meorum. Ita tamen quod dicti religiosi suam ex nunc de predicto redditu facere poterunt omnimodam voluntatem. Et licebit dictis religiosis pro dicto redditu, si necesse fuerit, super dictam pechiam vinee et super totum tenementum meum, ubicumque fuerit, tam ad villam quam ad campos, plenariam facere justiciam, nisi dictus redditus ad predictum terminum fuerit persolutus. Pro hac autem venditione et concessione dicti religiosi michi dederunt pre manibus quadraginta et quinque solidos turonensium, de quibus me teneo penitus pro pagato. Et ego Gillebertus Florie et heredes mei dictis religiosis dictum annuum redditum in perpetuum tenemur garantizare, vel, valore ad valorem, in propria hereditate excambiare, si dictum redditum, aliquo casu contingente, nequiverimus garantizare. Et ut hoc sit firmum et stabile, presentem cartam sigilli mei munimine roboravi.

Datum anno Domini m° cc° quinquagesimo nono, mense............

Testibus hiis : Nicholao, filio Herberti; Stephano Legreu; Gilleberto Legreu; Radulfo Textore; Thoma Legreu, clerico.

Orig. en parch., un peu attaqué par l'humidité. — Arch. de l'Eure, Fonds de Bon-Port, liasse 48. n° 89.

CCXLII

Roger dit Simon, d'Ymaie, vend à Abraham, bourgeois du Pont-de-l'Arche, 3 sous 4 deniers de rente, à Ymaie.

(1260, avril.)

Notum sit omnibus, presentibus et futuris, quod ego Rogerus dictus Symon, de Ymaie, de parrochia Sancti Petri de Ygovilla, assensu et voluntate Emmeline, uxoris mee, vendidi et concessi et omnino dereliqui Abraham, burgensi de Ponte-Arche, tres solidos et quatuor denarios annui redditus ad festum Sancti Michaelis persolvendos, sitos super quamdam cameram quam habebam apud Ymaie, de maritagio Emmeline, uxoris mee, quos tres solidos et quatuor denarios Girardus Le Petit ad dictum festum michi annuatim persolvebat; que camera sita est inter domum dicti Girardi, ex una parte, et terram Guillelmi Leblanc, ex altera : tenendos et habendos, et jure hereditario possidendos, dictos tres solidos et quatuor denarios annui redditus dicto Abraham et ejus heredibus, de me et meis heredibus, libere, quiete et pacifice, ab omnibus absque ulla reclamatione vel contradiccione de cetero mei vel heredum meorum, salvo jure et redditu domini capitalis. Pro hac autem venditione et concessione dictus Abraham dedit michi pre manibus sexdecim solidos turonensium, de quibus me teneo penitus pro pagato. Et licebit dicto Abraham de dicto redditu sicuti de suo proprio hereditagio plenariam facere voluntatem. Et si aliquo casu contingente, ab aliquo vel ab aliquibus, aliquod impedimentum possit evenire dicto Abraham vel suis heredibus, ego dictus Rogerus vel heredes mei dampna et deperdita integre tenebimur restaurare. Et ego Rogerus dictus Symon et heredes mei dicto Abraham vel ejus heredibus dictum redditum, ad usus et consuetudines Normannie, contra omnes tenemur defendere et garantizare, vel valore ad valorem, in propria hereditate nostra, si necesse fuerit, excambiare. Et ego jamdicta Emmelina, uxor dicti Rogeri, spontanea voluntate, non coacta, juravi, tactis sacrosanctis ewangeliis, ratione dotis vel maritagii mei impediti in dicta camera, vel redditu, nichil amodo reclamabo, nec per alium faciam dictam venditionem in posterum impedire. Et ut hoc sit firmum et stabile, presentem cartam sigilli mei, una cum sigillo dicti Rogeri, mariti mei, munimine roboravi.

Datum anno Domini m° cc° sexagesimo, mense aprilis.

Testibus hiis : Johanne Sapiente ; Ricardo Hybert ; Petro Vilain ; Girardo Parvo, et pluribus aliis.

Orig. en parch. — Arch. de l'Eure, Fonds de Bon-Port, liasse 67, n° 18.

CCXLIII

Robert Basire vend à Guillaume Danois 15 sous de rente, à Léry.

(1260, avril.)

Notum sit omnibus, tam presentibus quam futuris, quod ego Robertus dictus Basire, de parrochia de Leri, vendidi et concessi et omnino dereliqui Guillelmo dicto Daneis, de Ponte-Arche, quindecim solidos annui redditus, sitos super quamdam pechiam terre mee, sitam in parrochia de Leri, inter terram predicti Guillelmi Daneis, ex una parte, et terram Guilleberti Florie, ex altera, sicut se proportat in longum et in latum : percipiendos et habendos, et jure hereditario possidendos, predictos quindecim solidos de redditu, predicto Guillelmo Daneis et heredibus suis, singulis annis, ad festum Sancti Michaelis, libere, quiete et pacifice, absque ulla de cetero mei vel meorum reclamatione heredum. Pro hac autem hujus redditus venditione et concessione, dedit michi predictus Guillelmus Danoys sex libras turonensium, de quibus michi plenarie satisfecit. Licebit et de cetero predicto Guillelmo Danoys et heredibus suis de predicto redditu, ut dictum est, omnem suam penitus facere voluntatem, sicut de sua propria hereditate, salvo tamen jure dominico, et suam plenariam justiciam exercere super predictam pechiam terre, ut dictum est, pro redditu suo, et emenda, nisi ad predictum festum persolveretur. Et ego jamdictus Robertus Basire et heredes mei predicto Guillelmo Danoys et heredibus suis predictos quindecim solidos de redditu contra omnes gentes garantizare debemus, vel alibi, si necesse fuerit, in nostro proprio hereditagio, ubicumque sit, valore ad valorem excambiare tenemur, et in futuris tenebimur. Et quod hoc firmum et stabile futuris temporibus permaneat, hanc presentem cartam ei feci, et sigilli mei munimine roboravi.

Actum anno Domini m° cc° sexagesimo, mense aprilis.

Testibus hiis : Benedicto, filio Rasce; Stephano Randart; Guillelmo le Costurier; Ricardo Flote; Roberto Varegnier, et pluribus aliis.

Orig. en parch. — Arch. de l'Eure, Fonds de Bon-Port, liasse 48, n° 26.

CCXLIV

Etienne Leforestier vend à Thomas Duval 2 sous de rente sur une île de la Seine, nommée Merderel.

(1260, juin.)

Notum sit omnibus, tam presentibus quam futuris, quod ego Stephanus Forestarius, de Ymaie, vendidi et concessi et omnino dereliqui Thome de Valle, de eadem villa, duos solidos annui redditus, sitos, scilicet super terciam partem meam de insula de Merderel, in Sequana : percipiendos et habendos et jure hereditario possidendos, predictos duos solidos de redditu, predicto Thome et heredibus suis, de me et heredibus meis, singulis annis, ad duos terminos, videlicet ad festum Sancti Johannis Baptiste duodecim denarios, et ad festum Sancti Michaelis duodecim denarios, monete currentis.

libere et quiete et pacifice, absque ulla de cetero mei vel meorum reclamatione heredum. Pro hac autem hujus redditus venditionis et concessionis dedit michi predictus Thomas tredecim solidos turonensium, de quibus michi plenarie satisfecit. Licebit etiam de cetero predicto Thome et heredibus suis de predicto redditu, ut dictum est, omnem suam penitus facere voluntatem, sicut de sua propria hereditate, salvo tamen jure et redditu capitalium dominorum, et suam plenariam justiciam exercere super dictam insulam, scilicet super partem meam, pro redditu suo et emenda, nisi ad predictos terminos persolvetur. Et ego jamdictus Stephanus et heredes mei predicto Thome et heredibus suis, predictos duos solidos de redditu, ut dictum est, contra omnes garantizare debemus, vel alibi, si necesse fuerit, valore ad valorem, excambiare tenemur et in futuris tenebimur. Et quod hoc firmum et stabile futuris temporibus permaneat, hanc presentem cartam ei feci, et sigilli mei munimine roboravi.

Actum anno Domini M° CC° LX°, mense junii.

Testibus hiis : Guillelmo Cornart; Johanne Monacho; Symone dicto Quesne; Ascelino Letestu; Jehanne Le Forestier, et pluribus aliis.

Orig. en parch. — Arch. de l'Eure, Fonds de Bon-Port, liasse 67, n° 19.

CCXLV

Rosce la Mignote vend aux religieux de Bon-Port 2 sous de rente à Saint-Pierre-du-Vauvray.

(1260, juin.)

Noverint universi quod ego Rosce La Mignote, de parrochia Sancti Petri de Gavrai, vendidi et concessi abbati et monachis Beate Marie de Bono-Portu duos solidos turonensium annui redditus, habendos et percipiendos annuatim, ad festum Sancti Michaelis, super unam acram terre, sitam in valle Presie, juxta terram Radulfi de Quercu, ex una parte, et terram Petri de Quercu, ex altera : tenendos et habendos predictis monachis predictos duos solidos turonensium annui redditus, libere et quiete, sine reclamatione et sine molestatione de cetero mei vel heredum meorum. Et sciendum est quod predicti monachi possunt et poterunt super predictam acram terre, quociens eis necesse fuerit, pro predictis duobus solidis turonensium, nisi integre ad prenominatum terminum fuerint persoluti, plenariam justiciam suam exercere. Et ego predicta Rosce et heredes mei debemus et tenemur predictis monachis predictos duos solidos turonensium annui redditus garantizare et defendere, et deliberare, ad usus et consuetudines Normannie, contra omnes gentes, vel alibi, si necesse fuerit, in feodo nostro, ubicumque poterit inveniri, competenter excambiare. Et si contigerit quod predicti monachi cartam, super jamdicta venditione sigillatam, perdiderint, ego et heredes mei solo dictu ipsorum, sine alia probatione, debemus et tenemur eisdem aliam renovare. Pro hac autem venditione et concessione, predicti monachi dederunt michi decem solidos turonensium pro omnibus rebus, de quibus me teneo jam penitus pro pagata. Ad cujus rei testimonium, hanc presentem cartam tradidi eisdem sigilli mei munimine roboratam.

Actum anno Domini M° CC° sexagesimo, mense jun...., coram parrochia Sancti Petri de Gavrei.

Orig. en parch., un peu détérioré. — Arch. de l'Eure, Fonds de Bon-Port, liasse 57, n° 9.

CCXLVI

Alix Cesne donne aux religieux de Bon-Port 12 deniers de rente à Montaure.

(1260, novembre.)

Notum sit omnibus, tam presentibus quam futuris, quod ego Aelicia, filia Cesne, dedi, et concessi, et omnino reliqui Deo et Beate Marie de Bono-Portu et monachis ibidem Deo servientibus, in puram et perpetuam elemosinam, pro salute anime mee et omnium antecessorum meorum, duodecim [denarios] annui redditus, monete currentis, percipiendos, singulis annis, ad festum omnium Sanctorum, super dimidiam acram terre, sitam in parrochia Beate Marie de Monteaureo, inter terram Ricardi Pouquedeu, ex una parte, et terram Guillelmi Leblanc, ex altera : tenendos et habendos et jure hereditario possidendos, dictos duodecim denarios, dictis religiosis et eorum successoribus, bene, pacifice et quiete, absque ulla reclamatione vel contradictione, de cetero mei vel heredum meorum. Et licebit dictis religiosis, de predicto redditu, suam omnino facere voluntatem, et plenariam exercere justiciam super dictam dimidiam acram terre, nisi predictus redditus ad terminum prefatum fuerit integre persolutus, salvo tamen in omnibus jure alieno. Et tenemur, tam ego predicta Aelicia quam heredes mei, predictum redditum predictis religiosis contra omnes garantizare vel alibi, si necesse fuerit, excambiare. Quod ut firmum et stabile permaneat, presentem cartam sigilli mei munimine roboravi.

Actum anno Domini M° CC° LX°, mense novembris.

Orig. en parch., endommagé. — Arch. de l'Eure, Fonds de Bon-Port, liasse 17, n° 22.

CCXLVII

Robert, fils de Richard, vend aux religieux de Bon-Port 20 sous de rente, à Léry.

(1260, mars.)

Sciant omnes, presentes et futuri, quod ego Robertus, filius Ricardi, de parrochia de Leri, tunc temporis, assensu et voluntate Johannis, filii mei, vendidi et concessi viris religiosis, abbati et conventui Boni-Portus, Cisterciensis ordinis, ad usus porte ejusdem domus, viginti solidos annui redditus, sitos in dicta parrochia de Leri, super unam vineam, sitam inter vineam Ameline La Bourgoise, ex una parte, et vineam Nicholai Godart, ex altera, sicut se proportat longitudine et latitudine a vico nemoris, per ante, usque ad vineam Gaufridi dicti Capon, per retro : tenendos et habendos, dictos viginti solidos dictis religiosis libere, quiete et pacifice, de me et heredibus meis, imperpetuum et absque ulla mei vel heredum meorum de cetero reclamatione; percipiendos singulis annis dictos viginti solidos, ad festum omnium Sanctorum, antedictis religiosis vel eorum certo mandato. Et licebit sepedictis religiosis de predictis viginti solidis suam omnino facere voluntatem sicut de suo proprio, et super antedictam vineam suam plenariam exercere justiciam, pro dicto redditu habendo cum emenda. Et tenemur, tam ego dictus Robertus quam heredes mei, dictis religiosis sepedictum redditum contra omnes garantizare, vel alibi, si necesse fuerit, valore ad valorem in propria hereditate nostra excambiare. Ita tamen promittentes bona fide quod super predictam vineam aliud redditum superaddere non poterimus, nec dictam vineam vendere vel alienare, nisi per voluntatem et preceptum dictorum religiosorum. Et si dampna et deperdita dicti religiosi vel gravamen, ratione hujus venditionis, sustinerent teneremur, tam ego dictus Robertus quam heredes mei, eisdem restituere et soli sermoni eorumdem credere sine alterius probatione. Et si carta ista igne vel aqua pejorata vel perdita fuerit, ad voluntatem et petitionem dictorum abbatis et conventus, vel eorumdem mandato, semper renovare et equivalentem facere, et soli sermoni eorum, ut dictum, credere sine probatione alterius. Hec..... et singula, prout superius sunt expressa in singulis articulis, ego dictus Robertus me obligo, et heredes meos in posterum relinquo obligatos. Pro hac autem venditione et concessione dederunt michi in pecunia numerata, dicti religiosi, octo libras et decem solidos turonensium, de quibus ad plenum mihi satisfecerunt. Quod ut firmum et stabile permaneat, futuris temporibus presentem cartam sigilli mei una cum sigillo Johannis, filii mei, ad majorem confirmationem munimine roboravimus.

Actum anno Domini M° CC° LX°, mense martio.

Testibus hiis : Guillelmo .... Benedicto Race; .... Race; Matheo Garenne; Nicholao Godart, et pluribus aliis.

<small>*Orig. en parch., détérioré en quelques endroits par l'humidité.* — Arch. de l'Eure, Fonds de Bon-Port, liasse 48, n° 94.</small>

CCXLVIII

Etienne dit le Galois, des Damps, vend à Guillaume Danois une pièce de terre à Léry.

(1260, mars.)

Notum sit omnibus, tam presentibus quam futuris, quod ego Stephanus. dictus Le Waleis, des Dans, vendidi et concessi et omnino dereliqui Guillelmo dicto Danoys, de Ponte-Arche, quamdam pechiam terre, sitam apud les Pestis, inter terram predicti Guillelmi, ex una parte, et terram Johannis Potentis et Stephani dicti Creste, ex altera, abotantem ad Pestis, ex una parte, et ad aquam Eure, ex altera, pro triginta solidis turonensium de quibus mihi plenarie satisfecit : tenendam et habendam et jure hereditario possidendam predictam pechiam terre predicto Guillelmo Danoys et heredibus suis, libere et quiete et pacifice, absque ulla de cetero mei vel meorum reclamatione heredum. Licebit autem de cetero predicto Guillelmo Danoys et heredibus suis de predicta pechia terre, ut dictum est, omnem suam penitus facere voluntatem, sicut de sua propria hereditate, salvo tamen jure et redditu capitalium dominorum. Et ego jamdictus Stephanus, et Le Waleis et heredes mei predicto Guillelmo Danoys et heredibus suis predictam pechiam terre, ut dictum est superius, contra omnes gentes garantizare debemus, vel alibi, si necesse fuerit, in nostro proprio hereditagio, ubicumque sit, valore ad valorem, excambiare tenemur, et in futuris temporibus tenebimur. Et quod hoc firmum et stabile futuris temporibus permaneat, hanc presentem cartam eidem Guillelmo feci, et sigilli mei munimine roboravi.

Actum anno Domini m° cc° sexagesimo, mense martio.

Testibus hiis : Silvestro des Dans; Roberto de Gamachiis; Gaufrido dicto Heudoin; Johanne dicto Chauce; Viviano des Dans, et pluribus aliis.

Orig. en parch. — Arch. de l'Eure, Fonds de Bon-Port, liasse 48, n° 95.

CCXLIX

Robert le Sueur, de Léry, vend aux religieux de Bon-Port 4 sous 6 deniers de rente.

(1260, mars.)

Noverint universi, presentes pariter et futuri, quod ego Robertus Sutor, de Lereio, vendidi et concessi et hac presenti carta confirmavi viris religiosis, abbati et conventui Boni-Portus, quatuor solidos et sex denarios, annui redditus, quos dicti religiosi michi reddebant annuatim, videlicet de vinea Basquet : tenendos et jure hereditario possidendos predictos iiii. solidos et vi. denarios dictis religiosis et eorum successoribus de me et heredibus meis, libere, pacifice et quiete, salvo jure domini capitalis, sine aliquo impedimento vel contradicto de cetero mei vel heredum meorum. Et licebit dictis religiosis et eorum successoribus de predictis iiii. solidis et vi. denariis, annui redditus, sicuti de suo proprio hereditagio suam penitus facere voluntatem. Et ego jamdictus Robertus Sutor et heredes mei, a quacumque parte sint vel veniant, predictos iiii. solidos et vi. denarios annui redditus, dictis religiosis et eorum successoribus, ad usus et consuetudines Normannie, in omnibus locis et curiis garantizare tenemur, ac defendere contra omnes, aut in nostro proprio hereditagio excambiare, si opus affuerit, ad valorem, et specialiter in quodam meo masagio sito in dicta parrochia, inter masagium Bardouville, ex una parte, et cimiterium Sancti Patricii, ex altera; quod eciam masagium ego dictus Robertus vel mei heredes non poterimus vendere, invadiare, vel in alia manu ponere, nisi de dictorum religiosorum licencia speciali. Et si ita accideret quod dicti religiosi aliqua dampna vel deperdita sustinerent occasione istius venditionis, ego vel mei heredes eisdem restaurare tenemur solo dictu ipsorum, sine alia probatione, et in hoc me obligo in quantum possum, meos heredes relinquo obligatos. Pro ista venditione, dicti religiosi michi dederunt triginta et quinque solidos turonensium, de quibus me teneo pro pagato. In cujus rei testimonium, presentem cartam eisdem tradidi sigilli mei munimine confirmatam.

Actum anno Domini m° cc° sexagesimo, mense marcii.

Hujus rei sunt testes : Arnoldus de Montot; Durandus de Garding; Nicholaus Carnifex; Robertus Malet, et plures alii.

Orig. en parch. — Arch. de l'Eure, Fonds de Bon-Port, liasse 48, n° 96.

CCL

Robert le Cortois vend aux religieux de Bon-Port une pièce de terre à Criquebeuf.

(1261, janvier.)

Notum sit omnibus, tam presentibus quam futuris, quod ego Robertus dictus Le Cortois, de parrochia de Crikebuef super Secanam, vendidi, concessi et omnino dereliqui viris religiosis, abbati et conventui Beate Marie Boni-Portus, Cysterciensis ordinis, unam pechiam terre quam habebam in parrochia supradicta, sitam inter terram Guillelmi Beignart, ex una parte, et terram Gilleberti Maillart, ex altera, sitam in valle Vine. Pro hac autem venditione tenenda et habenda ac in perpetuum possidenda, dicti religiosi michi quadraginta solidos turonenses dederunt, de quibus me teneo pro pagato. Tenendum et habendum et futuris temporibus possidendum dictis religiosis et successoribus eorumdem, ad usus porte ejusdem domus, libere, quiete et absolute ab omni exactione et redditu, absque ulla reclamatione mei vel heredum meorum de cetero, salvo tamen jure capitalium dominorum. Tali conditione quod ego prenominatus Robertus et heredes mei dictis religiosis et successoribus suis dictam terram, sicut se proportat in longo et latu, contra omnes gentes, ad usus et consuetudines Normannie, tenemur garantizare, vel in nostra propria hereditate melius apparenti, ubicumque fuerit, valore ad valorem excambiare. Et ut hec venditio in futurum firma et stabilis teneatur, presentem cartam sigilli mei testimonio roboravi.

Actum anno Dominice Incarnationis m° cc° sexagesimo primo, mense januario.

Testibus hiis : Guillelmo Anglico; Petro Gibet; Jacobo Goupill; Rogero de Sartrino; Galtero Anglico, et pluribus aliis.

<small>Orig. en parch. — Arch. de l'Eure, Fonds de Bon-Port, liasse 6, n° 1 ter.</small>

CCLI

Guilbert Pouquedeu donne en garantie à Richard Anquelle 2 pièces de terre à Montaure.

(1261, janvier.)

[Sci]ant omnes presentes et futuri quod Guillebertus Pouquedeu assignavi Ricardum [dic]tum Anquelle supra duas pecias mee terre, quas habeo in parrochia Beate Marie.......... Monte-Aureo, ita tamen quod non possum predictas duas pecias terre, vendere.......... alienare, nec extra manum meam ponere, nisi per preceptum dicti Ricardi Anquelle... .... mandati, donec possim eidem Ricardo, vel ejus mandato, deffend................tizare contra omnes gentes terram illam quam eidem Ricardo vendidi........... Quam peciam terre predictarum, prima sita est inter queminum, ex una parte, et terram Fulconis Pouquedeu, fratris mei, ex altera. Alia sita est inter terram Ade ....tuilier, ex una parte, et terram Gaufridi Le Biscauf, ex altera. In cujus rei testimonium, ego dictus Guillebertus has presentes litteras sigilli mei munimine roboravi.

Actum anno Domini m° cc° lx° primo, mense januarii.

Hiis testibus : Gaufrido Le Biscauf; Ricardo Michiel; Ricardo Fainel; Galtero as Parisis; Hugone Pie-de-Bois, et pluribus aliis.

<small>Orig. en parch., endommagé.— Arch. de l'Eure, Fonds de Bon-Port, liasse 17, n° 23 bis.</small>

CCLII

Thomas Lebegue vend à Henri d'Oissel 3 sous 3 deniers de rente à Ymaie.

(1262, mai.)

Notum sit omnibus, tam presentibus quam futuris, quod ego Thomas dictus le Begues, de Ymaie, vendidi et concessi et omnino dereliqui Henrico de Oissel, de Ponte-Arche, tres solidos et tres denarios annui redditus, quos Petrus Faber, de Ymaie, debebat michi singulis annis ad duos terminos, videlicet viginti et unum denarium ad festum Sancti Michaelis et decem et octo denarios ad Pascha Domini, de quadam masura cum edificiis, sita apud Ymaie, inter masuram Balduini dicti Basire, ex una parte, et domum heredum Radulfi Fabri deffuncti, ex altera, pro viginti solidis turonensium, de quibus michi plenarie satisfecit in pecunia numerata : percipiendos et habendos et jure hereditario possidendos predictos tres solidos et tres denarios de redditu predicto Henrico et heredibus suis, singulis annis ad terminos antedictos, libere, quiete et pacifice, absque ulla de cetero mei vel meorum reclamatione heredum. Licebit autem de cetero predicto Henrico et heredibus suis de predicto redditu, ut dictum est superius, omnem suam penitus facere voluntatem, sicut de sua propria hereditate, salvo tamen jure et redditu dominico. Et licebit etiam de cetero eidem Henrico et heredibus suis suam plenarie justiciam exercere super predictam masuram cum edificiis, ut dictum est, pro redditu suo et emenda, nisi ad predictos terminos persolvetur. Et ego jamdictus Thomas le Begues et heredes mei predicto Henrico de Oissel et heredibus suis predictos tres solidos et tres denarios de redditu, ut dictum est superius, contra omnes gentes garantizare debemus, vel alibi, si necesse fuerit, in nostro proprio hereditagio, ubicumque sit, valore ad valorem excambiare tenemur et in futuris tenebimur. Et quod hoc ratum et stabile futuris temporibus permaneat, hanc presentem cartam eidem Henrico feci, et sigilli mei munimine [roboravi].

Actum anno Domini m° cc° lx° secundo, mense maio.

Testibus hiis : Guillelmo dicto Cornart; Gaufrido................. Basire; Johanne dicto Maridort, et pluribus aliis.

Orig. en parch., détérioré dans sa partie inférieure. — Arch. de l'Eure, Fonds de Bon-Port, liasse 67, n° 20.

CCLIII

Thomas de Houlegate vend aux religieux de Bon-Port une vergée et demie de pré à Sotteville.

(1262, 28 octobre.)

Notum sit omnibus, tam presentibus quam futuris, quod ego Thomas de Houlegate, de parrochia Sancti Baudelici de Sothevilla, tunctemporis, vendidi, concessi, ac penitus dimisi viris religiosis, abbati et conventui Boni-Portus, ad usus porte, unam virgatam et dimidiam prati cum tota saliceia ibidem existente, sitas in dicta parrochia, inter pratum Simonis Borguegnon, ex una parte, et pratum Roberti de Vico, ex alia, sicut se proportant in longo et in latu : tenendas et habendas et in perpetuum possidendas dictis religiosis et eorum successoribus libere, quiete et absolute ab omnibus, absque ulla mei vel heredum meorum de cetero reclamatione; et sciendum quod ego Thomas et heredes mei dictis religiosis et eorum successoribus dictum pratum cum dicta saliceia tenemur contra omnes ad usus Normannie garantizare, vel alibi in nostra propria hereditate ad valorem exchambiare, et dampna sua et deperdita, si ratione hujus vendicionis aliqua sustinuerint, plenarie resarcire et soli verbo eorum credere sine alterius probatione, ad hec omnia me obligo et meos heredes relinquo in posterum obligatos. Pro hac venditione dederunt michi dicti religiosi pre manibus vii. libras turonensium. In cujus rei testimonium et munimen, presentem cartam sigilli mei testimonio confirmavi.

Actum anno Domini m° cc° lx° secundo, in festo apostolorum Symonis et Jude.

Testibus hiis : Domino Johanne, presbitero; Thoma Dehors; Thoma Germain; Guillelmo, dyacono; Guillermo Anglico, et pluribus aliis.

<small>Orig. en parch. — Arch. de l'Eure, Fonds de Bon-Port, liasse 68, n° 4 bis.</small>

CCLIV

Richard Anfry, de Poses, vend aux religieux de Bon-Port tout l'héritage qu'il avait audit lieu.

(1262, 6 décembre.)

Sciant omnes, presentes et futuri, quod ego Ricardus Anffrie, de Poses, vendidi et concessi viris religiosis abbati et conventui Boni-Portus omne illud hereditagium quod habebam vel habere poteram in gordo qui vocatur Agoulant, pro decem libris turonensium, de quibus me teneo pro pagato : tenendum et jure hereditagio possidendum dictis religiosis, de me et heredibus meis, libere, pacifice et quiete, absque ulla de cetero mei vel heredum meorum reclamatione. Et ego jamdictus Ricardus et heredes mei dictis religiosis et eorum successoribus omne illud quod supra dictum est tenemur deffendere et garantizare contra omnes, in omnibus locis et curiis, ad usus et consuetudines Normannie, aut in nostro proprio hereditagio ubicumque fuerit, eisdem excambium facere ad valorem. Ut hoc ratum et stabile in futurum permaneat, presentem cartam eisdem tradidi sigilli mei munimine confirmatam.

Actum anno Domini m° cc° sexagesimo secundo, mense decembris, in festo Beati Nicolai.

<small>Orig. en parch. — Arch. de l'Eure, Fonds de Bon-Port, liasse 57, n° 59.</small>

CCLV

Emmeline Pigoigne, veuve, vend à Robert Trianon la quatrième partie d'une livre de poivre de rente à prendre sur un tènement à Rouen.

(1263, septembre.)

Noverint universi quod ego Emmelina Pigoigne, vidua, vendidi et concessi Roberto Triaznon, pro novem solidis turonensium, de quibus me teneo pro pagata, quartam partem cujusdam libre piperis redditus, quam annuatim michi reddebat de tenemento suo, sito in parrochia Sancti-Gidaldi, inter terram Johannis Testemole et terram Alexandri Anglici, sicut se proportat, a vico per ante usque ad fossatum regis per retro. Licebit etiam de cetero dicto Roberto et suis heredibus de dicto redditu omnem suam facere voluntatem, sicut de suo proprio, salvo jure dominico, sine mei vel heredum meorum reclamatione vel impedimento. Ego autem et mei heredes dicto Roberto et suis heredibus dictum redditum in dicto tenemento contra omnes gentes tenemur garantizare. Quod ut ratum sit, actum fuit hoc coram Vincencio de Valle-Richerii, tunc majore Rothomagi, et sigillo meo cum sigillo communie fuit hoc confirmatum.

Anno Domini M° CC° LX° tercio, mense septembris.

Testibus hiis : Jordano Juniore; Guillelmo Othelin, et aliis multis.

Orig. en parch. — Arch. de l'Eure, Fonds de Bon-Port, liasse 90, n° 126.

CCLVI

Nicolas Troches vend à Raoul le Sénéchal une masure à Martot.

(1264, 24 avril.)

Noverint universi, presentes et futuri, quod ego Nicholaus dictus Troches vendidi et concessi et omnino dereliqui Radulfo senescallo Celarii de Marretot, per octo libras turonensium de quibus michi pre manibus satisfecit, unam masuram cum domo que super est, quam ego habebam in parrochia Sancti Aniani de Marretot, inter terram Osberti dicti Gertru, ex una parte, et terram Baldrici Gotren, ex altera, aboutantem ad caminum regis, tenendam et habendam, et in perpetuum possidendam dictam masuram eidem Radulfo et ejus heredibus, absque ulla reclamacione mei vel heredum meorum, bene, pacifice, libere et quiete, ab omnibus, salvo jure et redditu domini capitalis. Sciendum est quod ego Nicholaus et heredes mei tenemur eidem Radulfo et ejus heredibus dictam masuram contra omnes, ad usus et consuetudines Normannie, garantizare vel in nostro proprio hereditagio, valore ad valorem, si necesse fuerit, subficienter excambiare. Ut ratum et stabile permaneat, ego Nicholaus hanc presentem cartam sigilli mei munimine confirmavi.

Actum anno gracie м° cc° sexagesimo quarto, mense aprilis, die jovis ante festum Sancti Marci, evangeliste.

Testibus : Galtero Asasnes; Leodegario dicto Chevalier; Duranto de Touberville; Johanne Le Carun, de Willeboto; Gaufrido Sal........... clerico; Durante Odie, et pluribus aliis.

Orig. en parch. — Arch. de l'Eure, Fonds de Bon-Port, liasse 107.

CCLVII

Thomas de Houlegate vend aux religieux de Bon-Port 6 sous de rente à Sotteville.

(1264, avril.)

Notum sit omnibus, tam presentibus quam futuris, quod ego Thomas de Houlegate, de parrochia Sancti Baudelici de Sothevilla, vendidi, concessi et omnino dereliqui viris religiosis abbati et conventui Boni-Portus, ad usus porte ejusdem domus, sex solidos monete usualis, annui redditus, sitos super unam pechiam terre quam habeo in parrochia supradicta, inter terram Roberti de Vico, ex una parte, et terram Egidii de Goy, ex altera, pro quadraginta et duobus solidis turonensium quos ab eisdem pre manibus recepi, tenendos et habendos et in perpetuum percipiendos dictis religiosis et successoribus suis de me vel heredibus meis, vel a quocumque dictam terram tenente, libere, quiete et absolute ab omnibus reddendos, singulis annis, videlicet ad festum Sancti Egidii abbatis. Et sciendum quod ego Thomas et heredes mei dictis religiosis et eorum successoribus dictum redditum contra omnes tenemur garantizare et deffendere ad usus Normannie, vel, si necesse fuerit, in propria hereditate nostra melius apparenti ad valorem exchambiare. Preterea sciendum est quod terram prenominatam ego vel heredes mei nullo modo poterimus vendere, dare, exchambiare, in elemosinam conferre, feodare, sive alio titulo alienare, nisi de ipsorum monachorum voluntate et licentia speciali. Et super eamdem terram dicti monachi suam plenariam justiciam poterunt exercere pro redditu et emenda, et si aliqua deperdita ratione nostri seu defectu sustinuerint, tenemur eis totaliter resarcire, et soli sermoni eorum credere sine alterius probatione. In cujus rei testimonium, presenti scripto sigillum meum apposui.

Actum anno Domini M° CC° sexagesimo quarto, mense aprili.

Testibus hiis : Domino Johanne, presbitero; Thoma Dehors; Thoma Germani; Guillermo, dyacono; Guillelmo Anglico, et pluribus aliis.

Orig. en parch. — Arch. de l'Eure, Fonds de Bon-Port, liasse 68, n° 4 ter.

CCLVIII

Les religieuses de Fontaine-Guérard vendent aux religieux de Bon-Port deux pièces de pré, en l'île de Catherage, à Criquebeuf.

(1264, juin.)

Universis ad quos presens scriptum pervenerit, P., abbatissa Fontis-

Girardi, totusque conventus ejusdem loci, salutem in Domino. Noveritis nos vendidisse, concessisse et omnino dereliquisse, viris religiosis abbati et conventui Boni-Portus duas perchias prati quas habebamus in parrochia Beate Marie de Criquebotot super Secanam, sitas in insula de Catherage, quarum una sita est inter terram heredum Radulfi Le Mestre, ex una parte, et terram Gilleberti Maslart, ex alia; secunda sita est inter terram heredum dicti Radulfi, ex una parte, et terram heredum de Formetot, ex alia, abotans ad pratum Beate Marie de Criqueboto, ex uno capite, et ad pratum Johannis Thouroude, ex alio; pro duodecim libris turonensibus, de quibus nobis integre satisfecerunt in pecunia numerata : tenendum et habendum ac in perpetuum possidendum dictis monachis, libere et absolute ab omnibus, absque ulla nostri de cetero reclamatione. Nos autem dictis religiosis dictas duas pechias prati contra omnes, ad usus Normannie, garantizare tenemur et deliberare, vel, si necesse fuerit, ad valorem exchambiare. Quod ut firmum et stabile permaneat in futurum, presenti scripto sigillum nostrum duximus apponendum.

Actum anno Domini M° CC° LX° quarto, mense junio.

Testibus hiis : Thoma Le Tymer; Stephano Le Tymer; Jacobo dicto Vulpe; Andrea Vulpe; Petro Vulpe, et pluribus aliis.

Orig. en parch. — Arch. de l'Eure, Fonds de Bon-Port, liasse 11, n° 12.

CCLIX

Les religieuses de Fontaine-Guérard vendent à Pierre Gibet deux pièces de pré à Criquebeuf, dans l'île de Catherage.

(1264, juin.)

Omnibus hec visuris, P., abbatissa Beate Marie de Fontibus-Girardi, Cisterciensis ordinis, totusque ejusdem loci conventus, salutem in Domino sempiternam. Noveritis nos, de communi assensu nostro, vendidisse et concessisse et omnino dereliquisse Petro Gibet, de Criquebue, duas pecias prati, quas habebamus in parrochia Beate Marie de Criquebue super Secanam, sitas in insula de Catherage, quarum una sita est inter terram Radulphi Le Mestre, ex una parte, et terram Gilleberti Maslar, ex altera, aboutizantem ad aquam Seccane; et alia sita est inter terram predicti Radulphi, ex una parte, et terram heredum de Formetot, ex altera, aboutizantem ad pratum Beate Marie de Criquebue, ex una parte, et ad pratum Johannis Touroude, ex altera, pro duodecim libris turonensibus, de quibus nobis plenarie satisfecit in pecunia numerata : tenendum, habendum, jure hereditagio possidendum, predicto Petro Gibet et suis heredibus, bene, libere et quiete ab omnibus, et absque ulla de cetero nostri vel nostrorum reclamatione successorum. Licebit autem de cetero predicto Petro Gibet et suis heredibus, ut de suo proprio hereditagio, omnem suam penitus facere voluntatem de predictis duabus peciis prati. Nos autem et nostri successores predicto Petro Gibet et heredibus suis predictas duas pecias prati contra omnes gentes, et in omnibus curiis, ad usus et consuetudines Normannie, tenemur garantizare et etiam deliberare. In cujus rei testimonium, presenti karte sigillum capituli nostri apposuimus.

Actum anno Domini M° CC° LX° quarto, mense junii, die martis ante Nativitatem Beati Johannis Baptiste.

Testibus hiis : Thomas Letinier; Stephano Letinier; Jacobo Legoupil; Andrea Legoupil; Petro Legoupil, et pluribus aliis.

Orig. en parch. — Arch. de l'Eure, Fonds de Bon-Port, liasse 11, n° 25.

CCLX

Guillaume Croc, écuyer, fieffe à Richard le Tailleur une maison à Saint-Étienne-d'Elbeuf.

(1265, juin.)

Sciant omnes, presentes et futuri, quod ego Guillelmus Croc, armiger, perpetuo feodavi Ricardo Le Tailleor quamdam masuram quam habebam in parrochia Sancti Stephani de Welleboto, sitam inter masagium Roberti Olearii, ex una parte, et masuram quam Johanni Marescot de novo similiter feodavi, aboutantem, ex uno capite, ad pavimentum domini Johannis de Haricuria, militis, sicut se proportat in longo et latu : tenendam et habendam jureque hereditario possidendam dicto Ricardo et heredibus suis de me et heredibus meis, libere, quiete et absolute, per duodecim solidos usualis monete et unum caponem, annui redditus, duobus terminis, videlicet octo solidos in festo Sancti Michaelis in monte Gargano, et quatuor solidos et caponem ad Natale Domini, michi vel heredibus meis annis singulis inde reddendos. Et sciendum quod ego Guillelmus et heredes mei dicto Ricardo et heredibus suis dictam masuram contra omnes, ad usus Normannie, tenemur garantizare, et de cetero vel alibi in nostro proprio hereditagio ad valorem excambiare. Licebit autem nobis super dictam masuram plenam justiciam exercere......... pro redditu et emenda. In cujus rei testimonium, presentem cartam sigilli mei impressione roboravi.

Actum anno Domini m° cc° sexagesimo quinto, mense junio.

Testibus hiis : Radulfo de Bosco; Roberto Oleario; Johanne Marescot; Guillelmo Sutore, et pluribus aliis.

Orig. en parch. — Arch. de l'Eure, Fonds de Bon-Port, liasse 70, n° 49.

CCLXI

Simon du Moutier vend à maître Hylaire 13 sous de rente à Léry.

(1265, février.)

Sciant omnes, presentes et futuri, quod ego Symon de Monasterio vendidi et concessi magistro Hylario · tresdecim solidos annui redditus, quos Robertus dictus Comes mihi debebat singulis annis, ad festum Sancti Michaelis, de quadam vinea, et omne illud quod jure hereditario poteram super dictam vineam reclamare; que vinea sita est juxta vineam Nicholaï Heudebert, abotans ad nemus domini regis et ad keminum de Locoveris : habendos et percipiendos dictos tresdecim solidos redditus cum pertinenciis predicto Hylario et heredibus suis, libere, quiete et pacifice et hereditarie, sine contradictione mei seu heredum meorum, sicut.......... percipere, salvo jure capitalium dominorum. Pro hac autem venditione et concessione dedit michi pre manibus dictus Hylarius IIII. libras turonensium; propter quod ego predictus Symon et heredes mei, predicto Hylario et heredibus suis, predictos solidos redditus com pertinenciis ad usus et consuetudines Normannie contra omnes garantizare tenemur. Et ut hoc ratum et stabile permaneat, ego predictus Symon hanc presentem cartam predicto Hylario tradidi munimine sigilli mei roboratam.

Actum anno Domini m° cc° lx° v°, mense febrili.

Testibus hiis : Durando...............; Roberto Comite; Willelmo Ausieut; Willelmo Le Porchier; Andrea Rossel; Willelmo............ He........ .. Le Couturier; Roberto Textore.

Orig. en parch., un peu détérioré. — Arch. de l'Eure, Fonds de Bon-Port, liasse 48, n° 72.

CCLXII

Simon Commin vend aux religieux de Bon-Port une vergée de terre à Crestot.

(1266, avril.)

Sciant omnes, presentes et futuri, quod ego Symon Commin vendidi et concessi et omnino reliqui abbati et conventui Boni-Portus, Cysterciensis ordinis, Ebroicensis dyocesis, unam virgiam terre, quam habebam in parrochia Sancti Petri de Crestot, sitam inter terram Tostani le Telir, ex una parte, et terram Ricardi Sauvage, ex alia, habendam et tenendam ac de cetero possidendam dictis religiosis et eorum successoribus de me et heredibus meis, bene, pacifice et quiete, ab omnibus serviciis et aliis exactionibus, absque ulla reclamatione mei de cetero vel heredum meorum. Licebit autem dictis religiosis et eorum successoribus de predicta virgia terre suam penitus facere voluntatem, absque ullo contradicto mei de cetero vel heredum meorum, salvo tamen jure capitalium dominorum. Ego vero jamdictus Symon et mei heredes dictam virgiam terre jamdictis religiosis et eorum successoribus in omnibus curiis contra omnes, ad usus et consuetudines Normannie, tenemur garantizare, vel alibi in proprio hereditagio meo ad valorem, si necesse fuerit, excambiare. Pro hac venditione et concessione dicti religiosi dederunt michi sexaginta decem solidos turonensium, de quibus michi plenarie satisfecerunt. Quod ut firmum et stabile futuris temporibus permaneat, presentem cartam munimine sigilli mei roboravi.

Actum anno Domini M° CC° LX° VI°, mense aprillis.

Testibus hiis : Thoma Conte; Nicholao Coqueri; Honfreio Le Marquant; Tostano le Telir; Radulpho Rosse, et aliis.

Orig. en parch. — Arch. de l'Eure, Fonds de Bon-Port, liasse 105, n° 17.

CCLXIII

Simon, fils de Luce, de Freneuse, vend aux religieux de Bon-Port 3 sous de rente à Criquebeuf.

(1266, avril.)

Notum sit omnibus, presentibus et futuris, quod nos Symon, filius Luce, de Fresnousia.................. nostrarum Johanne et Alithie, sororum, vendidimus et omnino concessimus.............. tres solidos annui redditus monete currentis ad festum Beati Michaelis persolvendos .... reddendos, sitos super unam masuram quam habemus in parrochia de Criqueboto............ prenominati Dyonisii, ex alia, sicut se proportat in longitudine et................ dictis monachis est integre satisfactum. Tenendos et habendos et inperpetuum percipiendos... .... successoribus suis de nobis et heredibus nostris vel a quocunque dictam masuram................ et caponem contra omnes tenemur garantizare et deffendere, vel ad valorem.................... dicti Symonis et Dyonisii sigillorum nostrorum testimonio, una cum sigilli dictorum J. et...............

Actum anno Domini m° cc° lx° sexto, mense aprilis.

<small>Orig. en parch., mutilé. — Arch. de l'Eure, Fonds de Bon-Port, liasse 11, n° 16.</small>

CCLXIV

Robert de Fougerolos, chevalier, confirme la vente, faite par les religieuses de Fontaine-Guérard aux religieux de Bon-Port, de deux pièces de pré dans l'île de Catherage.

(1266, août.)

Universis ad quos presens scriptum pervenerit, Robertus de Fougeroles, miles, dominus de Criqueboto, salutem in Domino. Noveritis quod ego, pro salute anime mee et antecessorum meorum, quamdam venditionem quam moniales de Fonte-Girardi fecerunt viris religiosis abbati et conventui Boni-Portus, videlicet de duabus pechiis prati sitis in feodo meo, in insula de Catherage, quarum una sita est inter terram Gilleberti Maslart, ex una parte, et terram heredum Radulfi Le Mestre, defuncti, ex alia, et altera sita est inter terram heredum de Formetot, ex una parte, et terram heredum dicti Radulfi, ex alia, laudo, approbo et tanquam dominus feodi confirmo. In cujus rei testimonium, presens scriptum dictis monachis sigillo meo tradidi sigillatum.

Actum anno Domini m° cc° sexagesimo sexto, mense augusto.

<small>Orig. en parch. — Arch. de l'Eure, Fonds de Bon-Port, liasse 11, n° 12 bis.</small>

CCLXV

Guillaume le Prevôt vend à Richard d'Oisel 9 sous de rente à Caudebec.

(1266, 25 décembre.)

Noverint universi, presentes pariter et futuri, quod ego Guillelmus dictus Prepositus, vendidi et concessi et omnino derelinqui Ricardo dicto d'Oesel, clerico, novem solidos redditus monete currentis pro quatuor libris turonensium, de quibus michi pre manibus satisfecit; quos habebam in parrochia Beate Marie de Calidobecco, sitos super duas pechias terre, videlicet de quibus Baudricus dictus Caillou unam tenet, sitam inter terram heredum Aberti dicti Le Voaleis, ex una parte, et terram Johannis dicti Bercelimeu, ex altera, abotantem ad viam du Port, et altera sita est inter terram Guillelmi dicti Prepositi, ex una parte, et boterias, ex altera, et Robertus dictus Lesaunie tenet istam pro quinque solidis monete currentis : tenendos et habendos predictos novem solidos annui redditus ad festum Sancti Michaelis persolvendos, bene, libere, pacifice et quiete, salvo jure domini capitalis. Et sciendum est quod ego Guillelmus dictus Prepositus et heredes mei predictos novem solidos annui redditus, pro predictis quatuor libris, predicto Ricardo vel heredibus ejus tenemur defendere contra omnes et garantizare, vel in propria hereditate nostra, valore ad valorem, sufficienter excambiare. Et si ex defectu nostro aliquod damnum incurrerit, ego Guillelmus et heredes mei predicto Ricardo vel heredibus ejus tenemur penitus restaurare. Et ut hoc sit firmum et stabile, presentem cartam sigilli mei munimine roboravi.

Datum anno Domini M° CC° sexagesimo sexto, die Nativitatis Domini nostri Jesu Christi, mense decembris.

Testibus hiis : Ricardo Aden; Henrico de Bosco; Radulfo Helluin; Nicholao Herout, et pluribus aliis.

Orig. en parch. — Arch. de l'Eure, Fonds de Bon-Port, liasse 71, n° 23.

CCLXVI

Guyard Sorel et Agnès, sa femme, reconnaissent la vente qu'ils ont faite à Robert Triasnon d'un ténement à Rouen.

(1266, février.)

Omnibus hec visuris, officialis Rothomagensis, salutem in Domino. Noveritis quod in nostra presentia constituti Guiardus dictus Sorel et Agnes, ejus uxor, recognoverunt se vendidisse et omnino reliquisse Roberto dicto Triasnon, pro ducentis libris turonensium de quibus tenerunt se coram nobis pro pagatis, renunciantes exceptioni pecunie non numerate, quoddam tenementum quod dicebant se habere in parrochia Sancti Laurentii Rothomagensis, inter terram que fuit Nicholai de Goy, ex una parte, et terram Johannis Pigache, ex altera, sicut se proportat a vico per ante usque ad terram Martini Pigache : tenendum et habendum de cetero dicto Roberto et ejus heredibus, libere, pacifice et quiete, et ad faciendum ex inde, salvo jure dominico, omnem suam penitus voluntatem. Juraverunt insuper predicti Guiardus et Agnes, ejus uxor, tactis sacrosanctis ewangeliis, spontanea voluntate sua, coram nobis, non coacti, nec propter aliquem metum qui possit cadere in constantem virum, quod in dicto tenemento ratione hereditatis, dotalicii, maritagii, particionis, conquestus, escaanchie, elemosine, vel aliqua alia ratione sibi competenti, per se vel per alium, nichil de cetero reclamabunt, nec dictum Robertum et ejus heredes super premissis seu aliquo premissorum in aliquo foro ecclesiastico, vel seculari, aliquatenus molestabunt. Immo ipsi et eorum heredes quos ad hoc specialiter obligarunt sub eodem juramento dicto Roberto et ejus heredibus dictum tenementum contra omnes garantizabunt et ab omnibus impedimentis et obligationibus, excepto jure dominico, penitus liberabunt. In cujus rei testimonium, presenti scripto sigillum curie nostre, ad instanciam partium, duximus apponendum.

Actum anno Domini m° cc° sexagesimo sexto, mense februarii.

Orig. en parch. — Arch. de l'Eure, Fonds de Bon-Port, liasse 90, n° 35.

CCLXVII

Guibert d'Orival donne aux religieux de Bon-Port tous ses biens meubles après sa mort, pour avoir sa sépulture dans leur monastère.

(1268, 14 septembre.)

Omnibus hec visuris officialis Rothomagensis, salutem in Domino. Noveritis quod in nostra presentia constitutus Wibertus de Aurivalle, de parrochia de Aurivalle, ut dicitur, recognovit se dedisse et omnino concessisse, et dedit et omnino concessit, coram nobis, divine intuitu pietatis, pro salute anime sue et antecessorum suorum, Deo et Beate Marie Boni-Portus, et abbati et conventui ejusdem loci, ibidem Deo servientibus, omnia bona sua mobilia ubicumque consistant et ubicumque fuerint inventa, retento tamen sibi usufructu, quoad vitam suam solummodo in bonis predictis, tenendum et perpetuo possidendum eisdem religiosis et eorum successoribus, bene et in pace, libere et quiete et ad faciendum ex inde post mortem ejusdem Wiberti suam penitus voluntatem. Ita quod non licebit de cetero dicto Wiberto, aut ejus heredibus, dicta bona mobilia vendere, distrahere, alienare, aut extra manum suam alibi ponere, nisi pro victu suo. Has autem conventiones, prout superius expresse sunt, promittit idem Wibertus juramento, ab ipso prestito coram nobis, se dictis religiosis fideliter, inviolabiter et irrevocabiliter observaturum, et se contra eas seu aliquam earum in foro ecclesiastico vel seculari, per se vel per alium, non venturum, nam ipse in dictorum religiosorum monasterio suam elegit sepulturam, prout ipse confessus est coram nobis. In cujus rei testimonium, presenti scripto sigillum curie nostre, ad instanciam partium, duximus, salvo jure cujuslibet, apponendum.

Actum anno Domini m° cc° lx° octavo, die veneris post Nativitatem Beate Marie insignis.

Orig. en parch. — Arch. de l'Eure, Fonds de Bon-Port, liasse 105, n° 38.

CCLXVIII

Jean Lamorous, Robert de Lamare et Jeanne, veuve Peilchaste, de Montaure, vendent aux religieux de Bon-Port une pièce de terre à Écrosville.

(1268, décembre.)

Notum sit omnibus, tam presentibus quam futuris, quod nos, Johannes dictus Lamorous, Robertus de Mara et Johanna, relicta Peilchaste, de Monteaureo, vendidimus, concessimus et omnino dereliquimus viris religiosis, abbati et conventui Boni-Portus, unam pechiam terre quam habebamus apud Escrovillam, sitam inter dictos monachos, ex una parte, et masuram Guillelmi Carnificis, ex altera, et abotat ad queminum de Escrovilla, pro quadraginta solidis turonensium quos inde recepimus pre manibus ab eisdem religiosis. Tenendum et habendum et in perpetuum possidendum dictis monachis, libere, quiete et absolute et absque ulla nostri vel heredum nostrorum de cetero reclamatione seu contradictione, salvo tamen jure et redditu capitalium dominorum. Nos autem prenominati Johannes Robertus et Johanna et heredes nostri dictam terram dictis monachis, ad usus et consuetudines Normannie, tenemur et de cetero tenebimur contra omnes garantizare et deffendere, vel, si necesse fuerit, valore ad valorem, in nostro proprio hereditagio melius apparenti, exchambiare. Et ut hec venditio seu concessio firma teneatur et stabilis in futurum, nos dicti

Johannes Robertus et Johanna presentem cartam impressione sigillorum nostrorum fecimus roborari.

Actum anno Domini m° cc° lx° octavo, mense decembris.

Testibus hiis : Guillelmo Male-Beste; Johanne Bolengario; Guillelmo Carnifice; Ricardo de Vernon; Petro de Vernon, et multis aliis.

Orig. en parch. — Arch. de l'Eure, Fonds de Bon-Port, liasse 17, n° 27.

CCLXIX

Guillaume Rossignol transporte aux héritiers de Guillaume Danois 2 sous de rente à Caudebec.

(1268, janvier.)

Noverint universi, tam presentes quam futuri, quod ego Willelmus dictus Roussingnol, de parrochia Beate Marie de Quaudebeco, vendidi et concessi heredibus Guillelmi Daneis, defuncti, duos solidos annui redditus, sitos in parrochia antedicta, scilicet super unum masagium et super duas pechias terre cultibilis; quod masagium situm est inter masagium heredum Robergie de Houlebec, et masagium heredum Petri de La Leaue, et una pechia terre sita est inter terram predicte Robergie, ex una parte, et terram Symonis de Bar, ex altera, et alia sita est inter terram heredum predicte Robergie, ex una parte, et terram Gaufridi Berselou, ex altera, sicut se porportant in longum et in latum, pro sexdecim solidis turonensium de quibus michi plenarie satisfecerunt in pecunia numerata : percipiendos et habendos et jure hereditario possidendos predictos duos solidos de redditu predictis heredibus predicti Guillelmi Daneis ad festum Sancti Michaelis, libere, quiete et pacifice, absque ulla de cetero mei vel meorum reclamatione heredum. Licebit autem de cetero predictis heredibus heredum Guillelmi Daneis de predictis duobus solidis de redditu, ut dictum est, omnem suam penitus facere voluntatem, salvo tamen jure dominico, et licebit etiam de cetero suam plenariam justiciam exercere super predictam masuram et super predictas pechias terre, ut dictum est, pro redditu suo habendo ad terminum antedictum, et ego jam predictus Guillelmus et heredes mei predictis heredibus Daneis predictos duos solidos de redditu contra omnes gentes garantizare debemus, vel alibi, si necesse fuerit, in nostro proprio hereditagio, ubicumque sit, valore ad valorem excambiare tenemur, et in futurum tenebimur. Et quod hoc firmum et stabile futuris temporibus permaneat, hanc presentem cartam eisdem feci et sigilli mei munimine roboravi.

Actum anno Domini M° CC° LX° octavo, mense januarii.

Testibus hiis : Hobeahe Anglico; Petro Rustico; Ricardo Pellipario; Roberto Computatore; Guillelmo Carnifice, et pluribus aliis.

Orig. en parch. — *Arch. de l'Eure, Fonds de Bon-Port, liasse 71, n° 24.*

CCLXX

Robert de Bequet donne aux religieux de Bon-Port 18 sous et 4 chapons de rente au Bequet.

(1268.)

Noverint universi, presentes pariter et futuri, quod ego Robertus de Bequeto, armiger, volo et . . . . ob remedium et salutem anime mee et omnium antecessorum meorum, in puram et perpetuam elemosinam Deo . . . . Bono-Portu et monachis ibidem Deo servientibus et servituris, donationem seu venditionem decem . . . . et quatuor caponum, annui redditus, quam Henricus Leboutellier, presbiter, eisdem monachis fecit et quem . . . . edo videlicet apud Bequetum reddere tenebantur eidem presbitero, videlicet Robertus Lepicart sex solidos et di............ de Ruella xii^{cim} solidos et duos capones. Item volo et concedo quod dicti religiosi teneant et habeant................. feron eisdem religiosis reddit et reddidit. Item volo et concedo quod dicti religiosi teneant et in perpetuum............. redditum bene et in pace, libere et quiete, absque ullo impedimento vel contradictione de cetero.... .... et concedo quod ego vel mei heredes non possimus reclamare ab eisdem religiosis vel petere servitium............ releveium vel aliud quod ad manum meam remaneat vel transeat, sed teneant et h........ et in pace sine contradictione mei vel heredum meorum; volo insuper et concedo quod si aliquis............ dicti redditus in aliquo presumerent molestare, teneantur eisdem in viginti libris parisiensium quam peccu.... .... possent dicti religiosi licite petere et eisdem reddere teneremur. Ad hec autem omnia inviolabiliter............... religiosis obligo et in quantum possum relinquo in posterum specialiter obligatos. In cujus rei .... sigillum meum apponere dignum duxi.

Hujus autem rei sunt testes: Symon Le Braceor...... .... Labe; Thomas Sohier; Guillelmus Leulier, et plures alii.

Datum anno Domini M° CC° sexagesimo octavo.

Orig. en parch., rongé par un côté. — Arch. de l'Eure, Fonds de Bon-Port, liasse 74, n° 25.

CCLXXI

Louis IX confirme aux religieux de Bon-Port toutes les choses qui leur sont échues à titre d'achat, de donation ou de toute autre manière.

(1269, mars, à Paris.)

Ludovicus, Dei gracia, Francorum rex.

Notum facimus universis, tam presentibus quam futuris, quod nos, divini amoris intuitu, et pro remedio anime nostre et animarum inclite recordationis regis Ludovici, genitoris nostri, et regine Blanche, genitricis nostre, ac aliorum predecessorum nostrorum, abbati et conventui Beate Marie de Bono-Portu, Cisterciensis ordinis, concessimus ut ea que justo titulo emptionis seu donationis, aut alio quocunque justo modo, acquisierunt et pacifice possederunt, dum tamen taliter acquisita non teneantur aut teneri debeant per membrum lorice, per franchas serjanterias aut franchas vavassorias, vel eciam de ducatu Normannie, non cadentibus in garda, nec in minutis censibus seu capitalibus, possint tenere in perpetuum et pasifice *(sic)* possidere, sine coactione aliqua vendendi, vel extra manum suam ponendi, salvo in aliis jure nostro et jure in omnibus alieno. Quod ut ratum et stabile permaneat in futurum, presentibus litteris nostrum fecimus apponi sigillum.

Actum Parisius, anno Domini millesimo ducentesimo sexagesimo nono, mense marcio.

Bibl. Imp., Cart. de Bon-Port, f° 33 v°, n° 46.
Impr. Delisle, Cart. normand, p. 179, n° 781.

CCLXXII

Compromis sur procès entre la commune de Mantes et les religieux de Bon-Port, en vertu duquel les religieux ne pourront faire passer qu'une fois par an par Mantes un navire libre du droit de péage.

(1269, octobre.)

Universis presentes litteras inspecturis, major et pares communie de Medunta, salutem in Domino Ihesu Christo. Noverint universi quod cum contentio verteretur inter nos, ex una parte, et viros religiosos abbatem et conventum de Bono-Portu, ex altera, super eo quod dicti religiosi dicebant se debere habere unam navem quitam, unoquoque anno, apud Meduntam, ab omni theloneo, pedagio, et omni consuetudine seculari, quocienscumque illam eamdem navem per aquam Medunte transire contigerit, de dono et elemosina Guidonis Malivicini, militis, quantum pertinebat ad centum et sexaginta libras, quas habebat idem Guido in redditu apud Meduntam; nos, dicti major et pares, pro communitate Medunte, contrarium asserebamus. Tandem vero dicte partes, habito bonorum virorum consilio, super dicta contentione compromisimus in Johannem dictum Acon, Jacobum dictum Mathye, Michaelem de Porcherenvilla, Matheum Hellouini, Guillelmum Berouc, Johannem Bonin, qui honus dicti compromissi in se suscipientes, dictum suum, partibus presentibus et consencientibus, protulerunt in hunc modum qui sequitur : videlicet, quod dicti religiosi et successores sui habeant unam navem quitam, sive magnam sive parvam, ab omni pedagio, theloneo et ab omni alia consuetudine seculari, semel in anno, quantum pertinet ad dictas centum et sexaginta libras, descendendo per aquam Medunte, honeratam qualiumcunque mercium suarum et rerum suarum, sive ad usum suum, sive eciam ad vendendum; et similiter unam navem quitam ascendendo, semel in anno, per aquam Medunte in modum superius nominatum. Si vero dictos religiosos navem honeratam mercium suarum et rerum suarum per aquam Medunte descendendo seu eciam ascendendo plus quam semel in anno contigerit transire, nobis majori et paribus, pedagium et consuetudinem dicti religiosi solverent secularem. Quod dictum seu eciam arbitrium, nos dicti majores et pares, volumus, laudamus et eciam approbamus. Et quod hoc firmum et stabile permaneat, sigillo communie de Medunta abbati et conventui de Bono-Portu presentes litteras tradimus sigillatas.

Anno Domini millesimo ducentesimo sexagesimo nono, mense octobris.

Bibl. Imp., Cart. de Bon-Port, f°s 58 v° et 59 r° et v°, n° 72.

CCLXXIII

Guillaume Maupin vend aux religieux de Bon-Port trois vergées de terre à Sotteville.

(1269, octobre.)

Sciant omnes, tam presentes quam futuri, quod ego Guillelmus Maupin, de parrochia de Sotevilla juxta Pontem-Arche, vendidi et concessi et omnino reliqui abbati et conventui Boni-Portus, ad usus porte eorumdem, tres virgatas terre, quas habebam in dicta parrochia de Sotevilla, sitas inter terram Petri Clerici, ex una parte, et terram Johannis Forestarii, ex altera, aboutantes ad cheminum domini regis, ex una parte, et pratum Sancti Audoeni, ex alia : tenendas et habendas tres dictas virgatas terre dictis monachis, libere, quiete et pacifice, absque mei vel heredum meorum de cetero reclamatione, salvo jure domini capitalis. Et licebit dictis religiosis de dictis tribus virgatis terre suam penitus, tanquam de suo proprio, facere voluntatem. Et tenemur, tam ego dictus Guillelmus quam mei heredes, dictas tres virgatas terre contra omnes garantizare, vel alibi, si necesse fuerit, ad usus et consuetudines Normannie, in proprio hereditagio nostro, ubicumque sit, valore ad valorem excambiare. Processu vero temporis, si contigeret predictos religiosos super premissis in aliquo disturbari, vel dampnum aliquid incurrere, ego dictus G. et mei heredes omnia dampna et deperdita que occasione dicte venditionis sustinerent, teneremur ad dictum ipsorum ad plenum restaurare et indempnes penitus observare. Pro hac autem venditione et concessione dederunt michi dicti monachi pre manibus sexaginta quindecim solidos turonensium, de quibus teneo me pro pagato. Et ut hoc firmum et inconcussum in posterum perseveret, presentem paginam sigilli mei caractere roboravi.

Actum anno Domini m° cc° sexagesimo nono, mense octobris.

Testibus hiis : Domino Johanne, tunctemporis de Sotevilla presbitero; Roberto Hugone; Symone Hugone; Guillermo Anglico, et pluribus aliis.

Orig. en parch. — Arch. de l'Eure, Fonds de Bon-Port, liasse 68, n° 4 quater.

CCLXXIV

Les religieux de Bon-Port fieffent à Robert Legai deux acres de terre au Coudray.

(1269, octobre.)

Sciant omnes, presentes et futuri, quod ego frater Nicholaus, abbas Boni-Portus, et ejusdem loci conventus, perpetuo tradidimus in feodum Roberto Legai et ejus heredibus duas acras terre ad keminum. Ita tamen quod infra annum dictus Robertus Legai tenebitur facere unam residentiam in altera dictarum acrarum terre, et de alia in qua non erit residentia, tenebitur in omnibus respondere, ac si esset residentia in eadem; sitas inter terram Ricardi Gaillart, ex una parte, et Petri dicti Letornoor, ex altera, abotantes ad keminum domini regis, per ante, et ad nemus, per retro, pro viginti solidis turonensium et duodecim denariis annui redditus, nobis a dicto Roberto Legai et ejus heredibus, annis singulis, persolvendis, terminis infrascriptis, videlicet ad Pascha septem solidos turonensium, ad festum Beate Marie Magdalene septem solidos turonensium, et ad festum Beati Michaelis sequentis, septem solidos turonensium. Tenendum et habendum dicto Roberto Legai et heredibus suis et perpetuo a nobis jure hereditario possidendum, salvo jure nostro in omnibus, pro redditu habendo et emenda, relevamento et aliis que nobis tanquam dominis capitalibus, occasione dicte traditionis, poterunt evenire. Et nos tenemur dicto Roberto et suis heredibus dictam traditionem contra omnes deffendere et garantizare per redditum antedictum. In cujus rei testimonium, presentibus sigillum nostrum duximus apponendum.

Actum anno Domini m° cc° sexagesimo nono, mense octobris.

Orig. en parch. — Arch. de l'Eure, Fonds de Bon-Port, liasse 105, n° 28.

CCLXXV

Richard le Gras vend à maître Hylaire, curé de Léry, 18 deniers de rente.

(1269, décembre.)

Noverint universi, presentes et futuri, quod ego Ricardus Le Cras vendidi et concessi magistro Hylario, tunc temporis rectori ecclesie de Lereio, pro duodecim solidis turonensium, de quibus me teneo pro pagato, decem et octo denarios redditus quos Robertus Le Cras mihi annuatim debebat ad festum Sancti Michaelis, de quadam pecia terre sita apud Capud ville de Lereio, inter terram Durandi Wannart et terram Thome Le Cras : habendos et tenendos dictos decem et octo solidos redditus dicto Hylario et heredibus suis de cetero, libere, quiete et pacifice, sine reclamatione mei vel heredum meorum. Et ego predictus Ricardus et heredes mei predicto Hylario et heredibus suis predictos decem et octo solidos redditus contra omnes, ad usus et consuetudines Normannie, tenemur garantizare, salvo jure capitalium dominorum. Et ut hoc ratum et stabile permaneat, ego predictus Ricardus hanc presentem cartam munimine sigilli mei confirmavi.

Actum anno Domini M° CC° LX° nono, mense decembri.

Testibus hiis : Roberto Le............ pellipario; Roberto Textore; Gaufrido Auberti; Thoma............; Thoma Le Griou, clerico.

Orig. en parch., un peu endommagé par l'humidité. — Arch. de l'Eure, Fonds de Bon-Port, liasse 48, n° 4.

CCLXXVI

Nicolas et Renaut le Sauvage vendent aux religieux de Bon-Port deux pièces de terre à Portejoie.

(1269, 5 janvier.)

Sciant omnes, presentes et futuri, quod nos Nicholaus Le Sauvage et Renoldus Le Sauvage, fratres, vendidimus, concessimus et penitus dimisimus viris religiosis abbati et conventui Boni-Portus, ad usus porte ejusdem domus, duas pechias terre, quarum una sita est inter terram Johannis .... ex una parte, et terram Nicholai Voaspail, ex alia. Altera pechia sita est in montibus............. dicti Johannis, ex una parte, et terram Guillelmi Billon, ex altera, pro centum et decem solidis......... ....nibus dicti monachi nobis pre manibus satisfecerunt in pecunia numerata : tenendas et habendas et in perpetuum possidendas dictis monachis, libere, quiete et pacifice, salvo tamen jure............ capitalium dominorum. Nos autem et heredes nostri dictis monachis dictam terram contra omnes tenemur garantizare et deffendere, quilibet in solidum, vel in nostra propria hereditate melius apparenti, ubicumque fuerit, ad valorem exchambiare; preterea, si contra hanc venditionem aliquis se opposuerit quoquo modo, ego dictus Nicholaus et heredes mei dictam terram tenebimur penitus deffendere, vel in nostro proprio hereditagio specialiter excambiare. In cujus rei testimonium, presentibus nostra sigilla duximus apponenda.

Actum anno Domini M° CC° LX° nono, in vigilia Epiphanie Domini.

Sur une bande de parchemin passée dans l'attache du sceau on lit :

Testibus hiis : Symone Hugone; Guillelmo Dillon; Radulfo de Monasterio; Guillelmo de Atrio; Dyonisio de Vico, et multis.

Orig. en parch., un peu déchiré. — Arch. de l'Eure, Fonds de Bon-Port, liasse 59, n° 3.

CCLXXVII

Julienne de Mai donne aux religieux de Bon-Port 4 sous de rente.

(1270, avril.)

Notum sit omnibus, tam presentibus quam futuris, quod ego Juliana de Maio, tempore viduitatis mee, ob remedium et salutem anime mee et Gaufridi de Maio, quondam mariti mei, et omnium antecessorum meorum, dedi et concessi, in puram et perpetuam elemosinam, Deo et Beate Marie Boni-Portus et monachis ibidem Deo servientibus et servituris, ad usus sacriste, quatuor solidos communis monete annui census : videlicet, duos solidos ad festum Sancti Michaelis, et duos solidos ad Natale Domini, sitos super unam pechiam vinee quam modo tenet Guillelmus Bolengarius, que pechia vinee sita est in parrochia de Lereio, in territorio quod dicitur Esmaiart : tenendos et habendos et imperpetuum percipiendos dictis monachis super dictam pechiam vinee, ad terminos suprascriptos, bene et in pace, absque ulla mei vel heredum meorum de cetero reclamatione. Ego autem Juliana et heredes mei dictos solidos dictis monachis contra omnes tenemur in omnibus garantizare; et de cetero licebit dictis monachis de redditu supradicto, tanquam de sua propria elemosina, suam penitus facere voluntatem. Quod ut firmum et stabile permaneat in futurum, presentem cartam sigilli mei testimonio confirmavi.

Actum anno Domini m° cc° septuagesimo, mense aprili.

Orig. en parch. — Arch. de l'Eure, Fonds de Bon-Port, liasse 48, n° 97.

CCLXXVIII

Richard de la Ruelle vend aux religieux de Bon-Port 20 sous de rente à Venables.

(1270, juin.)

Noverint universi, presentes et futuri, quod ego Ricardus de Ruella vendidi et concessi abbati et conventui Boni-Portus viginti solidos annui redditus, super totum meum masagium, situm inter masagium Stephani de Ruella, et masagium Nicholai, fratris mei, et super totum meum hereditagium, ubicumque sit, tam ad villam quam ad campos : habendos et percipiendos dicto abbati et conventui dictos viginti solidos redditus, de cetero libere quiete et pacifice de me et heredibus meis, ad festum Sancti Michaelis, ita quod pro defectu solutionis dictorum viginti solidorum redditus dictus abbas et conventus super dictum masagium et hereditagium suam plenariam justiciam poterunt exercere. Pro hac autem venditione et concessione dederunt michi dictus abbas et conventus pre manibus octo libras turonensium, unde ego predictus Ricardus et heredes mei dicto abbati et conventui dictos viginti solidos redditus contra omnes ad usus et consuetudines Normannie tenemur garantizare. Et ut hoc ratum et stabile permaneat, ego predictus Ricardus hanc presentem cartam munimine sigilli mei confirmavi.

Actum anno Domini M° CC° septuagesimo, mense junii.

Testibus hiis : Guilleberto Florie; Durando d'Arsel; Johanne Lecras; Johanne Pegnete; Durando Malet; Nicholao Victoris; Johanne Randart, et aliis.

Orig. en parch. — Arch. de l'Eure, Fonds de Bon-Port, liasse 105, n° 45.

CCLXXIX

Jeanne la Renaude, veuve de Jean Osanne, donne à l'abbaye de Bon-Port 2 sous de rente à Sesseville.

(1270, novembre.)

Notum sit omnibus, tam presentibus quam futuris, quod ego Johanna La Renaude, relicta Johannis dicti Osanne, dedi et concessi, in puram et perpetuam elemosinam, Deo et Beate Marie Boni-Portus et monachis ibidem Deo servientibus, pro salute anime mee et omnium antecessorum meorum, duos solidos annui redditus, monete currentis, ad usus porte ejusdem domus, quos Robertus de Mara michi reddebat, annis singulis, ad festum Beati Dyonisii, pro quadam pechia terre quam de me tenebat, sita in parrochia de Sessevilla, inter terram Johannis Basset, ex una parte, et terram Rogerii Malet, ex altera : tenendos et habendos et in perpetuum percipiendos dictos duos solidos, dictis monachis, ad terminum prenotatum, a dicto Roberto vel heredibus suis, vel a quocumque dictam terram tenente, bene et pacifice, absque ulla mei vel heredum meorum de cetero reclamatione. Et sciendum est quod ego Johanna et heredes mei dictos duos solidos dictis monachis contra omnes, ad usus patrie, tenemur garantizare et deffendere, vel ad valorem exchambiare. Si vero dicti monachi dictos duos solidos super dictam terram ad dictum terminum non potuerint aliquo casu percipere vel habere, volo et concedo ut recursum habeant ipsi monachi super totum hereditagium meum, ubicumque fuerit, donec de dicto redditu sit eisdem plenius satisfactum. Quod ut firmum et stabile permaneat, presentem cartam sigilli mei testimonio roboravi.

Actum anno Domini M° CC° septuagesimo, mense novembris.

Orig. en parch. — Arch. de l'Eure, Fonds de Bon-Port, liasse 105, n° 19.

CCLXXX

Robert le Marié vend aux religieux 4 sous de rente à Criquebeuf.

(1271, mars.)

Sciant omnes, presentes et futuri, quod ego Robertus Le Marié vendidi, concessi et hac presenti [carta con]firmavi viris religiosis abbati et conventui Boni-Portus, ad usus porte, quatuor solidos annui redditus, sitos et assignatos super masagium meum de Triquello, quod situm est inter masagium Johannis Rachine, ex una parte, et masagium Anselmi Ar.... ex alia, pro viginti octo solidis turonensium, de quibus me teneo pro pagato : tenendos et habendos et percipiendos ad festum Beati Michaelis, annis singulis, de me et heredibus meis dictis mona[chis et eorum] successoribus, libere, quiete et pacifice. Et ego Robertus et heredes mei dictis monachis et eorum successoribus dictos quatuor solidos contra omnes, ad usus Normannie, tenemur garantizare et deffendere, valore ad valorem exchambiare; nec dictum masagium possumus aut poterimus vendere, dare, elemosinare, aut alio redditu super..... vel alio quocumque obligare nisi de ipsorum licentia speciali. In cujus rei testimonium, presentem cartam sigilli mei munimine confirmavi.

Actum anno Domini m° cc° septuagesimo primo, mense martio.

Testibus hiis : Petro Gibet; Rogero Gibet; Josepho Gibet; Johanne Pictavensi; Anselmo Bolengario, et multis aliis.

Orig. en parch., détérioré. — Arch. de l'Eure, Fonds de Bon-Port, liasse 11, n° 27.

CCLXXXI

Aupeissa, veuve, vend à Gautier Abraham une pièce de terre à Saint-Germain-d'Alizay.

(1273, 16 octobre.)

Sciant omnes, presentes et futuri, quod ego Aupeissa, relicta.......
concessi et omnino dereliqui Galtero Abraham, de Ponte-Arche.........
..........bant in una pechia terre, sita in parrochia Sancti..........
una parte, et terram Galteri Abraham, ex altera....................
predicto Galtero et ejus heredibus pro sexdecim....................
libere, quiete et pacifice ab omnibus, salvo tamen..................
Aupeissa et heredes mei predicto Galtero et ejus hered..............
tenemur ubique defendere et garantizare. In cujus...................
predicta Aupeissa, presentem cartam sigilli munimine mei roboravi.

Actum fuit anno Domini M° CC° LXX° III°, mense octobris, die martis proximo ante festum Beati Luce.

Testibus hiis : Nicholao Sevestre; Michaele Clerico; Johanne Ricarii; Simone Ducrues; Petro Picot, et pluribus aliis.

<small>Orig. en parch., fortement détérioré par l'humidité. — Arch. de l'Eure, Fonds de Bon-Port, liasse 66, n° 11.</small>

CCLXXXII

Guillaume de Thuit-Signol, chevalier, donne aux religieux de Bon-Port tous ses droits sur la chapelle de Thuit-Signol.

(1273, 14 novembre.)

Omnibus hec visuris, Guillelmus du Tuit-Signol, miles, salutem in

Domino. Noveritis quod ego, ob salutem et remedium anime mee et omnium antecessorum meorum, do et confero Deo et Beate Marie Boni-Portus et monachis ibidem Deo servientibus et [servituris] in puram et perpetuam elemosinam quidquid juris habebam, reclamabam, vel habere poteram in capella du Tuit-Signol, quam ego de novo fundavi, cum omnibus bonis ad dictam capellam pertinentibus, et volo quod per abbatem et conventum Boni-Portus ad dictam capellam de cetero presentetur, nec in dicta capella, nec in bonis ad ipsam spectantibus, ego vel heredes mei aliquid de cetero reclamare poterimus. Et ad hec omnia observanda, ego jamdictus Guillelmus, miles, me obligo et heredes meos relinquo, quantum possum, in posterum obligatos. In cujus rei testimonium, ego jamdictus Guillelmus, miles, dictis religiosis presentem litteram tradidi, sigilli mei munimine roboratam.

Datum anno Domini M° CC° LXXIII°, die mercurii post festum Beati Martini Hyemalis.

Copie en papier. — Arch. de l'Eure, Fonds de Bon-Port, liasse 76, n° 14.

CCLXXXIII

Mathieu de Grouchet, chevalier, vend à Jean Boutin 66 sous 6 deniers de rente à Saint-Aubin.

(1273, 18 janvier.)

Noverint universi, presentes et futuri, quod ego Matheus de Grouchet, miles, vendidi et concessi et omnino dereliqui domino Johanni Boutin, presbitero, sexaginta et sex solidos turonensium et sex denarios, quos homines mei de parrochia Sancti Albini de Cotebullent debebant michi annuatim de redditu, videlicet : Robertus Haset VI. sol. et VI. den. et II. gallinas et VII. ova ; Stephanus Haset IX. sol. et IIII. den. ; Ermenfrei V. sol. ; Guillelmus dictus Bonus v. sol.; Guillelmus Heroudel v. sol.; Radulfus dictus Bonus xviii. den.; Nicholaus dictus............ xviii. den.; filia Choisnet viii. sol.; Gauter dictus Bonus ix. sol.; Guillelmus Anglicus ii. sol.; filia Johannis Larguet iiii. sol.; Maumongnier v. sol., et Robertus Larguet xiiii. cenoman. Tenendos et habendos jureque hereditario possidendos predictos sexaginta et sex solidos et vi. den. predicto presbitero et heredibus suis, libere, quiete et pacifice ad faciendam exinde, salvo jure capitali, suam penitus voluntatem, absque ulla mei vel heredum meorum de cetero reclamatione, per quasdam cerotecas de valore trium denariorum reddendorum michi et heredibus meis de dicto presbitero et de heredibus suis annuatim ad Natale Domini. Pro hac autem venditione et concessione predictus presbiter dedit michi viginti libras turonensium de quibus me teneo sufficienter pro pagato. Et ego miles prefatus et heredes mei prefato presbitero redditum prefatum contra omnes ad usus et consuetudines Normannie garantizare debemus sive loco competenti, valore ad valorem, in nostro hereditagio excambiare, nec in dictis hominibus nec in tenementis de quibus ipsi redditum nominatum aliquid retinui quod ad me vel ad heredes meos, ratione hereditaria, valeat revenire. Et ut hoc firmum et stabile futuris temporibus teneatur, presentem cartam sigilli mei testimonio confirmavi.

Actum anno Domini m° cc° lxx° tercio, mense januario, die mercurii ante festum Sanctorum Fabiani et Sebastiani.

Testibus hiis: Guillelmo dicto Fileseie; Colino Dreugnel; Guillelmo de Fouei; Renoudo Le Bateor; Johanne Dior, clerico, et aliis.

Orig. en parch. — Arch. de l'Eure, Fonds de Bon-Port, liasse 69, n° 4.

CCLXXXIV

Grégoire X confirme toutes les libertés et immunités concédées par ses prédécesseurs et toutes les exemptions séculières octroyées par les princes et autres fidèles aux religieux de Bon-Port.

(1274, 13 juin, à Lyon.)

Gregorius, episcopus, servus servorum Dei, dilectis filiis abbati et conventui monasterii Boni-Portus, Cisterciensis ordinis, Ebroicensis diocesis, salutem et apostolicam benedictionem.

Cum a vobis petitur quod justum est et honestum, tam vigor equitatis quam ordo exigit rationis, ut id per sollicitudinem officii nostri ad debitum perducatur effectum. Eapropter, dilecti in Domino filii, vestris justis supplicationibus inclinati, omnes libertates et immunitates a predecessoribus nostris romanis pontificibus per privilegia seu alias indulgencias vobis et monasterio vestro concessas, necnon libertates et exemptiones secularium exactionum a regibus et principibus et aliis Christi fidelibus rationabiliter vobis indultas, sicut eas juste ac pacifice obtinetis vobis et per vos eidem monasterio auctoritate apostolica confirmamus, et presentis scripti patrocinio communimus. Nulli ergo omnino hominum liceat hanc paginam nostre confirmationis infringere, vel ei ausu temerario contraire. Si quis autem hoc attemptare presumpserit, indignationem omnipotentis Dei et Beatorum Petri et Pauli apostolorum ejus se noverit incursurum.

Datum Lugduni, idus junii, pontificatus nostri anno tercio.

Bibl. Imp., Cart. de Bon-Port, ch. 11, f° 12 v°.

CCLXXXV

Raoul le Meteyer vend aux religieux de Bon-Port 9 deniers de rente à Landemare.

(1274, décembre.)

Noverint universi, presentes et futuri, quod ego Radulphus Le Meteer, de parrochia Beate Marie de Valle-Rodolii, vendidi et concessi abbati et conventui Boni-Portus novem denarios turonensium, annui redditus, quos michi debebant dicti religiosi de vinea sua de Landemare, quam de me tenebant, pro octo solidis turonensium, de quibus me teneo pro pagato. Et ego volo et concedo ut dicti monachi et eorum successores dictum redditum penes se de cetero retineant, absque ulla contradictione mei vel heredum meorum, nec ego nec heredes mei super dictam vineam aliquid de cetero poterimus reclamare. Et ut hoc firmum sit et stabile in futurum, presentem cartam sigilli mei munimine roboravi.

Actum anno Domini m° cc° lxx° quarto, mense decembri.

Testibus hiis : Ricardo Le Machecrier, clerico; Guillelmo Tibout; Rogero Le Poli; Guillelmo Brochcomele, et pluribus aliis.

Orig. en parch. — Arch. de l'Eure, Fonds de Bon-Port, liasse 85, n° 88.

CCLXXXVI

Guillaume Roger vend à Laurent Paine 20 sous de rente à Saint-Pierre-des-Cercueils.

(1274, mars.)

Noverint universi, presentes pariter et futuri, quod ego Guillelmus Rogeri, de parrochia Sancti Petri de Sarquieus, vendidi et concessi Laurentio dicto Paine viginti solidos annui redditus, monete usualis, quos Ricardus dictus Feré, de eadem parrochia, michi singulis annis reddere tenebatur, videlicet decem solidos ad festum Beati Michaelis et alios decem solidos ad Natale Domini, de quadem pecia terre quam eidem feodaveram, sita in predicta parrochia, inter terram meam, ex una parte, et terram Thome de Fossa, ex altera : tenendos et habendos dictos viginti solidos annui redditus dicto Laurencio et ejus heredibus de me et heredibus meis, libere et quiete, bene et in pace, absque ulla mei vel heredum meorum de cetero reclamatione. Tenemur etiam jamdictus Guillelmus et heredes mei dicto Laurencio et ejus heredibus dictum redditum, in omnibus locis et curiis, deffendere, garantizare et de omnibus erga omnes dominos aquitare, et ab omnibus impedimentis penitus liberare, et si necesse fuerit in nostro proprio hereditagio, ubicumque fuerit, excambium facere ad valorem. Licebit autem dicto Laurencio et ejus heredibus de predicto redditu, tanquam de suo proprio hereditagio, suam integre facere voluntatem. Licebit eciam eisdem in predicta pecia terre, super quam dictus redditus assignatur, suam justiciam exercere pro redditu et emenda. Et ego jamdictus Guillelmus et heredes mei in predicta terre nichil retinemus nec aliquid reclamabimus in futurum. Si qua vero dampna vel deperdita dictus Laurencius vel heredes sui vel qui dictum redditum de cetero tenebunt aliquo modo occasione hujusmodi incurrerent, ego et mei heredes omnia et singula plenarie tenebimur restaurare. Et super hoc eisdem meos heredes obligo et relinquo in posterum specialiter obligatos. Pro hac venditione et concessione dictus Laurencius dedit michi novem libras turonensium de quibus michi plenarie satisfecit. Ut hoc ratum et stabile permaneat in futurum, presentem cartam eidem tradidi sigilli mei munimine confirmatam.

Actum anno Domini m° cc° lxx° quarto, mense marcio.

Orig. en parch. — Arch. de l'Eure, Fonds de Bon-Port, liasse 75, n° 31.

CCLXXXVII

Pierre de Venon donne aux religieux de Bon-Port 5 sous de rente à Montaure.

(1275, mai.)

Noverint universi, presentes et futuri, quod ego Petrus de Venon dedi et concessi Deo et Beate Marie de Bono-Portu et monachis ibidem Deo servientibus, pro salute anime mee et antecessorum meorum, in puram et perpetuam elemosinam, quincque solidos annui redditus, ad festum Sancti Michaelis, dictis monachis et eorum successoribus annuatim persolvendos, sitos super unum mesnagium, com domo et omnibus edificiis super dictum mesnagium positis, situm inter terram heredum Petri Naguet, ex una parte, et masuram Johannis Le Bolenguier, ex altera : tenendos et habendos dictos quincque solidos annui redditus, dictis monachis et eorum successoribus, bene, in pace, libere et quiete, absque ulla mei vel heredum meorum de cetero reclamatione. Et ego vero predictus Petrus vel heredes mei tenemur predictum redditum dictis monachis et eorum successoribus contra omnes garantizare ac deffendere, ad usus et consuetudines Normannie, vel valore ad valorem, si necesse fuerit, excambiare. Licebit autem dictis monachis et eorum successoribus de dicto redditu suam omnino facere voluntatem, et super dictum mesnagium suam plenarie exercere justiciam, pro redditu supertento. Et ut hoc sit firmum et stabile temporibus futuris, presentem cartam impressione sigilli mei tradidi sigillatam.

Actum anno Domini M° CC° LXX° quinto, mense maio.

Orig. en parch. — Arch. de l'Eure, Fonds de Bon-Port, liasse 105, n° 16.

CCLXXXVIII

Guillaume le Gregi et Odeline, sa femme, vendent à Jehan Quesnel 11 sous de rente et deux chapons à Cléon.

(1275, octobre.)

.... universi, tam presentes quam futuri, quod nos Guillelmus Le Gregi et Odelina, uxor ejus, de parrochia Sancti Eligii de Furcis, tunc temporis, unanimi concurrenter assensu, dedimus in solutum, et etiam vendidimus Johanni dicto Quesnel in acquitationem quatuor........quibus tenebamur eidem per litteras curie venerabilis viri domini officialis Rothomagensis, et ex causis in eisdem litteris contentas .... nos penitus quitavit pro vendicione presenti, quam eciam pro quadraginta solidis turonensium, quos idem Johannes........... persolvit in pecunia numerata, renunciantes exceptioni pecunie non numerate undecim solidos usualis monete et.......... annui redditus, quos Albereda de Grouchet michi predicte Odeline tenebatur reddere annuatim, videlicet medietatem dictorum ....elia et aliam medietatem ad festum Sancti Egidii, et

dictos capones ad Natale Domini, ratione totius terre sue quam.........
de me per residentiam in parrochia Sancti Martini de Cleon, ubicumque
sit, in eadem parrochia tam ad villam..............habendos singulis
annis de cetero dicto Johanni et ejus heredibus per manus dicte Alberede
et ejus heredum.............. libere, pacifice, quiete et ad faciendam
exinde, salvo jure dominico, omnem suam penitus...................
de cetero dicto Johanni et ejus heredibus justiciam suam facere plenariam
in totali terra dicte Alberede predicta............ redditu suo habendo,
singulis annis, ut dictum est, terminis antedictis. Et nos predicti Guillelmus
et............ tenemur de cetero dicto Johanni et ejus heredibus dictum
redditum in locis predictis, ut dictum est, contra............. omnibus
impedimentis et obligationibus penitus liberare. Quod ut firmum et stabile
in futurum.......... Guillelmus et Odelina, uxor ejus, presenti scripto
sigilla nostra duximus apponenda.

 Actum anno Domini m°.......... quinto, mense octobris.

 Testibus hiis : Guillelmo Hermier; Galtero Mercerio; Ricardo de Capiteville; Guillelmo............. de Molendino, clerico, et pluribus aliis.

<small>*Orig. en parch., rongé par un bout.* — *Arch. de l'Eure, Fonds de Bon-Port, liasse 39,
n° 49.*</small>

CCLXXXIX

*Guillaume le Gregi et Odeline, sa femme, ratifient la vente de 11 sous et deux chapons
qu'ils ont faite à Jean Quesnel.*

(1275, octobre.)

.... visuris officialis Rothomagensis, salutem in Domino.
Noveritis quod in nostra presentia constituti Guillelmus dictus Le Gregi et
[Odelina, uxor ejus,] de parrochia Sancti Eligii de Furcis tunc temporis,
ut dicebant, grato et unanimi concurrentes assensu.......... vendidisse

et omnino concessisse Johanni dicto Kesnel undecim solidos usualis monete et duos capones.......... quibus fit mentio in quadam carta presentibus hiis annexa quam dicti Guillelmus Le Gregi et Odelina........... sunt sigillis suis propriis de voluntate et conscientia eorumdem esse sigillatam. Et promiserunt dicti Guillelmus et Odelina, uxor ejus, juramento ab ipsis super hoc corporaliter prestito coram nobis, spontanea voluntate sua, quod .... venditionem predictam et conventiones in dicta carta contentas, seu aliquam earum ratione hereditatis dotalicii, maritagii, partitionis, conquestus, escaanchie, elemosine, vel aliqua alia ratione sibi competenti per se vel per alium in aliquo foro ecclesiastico vel seculari non venient in futurum, se et heredes suos et omnia bona sua mobilia et immobilia, presentia et futura, ubicumque poterunt inveniri quoad hec specialiter obligantes. In cujus rei testimonium, presenti scripto sigillum curie nostre ad instanciam parcium duximus apponendum.

Actum anno Domini m° cc° septuagesimo quinto, mense octobris.

<small>*Orig. en parch., rongé par un coin.* — Arch. de l'Eure, Fonds de Bon-Port, liasse 69, n° 50.</small>

CCXC

Pierre de la Cour, personne de Saint-Cyr-du-Vaudreuil, vend à Mathilde de Perrone une acre de pré au Vaudreuil.

(1275, avril.)

Sciant presentes et futuri quod ego Petrus de Curia, persona Sancti Cyrici de Valle-Rodolii, vendidi et concessi domine Matildi de Perrona, relicte quondam domini Juliani de Perona, militis, defuncti, ad construendam quandam capellaniam in domo Boni-Portus, in qua singulis diebus celebrabitur pro anima dicti Juliani defuncti et omnium defunctorum, unam acram prati quam habebam in praeria............ inter pratum

. . . . ex una parte, et pratum quod tenet Nicholaus dictus Basire, ex alia. . . . . . . dote re. . . . . matris mee, pro quatuordecim libris turonensium, de quibus teneo me pro pagato. . . . . Matildi vel causam habentibus ab eadem, bene, quiete et pacifice, absque. . . . . vel heredum meorum de cetero reclamatione, vel eciam contradictione. Et sciendum quod ego et heredes mei tenemur dicte Matildi, vel causam habentibus ab ea, dictum pratum, ad usus et consuetudines Normannie, contra omnes deffendere et garantizare, vel alibi, si necesse fuerit, in proprio hereditagio nostro, valore ad valorem excambiare. Et ut hoc ratum et stabile futuro tempore permaneat, presentem cartam per appositionem sigilli mei roboravi.

Actum anno Domini m° cc° septuagesimo sexto, mense aprilis.

Teste plena parrochia Sancti Cyrici de Valle-Rodolii.

Orig. en parch., en mauvais état. — Arch. de l'Eure, Fonds de Bon-Port, liasse 86, n° 5.

CCXCI

Guillaume Croc, chevalier, confirme la donation de 12 sous tournois de rente faite aux religieux de Bon-Port par Aline, veuve de Robert Soein.

(1276, mai.)

Universis presentes litteras inspecturis Guillelmus dictus Croc, miles, salutem in Domino. Noveritis me litteram Aeline, relicte Roberti Soein, defuncti, de Welleboto, vidisse in hec verba :

Noverint universi, presentes et futuri, quod ego Aelina, relicta Roberti dicti Soein, de parrochia Sancti Johannis de Welleboto, pro salute anime mee et dicti Roberti, mariti mei, deffuncti, et omnium antecessorum meorum, dedi et concessi in puram et perpetuam elemosinam Deo et Beate Marie de Bono-Portu et monachis ibidem Deo servientibus et servituris duodecim solidos turonensium annui redditus, quos Robertus dictus Sutor, de parrochia Sancti Cyrici in campania, michi reddebat annis singulis, ad festum Sancti Michaelis, super masagium suum, situm inter mosagium Durandi de Moncello, ex una parte, et masagium Gilleberti, filii Ase, ex altera : tenendum et habendum et annis singulis percipiendum dictum redditum dictis religiosis, bene, pacifice et quiete, absque ulla contradictione mei de cetero vel heredum meorum. Et ut hoc ratum et stabile permaneat in futurum, presentem cartam eisdem tradidi sigilli mei munimine confirmatam.

Actum anno Domini m° cc° lx° sexto, mense maii.

Hanc autem donacionem et concessionem ego predictus Guillelmus, dominus feodi, laudo, approbo et concedo, et appositione sigilli mei confirmo, pro salute anime mee et omnium antecessorum meorum.

Actum anno Domini m° cc° lxx° sexto, die lune ante festum Beati Barnabe apostoli.

<small>*Orig. en parch.* — *Arch. de l'Eure, Fonds de Bon-Port, liasse 105, n° 10.*</small>

CCXCII

Gautier Halain vend à Robert le Maçon une vergée de terre à Alisay.

(1276, août.)

Noverint universi, tam presentes quam futuri, quod ego Galterus dictus Halaani, assensu P. . . . . uxoris mee, vendidi et in perpetuum derelinqui magistro Roberto Lathomo, Pontis. . . . . tres virgatas terre; site sunt in parrochia Sancti-Germani d'Alisi. . . . . terram Reginaldi de Capite-Ville, ex altera, sicut se protendunt. . . . . de quibus michi pre manibus satisfecit : tenendas et habendas dictas tres. . . . . .cifice. Licebit ecciam de cetero dictis

Roberto et Ali. . . . . voluntatem, sicut de sua propria hereditate, sal. . . . . nui redditus, quod predicti Robertus et Alicie vel. . . . . pro porportu feodi, et ego jamdictus . . . . virgatas terre contra omnes gentes garantizare. . . . . cumque fuerit, valore ad valorem excambiare . . . . summam pecun. . . . . gace et per redditum supradictum, et ego predicta. . . . . non coacta, tactis sacrosanctis evangeliis, que predictos Robertum et Aliciam. . . . . . . alia ratione. . . . . . . nec me, nec alium per me nullatenus faciam molestari et nichil de cetero in tribus virgatis prenominatis reclamabo. Ad majorem confirmationem nos predicti Galterus et Petronilla eisdem Roberto et Alicie hanc presentem cartam fecimus et sigillorum nostrorum munimine confirmavimus.

Actum fuit hoc anno Domini m° cc° lxx° sexto, mense augusti.

Testibus hiis : Johanne de Alisiaco, armigero; Thoma Maseboc; Rogero Lathomo; Alenno Anglico; Gaufrido Corteheuse, et pluribus aliis.

Orig. en parch., détérioré par l'humidité. — Arch. de l'Eure, Fonds de Bon-Port, liasse 66, n° 7.

CCXCIII

Guillaume de Gondemare vend à Robert Triasnon trois vergées de terre à Colmare.

(1276, novembre.)

Noverint universi quod ego Willelmus de Gondemare vendidi et in perpetuum concessi Roberto Truie Asnon, civi Rothomagensi, pro undecim libris turonensium de quibus teneo me pro pagato, tres virgatas terre sitas in parrochia Sancti Laurencii de Colemare, inter terram dicti Roberti Truie Asnon, ex una parte, et terram Johannis de Spineto, ex altera, sicut se proportant ibidem a terra dicti Johannis usque ad terram meam, de quibus licebit sibi et heredibus suis facere de cetero, sicut de suo proprio hereditagio, omnem suam voluntatem, salvo jure dominico, et per adventum feodi. Et ego antedictus Willelmus et heredes mei tenemur eidem Roberto et suis heredibus dictas tres virgatas terre contra omnes garantizare, et ab omnibus inpedimentis penitus liberare, vel in nostro proprio hereditagio, si necesse fuerit, valore ad valorem excambiare. Et quod hoc firmum et stabile futuris temporibus permaneat, presentem cartam sigillo meo sigillavi.

Actum anno Domini m° cc° septuagesimo sexto, mense novembris.

Testibus hiis : Radulfo Le Masnier; Johanne de Britonia; Roberto Guillot; Johanne de Roma; Sansone de Mara; Roberto a la Fauvette; Willelmo Scriptore, et aliis.

Orig. en parch. — Arch. de l'Eure, Fonds de Bon-Port, liasse 84, n° 5.

CCXCIV

Guillaume le Carpentier et Jeanne, sa femme, vendent aux religieux de Bon-Port huit boisseaux et demi de mouture sur un moulin à Landemare.

(1276, décembre.)

Noverint universi, presentes et futuri, quod ego Guillelmus dictus Le Carpentier, et ego Johanna, uxor dicti Guillelmi, de parrochia de Altaribus, assensu unanimi et voluntate, vendidimus, concessimus et omnino dimisimus viris religiosis abbati et conventui Boni-Portus, Cysterciensis ordinis, pro sexaginta solidis turonensium, de quibus nos tenemus pro pagatis, octo boissellos et dimidium de moltura annui redditus, quos ego predictus Guillelmus et ego predicta Johanna percipiebamus et habebamus annuatim super quoddam molendinum dictorum religiosorum, situm apud Landemare, in aqua Ardure, et in parrochia Beate Marie de Valle-Rodolii, Ebroicensis dyocesis : tenendos et habendos ac possidendos bene et in pace,

libere et quiete in perpetuum dictis religiosis et eorum successoribus absque
inpedimento vel oppositione sive reclamatione ex parte nostra vel heredum
nostrorum faciendis. Et licebit de cetero dictis religiosis et eorum successoribus de dictis octo boissellis et dimidio de dicta moltura annui redditus
suam plenariam facere voluntatem. Et ego dictus Guillemus, et ego dicta
Johanna, uxor dicti Guillelmi, spontanea voluntate ad sancta Dei ewangelia
juravimus, in curia Rothomagensi, coram officiali, quod in dictis octo boissellis et dimidio de moltura annui redditus ratione hereditatis, dotis,
dotalicii, donationis propter nuptias, maritagii, partionis, successionis,
eschaanchie, elemosine, conquestus, dominii, seu alia qualibet ratione
nobis competenti, vel competiture nichil de cetero reclamabimus, nec dictos
religiosos aut eorum successores super dictis octo boissellis et dimidio molture annui redditus in aliquo foro ecclesiastico vel seculari aliquatenus
molestabimus. Quod inviolabiliter observare volumus, et obligamus nos et
heredes nostros ad predictam venditionem observandam, et dictis religiosis
et eorum successoribus dictos octo boissellos et dimidium molture, ut dictum
est, tenemur contra omnes garantizare et ab omnibus impedimentis et obligationibus erga omnes liberare et penitus acquitare et alibi in nostra hereditate, si necesse fuerit, valore ad valorem excambiare. Et ut ratum et stabile
permaneat in futurum, sigilla nostra presenti carte duximus apponenda.

 Actum anno Domini M° CC° LXX° sexto, mense decembris.

 Testibus hiis : Johanne Guocelin; Roberto Coispel; Galtero Le Tonnelier;
Nicholao Le Barbier; Roberto Le Maistre, et aliis.

<small>*Orig. en parch.* — *Arch. de l'Eure, Fonds de Bon-Port, liasse 85, n°s 5 et 89.*</small>

CCXCV

Mathieu Paindieu vend à Robert le Maçon une masure et une pièce de terre à Alisay.

(1276, 7 mars.)

Noverint universi, tam presentes quam futuri, quod ego Matheus Paindieu, vendidi et concessi et omnino derelinqui magistro Roberto Lathomo, Pontis-Arche, quoddam masagium cum edificiis et quandam pechiam terre cultibilis ; quod masagium situm est in parrochia Sancti Germani d'Alisi, inter terram predicti Roberti, ex utraque parte, de vico ante usque ad terram predicti Roberti retro, et pechia terre sita est inter terram predicti Roberti, ex utraque parte, a semita ortorum usque ad terram Simonis du Creus et dotem Emmeline de Altaribus quando accidit, per undecim libras turonensium, de quibus michi pre manibus satisfecit : tenendum et possidendum dictum masagium cum edificiis et cum terra, dicto Roberto et heredibus suis, bene et pacifice. Licebit ecciam de cetero dicto Roberto et heredibus suis de predicto masagio cum edificiis et cum terra omnem suam penitus facere voluntatem, sicut de suo proprio hereditario, salvo tamen jure et reddictu dominico. Et ego jamdictus Matheus et heredes mei dicto Roberto et heredibus suis dictum masagium cum edificiis et cum terra, ut dictum est superius, contra omnes gentes garantizare tenemur et futuris temporibus tenebimur, vel alibi, si necesse fuerit, in nostro proprio hereditario, ubicumque fuerit, valore ad valorem excambiare tenemur, et futuris temporibus tenebimur, per summam pecunie prepagate. Ut hoc firmum et stabile futuris temporibus permaneat, ego jamdictus Matheus eidem Roberto hanc presentem cartam fieri feci et sigilli mei munimine confirmavi.

Actum fuit hoc anno Domini m° cc° lxx° sexto, prima sabbati, in martio.

Testibus hiis : Andrea Groset, serviens domine comitisse ad Rouvillam tunc ; Johanne dicto Leblont, tunc de Rouville ; Roberto Monacho ; Roberto Le Motois ; Gaufrido Corteheuse, et pluribus aliis.

Orig en parch., scellé en cire jaune, attache de parchemin, légende ✠ S. MATH. : PAINDIV : au centre 8 rayons forme orbiculaire. — Arch. de l'Eure, Fonds de Bon-Port, liasse 66, n° 8.

CCXCVI

Jeanne Bequet vend à Robert le Maçon 2 sous 6 deniers et un chapon de rente à Alisay.

(1276.)

Notum sit omnibus, tam presentes quam futuris, quod ego Johenna dicta Bequet, tempore viduitatis mee, vendidi et concessi et in perpetuum derelinqui magistro Roberto Lathomo, Pontis-Arche, et Alicie, uxori sue, duos solidos et sex denarios turonensium annui redditus, et unum caponem, quos duos solidos et sex denarios turonensium annui redditus Michael Lebougle reddebat michi annuatim ad festum Sancti Michaelis, et caponem ad Natale Domini, de quadam pechia terre quam tenebat de me, que terra sita est in parrochia Sancti Germani d'Alisi, inter terram Acelini Lebougle, ex una parte, et terram Mathei de Rouville, ex altera, sicut se protendit, pro vingepti et quinque solidis turonensium, de quibus michi pre manibus satisfecerunt : tenendos et possidendos dictum reddictum et caponem dictis Roberto et Alicie et heredibus suis bene et pacifice; licebit ecciam de cetero dictis Roberto et Alicie et heredibus suis de depredicto redditu et de capone omnem suam penitus facere voluntatem, sicut de suo proprio, salvo tamen omni jure. Et ego jamdicta Johanna et heredes mei dictis Roberto et Alicie et heredibus suis predictum reddictum cum capone contra omnes gentes garantizare tenemur, vel alibi, si necesse fuerit, in nostro proprio hereditario ubicumque fuerit . . . . lore ad valorem excambiare, et possunt predicti Robertus et Alicia . . . . terram suam plenarie justiciam facere pro redditu suo . . . . terminum fuerit persolutum.

In cujus rei testimo.......... Roberto et Alicie, hanc presentem cartam fieri feci ....mavi.

Actum fuit hoc anno Domini m° cc° lxx° vi°, mense...............

[Testibus hiis] : Acelino Lebougle; Rogero Lathomo; Johanne dicto Leblont ....elle Lebougle, et pluribus aliis.

<small>*Orig. en parch., détérioré par l'humidité.* — Arch. de l'Eure, Fonds de Bon-Port, liasse 66, n° 6.</small>

CCXCVII

Albérède la Mercière vend à maître Robert le Maçon un setier de blé de rente à Alisay.

(1277, mai.)

Noverint universi, presentes et futuri, quod ego Albereda La Merchiere, uxor Guillelmi dicti Maillart, de assensu et voluntate predicti mariti mei, qui presens erat, vendidi, concessi et omnino dimisi magistro Roberto Lathomo, de Ponte-Arche, pro centum solidis turonensium, de quibus nos tenemus plenarie pro pagatis, unum sextarium bladi, valoris duodecim denariorum minus quam choisium de mercato de Ponte-Arche, ad mensuram ejusdem locis, annui redditus, ad festum Sancti Michaelis; quod sextarium bladi Matheus dictus Peindieu michi reddebat, singulis annis, ad dictum festum, de quodam masagio cum edificiis suprapositis, sito in parrochia Sancti Germani de Aliseyo apud Rouville, inter terram predicti magistri, ex utraque parte, a vico per ante, usque ad terram predicti magistri retro, et de quadam pecia terre sita apud predictum locum, inter terram predicti magistri, ex utraque parte, a semita ortorum usque ad terram Symonis du Crues et dotem Emmeline de Altaribus : tenendum, habendum et jure hereditario in perpetuum possidendum predictum sextarium bladi super locis predictis predicto magistro et ejus heredibus, libere, pacifice et quiete ab reclamatione et revocatione nostri et heredum nostrorum super hoc de cetero faciendo, omne jus, dominium, actionem, proprietatem et possessionem que et quas in dicto sextario bladi et in dictis masagiis et terra ratione ejusdem habebamus et habere poteramus, quacumque ex causa in eumdem magistrum et ejus heredes penitus transferentes aliquid inde nobis aut heredibus nostris nullatenus retinentes. Tenemur etiam nos predicti Albereda et Guillelmus et heredes nostri predicto magistro et ejus heredibus predictum sextarium bladi annui....... contra omnes garantizare et deliberare, vel alibi in propria hereditate nostra, ubicumque fuerit .....em excambiare, salvo tamen jure capitalium dominorum. Et ut hoc firmum et....... futurum, nos predicti Albereda et Guillelmus, unanimi assensu et voluntate communi, presentes litteras sigillavimus nostrorum munimine sigillorum.

Actum anno Domini M° CC° LXX° septimo, mense mayo.

Testibus hiis : Andrea Grosset; Johanne Leblont; Roberto Monacho, cum pluribus.

Orig. en parch. — Arch. de l'Eure, Fonds de Bon-Port, liasse 66, n° 10.

CCXCVIII

Mathieu Paindieu et Mathilde, sa femme, ratifient la vente faite par eux à Robert le Maçon de plusieurs héritages à Alisay.

(1277, 1er juin.)

Omnibus hec visuris, officialis Rothomagensis, sede vacante, salutem in Domino. Noveritis quod in nostra presencia constitutus Matheus dictus Panisdei et Matildis, ejus uxor, de parrochia de Aliseyo tunc temporis, ut dicebat, unanimi assensu et voluntate communi, recognoverunt se vendidisse et omnino dimisisse magistro Roberto Lathomo, de Ponte-Arche, quoddam masagium cum edificiis suprapositis seu in eodem existentibus, et unam peciam terre, sitam in parrochia de Aliseyo, apud Rouville, ut dicebat, quod masagium situm est inter terram predicti magistri, ex utraque parte, prout se extendit in longum et in latum, a vico per ante usque ad terram predicti magistri retro; pecia terre sita est inter terram predicti magistri, ex utraque parte, prout se extendit in longum et in latum, a semita ortorum usque ad terram Symonis du Crues, pro undecim libris turonensium, de quibus predicti Matheus et Matildis, ejus uxor, coram nobis se tenuerunt plenarie pro pagatis, renunciantes exceptioni non numerate peccunie, non solute, non habite et non recepte : tenendum, habendum et jure hereditario imperpetuum possidendum predicto magistro et ejus heredibus predictum masagium et dictam peciam terre, cum dote quam Emmelina de Altaribus tenet de predictis masagio et pecia terre, post decessum dicte Emmeline. . . . . pacifice et quiete, absque reclamatione et revocatione predictorum Mathei et ejus uxoris et ipsorum heredum super hoc de cetero faciendis. Tenentur autem et tenebuntur predicti Matheus et Matildis et eorum heredes predicto magistro et ejus heredibus predictum masagium . . . . dotem quociens accidere contigerit contra omnes garantizare et deliberare, vel alibi in propria hereditate ipsorum, ubicumque fuerit, valore ad valorem, excambiare, salvo tamen jure capitalium dominorum, se et heredes suos, et omnia bona sua, mobilia et immobilia, presentia et futura, quoadlibet specialiter obligando. Juraverunt eciam coram nobis predicti Matheus et Matildis, ejus uxor, ad sancta. . . . . . . et spontanei, non coacti, quod ratione dotis, dotalicii, conquestus. . . . . maritagii impediti, donacionis propter nupcias, partis successionis, seu aliqua causa sibi competenti et in posterum competituri contra premissa, vel aliquod premissorum in foro ecclesiastico vel seculari, non venient in futurum nec venire procurabunt, immo omnia premissa fideliter garantizabunt et eciam adimplebunt. In quorum omnium et singulorum testimonium premissorum, ad peticionem predictorum venditorum, sigillum curie Rothomagensis presentibus litteris duximus apponendum.

Datum anno Domini M° CC° LXX° septimo, die martis post octabas Trinitatis.

Orig. en parch., détérioré en partie. — Arch. de l'Eure, Fonds de Bon-Port, liasse 66, n° 9.

CCXCIX

Jean d'Orgueil vend à Robert Triasnon une acre de terre à Colemare.

(1277, 31 janvier.)

Noverint universi quod ego Johannes de Orgollio, de parrochia Sancti Laurencii de Colemare, vendidi et concessi et omnino dimisi Roberto dicto Triasnon, civi Rothomagensi, pro septem libris turonensium, de quibus michi pre manibus satisfecit, unam acram terre quam habebam in eadem parrochia, sitam inter terram Osberi dicti Lequien, ex una parte, et terram meam, ex altera, sicut se proportat a terra Willelmi Le Peletier usque ad terram predicti Willelmi dicti Le Peletier : tenendam et habendam dicto Roberto et suis heredibus, bene, pacifice, libere et quiete. Et licebit de cetero Roberto et suis heredibus de dicta acra terre facere suam plenarie voluntatem, sicut de suo proprio hereditagio, salvo jure dominico, per advenancionem feodi. Hanc autem dictam acram terre, ego predictus Johannes et heredes mei predicto Roberto et suis heredibus contra omnes gentes tenemur garantizare, et de omnibus aliis redditibus, obligationibus et arreragiis penitus aquitare, vel in nostro proprio hereditagio, valore ad valorem, si necesse fuerit, excambiare. Et ut ratum et stabile permaneat, ego predictus Johannes predicto Roberto hanc cartam feci et munimine sigilli mei confirmavi.

Actum anno Domini M° CC° septuagesimo septimo, die dominica ante Purificationem Beate Marie Virginis, mense januarii.

Testibus hiis : Rogero dicto Cave; Roberio dicto Guillot; Willelmo de Gondemare; Guilberto dicto Hardel; Willelmo Scriptore, et aliis.

Orig. en parch. — Arch. de l'Eure, Fonds de Bon-Port, liasse 84, n° 6.

CCC

**Jean Duval donne aux religieux de Bon-Port 2 sous de rente
à Saint-Étienne-du-Vauvray.**

(1277, février.)

Notum sit omnibus, tam presentibus quam futuris, quod ego Johannes du Val, de parrochia Sancti Stephani de Vauvreio, pro salute anime mee et Lucie, uxoris mee, ac successorum meorum, dedi in puram et perpetuam elemosinam viris religiosis abbati et conventui Beate Marie Boni-Portus, ordinis Cisterciensis, duos solidos annui redditus, quos michi reddebat Radulfus Normannus......... annis singulis ad festum Sancti Michaelis, de quadam oseria, sita in parrochia de Vauvreio, ante les Loges, tenendos....... habendos et in perpetuum possidendos duos antedictos solidos dictis religiosis et eorum successoribus, de me et heredibus meis .... libere et quiete, absque ulla contradictione mei vel heredum meorum de cetero facienda. Et teneor supradictum redditum dictis religiosis deffendere et garantizare contra omnes, vel alibi in mea hereditate, si necesse fuerit, valore ad valorem excambiare. Et ut hoc ratum et stabile permaneat in futurum, presenti carte sigillum meum apponere dignum duxi.

Actum anno Domini m° cc° lxx° septimo, mense februarii.

Testibus hiis : Stephano..... Valle ; Guillelmo Maricte ; Adan Le Praier ; Johanne Le Porchier, et pluribus aliis.

Orig. en parch., rongé en partie. — Arch. de l'Eure, Fonds de Bon-Port, liasse 56, n° 4.

CCCI

Philippe III le Hardi amortit les acquisitions faites par les religieux de Bon-Port dans ses fiefs et arrière-fiefs.

(1277, mars, à Paris.)

PHILIPPUS, Dei gracia, Francorum rex.

Notum facimus universis, tam presentibus quam futuris, quod cum abbas et conventus Boni-Portus, Ebroicensis diocesis, juxta tenorem ordinacionis nostre, finaverint cum ballivo nostro Rothomagensi, finationem hujusmodi pro nobis recipiente, super retinendis perpetuo acquisitis per ipsos in feodis et retrofeodis nostris a triginta annis citra, que sunt hec, videlicet : apud Lereium, a Nicholao Bouvat, septem solidi; item, a Guillelmo Bertini, quinque solidi; item, ab Ambrosio de Sancto Nicholao, una pecia vinee et quatuor solidi turonensium; item, a Gaufrido Chevalier, una pecia terre et quindecim solidi turonensium; item, a Ricardo Henrici, dimidia acra terre et decem solidi turonensium; item, a Guillelmo le Gay, quinque solidi et sex denarii turonensium; item, a Galtero Ruffo, una pecia terre et tres solidi turonensium; item, a Roberto Goye, quatuor solidi turonensium; item, a Johanne Goselin, una virgata prati et septem solidi turonensium; item, a Nicholao le Tourain, quadraginta solidi turonensium; item, a Guillelmo Potente et Durando Voegnant, sexaginta duo solidi turonensium, ex dono Creste; item, a dicto Bonence, quatuor solidi turonensium; item, a magistro Hylario, quadraginta solidi turonensium; item, a Durando Darsel, quinque solidi; item, apud Vallem-Rodolii, ab Arnulpho de Crasvilla, dimidia acra prati et quatuor solidi turonensium; item, a Mauro Anglico, una pecia terre, duo solidi et sex denarii turonensium; item, a domino Petro de Curia, una acra et dimidia prati et triginta solidi turonensium; item, a Rogero de Crasvilla, quicquid habebat in prateria et viginti solidi turonensium; item, apud Landemare, a Clemente, unum molendinum et centum solidi turonensium; item, a Margareta Boterel, una virgata et dimidia terre et sex solidi turonensium; item, apud Landemare, super molendinum Clementis, sexaginta et duo solidi turonensium; item, apud Vallem-Rodolii, a Gaufrido Ruffo, tres solidi; item, ab Alexandro Robaire, duo solidi; item, a domino Johanne de Bosco, triginta solidi; item, apud Pontem-Archie, a Juliana Hamonis, triginta tres denarii; item, a Johanne Nigro, dimidia virgata terre et duo solidi; item, a Henrico Caletensi, duodecim denarii; item, a Guillelmo Carnifice, duodecim denarii; item, apud Poses, a Ricardo Anfrie, viginti solidi; item, apud Criquebuef, a Johanne de Pistres, duos solidos et sex denarii; item, apud Escrovillam, a Ricardo de Venon, duo solidi; item, super masuram Gaugani, duodecim solidi; item, super masuram Malebeste, duodecim solidi; item, apud Escrouvillam, a Ricardo de Venon, duo solidi; item, a Ricardo Cousin, tres solidi; item, a Petro de Venon, quinque solidi; item, a Herberto Ansqueulle, duo solidi; item, a Guillelmo Rahier, duodecim denarii; item, apud Bequet, ex dono domini Henrici Boutellier, viginti solidi; item, apud Sanctum Ciricum, ex dono domine Aeline de Velleboto, duodecim solidi; item, apud Sanctum Albinum, a domino Johanne Botin, quatuor libre; item, apud Radepont, a dicto Cornart, quadraginta quinque solidi; item, apud Tourvillam, a Nagueto, quatuor libre et decem et octo solidi; item, apud Tobervillam, duodecim libre quatuordecim solidi et tres denarii, vel circiter; item, a Petro Piton, tresdecim solidi et sex denarii; item, a Nicholao Quinto, duo solidi; que omnia estimata sunt quinquaginta tres libre et duo denarii turonensium annui redditus. Nos, finationem hujusmodi ratam habentes et gratam, volumus et concedimus, quantum in nobis est, quod dicti abbas et conventus dicta acquisita tenere possint imperpetuum et pacifice possidere, sine coactione vendidi vel extra manum suam ponendi, salvo in aliis jure nostro et jure in omnibus alieno. Quod ut ratum et stabile permaneat in futurum, presentibus litteris nostrum fecimus apponi sigillum.

Actum Parisius, anno Domini millesimo ducentesimo septuagesimo septimo, mense marcio.

Bibl. Imp., Cart. de Bon-Port, ch. 62, f° 42 v°.
Impr. Delisle, Cart. normand, p. 235, n° 919.

CCCII

Guillaume, abbé de la Trappe, vend aux religieux de Bon-Port 60 sous tournois sur la prévôté de Conches.

(1277, mars.)

Noverint universi, presentes et futuri, quod nos, frater Guillelmus dictus abbas domus Dei de Trappa et ejusdem loci conventus, de communi assensu, vendidimus et concessimus et omnino dimissimus viris religiosis abbati et conventui Boni-Portus, ordinis nostri, sexaginta solidos turonensium ad luminaria candelarum in celebratione missarum predicte ecclesie, quos ex dono et elemosina bone memorie Roberti de Corteniaco habebamus et percipiebamus in prepositura Concharum, singulis annis, in crastino Purificationis Beate Marie, prout in littera predicti Roberti, quam eisdem tradidimus, plenius continetur, pro quadraginta libris turonensium de quibus nobis plenarie satisfecerunt : tenendos et habendos et in perpetuum possidendos dictos sexaginta solidos annui redditus, dictis religiosis et eorum successoribus, bene, pacifice et quiete, absque ulla contradictione nostri vel successorum nostrorum. Nos autem et successores nostri predictum redditum dictis religiosis et eorum successoribus tenemur deffendere et garantizare contra omnes, ad usus et consuetudines Normannie, vel alibi in nostra propria hereditate, si necesse fuerit, excambiare. Et ut hoc firmitatis robur obtineat in futurum, presentem cartam sigilli nostri munimine duximus roborandam.

Nos vero frater Radulphus, dictus abbas de Brolio, pater abbas dicte domus, predictam venditionem approbamus et ratam habemus, et; ad petitionem predicti abbatis, filii nostri, et conventus, appositione sigilli nostri confirmamus.

Actum anno Domini m° cc° lxx° septimo, mense martio.

Orig. en parch. — Arch. de l'Eure, Fonds de Bon-Port, liasse 82, n° 1 bis.
Impr. Neustria pia. p. 899.

CCCIII

Isabelle de Villers et Erembourg Varoude, sa sœur, fieffent aux religieux de Bon-Port une pièce de terre à Pont-de-l'Arche.

(1277, mars.)

Noverint universi, presentes et futuri, quod nos Ysabellis, relicta Mathei de Vilers, et Eremborgis, relicta Philipi Varoude, sorores, de parrochie de Sahurs, feodavimus et concessimus viris religiosis abbati et conventui Boni-Portus, Cisterciensis ordinis, unam pechiam terre, quam habebamus in parrochia Sancti Vigoris de Ponte-Arche, sitam inter aquam Secane, ex una parte, et haiam predictorum religiosorum, ex altera, pro quindecim soldis turonensium, nobis et heredibus nostris, ad festum Sancti Michaelis persolvendis. Et sciendum quod nos et heredes nostri predictis religiosis et eorum successoribus predictam terram tenemur contra omnes defendere et garantizare per predictum redditum, et ab omnibus impedimentis deliberare, ad usus et consuetudines Normannie, vel alibi, si necesse fuerit, in propria hereditate nostra, valore ad valorem excambiare. Et ut hoc ratum et stabile permaneat, presentem cartam per sigilla nostra confirmavimus.

Actum anno Domini m° cc° lxx° vii°, mense martio.

Testibus hiis : Johanne Gocelin; Guillelmo de Oisel; Galtero Le Tonelier; Roberto Coispel; Nicholao Le Barbier, et pluribus aliis.

Orig. en parch. — Arch. de l'Eure, Fonds de Bon-Port, liasse 63, n° 95.

CCCIV

Amaury Recuchon, écuyer, donne aux religieux de Bon-Port les redevances qu'ils lui doivent au Bois-Normand.

(1278, septembre.)

Noverint universi, presentes pariter et futuri, quod ego Amalricus Recuchon, armiger, de parrochia Bosci-Normanni, dedi, quitavi et omnino dimisi in puram et perpetuam elemosinam, pro salute anime mee et omnium antecessorum meorum, Deo et Beate Marie de Bono-Portu, ordinis Cysterciensis, et monachis ibidem servientibus omnem redditum, omnia auxilia et omnes alias redevancias qualescumque, que ad manus meas vel heredum meorum possent in posterum devenire, et quicquid juris et dominii habebam seu habere poteram in quadam pecia terre quam dicti religiosi emerunt a Reginaldo de Profunda Valle et Johanna, uxore sua, de parrochia Sancti Cyriaci in Campania, sita in parrochia de Bosco-Normanni, inter terram heredum Guillelmi Parvi defuncti, ex una parte, et terram Thome de Nova-Villeta, ex altera, et aboutat ad Quatuor Acras, ex uno capite, et ad semitam per quam itur de Nova-Villeta apud Wellebotum, ex altero; nichil michi aut heredibus meis penitus retinens ex omnibus supradictis. Volo eciam ego jamdictus Amalricus quod dicti religiosi habeant et teneant predictam terram liberam et quietam de omnibus exigenciis et aliis redevanciis quibuscumque, prout supradictum est, et in manu mortua sine contradictione et impedimento mei vel heredum meorum.................. et heredes meos obligo eisdem et relinquo in posterum specialiter obligatos. Ut hec elemosina dictis religiosis valeat in futurum, presentem cartam eisdem tradidi sigilli mei munimine confirmatam.

Actum anno Domini M° CC° LXX° octavo, mense septembris.

Orig. en parch. — Arch. de l'Eure, Fonds de Bon-Port, liasse 76, n° 504.

CCCV

Guillaume de Gondemare vend à Robert Triasnon une pièce de terre à Colemare.

(1278, 4 décembre.)

Noverint universi quod ego Guillermus de Gondemare, de parrochia de Colemara, vendidi et concessi et omnino dimisi Roberto Triasnun, civi Rothomagensi, pro septem libris turonensium, de quibus jam pre manibus satisfecit, unam pechiam terre quam ego habebam in parrochia de Colemara, sitam inter terram ejusdem Roberti, ex una parte, et terram Johannis de Lymeto, ex alia, sicut se proportat, in longum et in latum, a meo curtillo usque ad terram dicti Roberti Triasnun : tenendam et possidendam eidem Roberto et ejus heredibus de me et meis heredibus, libere, quiete, pacifice per accidens feodi, et ad faciendum quidem amodo suam penitus voluntatem, sicut de suo proprio hereditagio, absque ulla amodo mei seu heredum meorum contradictione, salvo jure capitali et accidente feodi. Et ego et mei heredes predicto Roberto et ejus heredibus dictam pechiam terre amodo contra omnes tenemur garantizare, vel alibi in nostro proprio hereditagio quesito et adquirendo ubicumque fuerit ad villam et ad campos, valore ad valorem, si necesse fuerit, excambiare. Quod ut ratum et stabile permaneat in futurum, huic presenti carte sigillum meum apposui.

Actum anno Domini M° CC° septuagesimo octavo, die lune ante festum Sancti Nicholai hiemalis.

Testibus hiis : Thierrico Lepicier, de parrochia de Colemara; Guillermo de Bougerel; Roberto Guillot; Nicholao Lecaron, clerico, et aliis.

Orig. en parch. — Arch. de l'Eure, Fonds de Bon-Port, liasse 84, n° 7.

CCCVI

André le Danois vend aux religieux de Bon-Port toutes les dîmes qu'il possédait au Thuit-Signol et à Saint-Pierre-des-Cercueils.

(1278, 9 janvier.)

Noverint universi, presentes et futuri, quod ego Andreas dictus Danais de parrochia de Leriaco, vendidi et concessi et omnino dereliqui viris religiosis abbati et conventui de Bono-Portu omnes decimas, quocumque nomine censeantur, quas habebam seu habere poteram in parrochia de Tuyto-Signol, vel etiam in parrochia Sancti Petri des Sarquels, si quas ibidem habeam vel habiturus sim et omne jus, proprietatem et dominium ad me vel heredes meos quoquo modo spectancia vel spectanda, in ipsos religiosos penitus transferendo : tenendum et habendum et imperpetuum possidendum dictis religiosis et eorum successoribus, libere, pacifice et quiete, absque ulla mei vel heredum meorum de cetero reclamatione. Et sciendum est quod ego predictus Andreas et heredes mei dictis religiosis et eorum successoribus omnes predictas decimas tenemur et tenebimur contra omnes gentes, ad usus et consuetudines patrie, garantizare et deffendere et ab omnibus impedimentis, sumptibus nostris propriis, deliberare et acquitare, et omnia deperdita seu dampna ipsorum que defectu nostro sustinuerint vel contigerit sustinere plenarie restaurare, vel in nostra propria hereditate, videlicet super omnes redditus meos quos habeo et percipio in parrochia supradicta de Tuyto-Signol, quos redditus non potero dare, vendere, aut aliquo modo alienare sine dictorum religiosorum licentia speciali. Et hac hec relinquo heredes meos in posterum obligatos. Pro hac autem venditione et concessione dicti religiosi quinquaginta quinque libras monete currentis michi dederunt, de quibus me teneo pro pagato. In cujus rei testimonium et munimen, presentem cartam sigilli mei munimine roboravi.

Actum anno Domini m° cc° lxx° octavo, dominica post octabas Epyphanie (l. *post Epiphaniam*).

Teste parrochia de Tuito-Signol.

<small>*Orig. en parch.* — *Arch. de l'Eure, Fonds de Bon-Port, liasse* 76, *n°* 27.</small>

CCCVII

André le Danois ratifie la vente faite par lui aux religieux de Bon-Port de toutes les dimes qui lui appartenaient au Thuit-Signol et à Saint-Pierre-des-Cercueils.

(1278, 14 janvier.)

Universis presentes litteras inspecturis ac etiam audituris, officialis curie Ebroicensis, salutem in Domino. Universitati vestre notum facimus per presentes litteras, sigillo dicte curie sigillatas, quod in jure presens coram nobis Andreas dictus Le Daneys, de parrochia de Leriaco, confessus est se vendidisse, finaliter concessisse et omnino in perpetuum dimisisse viris religiosis abbati et conventui Boni-Portus, Ebroicensis diocesis, pro quinquaginta quinque libris turonensium, de quibus viris religiosis in numerata pecunia se tenuit coram nobis plenarie pro pagato, videlicet omnes decimas, quocumque nomine censeantur, quas habebat et habere poterat, et omne jus, dominium et proprietatem ad eum spectantes in parrochiis de Tuis-Signol et de Sarcofagis ratione decimarum predictarum : tenendas et habendas ac eciam percipiendas et possidendas dictis religiosis et eorum successoribus, libere, pacifice et quiete, sine reclamatione et contradictione dicti Andree ipsiusque heredum de cetero faciendis. Et tenetur idem Andreas et ejus heredes erga omnes dictas decimas eisdem religiosis et eorum successoribus, bona fide, ad usum et consuetudinem patrie, defendere, liberare ac garantizare et ab omnibus impedimentis, sumptibus eorum propriis, acquitare et omnia dampna et deperdita dictorum religiosorum si qua sustinerint vel habuerint, ob defectum dicti Andree ejusque heredum, reddere et resarcire vel super omnes redditus dicti Andree quos habet et percipit in dicta parrochia de Tuis-Signol, quos ad hec specialiter et heredes suos obligat dictis religiosis et successoribus eorumdem, ita quod eos non poterit idem Andreas nec ejus heredes dare, vendere, aut alias quoquo modo obligare vel alienare, nisi de dictorum religiosorum licencia speciali, renuncians exceptioni doli, mali, non numerate peccunie, fori declinatorie, omnique privilegio crucis, et omni alie exceptioni et defensioni juris et facti competenter et competituris de premissis omnibus et singulis, tenendis et adimplendis dictis religiosis et de non veniendo contra premissa ab eodem Andrea, coram nobis prestitito sacramento.

Actum et datum die veneris post Epyphaniam Domini (l. *post octabas Epiphanie Domini*), anno ejusdem m° cc° lxx° octavo.

<small>Orig. en parch. — Arch. de l'Eure, Fonds de Bon-Port, liasse 76, n° 28.</small>

CCCVIII

Jean d'Harcourt cède le patronage de la chapelle du Thuit-Signol aux religieux de Bon-Port.

(1278, 27 octobre.)

Universis presentes litteras inspecturis, Johannes, dominus de Haricuria, miles, salutem. Notum facio quod quicquid juris dominii seu patronatus habebam vel habere poteram in capella de Tuito-Signol viris religiosis abbati et conventui Boni-Portus penitus derelinquo, et de cetero ego predictus Johannes nec heredes mei in predicta capella aliquid poterimus reclamare, sed omne jus et dominium et etiam patronatus dictis religiosis et eorum successoribus imperpetuum remanebit. In cujus rei testimonium, sigillum meum presentibus duxi apponendum.

Datum anno Domini m° cc° lxx° nono, in vigilia Beatorum Symonis et [Jude].

Orig. en parch. — Arch. de l'Eure, Fonds de Bon-Port, liasse 76, n° 12.

CCCIX

Geofroy de Vernon reconnaît devoir aux religieux de Bon-Port une rente de 32 sous.

(1279, février.)

Notum sit omnibus, tam presentibus quam futuris, quod ego Gaufridus de Vernone, tunc temporis de parrochia Bocci-Normanni, teneor viris religiosis abbati et conventui Boni-Portus, in triginta duobus solidis annui redditus, ad festum Beati Michaelis persolvendis, pro quadam pecia terre quam de eisdem religiosis teneo in feodum, prout in carta eorumdem, quam habeo, plenius continetur. Quare volo et concedo quod dicti religiosi faciant plenariam justiciam pro redditu et emenda in predicta pecia terre, et ad hoc obligo me, et meos heredes relinquo in posterum specialiter obligatos. Necnon tradidi eisdem in contraplegium quamdam peciam terre quam habeo sitam in predicta parrochia apud campum Durandi, inter terram Nicholae, relicte Roberti Foubert, ex una parte, et terras Roberti de Novavileta, ex altera, ad quam terram poterunt dicti religiosi, si defecerimus in solutione dicti redditus, habere retrorsum. Et ut hoc ratum et stabile permaneat in futurum, presentem cartam eisdem tradidi sigilli mei munimine confirmatam.

Datum anno Domini m° cc° septuagesimo nono, mense februarii.

Orig. en parch. — Arch. de l'Eure, Fonds de Bon-Port, liasse 76, n° 305.

CCCX

Philippe le Hardi, roi de France, ordonne d'assigner aux religieux de Bon-Port leurs droits d'usage dans les forêts de Bort et d'Eawi dans des triéges convenables.

(1280, août, à Paris.)

Phipippus, Dei gratia Francorum rex, universis presentes litteras inspecturis, salutem.

Notum facimus quod cum nos ordinaverimus quod ad capiendum usagium quod abbas et conventus de Bono-Portu, Cisterciensis ordinis, habent in forestis nostris Bordi et Aquatici, et fiant sibi livreie in locis sibi utilibus, ita quod si in dictis livreiis merrena et ligna sibi necessaria inveniri non possint, extra livreias in dictis forestis per nostros forestarios liberentur eisdem ....dimus per hoc ipsis abbati et conventui vel eorum monasterio, aut cartis et privilegiis eorumdem in futurum aliquod prejudicium generari. In cujus rei testimonium, presentibus litteris nostrum fecimus apponi sigillum.

Actum Parisiis, anno Domini m° cc° octogesimo, mense augusto.

Vidimus en parch., écriture en partie effacée. — Arch. de l'Eure, Fonds de Bon-Port, liasse 14, n° 3.

CCCXI

Geoffroy Havart vend aux religieux de Bon-Port plusieurs pièces de terre à Léry.

(1280, octobre.)

.... omnes presentes et futuri quod ego Gaufridus Havart, de Lereio, vendidi et concessi et hac presenti carta confirmavi...... abbati et conventui Boni-Portus quamdam pechiam vinee cum fundo terre, continentem dimidiam acram et dimidiam.......... sitam in dicta parrochia, in territorio quod dicitur Esmaiart, inter vineam Guillelmi Le Mansel, ex uno latere, et inter ....as Gachons, ex alio, et aboutat ad vineam dicti Guillelmi, ex uno capite, ad propriam vineam meam, ex altero..... eisdem religiosis quinquaginta et sex solidos et unum caponem annui redditus, sitos in predicta parrochia super masagium......... quod teneo de dictis religiosis, situm juxta masagium Jordani de Forieres, et aboutat super masagium Radulfi Heude......... et super masagium as Gobelins, ex alio, et etiam super quoddam gardinum meum quod fuit condam Mabilie de......... defuncte, situm inter gardinum Dyonisii Droet, ex una parte, et gardinum meum quod teneo de feodo.......... aboutat ad gardinum meum proprium, ex una parte, et ad queminum regis, ex altera : percipiendos, et habendos dictos quinquagintos......... dictis religiosis, annis singulis, ad festum Sancti Michaelis, et caponem ad Natale; ita quod dicti religiosi et eorum............ poterunt facere plenariam justiciam suam, pro redditu et emenda super dicta duo loca vel super alterum ipsorum... .... si melius viderint expedire, absque ulla contradictione mei vel heredum meorum. Item vendidi eisdem religiosis quoddam...... masagium quod fuit condam Michaeli Le Mansel, situm in dicta parrochia, inter masagium Guillelmi Le Mansel, ex una........ Anfredi dicti Calochit, ex altera, et aboutat ad queminum regis, ex uno capite, situm dictum gardinum seu...... ab una meta ad aliam. Item vendidi eisdem religiosis dimidiam acram prati decem perticis minus, situm..................... videlicet ad haiam du Diguet, inter prata dictorum monachorum, ex una parte, et aboutat ad meum pratum proprium. Item.................. eisdem religiosis quinque solidos turonensium annui redditus, quos michi reddebat annuatim Johannes Albino, ad festum Beati Johannis.... ..... una pechia prati, sita in dicta parrochia, inter terram Roberti Goie, ex una parte, et quadragenas dictorum religiosorum, ex altera, et aboutat .... dicti Johannis. Pro hac autem venditione, dicti religiosi michi dederunt octoginta libras turonensium, de quibus...... pro pagato.

Tenenda et habenda et in perpetuum possidenda omnia supradicta dictis religiosis et successoribus...... heredibus meis, libere, pacifice et quiete, absque ulla reclamatione mei vel heredum meorum; et ego dictus Gaufridus et heredes mei tenemur omnia supradicta dictis religiosis et successoribus suis garantizare et defendere contra omnes, ad usus et consuetudines Normannie, vel alibi, si necesse fuerit, in nostra propria hereditate, ad valorem excambiare. Et licebit eisdem religiosis super omnia supradicta plenariam justiciam suam facere pro redditu et emenda, quociens dicti redditus non fuerint ad terminos............ omnia firmiter tenenda et inviolabiliter observanda me obligo et heredes meos relinquo quoad hec in......... obligatos. In cujus rei testimonium et munimen, presentem cartam dictis religiosis tradidi, sigillo meo proprio confirmatam, salvis in omnibus jure et redditu predictorum religiosorum.

Actum anno Domini m° cc° octogesimo, mense octobris.

Orig. en parch., détérioré en partie par l'humidité. — Arch. de l'Eure, Fonds de Bon-Port, liasse 48, n° 204.

CCCXII

Gilles Gobelin vend aux religieux de Bon-Port une pièce de vigne à Léry.

(1280, 12 novembre.)

Sciant omnes presentes et futuri quod ego Egidius dictus Gobelin, de parrochia de Lereio, vendidi et concessi et omnino dereliqui viris religiosis abbati et conventui Boni-Portus quamdam pechiam vinee cum fundo terre, sitam in dicta parrochia, videlicet inter vineam que vocatur vinea Sacriste, ex una parte, et vineam Johannis Gobelin, ex altera, et aboutat ad queminum Albe-Vie, ex uno capite, et ad vineam Johannis Le Petit, ex alio : tenendam et habendam et in perpetuum possidendam supradictam vineam cum fundo dictis religiosis et successoribus suis de me et heredibus meis libere, pacifice et quiete, absque ulla de cetero reclamatione seu contradictione mei vel heredum meorum. Pro hac autem venditione supradicti religiosi michi dederunt undecim libras et decem solidos turonensium, de quibus me teneo plenarie pro pagato. Et ego predictus Egidius et heredes mei dictam vineam cum fundo terre dictis religiosis et successoribus suis tenemur garantizare et defendere contra omnes vel alibi in nostra propria hereditate, si necesse fuerit, valore ad valorem excambiare. Et ut hoc ratum et stabile permaneat in futurum, presenti carte sigillum meum apponere dignum duxi.

Actum anno Domini M° CC° octogesimo, mense novembris.

<small>Orig. en parch. — Arch. de l'Eure, Fonds de Bon-Port, liasse 48, n° 206.</small>

CCCXIII

Mathilde de la Fosse fieffe à perpétuité à Roger Fouache un ténement à Rouen.

(1280, janvier.)

Sciant omnes quod ego Matildis, uxor Guillelmi de Fovea, de assensu et voluntate dicti Guillelmi, viri mei, tradidi et perpetue feodacionis nomine confirmavi Rogero Fouache quoddam tenementum cum pentorio, situm in vico Pentoriorum, inter tenementum Johannis Riquevillain et Radulphi La Perche, et inter tenementum Roberti Chartain et Ricardi Le Tonnelier, sicut se proportat a tenemento Roberti Besevent per ante, usque ad terram dicti Roberti per retro, et habebit viam suam de tribus pedibus per deversus terram Roberti Paine ad eundum ad pentorium; tenendum et perpetuo possidendum dicto Rogero et suis heredibus, bene, in pace, libere et hereditarie, reddendo inde annuatim michi et meis heredibus viginti duos solidos usualis monete annui redditus; videlicet sex solidos et sex denarios ad Pascha Domini, tot ad Nativitatem Beati Johannis Baptiste, tot ad festum Beati Michaelis, et tot ad Natale Domini. Licebit etiam de cetero dicto Rogero et suis heredibus de dicto tenemento cum dicto pentorio et de dictis tribus pedibus omnem suam penitus facere voluntatem sicut de suo proprio, salvo jure dominico, pro redditu predicto. Ego autem et mei heredes dicto Rogero et suis heredibus dictum tenementum cum dicto pentorio cum predictis tribus pedibus contra omnes gentes tenemur garantizare, salvo jure dominico et meo redditu antedicto. Quod ut ratum sit, actum fuit hoc ex inde chyrographum sigillis nostris alternatim cum sigillo communie utrobique confirmatum, coram Nicholao Naguet, tunc majore Rothomagi.

Anno Domini m° cc° octogesimo, mense januarii.

Testibus hiis : Johanne de Scambio ; Guillermo de Batencuria ; Roberto Le Lieeur, et aliis multis.

Orig. en parch., avec endenture. — Arch. de l'Eure, Fonds de Bon-Port, liasse 90, n° 67.

CCCXIV

Geoffroy Chef-de-Ber vend à M· Robert le Maçon une pièce de terre à Crestot.

(1280, 28 mars.)

Notum sit omnibus, presentibus et futuris, quod ego Gaufridus Chief de Ber, de parrochia de Crestot, vendidi et concessi et omnino dereliqui magistro Roberto Lathomo, quamdam pechiam terre, continentem quamdam acram et quatuor percas, sitam in parrochia antedicta, et vocatur ager Presbiteri, sitam inter terram Aalicie Lapuogrese, ex una parte, et les sommiers de Campis Castelli, ex altera, aboutantem ad campum Guilleberti Letaquier, pro viginti libris turonensium de quibus jam michi satifecit. Tenendum et habendum et possidendum predictam pechiam terre predicto magistro Roberto et heredibus suis, libere, quiete, et pacifice, et absque ulla de cetero mei vel meorum heredum reclamatione, per unum caponem de redditu michi et heredibus meis a dicto magistro Roberto et heredibus suis, singulis annis, ad Natale Domini persolvendis. Et licebit autem de cetero predicto magistro Roberto et heredibus suis de predicta pechia terre, ut dictum est, omnem suam penitus facere voluntatem, sicut de sua propria hereditate, salvo tamen jure dominico et redditu meo supradicto. Et ego predictus Gaufridus et heredes mei, predicto magistro Roberto et heredibus suis predictam pechiam terre contra omnes gentes garantizare et deffendere debemus predictum caponem, et ab omnibus redditibus aquitare, vel alibi, si necesse fuerit, in nostro proprio hereditagio, ubicumque sit, valore ad valorem excambiare tenemur, et in futuris tenebimur. Et quod hoc ratum et stabile futuris temporibus permaneat, hanc presentem kartam predicto magistro Roberto feci, et sigilli mei munimine roboravi, et ad majorem affirmacionem hujus rei ballivus Rothomagensis, ad peticionem meam, presenti karte sigillum ballivie Rothomagensis apposuit, una com sigillo meo.

Actum anno Domini m° cc° octuagesimo, mense marcii, die jovis post mediam cadragesimam, in assisia Pontis-Arche.

Orig. en parch. — Arch. de l'Eure, Fonds de Bon-Port, liasse 105, n° 18.

CCCXV

Jean Aviegne vend à Geofroy Daneis, clerc, du Pont-de-l'Arche, une île de la Seine.

(1281, 16 juin.)

Sciant omnes, presentes et futuri, quod ego Johannes Aviegne vendidi et concessi Gaufrido Daneies, clerico, de Ponte-Arche, unam insulam sitam inter Secanam ex utroque latere, abbotantem ad terram Simonis Lathomi, ex uno buto, et ad insulam Sancti Petri, ex alio, pro septem libris turonensium de maritagio predicti Gaufridi et uxoris, pro communi utilitate sua persolutis, et pro sex denariis et una uncia piperis annui redditus a dictis Gaufrido et Johanna, uxore sua, et eorum heredibus, mihi predicto Johanni et meis heredibus in festo Sancti Michaelis annuatim persolvendis : habendam et ex hereditagio possidendam predictam insulam sicut se comportat in longum et latum predictis Gaufrido, Johanne et eorum heredibus, libere, quiete et pacifice ab omnibus, salvo tamen jure domini capitalis et redditu nostro supradicto. Ego autem predictus Johannes et heredes mei predictis Gaufrido, Johanne et eorum heredibus predictam insulam, prout superius dividitur, tenemur et in futuro tenebimur ubicumque contra omnes defendere, garantizare et per nostrum redditum supradictum ab omnibus deliberare vel in propria hereditate nostra ubicumque fuerit equipollenter, si necesse fuerit, excambiare. In cujus rei testimonio, ego predictus Johannes, pro me et heredibus meis quos ad hoc specialiter obligo, presentem cartam sigilli mei munimine roboravi.

Actum anno Domini m° cc° octogesimo primo, mense junii, die sabbati post festum Beati Barnabe apostoli.

Testibus hiis : Johanne Chausse; Christiano de Ulmo; Nicholao Albino; Silvestro des Dans; magistro Guillelmo, rectore scolarum Pontis-Arche tunc temporis, et pluribus aliis.

<small>Orig. en parch. — Arch. de l'Eure, Fonds de Bon-Port, liasse 34, n° 45.</small>

CCCXVI

Guillaume de Pont-de-l'Arche, doyen de Lisieux, donne plusieurs biens-fonds aux religieux de Bon-Port.

(1281, juin.)

Omnibus hec visuris, Guillermus de Ponte-Arche, decanus Lexoviensis, salutem in Domino. Noveritis me dedisse et concessisse et in perpetuum

dimisisse, pro salute anime mee, necnon et pro remedio anime bone memorie Guillelmi, quondam Lexoviensis episcopi, avunculi mei, et patris mei, et matris mee, defunctorum, Deo et Beate Marie de Bono-Portu, et monachis ibidem Deo servientibus et servituris, in puram et perpetuam elemosinam, quoddam masagium cum omnibus edificiis suprapositis, sicut se proportat in longum et in latum, quod habebam in parrochia Sancti Vigoris de Ponte-Arche, situm inter cimiterium et manerium presbyteri dicte ville, ex una parte, et manerium domini regis et masagium heredum Johannis Riqueut, ex altera, et abotat ad muros dicte ville per retro : tenendum, habendum et in perpetuum possidendum supradictum masagium cum edificiis suprapositis dictis religiosis et eorum successoribus, libere, pacifice et quiete, absque ulla de cetero reclamatione seu contradictione mei vel heredum meorum, salvo jure domini capitalis. Habebunt insuper dicti religiosi ordinationem estagiorum predicto manerio annexorum, in quibus solent pauperes misericorditer hospitari, et ibidem ponent pauperes ad manendum prout secundum Deum utilius decreverint ordinare. Volo etiam et concedo quod si predicti religiosi vel eorum successores super predicta donatione a me vel heredibus meis, ex quacumque parte provenientibus, in aliquo foro ecclesiastico sive seculari, aut quocumque alio modo fuerint molestati sive inquietati, quod ille qui ipsos molestaverit sive super hoc inquietaverit eisdem trecentas libras parisiensium solvere teneatur. Ad majorem vero hujus rei confirmationem.......
officialis Lexoviensis sigillum curie Lexoviensis, ad petitionem meam, una cum sigillo meo apponere dignum duxi.

Actum anno Domini m° cc° octuagesimo primo, mense junii.

Orig. en parch. — Arch. de l'Eure, Fonds de Bon-Port, liasse 63, n° 144.

CCCXVII

Raoul le Masnier vend à Robert Trianon trois pièces de terre à Colemare.

(1281, octobre.)

Omnibus hec visuris, officialis Rothomagensis, salutem in Domino. Noveritis quod in nostra presencia constitutus Radulphus dictus Le Masnier, de parrochia Sancti Laurentii de Colemare, ut dicitur, de assensu et voluntate Emmeline, uxoris sue, que presens erat, coram nobis recognovit se vendidisse et omnino concessisse, quitasse et penitus demisisse Roberto dicto Trianun, civi Rothomagensi, pro quatuor viginti libris turonensium, de quibus coram nobis se tenuit pro pagato in pecunia numerata, renuncians exceptioni pecunie non numerate, non habite et non solute, non tradite et non recepte, tres pecias terre quas dicebat se habere in parrochia predicta, quarum una sita est, ut dicitur, inter boscum Petri de Ethevilla, ex una parte, et terram Johannis de Atrio, ex altera; alia vero pecia terre, videlicet secunda, sita est, ut dicitur, inter terram dicti Roberti Trianun et Ansquetilli dicti Canis, ex una parte, et terram Johannis de Atrio predicti, ex altera; tercia autem pecia terre sita est, ut dicitur, inter terram Roberti Malsuent, ex una parte, et terram Petri dicti Canis, ex altera, sicut se proportant in longum et in latum : tenendas, habendas et perpetuo hereditarie possidendas dicto Roberto Trianun et suis heredibus dictas tres pecias terre cum omnibus pertinenciis ejusdem, bene et in pace, libere et quiete, et ad faciendum exinde, salvo jure dominico, tanquam de suo proprio hereditagio, omnem suam penitus voluntatem. Juraverunt insuper dicti Radulphus et Emmelina, ejus uxor, tactis sacrosanctis ewangeliis, spontanea voluntate, coram nobis, quod in dictis tribus peciis terre ratione hereditagii, maritagii, dotis, dotalicii, donationis propter nuptias, particionis, successionis, escanchie, conquestus, dominii, elemosine, seu quacumque alia ratione sibi modo competenti seu competitura, nichil de cetero reclamabunt, nec dictum............. aut ejus heredes super premissis in aliquo foro ecclesiastico vel seculari aliquatenus molestabunt. Immo ipsi et heredes sui, quos ad hec specialiter obligarunt, dicto Roberto et heredibus suis dictas tres pecias terre contra omnes gentes garantizabunt et ab omnibus impedimentis et obligationibus penitus acquitabunt et liberabunt, aut alibi in suo proprio hereditagio, valore ad valorem, si necesse fuerit, excambiabunt, omnia bona sua que ad hec in contraplegium obligantes, asserentes per sacramenta sua coram nobis quod istam vendicionem fecerunt propter suam necessitatem. In cujus rei testimonium, presenti scripto sigillum curie nostre, ad instanciam parcium, duximus apponendum.

Actum anno Domini millesimo ducentesimo octuagesimo primo, mense octobris.

Orig. en parch. — Arch. de l'Eure, Fonds de Bon-Port, liasse 84, n° 2.

CCCXVIII

Guillaume le Mansel vend aux religieux de Bon-Port une pièce de vigne à Léry.

(1282, mai?)

Noverint universi, presentes et futuri, quod ego Guillelmus Le Mansel .... concessi et omnino demisi viris religiosis abbati et conventui........ quamdam pechiam vinee quam habebam in parrochia de Lereio, sitam....... maiart juxta vineas predictorum religiosorum, ex uno latere, et vineam heredum......... Le Mansel, ex altero : tenendam et possidendam dictam vineam sicut se proportat in longum et latum dictis religiosis et eorum successoribus bene....... quiete, absque ulla contradictione mei vel heredum meorum de cetero....... Licebit autem dictis

religiosis de dicta vinea suam penitus facere voluntatem..............
suo proprio hereditagio. Pro hac autem venditione et concessione.......
..... mihi triginta et octo libras turonensium in bona pecunia........
de quibus me teneo pro pagato. Et sciendum est quod ego redde........
dictis religiosis de dicta vinea, annis singulis, viginti galones vini.......
medietatem in albo et medietatem in rubeo. Et ego predictus Guillelmus vel heredes mei tenemur predictam vineam dictis religiosis deffendere et garantizare contra omnes, ad usus et consuetudines Normannie, vel eciam excambiare, valore ad valorem, in nostra propria hereditate, si necesse fuerit. Et ut hoc ratum et stabile permaneat, predictam et presentem cartam sigilli mei munimine roboravi.

Actum anno Domini m° cc° octogesimo secundo, mense........

[Testibus hiis :] Radulfo de Ruella; Dyionisio Droet; Durando d'Arsel .... Guillelmo Le Sage, et pluribus aliis.

Orig. en parch., détérioré en partie. — Arch. de l'Eure, Fonds de Bon-Port, liasse 48, n° 212.

CCCXIX

Confirmation de la vente précédente par l'official d'Évreux.

(1282, 31 mai.)

Universis presentes litteras inspecturis et audituris officialis Ebroicensis, salutem in Domino. Noveritis quod in nostra presentia personaliter constituti Guillelmus Le Mansel et Aalesia, ejus uxor, de parrochia de Lereyo, dictus Guillelmus recognovit et confessus est coram nobis suum proprium factum esse in litteris presentibus hiis annexis, et de suo proprio sigillo esse sigillatum, ac dicta Aalesia recognovit et confessa fuit coram nobis, spontanea voluntate et non coacta, predictam vendicionem in litteris supradictis presentibus hiis annexis contentam, de sua voluntate fuisse factam, ac pro suo negocio et utilitate sua. Juraverunt etiam coram nobis predicti Guillelmus et Aalicia, spontanei et non coacti, quod contra predictam venditionem in litteris presentibus hiis annexis contentam, per se vel per alios non venient in futurum aliquo jure, aliqua de causa, sive ratione et maxime dicta uxor racione dotis, dotalicii, maritagii impediti, aut donationis propter nuptias. Obligantes quo ad hoc se ac heredes suos quoscumque et omnia bona sua mobilia et immobilia, presencia ac futura, quocumque jure seu nomine censeantur, ac jurisdictioni curie Ebroicensis ubicumque transferant vel deducant, totaliter supponere omni exceptioni doli, mali cum statuto ac consuetudini, cum privilegio crucis.......... et assumende epistole divi Adriani beneficio senatusconsulti Velleyani............ medietatem justi precii, exceptioni dicte pecunie non habite, non recepte.............. non.............. juris............... canonici et civilis, omnibusque aliis exceptionibus et omnibus deffensionibus juribus et statutis, que contra premissa seu aliquid premissorum.................... objici vel opponi renunciantes. Et maxime dicta uxor consuetudini par.......... per quam mulieres post decessum maritorum suorum solent petere in foro......... suas maritagia impedita aut donationes propter nuptias non vi non....... ....metu mariti sui ad hoc inducta in hoc facto penitus et expresse renunciavit............ cujus rei testimonium sigillum curie Ebroicensis presentibus litteris ad peticionem dictorum............ et Aalesia duximus apponendum.

Actum et datum anno Domini M° CC° octog[esimo secundo] dominica post Trinitatem.

Orig. en parch., en partie détérioré. — Arch. de l'Eure, Fonds de Bon-Port, liasse 48, n° 211.

CCCXX

Hugues le Picart vend à Simon le Clerc, du Pont-de-l'Arche, 10 sous de rente sur une pièce de terre en la garenne de Léry.

(1282, 28 octobre.)

Noverint universi, presentes et futuri, quod ego Hugo dictus Le Picart, de parrochia de Leri, vendidi, concessi et omnino dereliqui Symoni Clerico, de Ponte-Arche, pro sexaginta et quin............ turonensium, de quibus me teneo pro pagato, decem solidos turonensium annui redditus, de quibus............ debebat mihi quinque solidos turonensium annui redditus ad festum......... sitos super quadam pechiam terre sittam in guarenia, inter terram heredum Hugonis..........sonis, ex una parte, et boterias terrarum magistri Guillelmi dicti Danois, Johannis de Hondouvilla et Johannis Le Cras, ex altera, sittos eciam predictos quinque solidos super quadam aliam [pechiam] terre, sittam inter terram Ricardi dicti Le Sesne, ex una parte, et terram Galteri dicti.......... ex altera, de quibus eciam predictis decem solidis Henricus dictus Letelier debebat michi quatuor solidos turonensium annuatim ad festum supradictum, sittos super quadam pechiam terre sittam in guarenna, inter terram Guillelmi Godefroy, ex una parte, et terram Johannis Le Cras, ex altera. Et eciam de quibus decem solidis supradictis Nicholaus Godefroi debebat michi duodecim denarios turonensium annui redditus ad eumdem festum supradictum, sittos super quadam pechiam terre, sittam inter terram Colini Buglart, ex una parte, et terram Roberti Bourgois, ex altera, et poterunt predictus Symon et heredes............ plenariam exercere justiciam supra omnes predictas pechias terre, si predicti Guillelmus Le Carpentier, Henricus Letelier et Nicholaus Godefroy, vel heredes eorumdem defecerint in solvendo predicto

Symoni vel heredibus suis predictum redditum ad terminum supradictum : tenendum et habendum predictum redditum et jure hereditagio possidendum predicto Symoni et heredibus suis, bene, pacifice et quiete, et absque ulla mei vel meorum reclamacione heredum. Licebit autem de cetero predicto Symoni et heredibus suis............ omnem suam penitus facere voluntatem sicut de suo proprio here........... cum omni jure alieno. Et ego predictus Hugo et heredes mei.......... heredibus suis predictum redditum contra omnes garantizare et deffendere tenemur, vel alibi, si necesse fuerit, in nostro proprio valore ad valorem excambiare tenemur et in futuris tenebimur. Et quod hoc ratum et stabile futuris temporibus permaneat, hanc presentem cartam eidem Symoni fieri feci et sigilli mei communimine roboravi.

Actum anno M° CC° octogesimo secundo, mense octobris, in festo Beatorum Symonis et Jude.

Testibus [hiis] : Simone Le Carpentier; Henrico Letelier; Nicholao Godefroy; Johanne de Bardou...........

Orig. en parch., endommagé dans sa marge de gauche. — Arch. de l'Eure, Fonds de Bon-Port, liasse 48, n° 230.

CCCXXI

Le bailli de Rouen vidime la charte de Philippe III, qui assigne aux religieux de Bon-Port leurs droits d'usage dans les forêts de Bord et d'Eawi dans des triéges convenables.

(1282.)

Omnibus hec visuris, ballivus Rothomagensis, salutem. Noveritis nos litteras domini regis vidisse in hec verba....

Philippus, Dei gratia, Francorum rex, etc. *(Voir plus haut, n° CCCX, p. 318.)*

In cujus rei testimonium, presentibus litteris sigillum ballivie Rothomagensis duximus apponendum.

Actum anno Domini m° cc° octogesimo secundo, die mercurii......

<small>Orig. en parch., écriture quelque peu effacée. — Arch. de l'Eure, Fonds de Bon-Port, liasse 14, n° 5.</small>

CCCXXII

Jean le Gras donne aux religieux de Bon-Port 2 sous 6 deniers de rente sur une pièce de terre aux Sablons de Léry.

(1283, janvier.)

Noverint universi, presentes et futuri, quod ego Johannes dictus Le Cras, de parrochia de Leriaco, dedi et concessi et omnino dereliqui viris religiosis abbati et conventui Beate Marie de Bono-Portu duos solidos et sex denarios turonensium de redditu, quos mihi debebat et reddebat Johannes Malingres ad festum Sancti Michaelis, super unam virgatam terre sitam ad Sablons de Leriaco, inter terram dicti Johannis Malingres, ex una parte, et terram Stephani Mathei, ex altera : habendos et tenendos et jure hereditario de cetero possidendos dictos duos solidos et sex denarios turonensium annui redditus dictis religiosis et successoribus suis, libere, bene, et pacifice, absque ulla reclamatione vel impedimento mei de cetero vel heredum meorum facienda, tali conditione quod predicti religiosi aquitabunt me apud dominum regem, annis singulis, ad festum Sancti Michaelis, de quatuor boissellis avene, ratione cujusdam gardigni quem Robertus Gargate tenet de dictis religiosis, siti in dicta parrochia de Leriaco, inter garduignum dicti Roberti Gargate, ex una parte, et garduignum Galteri Costurarii, ex altera; et aboutat ad queminum domini regis, ex utraque parte; et poterunt dicti religiosi super predictam virgatam terre suam plenarie justiciam exercere pro dicto redditu et emenda si non fuerit ad dictum terminum persoluta. Ego autem predictus Johannes et heredes mei jamdictis religiosis et successoribus suis dictum redditum in omnibus curiis contra omnes in perpetuum tenemur garantizare, deffendere, vel alibi in proprio hereditagio nostro, valore ad valorem, si necesse fuerit, excambiare. Quod ut firmum et stabile permaneat in futurum, presentem cartam sigilli mei munimine confirmavi.

Actum anno Domini m° cc° octogesimo tercio, mense januarii; teste parrochia.

Orig. en parch. — Arch. de l'Eure, Fonds de Bon-Port, liasse 48, n° 216.

CCCXXIII

Pétronille Maci vend aux religieux de Bon-Port 2 sous de rente à Léry.

(1284. mai.)

Noverint universi, presentes et futuri, quod ego Petronilla Maci, de Lereio, vendidi et concessi abbati et conventui Boni-Portus duos solidos turonensium annui redditus, ad festum Sancti Michaelis, quos dominus....
.... presbiter de Leri, michi reddebat de quodam masagio, quod de me tenebat, sito inter domum Gilleberti Carnificis, ex una parte, et masagium heredum Galteri Bogis, ex altera, et aboutat ad queminum domini regis : tenendos et habendos, bene, pacifice et quiete, absque ulla contradictione mei vel heredum meorum. Pro hac autem venditione predicti religiosi dederunt michi sexdecim solidos turonensium de quibus teneo me pro pagata. Et ego et heredes mei predictis religiosis tenebimur de cetero predictum redditum defendere et garantizare contra omnes, et poterunt super dictum masagium suam justiciam facere pro redditu et emenda. Et ut....
.... permaneat in futurum, sigillum meum presenti carte apposui.

Testibus hiis : .... presbitero de Lereio ; Thoma Le Greu ; Durando Auberi ; Johanne Malingres......... et pluribus aliis.

Actum anno Domini m° cc° octogesimo quarto, mense maio.

Orig. en parch., endommagé par l'humidité. — Arch. de l'Eure, Fonds de Bon-Port, liasse 48, n° 220 bis.

CCCXXIV

André des Dans afferme à Regnault d'Ybermens une pièce de terre aux Dans.

(1284, 20 août.)

Noverint universi, presentes pariter et futuri, quod ego Andreas des Danz tradidi ad firmam et concessi Reginaldo Ybermensi unam pechiam terre continentem tres virgultas, sitam in parrochia des Dans, videlicet inter terram Emeline La Daneise, ex uno latere, et terram Robini Le Begues, ex alio, abotantem ad terram Mathei de Haia, ex uno capite, et ad terram Ydorie La Villaine, ex alia; pro sex solidis turonensium annui redditus, hiis terminis persolvendis michi et heredibus meis, videlicet tribus solidis ad Nathale et tribus solidis ad festum Sancti Michaelis : habendum et jure hereditario persolvendum predictam pechiam terre prout superius dividitur predicto Reginaldo et ejus heredibus a me predicto Andrea et heredibus meis, libere, quiete et pacifice, ab omnibus salvo redditu nostro supradicto. Ego autem predictus Andreas et heredes mei predicto Reginaldo et ejus heredibus predictam terram tenemur et in futuro tenebimur contra omnes ubique defendere, garantizare et ab omnibus deliberare per nostrum redditum supradictum. In cujus rei testimonio, ego predictus Andrea presentem cartam sigilli mei munimine roboravi.

Actum anno Domini m° cc° octogesimo quarto, mense augusti, die lune ante festum Decolationis Beati Johannis Baptiste.

Testibus hiis : Johanne Chausse; Nicolao Albini; Johanne Alberni; Guillelmo Acardo, et pluribus aliis.

Orig. en parch. — Arch. de l'Eure, Fonds de Bon-Port, liasse 54, n° 44.

CCCXXV

Philippe III le Hardi amortit les acquisitions faites par les religieux de Bon-Port.

(1284, novembre, à Paris.)

PHILIPPUS, Dei gracia, Francorum rex. Notum facimus universis, tam presentibus quam futuris, quod cum abbas et conventus de Bono-Portu, Rothomagensis dyocesis, finaverint cum ballivo nostro Rothomagensi, recipiente pro nobis, super retinendis perpetuo sibi et ecclesie sue quibusdam acquisitis per ipsos, in feodis et retrofeodis nostris que sunt hec : videlicet, ex dono Roberti Trianon, in parrochia de Collemare, tres acre terre; item, ibidem, unum masagium; item, ibidem, quatuordecim acre terre; item, ibidem, duodecim acre terre; item, ibidem, septem virgate terre; item, ibidem, due acre terre, que tenentur a domino de Mansigneio; item, ibidem, due acre terre; item, ibidem, viginti septem solidi per annum redditus super pluribus terris; item, ibidem, septem solidi cum una mina ordei, super pluribus terris annui redditus; item, ibidem, duodecim denarii per annum redditus, cum uno capone; item, ibidem, quatuor solidi redditus; item, ibidem, duo solidi annui redditus; item, apud Yquebeuf, viginti quatuor solidi annui redditus; item, in parrochia Sancti Godardi de Rothomago, una domus cum pertinenciis, valens centum solidos annui redditus; in parrochia de Tourvilla, ex dono Johannis Papeillon, quinque solidi annui redditus; item, in parrochia Sancti Godardi de Rothomago, ex vendicione cujusdam fratris Johannis de Lovetot, super quadam domo que fuit dicti Johannis, sex solidi et novem denarii redditus; item, in parrochia

Pontis-Arche, ex dono decani Lexoviensis, una domus sita juxta cimiterium Pontis-Arche; item, ex venditione sororum Nicholai de Sahurs, super quadam pecia terre sita in vicecomitatu Pontis-Arche, in loco qui dicitur la Basse-Sentele, quindecim solidi annui redanus; item, ex dono magistri Roberti Lathomi de Ponte-Arche, una carreria ad lapides capiendum, sita juxta peciam terre venditam per sorores predicti Nicholai de Sahurs; item, in vicecomitatu Pontis-Arche, in feodo Almaurici Recuchon, una acra terre; item, ex venditione Guillelmi Flotte, apud Lereium, novem solidi redditus; item, ex dono Thome de Valle, apud Pontem-Arche, quatuor solidi redditus; item, ex venditione Gaufridi Havart, apud Lereium, quindecim solidi redditus; item, ex dono Juliani de Supra Rippam, viginti quatuor solidi redditus; item, ex venditione Johannis Le Cras, unus modius vini redditus; item, ex venditione Johannis Burnel, viginti solidi redditus; item, ex venditione Guillelmi Flote, novem solidi et octo denarii redditus; item, ex venditione Guileberti Horie, quinque solidi redditus; item, ex venditione Johannis Rabel, in parrochia Beate Marie de Valle-Rodolii, quindecim solidi redditus; item, ex venditione Galteri Le Rous, duo solidi et sex denarii redditus; item, ex venditione Rogeri de Cravilla, in parrochia Sancti Cirici, quatuor solidi redditus; item, apud Vauvreium, ex dono Mathei Anglici, viginti quatuor solidi redditus; item, ex venditione Odonis Anglici, sex solidi annui redditus; item, ex dono Radulfi Soein, apud Cravillam, quatuor solidi redditus; item, ex dono Garini de Jardino, decem et septem solidi redditus; item, ex dono Lucie de Lymeio, juxta Pontem-Arche, duo solidi redditus. Nos, dictam finationem ratam et gratam habentes, volumus et concedimus, quantum in nobis est, quod dicti abbas et conventus et eorum ecclesia dicta acquisita tenere possint in perpetuum et pacifice possidere, sine coactione vendendi vel extra manum suam ponendi, salvo in aliis jure nostro et jure in quolibet alieno. Quod ut ratum et stabile permaneat in futurum, presentibus litteris nostrum fecimus apponi sigillum.

Actum Parisius, anno Domini millesimo ducentesimo octogesimo quarto, men e novembri.

Bibl. Imp., Cart. de Bon-Port, ch. 68, f° 44.
Impr. Delisle, Cart. normand, p. 269, n° 1058.

CCCXXVI

Mathieu de la Warenne vend aux religieux de Bon-Port une vigne à Léry.

(1284, février.)

Noverint universi, presentes et futuri, quod ego Matheus Warenne, de parrochia de Lereio, vendidi et concessi et omnino dereliqui viris religiosis abbati et conventui Boni-Portus quamdam pechiam vinee sitam in parrochia supradicta, in Esmeart, inter vineas dictorum religiosorum, ex uno latere, et masagium domini Johannis Venatoris, ex altero, et aboutat ad vineam Nicholai Mansol. Item vendidi eisdem decem et octo denarios annui redditus, quos percipiebam, annis singulis, ad festum Sancti Michaelis, super vineam Juliane desuper rippam : tenenda et habenda et imperpetuum possidenda omnia supradicta dictis religiosis et successoribus suis libere, pacifice et quiete, absque ulla de cetero reclamatione mei vel heredum meorum, salvo tamen jure domini capitalis. Pro hac autem venditione et concessione dicti religiosi dederunt michi centum et duos solidos turonensium, de quibus me teneo pro pagato, et ego predictus et heredes mei predictam vineam et redditum supradictum dictis religiosis et successoribus suis tenemur garantizare et defendere contra omnes, vel alibi in nostro hereditagio, si necesse fuerit, excambiare valore ad valorem. Et ut hoc ratum et stabile permaneat in futurum, ego predictus Matheus presenti carte sigillum meum apponere dignum duxi.

Actum anno Domini m° cc° octogesimo quarto, mense februarii. Teste parrochia supradicta.

Orig. en parch. — Arch. de l'Eure, Fonds de Bon-Port, liasse 48, n° 221.

CCCXXVII

André des Dans vend aux religieux de Bon-Port 5 sous de rente à Léry.

(1284, février.)

Noverint universi, presentes et futuri, quod ego Andreas des Dans, de parrochia Beati Petri des Dans, vendidi et concessi et omnino dereliqui viris religiosis, abbati et conventui Beate Marie de Bono-Portu, quinque solidos monete currentis, annui redditus, sitos super unam pechiam prati quod habeo in prateria de Lereio, videlicet inter pratum dictorum religiosorum quod vocatur la Quarantaine, ex uno latere, et inter pratum Gaufridi Havart, ex altero, et aboutat ad pratum Johannis Puissant, ex uno capite, et ad pratum Gaufridi Havart ex altero, et super omne hereditagium quod teneo et possideo de dictis religiosis, ubicumque fuerit, per quadraginta solidos monete currentis, de quibus dicti religiosi michi plenarie satisfecerunt : tenendos et habendos et imperpetuum percipiendos dictis religiosis et successoribus suis de me et heredibus meis, annis singulis, in festo Beati Johannis Baptiste, bene, pacifice, libere et quiete, absque ulla de cetero reclamatione seu contradictione mei vel heredum meorum. Et ut hoc ratum et stabile permaneat in futurum, presentem cartam sigilli mei munimine roboravi.

Actum anno Domini M° CC° octogesimo quarto, mense februarii. Teste parrochia supradicta.

Orig. en parch. — Arch. de l'Eure, Fonds de Bon-Port, liasse 48, n° 220.

CCCXXVIII

Adam de la Cour vend à maître Hylaire, ancien curé de Léry, une demi-acre de terre à Léry.

(1284, 19 mars.)

Notum sit omnibus, tam presentibus quam futuris, quod ego Adam de Curia vendidi, concessi et omnino dereliqui magistro Hylario, quondam rectori ecclesie de Lereio, dimidiam acram terre, sitam apud Nemus, inter terram Gaufridi dicti Havart, ex uno latere, et terram meam, ex alio, sicut se proportat de longo in latum, pro septem libris turonensium michi solutis pre manibus, in pecunia numerata : tenendam, habendam et possidendam predictam dimidiam acram terre predicto magistro Hylario et suis heredibus, bene, pacifice, libere et quiete, per tres solidos annui redditus reddendos, singulis annis, a dicto magistro Hylario et suis heredibus michi et heredibus meis, vel domino capitali, ad festum Sancti Michaelis, faciendo inde omnem suam voluntatem tanquam de suo proprio hereditagio, sine contradictione de cetero mei vel meorum heredum. Ego autem Adam de Curia antedictus et heredes mei, predicto magistro Hylario et heredibus suis, predictam dimidiam acram terre contra omnes gentes, ad usus et consuetudines Normannie, et omnibus locis et curiis, tenemur garantizare, et ab omnibus aliis redditibus, actionibus, dampnis, impedimentis et obligationibus, penitus per dictum redditum acquitare et deliberare, et excambiare equipollenter in nostro proprio hereditagio, ubicumque, sit quocienscumque affuerit necesse. In cujus rei testimonium, presenti carte sigillum meam apponere dignum duxi.

Testibus hiis : Galtero Le Cousturier; Rogero Fabro; Johanne Le Picart, clerico; Gervasio dicto Le Lievre; Radulpho dicto Le Fevre, clerico, cum multis aliis.

Actum anno Domini millesimo cc° octogesimo quarto, die dominica qua cantatur Letare Jerusalem, mense marcio.

<small>Orig. en parch. — Arch. de l'Eure, Fonds de Bon-Port, liasse 48, n° 229.</small>

CCCXXIX

Guillaume Mallart vend à Robert le Maçon une rente de dix boisseaux et demi de blé à Alisay.

(1285, 14 mai.)

Notum sit omnibus, presentibus et futuris, quod ego Guillelmus dictus Mallart, de parrochia Beati Macloudi Rothomagensis, assensu et voluntate Oberedis dicte Mallart, uxoris mee, vendidi et concessi et omnino dimisi magistro Roberto Lathomo, de Ponte-Arche, decem boissellos et dimidium, annui redditus, bladi, sitos super quoddam masagium, quod dictus Robertus habet in parrochia de Alisiaco, apud Rouville, quos habebamus ratione cujusdam escanchie unius conate Oberedis, uxoris mee, pro quinquaginta solidis turonensium, de quibus nobis satisfecit in pecunia numerata; habendos et tenendos et jure hereditario possidendos dicto Roberto et heredibus suis de nobis et heredibus nostris bene, quiete, et in pace et sine reclamatione nostri et heredum nostrorum. Ego autem antedicta Oberedis juravi, sacrosanctis evangeliis tactis sponte, quod in predictis nichil aliqua ratione possum nec potero reclamare. Ego autem antedictus Guillelmus et Oberidis, uxor mea, et heredes nostri dicto Roberto et heredibus suis antedictos decem boissellos et dimidium bladi, annui redditus, per pecuniam antedictam, contra omnes debemus deffendere et, si necesse fuerit, in nostro hereditagio proprio excambire equipollenter. In cujus rei testimonium, presenti carte sigilla nostra digna duximus apponenda.

Actum anno Domini m° cc° octogesimo quinto, mense maii, die lune post Pentecostem.

Testibus hiis : Ricardo de Ponte-Arche; Andrea dicto Grosset; Matheo dicto Peindiu; Stephano dicto Legrin; Johanne Medico, clerico, cum multis aliis.

Orig. en parch. — Arch. de l'Eure, Fonds de Bon-Port, liasse 66, n° 12.

CCCXXX

Pierre Lemele reconnaît qu'il a pris en fief des religieux de Bon-Port une masure avec la terre qui en dépend en la paroisse de Romilly.

(1286, 12 novembre.)

... tous cheus qui ches presentes letres verront et orront le visconte du Pont de l'Arche, salus... ez que pardevant nous fu présent Pierres Lemelle, du Pont Saint Pierres, qui requenut de sa bone..... té et sans nul contraingnement que il avoit pris en fye et par heritage de hommes relligieus, l'abé et..... ent de Boen-Port, une masure et la terre appartenante à ladite masure, a Auterive, en la paroisse ... aint Gorge de Romelly, pour vint sous de rente, chascun an, au Noel Nostre Seingneur. Pour .... ele rente rendre et conveñanche tenir, si comme il est dessus dit, il obliga soi et ses hoirs. ... tous ses biens meubles et non meubles et tous cheus qui cause auroient de li presens ..... enir, son cors à tenir en prison. .... deffalloit de la rente paier audit terme, ses .... prendre et avendre jusdi. .... de la rente qui deue servit se mestier .... oit, pour ballier en soute .... ad dis relligieus ou a leur commandement ... tant ches letres avecques les cous et les domages que il diroient que il auroient eu pour la dete poucachier, dont il seroient creus par leurs loiaus verdis, sans ..... prove faire. Et quant à che fere il renuncha pour li et pour ses hoirs et pour tous ...... cause auroient de li a tout priviliege de crrois donnée et a donner .... autre priviliege empetrie ou a empetrier et à toute excepcion, fuites, barres .... par quoi ceste convenanche puist estre emperie ou retargie. El tesmoing de laquele chose nous avons mis à ches letres le seel de la visconte du Pont de l'Arche, sauve la droiture le roi et l'autrui.

Che fu fait en l'an de grace mil cc iiii^{xx} et sis, le lundi apres la Saint Martin.

Orig. en parch., en mauvais état. — Arch. de l'Eure, Fonds de Bon-Port, liasse 65. n° 8.

CCCXXXI.

Michel d'Artoys et sa femme vendent à Garnier le Boucher une pièce de terre à Pont-de-l'Arche.

(1285, novembre.)

Sciant omnes, presentes et futuri, quod ego Michael d'Artoys et Perronilla, uxor mea............ derelinquimus Garnerio Carnifici et heredibus suis, de parrochia Sancti Vigoris de Ponte-Arche, unam peciam terre quam habebamus in dicta parrochia, sitam inter terram Henrici Le Monnier, ex una parte, et terram,......... Le Giolier, ex alia, aboutantam ad fossata domini regis, ex uno buto, et terram Reginaldi Gocelin, ex alio, pro viginti et tribus solidis monete currentis, quos michi persoluti sunt pre manibus in pecunia numerata : tenendam et habendam jure hereditario et possidendam dicto Garnerio et heredibus suis de me et heredibus meis, libere, quiete et pacifice axque *(sic)* reclamatione mei vel heredum meorum de cetero facienda. Et ego Michael et heredes mei dicto

Garnerio et heredibus suis dictam peciam contra omnes deffendere et garantizare tenemur, vel alibi, si necesse fuerit, valore ad valorem............ proprio hereditario ubicumque fuerit excambiare. Videlicet per unum obolum michi et heredibus meis a dicto Garnerio et heredibus suis in festo Beati Michaelis in Monte Gargano annui redditus annuatim persolvendum. Et ego predictus Michael et heredes mei dicto Garnerio et heredibus suis predictum redditum ab omnibus redditibus contra omnes aquietare debemus vel excambiare........... salvo tamen jure dominico. In cujus rei testimonium.......... hanc cartam ei fecimus fieri et sigillorum nostrorum caractere sigillatam.

Datum anno Domini M° CC° LXXX quinto, mense novembris.

Testibus hiis : Radulpho....... Johanne Gaussiel; Hamone Pirouet; Rogerio....... Colino Porte....... et pluribus aliis.

Orig. en parch., effacé et rongé en plusieurs endroits. — Arch. de l'Eure, Fonds de Bon-Port, liasse 63, n° 173.

CCCXXXII

Le bailli de Rouen reconnait aux religieux de Bon-Port le droit de percevoir quatre muids, trois setiers et huit boisseaux d'hivernage de rente sur les moulins du roi à Pont-de-l'Arche.

(1285.)

Omnibus hec visuris ballivus Rothomagi, salutem. Cum viri religiosi abbas et conventus de Bono-Portu de gentibus domini regis conquererentur super eo videlicet quod ipsi asserebant habere debere in molendinis domini regis apud Pontem-Arche, quatuor modia, tria sestaria et octo boissellos ybernagii redditus annualis, pro quo redditu dicti ybernagii drageia a dictis gentibus domini regis eisdem religiosis, ut dicebant, reddebatur annuatim, et unde se tenebant minime pro pagatos. Carta principis super dicto ybernagio confecta audicta et inspecta in scacario Pasche, a viris venerabilibus magistris scacarii predicti rationibus eorumdem religiosorum auditis, diligiter accordatum fuit et pronunciatum judicium in predicto scacario, quod dicti religiosi percipient et habebunt de cetero ybernagium in dictis molendinis, omni tremesio excepto, sicut in carta eorumdem continetur plenius; et sine contradictione quacumque super hoc facienda. In cujus rei testimonium, presentibus litteris sigillum ballivie Rothomagi duximus apponendum.

Actum anno Domini millesimo ducentesimo octogesimo quinto, in scacario predicto.

Bibl. Imp., Cart. de Bon-Port, ch. 50, f° 36.

CCCXXXIII

Les religieux de Bon-Port fieffent à Richard d'Orliens un ténement à Rouen.

(1288, 25 juin.)

Omnibus hec visuris, officialis Rothomagensis, salutem in Domino. Noveritis quod in nostra presentia constitutus Ricardus Dorliens, serviens, recognovit se cepiisse in emphithe....... in feodum et perpetuum hereditagium a religiosis viris abbate et conventui [Boni]-Portus quoddam tenementum cum omnibus edificiis et pertinenciis ejusdem............. habebant in civitate Rothomagi, situm ut dicitur in vico de Gourneet, inter........... Ruffi, ex una parte, et domum Gaufridi Le Candelier, ex altera, sicut se pro............... vico predicto, per ante, usque ad fossatum domini regis, per retro : tenendum........ jure hereditario possidendum dicto Ricardo et Johanne uxori sue et eorum heredibus....

.... propria exeuntibus et post decessum ipsorum, Johanni de Stampis nepoti .... Johanne uxoris dicti Ricardi ad vitam tantummodo ipsius Johannis. Tenendum et habendum et possidendum omnia supradicta dicto Ricardo et Johanne ejus uxori et heredibus suis dicto Johanni de Stampis, ut dictum, bene et in pace, libere et quiete de nobis et successoribus nostris absque ulla reclamatione, vel aliquo in posterum interdicto seu contradicto, reddendo exinde nobis et successoribus nostris octo libras turonensium annui redditus, videlicet quadraginta solidos ad festum Beati Michaelis, ad Natale Domini quadraginta solidos, ad Pascha quadraginta solidos, et ad festum Sancti Johannis Baptiste quadraginta solidos. Ita tamen quod non poterunt predictum tenementum vendere, alienare, extra manus suas ponere, vel eciam alio redditu onerare sine licencia dictorum religiosorum vel eorum successorum speciali. Licebit eciam dictis religiosis et eorum successoribus justiciam suam plenariam facere et exercere in dicto tenemento pro dicto redditu habendo, singulis annis, terminis antedictis, quem quidem redditum promisit idem Ricardus, pro se et Johanna, uxore sua, et heredibus suis, quos ad hoc specialiter obligavit, juramento ab ipso coram nobis corporaliter prestito, se redditurum et soluturum dictis religiosis et eorum successoribus, de cetero singulis annis, terminis antedictis. Omnia bona sua mobilia et immobilia, presencia et futura, quoad hoc eisdem religiosis et suis successoribus specialiter in contraplegium obligando. Iu cujus rei testimonium, presenti scripto sigillum curie nostre, ad peticionem dicti Ricardi, duximus apponendum.

Actum anno Domini millesimo ducentesimo octogesimo octavo, mense junii, die lune post Nativitatem Beati Johannis Baptiste.

Orig. en parch., endommagé en partie. — Arch. de l'Eure, Fonds de Bon-Port, liasse 90, n° 68.

CCCXXXIV

Geofroy du Manoir vend à Geofroy le Danois une pièce de terre sise aux pâturages de Léry.

(1288, novembre.)

Noverint universi, presentes et futuri, quod ego Gaufridus de Manerio vendidi, concessi et omnino dereliqui Gaufrido Danoys, de Ponte-Arche, unam peciam terre, quam ego et participes mei habebamus ad pascua de Leriaco, sitam inter terram dicti Gaufridi, ex una parte, et terram Johannis Poissant, ex altera, et aboutat ad terram vel ad pratum abbatis et conventus Boni-Portus, ex uno latere, et ad aquam currentem, ex alio buto, pro viginti et quinque solidis turonensium, quos michi dictus Gaufridus Daneys pre manibus.......... in nomine emptionis, de quibus teneo me pro pagato : tenendam et habendam et jure hereditario possidendam dictam terram dicto Gaufrido Daneys et heredibus suis bene, in pace, libere et quiete, sine alia reclamatione mei vel heredum nostrorum de cetero facienda. Licebit enim de cetero dicto Gaufrido et heredibus suis de dicta terra, sicut superius divisum est, omnem suam penitus facere voluntatem sicut de suo proprio hereditagio, salvo tamen jure capitalium dominorum. Ego autem predictus Gaufridus de Manerio et heredes mei dicto Gaufrido Daneys et heredibus suis dictam terram tenemur garantizare, deffendere contra omnes, ad usus et consuetudines Normannie, vel excambiare in nostro proprio hereditagio, valore ad valorem, si necesse fuerit. Et ut hoc ratum et stabile futuris temporibus permaneat, ego predictus Gaufridus de Manerio, pro me et participus meis, hanc presentem cartam sigilli mei testimonio confirmavi.

Actum anno Domini m° cc° octogesimo octavo, mense novembris.

Testibus hiis : Roberto de Pratellis.............. magistro Ricardo Anglico; Tousteno Anglico; Guillelmo Waiflart; Rogero de Pitton, et pluribus aliis.

Orig. en parch. — Arch. de l'Eure, Fonds de Bon-Port. liasse 48, n° 233.

CCCXXXV

Richard le Couturier prend en fief de maître Hylaire, ancien curé de Léry, une pièce de vigne sise audit lieu.

(1288, 15 janvier.)

Noverint universi, presentes litteras inspecturi, quod ego Ricardus dictus Le Costur[ier] cepi in feodo et hereditario a magistro Hylario, condam rectore ecclesie de Ler[iaco], unam petiam vinee quam idem magister Hylarius habebat apud Ler[iacum], videlicet inter vineam monachorum Boni-Portus, ex una parte, et vineam Thome Germani ex alia, et aboutat ad queminum domini regis, pro quaque dicta petia vinee ego predictus Ricardus et heredes mei tenemur et de cetero tenebimur in futurum in septem solidos turonensium annui redditus dicto magistro Hylario et heredibus suis annuatim ad festum Beati Michaelis persolvendos; pro quibus septem solidis turonensium redditus, ego predictus Ricardus pro me et heredibus meis bona mea, spontanea voluntate obligo, volo et concedo dicto magistro Hylario et heredibus suis super predivisam vineam suam justiciam exercere et super totum meum hereditagium, quoque loco a modo fuerit inventum, tam ad campos quam ad villam, et maxime super meum masagium quo maneo, quod situm est in vico de Nemone, inter gardinum Baldoini Le Suor, ex una parte, et gardinum quod fuit Guillelmi Pantol, ex alia. Licebit insuper dicto magistro Hylario et heredibus suis super hec omnia predivisa loca suam justiciam, si necesse fuerit exercere, pro predictis septem solidis turonensium redditus, nisi ad predictum terminum persolventur. Et ut hoc ratum et firmiter teneatur in futuro, ego prefatus Ricardus Le Costur[ier] presentes litteras eidem magistro Hylario fieri feci sigilli mei munimine roboratas.

Actum anno Domini m° cc° octogesimo octavo, die festo post festum Sancti Hilarii.

Hiis testibus...... Le Lievre; Terriaco de Oisello, clerico; Martino Croquet; Michaele Le Porquier; Guillelmo Puissant, clerico, et pluribus aliis.

Orig. en parch. — Arch. de l'Eure, Fonds de Bon-Port, liasse 48, n° 231.

CCCXXXVI

Guillebert Matinée prend à fief des religieux de Bon-Port une maison au port de Vauvray.

(1289, 26 septembre.)

A touz cheuz qui ches leitres verront et orront, le viconte du Pont-de-l'Arche saluz. Sachies que par devant nous fut présent Guillebert Matine, de la parroisse de Portigoie adonc, si comme il disoit, qui de sa bonne volenté requenut que il avoit pris en fie et en heritage de l'abbé et du covent de Boun-Port une meison que il avoient, si comme il disoient, au port de Wauvray ovequez touz les edifiemenz qui i sont, assise juxte la masure Radulphe Guislain, d'une part, et les hoirs Ricart du Val, d'autre, aboutant au quemin le Roy, d'un bout et à liaue de Saine, d'autre, si comme el se pourporte en lonc et en lé, en rendant diche de li et de ses heirs audit abé et au couvent sexante et deuz soulz d'annel rente, de monnoie courante en Normendie, chascun an, chest assavoir vint et deuz soulz à la Saint-Martin et vint soulz à Noel emprez ensievant, et vint soulz à Pasquez empres ensievant; et pour che tenir et a emplir le dit Guillebert en obliga soy et se heirs et touz ses bienz meubles et non meubles presenz et à venir, et balla en contreplaige as dis religieuz deuz acres et demie de terre que il avoit, si comme il disoit, en la parroisse de Portigoye, assiz en deus pieches, des quelz l'une est assise entre la terre Heudouin, d'une part, et la terre as heirs Mignot, d'autre, et l'autre piéche est assise entre la terre as hoirs Henri Canu, d'une part, et la terre as hoirs ad Musars, d'autre; et diz souz de rente que il avoit en ladite parroisse. Chest assavoir chinc soulz sus leritage Vivien Matinee, et chinc souz que il avoit sus la sauchee Nichole Garie, en lille d'Ande; et vout et otria ledit Guillebert pour soy et pour ses hoirs que les diz religious ou leur quemandement puissent faire leur justise sus la dite masure et sus la dite terre et sus les diz soulz de rente desus diz, pour la devant dite rente avoir as devant dis termes, se ele n'i estoit paié, et l'amende se ele i aferoit, et promist arrendre touz couz et damagez que il diroient.......... aroient eu se la dite rente n'estoit paié as dis termes, dont le porteur de ches leitres seroit creu............ autre preuve faire ....cha le dit Guillebert quant à che faire ....En tesmoing de che nous avon mis à ches leitres......... seel de la dite viconté du Pont-de-l'Arche, sauf le droit le Roy et l'autry.

Che fu fait l'an de grace M. CC. IIII^{xx} et noeuf, le lunsdi devant la Saint-Michiel en yver.

<small>Orig. en parch., détérioré dans le bas par l'humidité. — Arch. de l'Eure, Fonds de Bon-Port, liasse 59, n° 1.</small>

CCCXXXVII

Nicolas le Tourain, seigneur de Léry en partie, approuve les acquêts faits par les religieux de Bon-Port dans son fief.

(1292, mai.)

Notum sit omnibus, presentibus et futuris, quod ego Nicolaus dictus

Le Tourain, dominus de Leriaco in parte, viridarius tunc temporis Montis[fortis] super Rillam, volo, concedo, laudo et approbo, et hac presenti carta confirmo quod viri religiosi et conventus monasterii Beate Marie de Bono-Portu, Cisterciensis ordinis, Ebroicensis diocesis, teneant et habeant et jure hereditario possideant in excambium quarumdam masurarum et.... .... traditum ab eisdem, quequidem masure dictis religiosis date fuerunt in fundatione prima monasterii ipsorum, que debebant dictis relig.......... servitium et pratorum, et quas acquisierant et attraxerant ad me ipsum, et pro triginta solidos turonensium, quos michi et heredibus .... Sancti Michaelis in Monte Gargano, singulis annis, solvere tenebuntur, omnia quecunque hactenus acquisierunt in feodo meo de Leriaco............ donationis vel titulo emptionis, seu quocumque alio nomine censeantur, tali conditione habita inter me et ipsos quod quotienscumque dicti religiosi dictos triginta solidos turonensium annui redditus, ad emendam in proprio feodo meo de Leriaco poterunt invenire, ipsi michi dictum redditum in feodo............ pretactum est assignabunt. Et ego teneor acceptare, quibus assignatis, dicti religiosi a prestatione et solutione predictorum triginta solidorum............ remanebunt absoluti penitus et immunes. Ego vero prefatus Nicolaus volo quod predicti religiosi acquisita.......... teneant.......... quiete per redditum supradictum ab omni exactione seculari et ab omnibusque exigi et excogitari possent et de omnibus que......... vel heredum meorum possunt aliqualiter devenire, et sine contradictione vel revocatione mei vel heredum meorum super premissis de cetero faciendis.......... dictis acquisitis ego vel heredes mei quidpiam poterimus amodo reclamare. Et tenemur ego et heredes mei dicta acquisita dictis religiosis garantizare et defendere, ad usus et consuetudines patrie, contra omnes. In cujus rei testimonium et munimen, presentes.......... religiosis memoratis tradidi sigillatas.

Datum anno Domini millesimo ducentesimo nonagesimo secundo, mense maio.

Orig. en parch., altéré en plusieurs endroits. — Arch. de l'Eure, Fonds de Bon-Port, liasse 48, n° 255.

CCCXXXVIII

Les religieux de Bon-Port échangent à Robert de Montpoignant un gord sis en la rivière d'Eure, paroisse de Léry.

(1294, 21 août.)

Universis presentes litteras inspecturis, frater Robertus, dictus abbas Boni-Portus et ejusdem loci conventus, salutem in Domino. Noveritis nos concessisse et in cujusdam gordi excambio vendidisse Roberto dicto de Montpoingnant, armigero, triginta solidos turonenses annui redditus, quos percipiebamus et habebamus annuatim super personis inferius annotatis, videlicet super heredes Durandi Darcel de Torchi quinque solidos, super unam peciam terre site in parrochia de Leriaco, inter Gondoinum Legris, ex una parte, et Colinum dictum Chevalier, ex altera, et aboutat ad queminum domini regis; item super Petronillam Fremini sex solidos, sitos super unam peciam terre site inter Guillelmum Goion, ex una parte, et Martinum Machie, ex altera, et aboutat ad queminum domini regis; item super Johannem dictum Nervet, decem solidos, sitos super medietatem masagii sui, siti inter abbatem Sancti Audoeni, ex una parte, et dictum Johannem ex altera, et aboutat ad queminum domini regis; item super Nicolaum Hebert quinque solidos, sitos super unam peciam prati, siti inter medietarias Boni-Portus, ex una parte, et Johann Le Manssel, ex altera, et aboutat ad queminum domini regis in uno boto; item super Radulphum Morin quatuor solidos, sitos super unam peciam terre, site inter ipsum, ex una parte, et Johannem Eruel, ex altera, et aboutat ad queminum domini regis in praeria de Valle Rodolii : tenendos et habendos et percipiendos supra dictis hominibus et heredibus suis predictos triginta solidos, annui census, dicto Roberto

et suis heredibus et ab ipso causam habentibus ratione excambii........
bene et pacifice, absque ulla contradictione nostri vel successorum nostrorum de cetero facienda, salvo tamen jure in omnibus alieno. Et tenemur dicto Roberto et ab eo causam habentibus prefatum redditum garantizare et deffendere, ad usus et consuetudines patrie, contra omnes. In cujus rei testimonium, presentibus litteris sigillum nostrum, videlicet quo communiter utimur, duximus apponendum.

Datum anno Domini millesimo ducentesimo nonagesimo quarto, die martis post Assomptionem Beate Marie Dei genitricis.

Orig. en parch., détérioré, et copie sur papier. — Arch. de l'Eure, Fonds de Bon-Port, liasse 48, n° 241.

CCCXXXIX

Jean le Bouteiller déclare, avec l'assentiment de son tuteur, qu'il ne viendra rien réclamer contre la vente qu'il a faite aux religieux de Bon-Port.

(1294, 28 mars.)

Omnibus hec visuris, officialis Ebroicensis, in Domino salutem. Noveritis quod in nostra presentia personaliter constitutus Johannes dictus Le Botellier, clericus, filius Ade, carnificis, cum auctoritate Rogeri Torquapel, sui curatoris, prout ambo confessi fuerunt, coram nobis recognoverunt cum auctoritate dicti sui curatoris omnia contenta in litteris presentibus hiis annexis esse vera et esse factum suum proprium, assensum suum venditioni terrarum in litteris presentibus hiis annexis cum auctoritate dicti sui curatoris prebens. Et juravit coram nobis, tactis sacrosanctis evangeliis, quod contra venditionem in litteris vicecomitis Pontis-Arche presentibus hiis annexis contentam non veniret in futurum, nec venire poterit ratione minoris etatis, renoncians in hoc suo facto per suum sacramentum omnibus deffectibus, allegationibus, et lesionibus quibuscumque, beneficiis in integrum restitutionis et omni alio jure beneficiis, quod contra hoc posset obici vel opponi, in toto vel in parte, quod omnibus quorum interest tenore presentium significamus.

Datum anno Domini M° CC° nonagesimo quarto, die mercurii post festum Beati Benedicti.

Orig. en parch. — Arch. de l'Eure, Fonds de Bon-Port, liasse 66, n° 21.

CCCXL

Guillaume Langleis et sa femme vendent aux religieux de Bon-Port une pièce de terre à Léry.

(1294.)

A tous ceus qui ces lettres verront et orront, le viconte du Pont-de-l'Arche salut. Sachez que par devant nous furent presenz Guillaume Lengleis et Marguerite, sa fame, de la parroisse de Leri, de leur bonne volente, sanz nul contraignement, requenurent que il avoient ensemble baillé, otrié et du tout en tout delessié par non de vente à hommes religieus l'abbé et couvent de Boen-Port, pour quarante solz tournois dont il se tindrent pour bien paier par devant nous : chest assavoir une pieche de vigne assise jouste le dit abbé et le couvent, d'une part, et Roullant de Leri, d'autre, et aboute au quemin le roy des deux bouts ; a avoir et a pourseer la dite vente as dis religieus bien et empes, franchement et quitement et a fère tout leur profit, comme du leur propre, sauf le droit segnorel. Et pramistrent les dis vendeeurs pour eus et pour leur heirs la dite vente as dis achateeurs garantir et deffendre et delivrer envers toutes personnes de tous encombremens et de tous empeechemenz, ou ailleurs escanger en leur propre heritage autant value à value, se mestier en estoit, et à rendre touz couz et touz damages que les dis religieus pourroient avoir par deffaute de garantie dont le porteeur de ces lettres seroit creu par son serement sanz autre preuve. Et jura la dite Marguerite de sa bonne volenté sanz nul contraingnement o l'auctorité de son mari dessus dit, qui présent estoit, que james en la dite vente riens ne demandera, ne fera demander ne [reclamer] par soy ne par autre en court nulle ne part devant nul juge pour reson de doueire, de mariage encombré, de don pour nioches, de conquest, d'escaanche, ne par autre reson quele que elle soit ou puist estre. Et pour tenir et aemplir, il enobligerent............. et leur biens et leur cors à tenir en prison et tous leur biens, moebles et non moebles, présenz et avenir. Et quant à ce il renonchèrent a tout previllége de crois prise et à prendre et tout autre previllège quel que il soit ou puist estre............ Et ces........... ... ou en partie.............. le seel de............... l'Arche, sauf le droit le roy et l'autri............ as dis v[endeurs].

.... de grâce M° CC° IIII^{xx} et quatorze, le vendredy......

Orig. en parch., détérioré en partie. — Arch. de l'Eure, Fonds de Bon-Port, liasse 48, n° 240.

CCCXLI

Testament d'Agnès, femme de Robert Triasnon, en faveur de son mari.

(1296, 27 juin.)

A touz ceus qui ces lectres verront, le viconte de Rouen, saluz. Sachez que par devant nous fut presente Agnes, fame Robert Triasnon, qui, de sa bonne volenté, recognut quele avoit donné, quitté et delessié à Robert Triasnon, tant comme il vivra, après le deceis de ladite Agnes, pour son bon service dont elle se tint a bien paiee par devant nous. C'est a savoir tout cheu quele avoit, pouveit et deveit avoir et qui escheer li poueit par reson deritage en terres, en rentes et en toutes autres choses, en quiconquez parroisses et en quiconquez lieu que che soit et en quele chose que che soit, à tenir et à pourseer toutes les choses dessus dites audit Robert, tant comme il vivra, après le decès à ladite Agnès, franchement, quitement, et affere toute sa volenté, comme de son propre heritage, sauves les rentes as chieps segnours. Et pramist la dite Agnès pour soy et pour ses hers toutes les choses dessus dites, audit Robert, tant comme il vivra après le decès de la dite Agnès envers toutes personnes garantir et deffendre de touz encombremens, empeechemens et de toutes autres choses, et à rendre touz cous et damages que led. Robert aroit en deffance de garantie dont le porteeur de ches lettres seroit cru par son serement sans autre preuve, et pour cheu tenir et a emplir ele en obliga soy et ses hers et touz ses biens moebles et non moebles et les biens de ses hers presens et avenir et son cors a tenir en prison s'ele venoit contre ches choses. En tesmong de cheu nous avon mis à ches lettres le seel de la viconté de Rouen, sauf le droit le roy et l'autri.

Che fu fet l'an de grâce mil cc iiii^{xx} et seze, le merquedi après la Nativité Saint Jehan Baptiste.

Orig. en parch. — Arch. de l'Eure, Fonds de Bon-Port, liasse 51, n° 512.

CCCXLII

Philippe IV le Bel vidime les lettres d'amortissement délivrées par le bailli de Rouen aux religieux de Bon-Port.

(1296, juin, à Paris.)

PHILIPPUS, Dei gracia, Francorum rex.

Notum facimus universis, tam presentibus quam futuris, nos vidisse litteras infrascriptas formam que sequitur continentes.

Omnibus hec visuris Reginaldus Barbou junior, ballivus Rothomagi, salutem. Noveritis quod cum viri religiosi abbas et conventus monasterii Boni-Portus, Cisterciensis ordinis, nomine suo et monasterii sui predicti, a tempore ordinationis domini regis, acquisierint, tam gratuito titulo quam non gratuito, res immobiles, et redditus infrascriptos, videlicet apud Landemare : ab Alouino Letort, viginti tres denarios et obolum; a Guilleberto Fromont, duos solidos sex denarios; a Mannourri, quatuor solidos unum denarium; a Ricardo de Montpoignan, milite, super molendinum Olementis, quatuor minas molture, valoris duodecim solidorum; a Crasmoistel, duos denarios; a Radulpho Mediatorio, novem denarios; a Guillelmo dicto Clerico, sex solidos sex denarios. Item, apud Gauvray : a Petro Cousin, quinque solidos super foreriam Bubulacorum; ab eodem, unam peciam prati extimatam ad quinque solidos; ab eodem, quinque solidos redditus; a relicta Guillelmi Havart, modicum terre valoris duodecim denarios; a Guillelmo Bichel, quatuor solidos; a Johanne Bonte, sexdecim denarios; a Johanne Crasso, sex solidos undecim denarios. Item, apud Vallem-Rodolii : a Nicholao Vanart, octo denarios; a Nicholao Heudebert, decem octo denarios obolum; a Rogero Droguet, sex denarios; a Henrico Briens, decem octo denarios. Item, apud Pontem-Arche : a Matildi La Couterresse, quatuor solidos et unum caponem; ab Isabelli de Villaribus, quatuordecim solidos; a Guillelmo de Vallaribus, undecim denarios; ab Acelina Hamonis, terciam partem sagene des Dons, estimatam ad quatuor solidos. Item, apud Portum-Gaudii : a Guillelmo Faiel, quinque solidos; a Simone, presbitero de Harqueville, duodecim denarios; a Ricardo filio Gualteri, octo denarios. Item, apud Leriacum : a Johanne Crasso, tres solidos; a Petro Crasso, quatuor libras novem solidos; a Rogero Pratario, quindecim solidos; ab eodem, octo solidos super unam masuram; a relicta Bolin, tantillum terre, estimatam ad tres solidos. Item, apud Colemare : a Guillelmo Ruffo et Guillelmo Brumen, octo acras terre, estimatas ad sexaginta tres solidos turonenses redditus. Item, apud Leriacum : a Stephano Sapiente, serjanteriam Patorium, estimatam ad sexaginta solidos redditus; a Guillelmo Anglico, tantillum vinee, valoris trium solidorum. Item, de Gaufrido Hauvart, quemdam ortum, valoris quadraginta solidorum. Item, apud Landemare : a Robino de Montpoignant, unum gordum per excambium, valoris triginta solidorum; a Petro de Manequeville, milite, septem solidos. Item, apud Gaureium : a Matheo Trebil, duodecim solidos; a Matheo Anglico, duas pecias terre, estimatas ad viginti quatuor solidos; a Johanne de Valle, duos solidos. Item, apud Vallem-Rodolii : a Nicholao Basin, decem solidos; a Roberto Bouriot, duodecim solidos. Item, apud Pontem-Arche : a Johanne Pomette, decem solidos. Item, apud Portum-Gaudii : a relicta Baldoni Bassi, decem solidos; a Sibilla de Rouville, decem solidos; ab Henrico Voignart, decem solidos. Item, apud Leriacum : a Symone Scriptore, triginta novem solidos; a Thoma Greco, quinque solidos; a Guillelmo Randart, quatuor solidos; a Roberto Gargate, quatuor solidos. Item, apud Fresneuse : a Johanne de Molendinis, duodecim denarios. Item, apud Escrouvilla : a Guilleberto Quantin, decem solidos super Poile-Haste. Item, apud Poses : a Johanne Esmere, decem solidos. Item, apud Leriacum : ab Aelicia La Boignarde, tres solidos; a Johanne Le Mansel, quinque solidos; unum caponem super vineam Stephani Comitis. Item, apud Rothomagum : super totum tenementum a la Potiere, viginti solidos. Item, apud Ycarville : ab Amelina de Fraxinis, sex denarios. Item, apud Leriacum : a Richardo Leteut, decem solidos; item, virgatam et dimidiam prati, valoris decem solidorum. Ibidem, super quemdam vineam, decem solidos. Item, apud Bosgouet : ab Adam de la Blaerie, milite, quinque solidos. Item, apud Vallem-Rodolii et Leriacum : a magistro Hilario, quondam rectore ecclesie de Leriaco, super Petrum Juliane, sexdecim solidos; super Gaufridum Le Muet, septem solidos; super heredes Pantoul, duos solidos. Item, super eosdem, septem solidos; super heredes Michaelis Rose, quatuordecim solidos; super Symonem Piquart, duos solidos; super Galterum Le Cousturier, decem solidos; super Johannem Malingres, sexdecim denarios; super Guillelmum Huguet, tresdecim solidos; super Roulant, quinque solidos; super heredes Ricardi de Ruello, viginti solidos; super Guillebertum Le Bouchier, quinque solidos; super Robertum Voiquier, decem solidos; super Robertum Juliene, octo denarios; super Robertum Sapientem, tres solidos; super Guillelmum et Gaufridum dictos Borous, sexdecim solidos; super Henricum Galopin, quinque solidos sex denarios; super Radulphum Morin, novem solidos sex denarios; super Stephanum Comitem, tresdecim solidos; super Thomam Le Cousturier, duodecim solidos; super Nicholaum et Laurencium dictos Papeil, viginti solidos; super Robertum Le Boulengier, quinque solidos; super Gervasium Le Lievre, duos solidos; super Amelinam La Vagesse, duodecim denarios; super Colinum Buglart, quatuor solidos; super Guillebertum Randart, quatuordecim solidos sex denarios; super Gaufridum Auberi, quinque solidos, unam galinam; super Stephanum Auberi, decem solidos; super Simonem Morant, sex solidos sex denarios; super Nicholaum Darsel, septem solidos sex denarios, unum caponem; super Colinum Trifaut, novem solidos quatuor denarios, unum caponem; super Johannem Coipel, quindecim solidos; Gaufridum Grecum, triginta solidos; super Gaufridum Auberi, triginta duos denarios; super Guillelmum Le Porchier, sex solidos; super Reginaldum Daoust, duos solidos sex denarios; super Johannem Riqueut, octo solidos; super Rogerum Sebille, quinque solidos; super magistrum Rogerum de Valle-Rodolii, duodecim denarios; super Johannem Lescaude, octo solidos; super Johannem Vinie, tres solidos; super Johannem Boterel, tres solidos duos denarios, unum caponem; super heredes Dant Nichole, sexaginta decem et octo solidos sex denarios. Item, apud Tournedos : super Robertum Rachinel, viginti sex denarios. Item, apud Portum Sancti-Audoeni, ex dono Laurencii Camerarii, militis, quandam domum extimatam ad quadraginta solidos redditus. Item, in banleuca Rothomagi, ex dono Matildis, quondam uxoris predicti militis, quatuor libras et octo solidos. Que omnes res et redditus suprascripti valent per annum quinquaginta novem libras decem et octo solidos et octo denarios redditus, cujus summe tringinta sex libræ quindecim solidi et duo denarii sunt ex donis ipsis religiosis et eorum monasterio factis, et viginti tres libre tres solidi et sex denarii sunt ex emptionibus eorumdem. Predicti religiosi pro predictis rebus immobilibus et redditibus omnibus et singulis sibi et suis successoribus in predicto monasterio, ac ipsi monasterio perpetuo retinendis et remanendis, finaverunt nobiscum et cum magistro Reginaldo de Erchu, clerico, ad hoc ex parte domini regis specialiter deputato, ad ducentas quinquaginta octo libras decem et novem solidos turonenses, de quibus dominus rex eisdem religiosis centum et quinquaginta libras remisit et dedit de gracia speciali, et de residuo nobis, nomine domini regis, satisfecerunt in peccunia numerata. Et ideo ipsis religiosis et eorum monasterio, nomine predicti domini regis, et pro ipso concessimus quod ipsi et successores sui in predicto monasterio, res immobiles et redditus suprascriptos omnes et singulos, perpetuo teneant, habeant et possideant, pacifice et quiete, absque coactione aliqua vendendi, vel extra manum suam ponendi, salvo in aliis jure nostro et jure in omnibus alieno. In cujus rei testimonium et munimen, presentes litteras eisdem religiosis dedimus sigillo Rothomagensis ballivie sigillatas.

Datum anno Domini millesimo ducentesimo nonagesimo sexto, sabbato post Trinitatem Domini estivallem.

Nos autem financiam hujusmodi ratam et gratam habentes, volumus et concedimus quod prefati religiosi, et eorum successores, predictas res teneant et perpetuo possideant sub deveriis consuetis, absque coactione vendendi vel extra manum suam ponendi, salvo in justicia et aliis jure nostro et quolibet alieno. Quod ut firmum et stabile perseveret, presentibus litteris fecimus [nostrum] apponi sigillum.

Actum Parisius, anno Domini millesimo ducentesimo nonagesimo sexto, mense junii.

Bibl. Imp., Cart. de Bon-Port, ch. 64, f° 45.

CCCXLIII

Nicolas Boterel et sa femme vendent à l'abbaye de Bon-Port une pièce de vigne à Léry.

(1296.)

A touz ceus qui ces lettres verront et orront, le viconte du Pont de l'Arche, salut. Sachez que par devant nous furent presenz Nichole Boterel

et Luce, sa femme, de la paroisse de Lery, de leur bonne volenté recongnurent que il avoient quité et delessié du tout en tout, par nom de vente, a hommes religieus l'abbé et le convent de Boen Port pour vynt et sept soulz tournoys des queux ilz se tindrent à bien paiez par devant nous : c'est assavoir une pieche de vigne assise en la dite parroisse jouxte la vigne as diz religieus. d'une part, et la Jehanne Le Camus d'autre, et aboute à leritage Nichole Papeil, d'un bout, et au Pierres Lengleis et Johan Gobelin, d'autre : a tenir et à pourseer la dite vente as diz religieus franchement et empès et affaire toute leur volenté comme du leur propre, sauf autri droit. Et promistrent les diz vendeurs pour euls et pour lour heirs la dite vente as diz religieus garantir, deffendre et delivrer envers toutes personnes de touz encombremenz et de touz empeechemenz, ou ailleurs escanger en leur propre heritage, value a value se mestier en estoit et arrendre touz les couz et les damages que les diz religieus aroient par deffaut de garantie dont le porteeur de ces lettres seroit creu par son serement, sanz autre preuve, et jura la dite Luce de sa bonne volenté sus saintes evangilles, o l'auctorite de son mari dessus dit, que jamès en dite vente riens ne demandera ne ne fera demander par raison de doere, de mariage encombré, de son p......
.... quest............ ne par autre raison quele que elle soit ou............. obligerent euls et leur heirs et leur cors à.......... moebles et non moebles, presenz et a venir, et renoncherent...........
à prendre et à tout autre previllège quel que il soit................
viennent contre ces choses en tout ou en................,........ de la viconte du Pont [de l'Arche]..... et l'autri......

Ce fut fait..............................

Orig. en parch, détérioré en partie. — Arch. de l'Eure, Fonds de Bon-Port, liasse 48, n° 242.

CCCXLIV

Philippe IV le Bel vidime des lettres de Louis IX (mars 1245) par lesquelles il prend les religieux de Bon-Port, leurs hommes et leurs biens sous sa sauvegarde.

(1298, août, à la Feuillie-en-Lyons.)

Philippus, Dei gracia, Francorum rex.

Notum facimus universis, tam presentibus quam futuris, nos litteras beatissimi Ludovici regis Francorum, avi nostri, quondam vidisse formam que sequitur continentes. *(Voir plus haut, n° CXLIX, p. 153.)*

Nos vero omnia et singula in predictis contenta litteris laudantes et approbantes, ea volumus et presentium tenore firmiter servari jubemus, salvo jure quolibet alieno. Quod ut ratum et stabile maneat in futurum, presentibus nostrum fecimus apponi sigillum.

Actum in domo nostra Foilleye in Leonibus, anno Domini millesimo ducentesimo nonagesimo octavo, mense augusti.

Bibl. Imp., Cart. de Bon-Port, ch. 54, f° 37 v°.

CCCXLV

Nicolas Chefdeville vend à Jehan Lesene, curé d'Alisay, trois pièces de terre audit lieu.

(Fin du XIII° siècle.)

Notum sit omnibus, presentibus et futuris, quod ego Nicholaus dictus de Capite Ville vendidi, concessi et penitus dimisi Johanni dicto Lesene, rectori Ecclesie de Alisiaco tunc temporis, tres pecias terre quas habebam in parrochia de Alisiaco, ratione Johanne, uxoris mee, quarum una sita est inter terram magistri Roberti de Ponte-Arche, ex una parte, et terram au Mieroch, ex altera, et vocatur Campus Monachorum; secunda sita est inter terram dicti magistri Roberti, ex una parte, et terram dicti rectoris, ex altera; tercia sita est in mariscis in noa Baudri, inter terram Habrae Anglici, ex una parte, et terram Johannis Anglici, ex altera, sicut se continent et extendunt de longo in lato, pro novem libris turonensium, de quibus [me] teneo pro pagato; tenendas et habendas dicto Johanni et heredibus suis de me et heredibus meis libere et in pace, dictas tres pecias, sine aliqua reclamatione mei nec heredum meorum de cetero facienda. Ego enim predictus Nicholaus et heredes mei predicto Johanni et heredibus suis predictas tres pecias terre garantizare tenemur contra omnes et in omnibus curiis, vel alibi excambiare in nostro proprio hereditagio, valore ad valorem, si necesse fuerit, competenter, salvo tamen jure domini capitalis. Et sciendum est quod ..... ffacere magistro Roberto de Ponte-Arche super quinque annuatis..... habebat ex traditione mea. Et ut..... ..... ego predictus Nicholaus et Johanna, uxor mea.....'. presenti carte .....'.gilla nostra duximus apponenda.

Actum anno Domini м°.....:........ decembris.

Testibus hiis : Ricardo le Braceor, Guilleberto Blouer, Michaele Buglart, Nicholao Gas, Nicholao..... et pluribus aliis.

Orig. en parch., détruit en partie par l'humidité. — Arch. de l'Eure, Fonds de Bon-Port, liasse 66, n° 4.

CCCXLVI

Boniface VIII décide que personne n'a le droit de lever des dîmes sur les terres appartenant aux religieux de l'ordre de Citeaux.

(1302, 18 décembre, à Latran.)

Bonifacius, episcopus, servus servorum Dei, dilectis filiis universis abbatibus, abbatissis et conventibus ordinis Cisterciensis, tam presentibus quam futuris, salutem et apostolicam benedictionem. In ecclesie firmamento vester ordo nitore claro corruscans universalem gregis dominici aulam illuminat, et currentibus in stadio rectum iter insinuat quo ad salutis bravium facilius pervenitur. Nos quidem, ob hoc et propter magne devotionis affectum quem ad nos et apostolicam sedem habetis, ordinem ipsum ac vos et alios ejusdem ordinis professores intima caritate prosequimur ac sinceris affectibus excitamur ad vestra et illorum commoda in quibus honeste possumus promovenda. Ideoque premissorum intuitu et obtentu dilecti filii nostri Roberti, tituli Sancte Pudenciane presbiteri cardinalis, qui tanquam prefati ordinis quem professus existit promotor assiduus necessitates vestras et dicti ordinis nobis reverenter exposuit, et super illis nostre provisionis auxilium imploravit; vobis auctoritate presencium indulgemus ut de terris vestris cultis et incultis, ad ordinem vestrum spectantibus, quas aliis concessistis vel concedetis imposterum excolendas, de quibus tamen aliquis decimas seu primicias non persepit, nullus a vobis, seu cultoribus terrarum ipsarum aut quibuscumque aliis decimas seu primicias exigere vel extorquere presumat. Nos enim nichilominus irritum decernimus et mane quicquid contra tenorem hujusmodi indulgencie fuerit attemptatum. Nulli ergo omnino hominum liceat hanc paginam nostre concessionis et constitutionis infringere vel ei ausu temerario contraire. Si quis autem hoc attemptare presumpserit, indignationem omnipotentis Dei et Beatorum Petri et Pauli apostolorum ejus se noverit incursurum.

Datum Laterani, xv. kalendas januarii, pontificatus nostri anno octavo.

Bibl. Imp., Cart. de Bon-Port, ch. 15, f° 45 v°.

CCCXLVII

Olivier dit Cauvin donne aux religieux de Bon-Port 2 sous et une poule de rente pour avoir sa sépulture dans l'abbaye.

(1303, février, première semaine de carême.)

Noverint universi, presentes pariter et futuri, quod ego Oliverus dictus Cauvin, de parrochia Sancti Johannis de Welleboto super Secanam, donavi concessi et omnino dimisi in puram et perpetuam elemosinam pro salute anime mee et omnium antecessorum meorum, Deo et Beate Marie Boni-Portus et monachis ibidem Deo servientibus, in quo loco elegi sepulturam meam, duos solidos et unam gallinam quos habebam annui redditus in parrochia de Monte-Aureo, ad festum Sancti Michaelis in Monte Gargano, sitos super suam masuram sitam inter masuram Stephani Tegularii ex una parte, et masuram Guillelmi Ober[ti] ex altera : tenendos et habendos et perpetuo possidendos in puram et perpetuam elemosinam, ut premittitur, dictos duos solidos et gallinam ad predictum festum dictis religiosis et eorum successoribus, bene, pacifice et quiete, sine contradictione aliqua mei vel heredum meorum de cetero facienda. Et ego dictus Oliverus et heredes mei quos in hoc relinquo obligatos, perpetuo tenemur predictum redditum predictis religiosis et eorum successoribus contra omnes ad usus et consuetudines Normannie defendere, garantizare vel valore ad valorem, si necesse fuerit, in nostro proprio hereditagio excambiare, salvo tamen in omnibus jure cuilibet alieno. Quod ut firmum et stabile permaneat in futurum, presentem cartam sigilli mei munimine roboravi.

Actum anno Domini millesimo ccc° tertio, mense februario, prima hebdomada Quadragesime.

Orig. en parch. — Arch. de l'Eure, Fonds de Bon-Port, liasse 17, n° 32.

CCCXLVIII

Philippe IV le Bel confirme les acquisitions faites par l'abbé et les religieux de Bon-Port, et leur octroie divers priviléges.

(1304, juin, à Paris.)

PHILIPPUS, Dei gracia, Francorum rex.

Notum facimus universis, tam presentibus quam futuris, quod nos, dilectorum nostrorum abbatis et conventus monasterii de Bono-Portu, ordinis Cisterciensis, supplicationibus annuantes eisdem ac ecclesie seu monasterio suo duximus concedendum, quod ipsi conquesta ab eis sue ecclesie nomine facta, a tempore retroacto usque ad tempus concessionis hujusmodi in feodis, retrofeodis et allodiis nostris aut subdictorum nostrorum in quantum ad nos spectat tenere possint perpetuo absque coactione vendendi vel extra manum suam ponendi vel prestandi nobis financiam pro eisdem. Item quod bona eorum mobilia non capientur vel justiciabuntur in aliquo casu per justiciam secularem. Item quod in casu ubi licite bona ipsorum immobilia, capi contingeret, ea consumi vel destrui non liceat aut expendi; quod si fiat, id ante omnia faciemus emendari et eos indempnes servari. Et si ad ipsorum bonorum saisinam vel custodiam servientes deputari oporteat, unus tantummodo serviens in abbacia, et in qualibet domo ipsorum deputetur qui de stipendiis suis vivere teneatur, prout in nostris continetur statutis. Item quod recognitiones et advocationes nove que ab ipsorum religiosorum subdictis nobis fiunt nullatenus admittentur, et factas de novo faciemus penitus revocari. Item quod ballivi et alii officiales nostri teneantur jurare quod mandata sibi facta et facienda per litteras nostras pro ecclesia illa et personis ejusdem absque difficultate fideliter exequentur. Item quod non impedientur aut non inquietabuntur super possessionibus sine redditibus emptis per ipsos in feodis retrofeodis aut censivis suis in quibus omnimodam altam et bassam habent justiciam cum possessiones *(sic)* et redditus taliter acquisitos perpetuo tenere valeant, absque coactione vendendi vel extra manum suam ponendi aut prestendi nobis financiam pro eisdem. Item quod tollantur gravamina eis per gentes nostras illata ac nostra jam concessa, servientur statuta, et ea ballivi nostri jurare teneantur se firmiter servaturos. Item quod ad opus garnisionum nostrarum bona eorum vel subdictorum suorum, eis invitis, nullatenus capientur. Item quod pro gravaminibus sibi illatis corrigendis de quibus liquebit auditores non suspectos eisdem cum requisiti fuerimus concedemus, qui vice nostra celeris complementum justicie super hec fideliter exhibebunt. Item quod non puniantur pro delictis monachorum seu conversorum aut familiarium suorum, nisi quatenus sunt propter hec puniendi de jure vel de consuetudine priore cui subsunt. Item quod non impedienti personas sue abbacie et earum mobilia cum armis moderate vel sine armis, ac delinquentes in sua abbacia seu locis ipsius capere, quatenus capere consueverunt. Quod ut firmum et stabile permaneat, salvo in aliis jure nostro et in omnibus alieno, presentibus litteris nostrum fecimus apponi sigillum.

Actum Parisius, anno Domini millesimo trecentesimo quarto, mense junio.

Bibl. Imp., Cart. de Bon-Port, ch. 64, f° 41 v°.

CCCXLIX

Clément V enjoint à l'abbé de Sainte-Catherine de Rouen de protéger les religieux et les religieuses de l'ordre de Cîteaux.

(1308, 4 septembre, à Avignon.)

CLEMENS, episcopus, servus servorum Dei, dilecto filio, abbati monasterii Sancte Katherine Rothomagensis, salutem et apostolicam benedictionem.

Etsi quibuslibet personis ecclesiasticis presertim sub religionis habitu domino militantibus, apostolicum debeat adesse presidium professores tamen, Cisterciensis ordinis utriusque sexus, ne pravorum hominum molestiis agitentur, et libencius protectionis nostre munimine confovemus quo prefatum ordinem in ecclesia Dei conspicuum dilectione prosequimur ampliori, ac illorum injurie gravius non contingunt. Cum itaque sicut ad nostrum pervenit auditum dilecti filii; abbas Cistercii ejusque coabbates et fratres ac dilecte in Christo filie, abbatisse et sorores eorumque conventus ipsius Cisterciensis ordinis a nonnullis qui nomen Domini recipere in vacuum non formidant, in personis et bonis suis, multipliciter molestentur.

Nos, volentes ipsorum abbatum fratrum, abbatissarum sororum et conventuum providere quieti, et perversorum conatibus obviare, discretioni tue per apostolicam scripta mandamus, quatinus per te vel per alium seu alios eisdem abbatibus fratribus abbatissis sororibus, et conventibus efficacis presidio defensionis assistens, non permictas eos in personis et bonis ipsorum, contra indulta privilegiorum sedis apostolice, ab aliquibus indebite molestari. Molestatores hujusmodi quicunque et cujuscumque religionis, conditionis aut status existant, eciamsi pontificali prefulgeant dignitate auctoritate nostra appellatione compescendo postposita. Non obstantibus felicis recordationis Bonifacii pape VIII, predecessoris nostri, qua cavetur necum actor et reus fuerint ejusdem civitatis vel diocesis aliquis eorum extra ipsas nisi in certis casibus, ad judicium evocetur et alia ne conservatores, a sede deputati predicta extra civitates et dioceses in quibus deputati fuerint contra quoscunque procedere sive alii vel aliis vices suas committere, aut aliquos ultra unam dietam a fine diocesis eorumdem trahere presumant, quodque potestas et jurisdictio conservatorum quoad non cepta negocia per obitum concedentis expiret, quam de duabus dictis in concilio generali et aliis quibuscunque constitutionibus ab eodem Bonifacio, vel aliis predecessoribus nostris Romanis pontificibus, super hoc in contrarium editis, dummodo ultra terciam vel quartam dietam, aliquis extra suam diocesim, auctoritate presencium non trahatur, seu si aliquibus communiter vel divisim a prefata sit sede indultum, quod interdici suspendi vel excommunicari seu extra vel ultra certa loca ad judicium evocari non possint per litteras apostolicas non facientes plenam et expressam, de indulto hujusmodi eorumque personis, locis vel ordinibus mentionem seu qualibet alia indulgencia dicte sedis generali vel speciali per quam tue jurisdictionis explicatio in hac parte valeat quomodolibet impediri. Accentius provisurus, ne de his super quibus lis est forte jam mota, seu que cause cognitionem exigunt, et que indulta hujusmodi non contigunt per te vel alium seu alios, te aliquatenus intromittas. Nos enim si secus presumpseris tam presentes litteras quam processum quem per te vel ipsos illarum auctoritate haberi contigerit, omnino carere juribus ac nullius fore decernimus firmitatis. Hujusmodi ergo mandatum nostrum, sic prudenter et fideliter exequaris, ut ejus fines quomodolibet non excedas. Ceterum volumus et apostolica auctoritate decernimus quod a data presencium sit tibi in premissis omnibus et eorum singulis perpetuata potestas et jurisdictio attributa ut in eo vigore illaque firmitate possis auctoritate predicta in predictis omnibus et pro predictis procedere, ac si tua jurisdictio in hiis omnibus et singulis, per citationem, monitionem vel modum alium perpetuata legitimum extitisses.

Datum Avinioni, ii. nonas septembris, pontificatus nostri anno quarto.

Bibl. Imp., Cart. de Bon-Port, ch. 27, f° 20 v°.

CCCL

Le bailli de Rouen déclare que le droit de patronage de la chapelle du Thuit-Signol appartient aux religieux de Bon-Port.

(1310, 6 août.)

A tous ceulx qui ces présentes lettres verront ou oront, Pierres de Hangest, bailli de Roan, salut. Comme contens et descort fust meu par devant nous, es assises notre sire le roy, entre religieux hommes l'abbé et convent de Notre-Dame de Bon-Port et noble homme Mre Guillelme de Harcourt, chevalier, sire de la Sauchoie, et Jourdain Douville, escuyer, sous aage, et son conduit, sur le droit du patronage de la chapelle de Tuit-Signol, lequel patronage chacun d'iceulx disoit que à lui devoit appartenir. Sachent tous que, en l'assise qu^i fut au Pont-Audemer, l'an de grâce 1310, le lundi avant la feste St-Lorens, furent presens frère Gervaise de Caen, attourné audit abbé et procureur pour le convent d'icelui lieu, et Nicolas Freret, attourné pour ledit Mre Guillelme de Harcourt, et ledit Jourdain Douville, escuier, en sa personne, conduit par Mre Nicole Quatrel, adonc personne de Grisia, applegié par Ricart de Quatrefosses, et après la veue faite et tenue pour faite entre eulx, ledit attourné, pour le dit Mre Guillelme, et le dit Jourdain et le conduit à pleiges dessus dit, renoncirent à la dite assise et delaissirent du tout l'opposition que ils avoient au patronage de ladite chapelle, et amendé veue l'opposition faite à tort. Et pour l'amende jugié fu par les chevaliers de la dite assise que lesd. religieux avoient atteint le droit du patronage de lad. chapelle, et que ils avoient lettres qui fyroient au prelat que il receust le presenté à la dicte chapelle de par les d. religieux.

En tesmoin de ce, nous avons mis à ces lettres le seel de la baillie de Roen, sauf le droit le roy et l'amende.

Ce fut fait en l'an et jour et es assises dessus dictes.

Copie en papier. — Arch. de l'Eure, Fonds de Bon-Port, liasse 76, n° 14 bis.

CCCLI

Clément V charge le chancelier de l'Église de Paris de juger comme arbitre le procès pendant entre les religieux de Bon-Port et l'archidiacre de Rouen.

(1311, 22 février, à Avignon.)

CLEMENS episcopus, servus servorum Dei, dilectis filiis cancellario et cantori ac magistro Grimerio de Placencia, canonico ecclesie Parisiensis, salutem et apostolicam benedictionem.

Suam nobis, dilecti filii abbas et conventus monasterii de Bono-Portu, Cisterciensis ordinis, Ebroicensis diocesis, peticionem monstrarunt quod magister Guillelmus de Flavencuria, archidiaconis Rothomagensis, asserens quod nos olim venerabili fratri nostro Bernardo, archiepiscopo Rothomagensi, loci metropolitano, per nostras litteras duximus indulgendum ut inde et triennium posset ecclesias, personas, monasteria, ceteraque loca ecclesiastica civitatis, diocesis et provincie Rothomagensis, in quibus per dictum archiepiscopum esset de consuetudine vel de jure visitationis officium impendendum, per aliquam seu aliquas personas ydoneas, quam vel quas ad hoc duceret assumendas, quociens tempus visitationis exigeret, visitare, et procurationes, ratione visitationis debitas, ab ecclesiasticis personis, monasteriis et locis eisdem taliter visitatis recipere et exigere, eciam in pecunia numerata, dicto archidiacono et quibusdam aliis suis in hac parte collegis, prefato archiepiscopo super hoc per alias nostras certi tenoris litteras, executoribus deputatis, ac solus in hujusmodi procedens negocio, prout ex forma dictarum litterarum sibi dictis collegis directorum, se posse dicebat eisdem abbatis et conventui illarum pretextu mandavit ut magistrum Henricum de Nonanto et Gaufridum de Spedona, canonicos Ebroicenses, vel eorum alterum quos idem archiepiscopus, ad hujusmodi visitationis officium exercendum et procurationes recipiendum predictas, deputandos duxerat in dicto monasterio ad visitandum admicterent, ac eis quandam pecunie summam rationem visitationis hujusmodi infra certum terminum, nomine ipsius archiepiscopi, solvere procurarent alioquin ex tunc in abbatem et singulos de dicto conventu excom[mu]nicationis et in conventum predictas interdicti sentencias promulgabat, ex parte vero dictorum abbatis et conventus fuit coram dicto archidiacono excipiendo propositum quod cum abbati monasterii Cistercii ejusque coabbatibus et conventibus universis, Cisterciensis ordinis, a sede apostolica, per specialia dicte sedis privilegia antea fuisset indultum, ut a nullo alio, nisi prioribus, abbatibus, seu monachis dicti ordinis a dictis abbatibus super hoc deputatis visitari, vel corrigi possint, ac inhibitum ne quisquam diocesanus vel prelatus alius ab eis hujusmodi procurationes exigere vel extorquere presumant, ipsisque abbatibus et conventibus, ne illis eis exibeant ac decretum irritum et inane, si quis contra inhibitionem hujusmodi a quoquam fuerit propria temeritate presumptum, ac sentencias, si quas ex eos hujusmodi occasione proferri contingeret, non tenere, dictumque monasterium de Bono-Portu, ordinis ejusdem, existeret ac fuisset tempore concessionis dictorum privilegiorum, ac tam ipsi abbas et conventus monasterii de Bono-Portu quam alii abbates et conventus predicti forent in possessione vel quasi hujusmodi libertatis prout erant coram eo per exhibitionem hujusmodi privilegiorum ac alias legitime probare pa[ra]ti dicti abbas et conventus de Bono-Portu mandatis dicti archidiaconi in hac parte parere, preterea dictarum litterarum in omnibus de predictis privilegiis aliqua mentio non fiebat, nec aliqua clausula erat apposita, per quam privilegiis derogaretur, eisdem minime tenebantur, et ad id compelli de jure non poterant nec debebant, et quia dictus archidiaconus eos super hoc audire contra justiciam recusavit, pro parte ipsorum sentencium ex hoc indebite se gravari infra dictum terminum et tempus legitimum, fuit ad sedem apostolicam appellatum; ac idem archidiaconus hujusmodi appellatione contempta abbatem, et singulos de dicto conventu excommunicatos; conventum vero predictos interdictos mandavit publice nunciari. Quare, pro parte dictorum abbatis et conventus de Bono-Portu, petebatur a nobis ut hujusmodi sentencias contra tenorem dictorum privilegiorum taliter promulgatas denunciari non tenere per discretum aliquem mandaremus. Quocirca discretioni vestre per apostolica scripta mandamus, quatinus vocatis qui fuerint evocandi, et auditis hinc inde prepositis, quod justum fuerit appellatione postposita decernatis facientes quod decreveritis auctoritate nostra firmiter observari. Testes autem qui fuerint nominati si se gracia odio, vel timore subtraxerint per censuram ecclesiasticam, appellatione cessante cogatis, veritati testimonium prohibere. Quod si non omnes hiis exequendis potueritis interesse, duo vestrum ea nichilominus exequatur.

Datum Avinioni, viii. kalendas marcii, pontificatus nostri anno sexto.

Bibl. Imp., Cart. de Bon-Port, ch. 28, f° 21 v°.

CCCLII

Philippe IV le Bel déclare que les arbres fruitiers qui sont dans la haie de Bon-Port appartiennent à l'abbaye, et que les religieux ont le droit de les vendre et de les faire couper.

(1312, septembre, à Veteuil.)

Philippus, Dei gracia, Francorum rex, universis presentes litteras inspecturis, salutem.

Notum facimus quod cum inter gentes nostros forestarum pro nobis, ex parte una, et religiosos viros abbatem et conventum monasterii de Bono-Portu, Cisterciensis ordinis, ex altera, questio mota fuisset super eo videlicet quod gentes ipsi contra ipsos religiosos dicebant quod ipsi in haya sua, que est juxta eorum abbatiam, aliquas fructiferas arbores vendere seu sequari facere non poterant, quique arbores ipsos ad nos solum et non ad eos pertinebant, dictis religiosis in contrarium dicentibus et asserentibus dictas arbores ad eos, per speciale privilegium ac per punctum carte eisdem a tempore fundationis dicte abbatie concessorum, pertinere ac eos esse, ipsorumque predecessores fuisse in possessione pacifica a predicto tempore de premissis. Inquesta igitur de mandato nostro facta super premissis ac nobis reportata, visa et diligenter inspecta, visisque privilegiis et cartis eorumdem, quia, tam per ipsam inquestam quam per privilegia et cartas eorumdem, repertum extitit ipsos religiosos suam super premissis intentionem sufficienter probavisse, declaramus predictas arbores fructiferas ad predictos religiosos et non ad nos totaliter pertinere, quodque ipsas possunt ipsorumque successores poterunt vendere de cetero ac sequari facere, impedimento quocunque cessante. Quod ut firmum et stabile permaneat in futurum, presentibus litteris nostrum fecimus apponi sigillum, salvo in aliis jure nostro et quolibet in omnibus alieno.

Actum apud Vetholium, anno Domini millesimo trecentesimo duodecimo, mense septembris.

Orig. en parch. — Arch. de l'Eure, Fonds de Bon-Port, liasse 41, n° 1.

CCCLIII

Philippe V permet aux religieux de Bon-Port de clore la haie proche de leur monastère.

(1316, mars, à Paris.)

PHILIPPE, par la grâce de Dieu, rois de France et de Navarre. Savoir faisons, a touz presenz et a venir, que comme desbaz et descors fust meu entre noz genz de noz fourez, d'une part, et religieus hommes l'abbé et le couvent de Bon-Port, d'autre, suz ce que noz genz disoient pour nous que les diz religieus ne devoient pas tenir close la haye qui est jouste la dite abbaie de Bon-Port, et les diz religieus disoient et proposoient qu'il povoient et devoient clorre la dite haye, car il l'avoient de don de prince en fondement de leur eglise, et si en ont ainsi usé puis leur fondement, et sus ces choses noz amez et feals levesque de Saint-Malo et Pierres de Duy, chevalier, enquesteours envoiez en Normandie pour la refourmacion du païs, aient fait enqueste, laquelle il ont rapourteit par devers nous. Nous, veue et diligemment examinée la dite enqueste, voulons que li diz religieus puent et pourront clorre la dite haye toute foiz qu'il leur plerra en la manière et en la fourme qu'il faisoient avant ce que le debat et descors en fussent meuz et que anciennement il en ont usé. Et que ce soit ferme et estable à touz jourz, nous avons mis nostre seel en ces presentes lettres, sauf en autres choses notre droit et en toutes l'autrui.

Donné à Paris, l'an de grâce mil trois cenz et seize, ou mois de marz.

Orig. en parch., reste d'attaches en soie rouge et verte. — Arch. de l'Eure, Fonds de Bon-Port, liasse 14, n° 2.

CCCLIV

Richard Barbe le Jeune donne aux religieux de Bon-Port 2 sous de rente à Saint-Aubin jouxte Boulleuc.

(1317, 8 mai.)

Sciant omnes, presentes et futuri, quod ego Ricardus Barbes junior, de parrochia Sancti Albini juxta Sanctum Egidium de Boulenc, assensu et voluntate mea, dedi et concessi Deo et Beate Marie de Bono-Portu, ad usus pauperum, pro salute anime mee et antecessorum meorum, videlicet II. s. annui redditus, in puram et perpetuam elemosinam, quos debebat michi annuatim Ricardus Barbes senior, de quodam tenemento quod tradidi ei, quod tenebam de Heloys de Rippa, sito inter hereditagium heredum Luce Langeis, ex una parte, et hereditagium heredum Basirie Anglice, ex alio, aboutante ad heredes Symonis Robert, ex uno buto, et ad queminum regis, ex alio : habendos et possidendos dictis pauperibus vel procuratori eorumdem, de Ricardo Barbes seniore et heredibus suis, ad festum Sancti Egidii annuatim. Licebit autem monachis ejusdem loci de predicto redditu, videlicet de supradictis duobus solidis, de cetero omnem suam facere voluntatem ad predictorum usus pauperum, et justiciam suam exercere in dicto tenemento pro jamdicto redditu habendo ad terminum prelibatum. Et ego Ricardus et heredes mei tenemur dictum redditum dictis religiosis contra omnes garantizare et de omnibus impedimentis deliberare. Et attornavi dictum Ricardum Barbes seniorem de cetero ad dictum redditum dictis religiosis persolvendum. Et ut hoc ratum et stabile permaneat in futurum, sigillum meum huic presenti carte apposui, anno Domini M° CCC° XVII°, die martis post festum apostolorum Philippi et Jacobi.

Testibus hiis : Johanne de Rippa; Johanne dicto Chier Ami; Johanne Crespin; Nicolao Sancti Desiderii et ejus filio, et pluribus aliis.

Arch. de l'Eure, Pet. Cart. de Bon-Port, liasse 4, n° 26, ch. 16.

CCCLV

Mathieu Coquart et sa femme vendent aux religieux de Bon-Port 21 sous tournois de rente à Pont-de-l'Arche.

(1321, 22 janvier.)

A tous ceulx qui ces lettres verront et orront, le viconte du Pont-de-l'Arche, salut. Sachies que par devant Nicolas Le Meteer, clerc, adonc garde du seel des obligacions de la viconté du Pont-de-l'Arche, furent presens Mahieu Coquart dit Sacre et Maheut, sa fame, adonc demourans en la parroisse du Pont-de-l'Arche, qui, de leur bonne volonté et de leur commun assentement, recongnurent que ilz avoient ensemble vendu et du tout en tout quittié et délessié a tousjours par non de pure vente as hommes religieux et honnestes l'abbé et le convent de Bon-Port, pour l'usage du poure hostel de la dicte abbaie, c'est assavoir XXI souz tournois de rente, lesquiex Guille Coquart autrement dit le Sacre, frere du dit Mahieu, leur devoit et rendoit chascun an à II termes : c'est assavoir X s. à la Saint Gire et les XI s. à la Saint Jehan Baptiste, sur telle partie comme ilz avoient, en une maison assise en la ditte parroisse, jouxte la rue du Pont, d'un costé et à la ruelle as Chevaux, d'autre, aboutant au carrefour, d'un bout des halles, d'un bout, et a Pierres Le Monnier, d'autre, pour x livres et x s. tourn. dont il se tindrent à bien paiés par devant le dit clerc : a tenir, avoir et pourseoir la ditte vente aux dis religieux et a leurs successeurs bien et en pais, franchement et quittement. Et promistrent les dis vendeurs, pour eulx et pour leurs hoirs, la dicte rente aux dis religieux et à leurs subcesseurs envers tous garantir et delivrer de tous empeschemens et de tous encombremens, ou escangier autant, value à value, en leur propre héritage ou que il soit, au mielx apparissant, toutesfois que mestier en sera, et rendre tous coux et dommages que les dis religieux et leurs successeurs pourroient avoir en deffaulte de garantie dont le porteur de ces letres seroit creu par son serement sans autre preuve faire avec le regart de la justice. Et est assavoir que pour la ditte rente faire bonne et valoir chascun an, si comme dessus est dit, le dit Guille Coquart en a obligié et mis en contrepleige aux dis religieux et à leurs successeurs tout ce que il a en la ditte maison, en la fourme et en la manière que elle est dessus devisée, et avec ce il en a obligié et mis en contreplége, si comme dit est, II s. tourn. de rente, lesquiex Pierres Le Monnier lui rent et paie chascun an à Pasques sur une maison assise en la dicte paroisse jouxte la rue du Pont, d'un costé, et la ruelle aux Chevaux, d'autre, aboutant à la maison aux heirs Gautiers Dymare, d'un bout, et ne pourroit le dit Guille ne ses hoirs ensement le dit contrepleige vendre, donner, fieffer, bailler, aumosner, escangier ne nulle premutation en nulle manière hors de leurs mains en manière que il ne deviennent obligié à tousiours aux dis religieux et à leurs successeurs pour la dicte rente avoir chascun an en la fourme et en la manière que dessus est dit. Et pourront les dis religieux et leurs successeurs chascun an leur plaine justice sur toute la partie que le dit Mahieu et sa fame y avoient et sur toute la partie du dit Guillemme, mis en contreplege quant ad ce, pour les XXI s. tourn. de rente dessus dis avoir chascun an après terme passé ou deffaulte de paiement et pour lamende se elle y appartenoit; et jura la dicte fame sur sainctes évangiles de la bonne volenté et de l'auctorité de son mari dessus dit, qui present estoit, que jamès en la dicte rente riens ne demandera par raison de douaire de mariage encombre, de don pour neupces, de conquest, deschance, ne par nulle autre raison quelle quelle soit ou puist estre, selle sourvivoit son mari dessus dit. Et pour ce tenir et emplir, ilz en obligièrent leurs corps a tenir en prison se ilz venoient contre cest fait et tous leurs biens meubles et non meubles present et avenir. En tesmoing de ce, nous avons mis à ces letres le seel des obligacions de la dicte viconté, sauf le droit le roy et l'autri.

Ce fu fait l'an de grâce mil ccc xxi, le vendredi jour de feste Saint Vincent.

<small>Arch. de l'Eure, Pet. Cart. de Bon-Port, liasse 4, n° 26, ch. 5.</small>

CCCLVI

Les religieux de Bon-Port et le prieur du Parc-lèz-Harcourt font une transaction au sujet de la dime acquise sur André Daneis.

(1323, 28 mai.)

Universis presentes litteras inspecturis, frater Egidius, prior monasterii Beate Marie de Parcho Haricurie et ejusdem loci conventus, ordinis Vallis Scolarium, Ebroicensis dyocesis, salutem in Domino. Noveritis nos teneri viris religiosis abbati et conventui Boni-Portus, ejusdem dyocesis, in novem libris turonensium, annui redditus, persolvendis eisdem annuatim infra octabam Nativitatis Domini, ratione cujusdam decime quam habebant et percipiebant in parrochia de Tuyto-Signoli, quam ab eisdem religiosis feodavimus. Ac eciam nos predicti religiosi de Parcho predicto tenebimur acquitare dictos religiosos de Bono-Portu de decem solidis turonensium in quibus tenebantur annuatim curato dicte ville de Tuyto-Signoli, racione predicte decime. Que quidem decima dicitur feodum Dennois; nec poterimus, nos aut successores nostri, de Parcho predicto, in jure patronatus aut presentationis capelle de Tuyto-Signoli, quod ad dictos religiosos Boni-Portus spectat, aliquid reclamare : volumus eciam nos et concedimus pro nobis et successoribus nostris, quod predicti religiosi Boni-Portus et eorum successores in granchia nostra et aliis bonis ad eamdem pertinentibus de predicto Tuyto-Signoli, pro redditu non soluto, quocienscumque necesse fuerit, suam justiciam valeant exercere; quam quidem granchiam et omnia ad eam pertinencia eisdem religiosis, de communi assensu nostro, in contraplegium dedimus et eciam concessimus. Tenemur insuper nos et successores nostri de Parcho supradicto predictis religiosis de Bono-Portu aut eorum mandato ad hoc deputato, nisi infra octavam dicte Nativitatis Domini predictus redditus fuerit persolutus pro qualibet die ob defectum solutionis hujusmodi, pro suis expensis et labore, quinque solidos turonensium solvere ac eciam restaurare. In cujus rei testimonium, sigillum nostrum quo utimur cum sigillo conventus nostri presentibus litteris duximus apponendum.

Datum anno Domini millesimo trecentesimo vicesimo tertio, vicesima octava die maii.

Orig. en parch. — Arch. de l'Eure, Fonds de Bon-Port, liasse 76, n° 29.

CCCLVII

Charles IV le Bel donne aux religieux de Bon-Port le tiers et danger de vingt et une acres de bois qu'ils ont à Bois-Guillaume.

(1323, juin, à Léry.)

Karolus, Dei gracia, Francie et Navarre rex.

Notum facimus universis, tam presentibus quam futuris, quod nos terrena pro celestibus mutare felici commercio cupientes, religiosis viris abbati et conventui monasterii de Bono-Portu, ut ipsi celebrare unam missam pro nobis de sancto spiritu, cum nota vel sine nota, sicut eis placuerit mense quolibet in suo monasterio quandiu vixerimus, et post nostrum decessum singulis annis solemniter in suo conventu, missam aliam de defunctis perpetuis temporibus teneantur, tercium et dangerium que noscebamur habere in quadam sua pecia nemorum viginti unam acras cum dimidia continencium, sitorum in parrochia de Bosco-Guillelmi prope Rothomagum, damus perpetuo et hereditarie, atque concedimus per presentes; tenendum et possidendum per eos, et eorum ecclesiam de cetero pacifice et quiete, mandantes ballivo Rothomagi et magistris forestarum nostrarum, ac aliis gentibus nostris, quarum interest seu interesse poterit in futurum. Item dictos religiosos, contra tenorem presentis nostre concessionis et donationis homini non impediant vel perturbent, sed ipsos eadem sua nemora vendere et explectare sine contradictione qualibet absque exactione tercii et dangerii predictorum permittant, si et quando eis visum fuerit expedire. Quod ut firmum et stabile perseveret, presentibus litteris nostrum fecimus apponi sigillum, nostro in aliis et alieno in omnibus jure salvo.

Actum apud Leriacum, anno Domini millesimo trecentesimo vicesimo tercio, mense junii.

Bibl. Imp., Cart. de Bon-Port, ch. 59, f° 40 v°.

CCCLVIII

Pierre Drogon, commissaire du roi, confirme les acquêts faits par les religieux de Bon-Port dans le ressort du bailliage de Rouen.

(1327, 7 août.)

Universis presentes litteras inspecturis, Petrus Droconis, domini regis clericus, commissarius a dicto domino rege super financiis acquestuum in ballivia Rothomagensi et ejus ressorto factorum, deputatus, una cum ballivo dicti loci, et Johannes de Novo Castello, vicecomes Pontis-Arche, a dicto ballivo super dictis financiis deputatus, salutem. Cum abbas et conventus ecclesie Boni-Portus, juxta villam Pontis-Arche, juxta tenorem ordinationis domini regis, de acquisitis perpetuo retinendis a quadraginta annis citra factis nobiscum finaverint de hiis que secuntur, videlicet de undecim solidis, et quatuor denariis redditus in feodis suis, super masura Johannis Darsel in parochia de Leriaco sitis; item, de quatuor solidis super hereditagiis Guidonis le Vacquier, sitis in dicta parochia in feodo predicto, quos Petrus Rollandi debet; item, de duodecim solidis redditus, ex vendictione Henrici Espruegale, quos frater suus debet super ipsius hereditagio in dicta parochia sitis in feodo predicto; item, de sex solidis redditus ex vendicione heredum Philippi de Valle percipiendis super uno gordo in parochia Portus-Gaudii, in feodo predicto; item, de duobus solidis ex domo Guillelmi de Caireraris in feodis suis apud Vauvray; item, de duobus solidis redditus in feodis suis situatis in dicta parrochia de Vauvreio in feodis predictis; item, de tribus solidis super domo Roberti Coton, in feodis suis apud Freneusis; pro qua financia solvunt dicti abbas et conventus nobis vicecomiti predicto, duodecim libras et duos solidos turonenses, hinc est quod nos, commissarii predicti, hanc financiam nomine ipsius domini regis ratam habemus et gratam; ita tamen quod ipsi religiosi et eorum successores possint dicta acquisita tenere ac eciam pacifice possidere sine aliqua coactione vendendi seu extra manus suas ponendi, salvo tamen jure ipsius domini regis in aliis, et jure in omnibus alieno. In cujus rei testimonium, nos Petrus et vicecomes predicti, nostra sigilla presentibus litteris duximus apponenda.

Datum die veneris ante festum Sancti Laurencii, anno Domini millesimo tricentesimo vicesimo septimo.

Bibl. Imp., Cart. de Bon-Port, ch. 60, f° 41.

CCCLIX

Charles IV fait remise aux religieux de Bon-Port du champart, des 3 sous tournois et des neuf boisseaux d'avoine qu'ils lui devaient par an sur trois acres et demie de pré qu'ils possédaient dans l'île située en face de leur monastère.

(1327, septembre, au Vaudreuil.)

Karolus, Dei gracia, Francie et Navarre rex.
Notum facimus universis, tam presentibus quam futuris, quod cum nos in tribus acris cum dimidia prati quas religiosi nostri abbas et conventus monasterii de Bono-Portu habent in insula coram eorum abbacia existente, haberemus et perciperemus annuatim campipartum et tres solidos turonenses ac novem boissellos avene, nos, pietatis intuitu, et ut dicti religiosi pro nobis et carissima consorte nostra regina teneantur altissimum exorare, et ut specialiter quolibet anno pro nobis quandiu vixerimus, unam missam conventualem de sancto spiritu, et post decessum nostrum, unam de defunctis, anno quolibet pro anime nostre salute teneantur sollemniter celebrare, et totidem similique modo pro dicta consorte nostra, predictum campipartum ac dictum redditum trium solidorum et novem boissellorum avene, dictis religiosis et eorum predicto monasterio pro nobis successoribusque nostris concedimus in perpetuum et donamus, dictumque pratum ob omne predicto totaliter liberamus. Quod ut ratum et stabile perpetuo perseveret, nostrum presentibus litteris fecimus apponi sigillum.

Actum apud Vallem-Rodolii, anno Domini millesimo tricentesimo vicesimo septimo, mense septembris.

Bibl. Imp., Cart. de Bon-Port, ch. 55, f° 58.

CCCLX

Charles IV vidime une lettre d'amortissement relative à des acquêts faits dans le bailliage de Rouen par les religieux de Bon-Port.

(1327, septembre, à Paris.)

Karolus, Dei gracia, Francie et Navarre rex.

Notum facimus universis, tam presentibus quam futuris, nos infrascriptas vidisse litteras formam que sequitur continentes.

Universis presentes litteras inspecturis, Petrus Droconis, domini regis clericus, commissarius a dicto domino rege deputatus super financiis acquestuum in ballivia Rothomagensi et ejus ressorto factorum, una cum ballivo dicti loci, et Johannes de Novo-Castello, vicecomes Pontis-Arche, a dicto ballivo super dictis financiis deputatus, salutem.

Cum abbas et conventus ecclesie Boni-Portus juxta villam Pontis-Arche, juxta tenorem ordinationis domini regis, de acquisitis perpetuo retinendis a triginta annis citrafactis nobiscum finaverint de hiis que secuntur, videlicet de sexaginta et sex solidis et quatuor caponibus redditus, ex venditione Johannis Papellon super pluribus locis, sitis in parrochia de Tourvilla, in feodo domini Eustacii de Aubegni; item de viginti solidis redditus, ex venditione Ricardi de Saucheia, super quibusdam hereditagiis sitis in dicta parrochia in feodo predicto; item, de quatuor solidis super quadam hereditate sita in dicta parrochia, ex venditione Guillelmi Anglici; item, de tribus solidis in eadem parrochia sitis in dicto feodo, ex venditione Johannis Mariete; item, de viginti solidis redditus quos habent in parrochia de Freneuse, ex venditione Roberti Motes sitis in feodo domini regis; item, de decem solidis redditus, quos habent in parrochia Pontis-Arche, in feodo domini regis, ex venditione Ade dicti Le Candelier; item, de novem solidis redditus, ex venditione Ricardi Boulengarii; item, de viginti et octo solidis, ex venditione Johannis dicti Le Trehet, quos Johannes Quevelet debet; item, de sex solidis redditus, quos Galterus Le Verdier debet; item, de quinque solidis et sex denariis quod Galterus Gontier debet; item, de septem solidis et sex denariis quos Gaufridus dictus Le Franc debet; item, de octo solidis redditus, quos Radulphus Margot debet; item, de quinque solidis redditus, quos Johannes Neelet debet super tenemento suo, in dicta parrochia, sita in feodo domini regis; item, de septem solidis et sex denariis et uno capone valoris duodecim denariis redditus; item, in feodo domine regine Johanne, quos Robertus de Haya debet; item, de septem solidis, quos Lambertus Olearius debet super hereditate sua, sita in dicta parrochia, in feodo domini regis; item de quatuor solidis redditus, quos Guillelmus et Johannes du Solier debent; item, de quatuor solidis, ex venditione Johannis Le Thret; item, de septem solidis, quos Stephanus Olerarius debet in dicta parrochia in feodo predicto; item, de quadraginta solidis redditus, ex venditione dicti B. Gaufridi dicti Beignart, quos duo denarii, religiosi dicto Gaufrido debent super hereditagiis sitis in parochia de Mesnillo-Jordani in feodis suis; item, de una pecia terre valloris duorum solidorum et sex denariorum, ex venditione Johannis Le Panier, sita in feodo domini de Criqbeuf; item, de duabus acris et dimidia unius acre terre, in feodo domine regine, sitis apud Garenam de Leriaco, ex dono Gaufridi Le Danois; et de tribus virgatis et dimidia in parrochia Desquetot sitis; et de una acra prati, sita apud Gauvreium in feodo dictorum religiosorum; quequidem terre predicte sunt appreciate valore per annum quadraginta solidis redditus, consideratis in dicta appreciatione censibus et redditibus debitis dominis dictarum terrarum; item, de viginti et uno solidis redditus apud Pontem-Arche, super pluribus locis et tenementis, sitis in feodo domini regis, ex dono predicto; item, de quatuor solidis redditus, ex dono Luce de Bruneley, super hereditagiis sitis in parrochia de Leriaco, in feodo dicte regine, quos Germer dictus Le Cras debet;

item de octo solidis, ex dono predicto, quos Durandus Dautwich debet; item, de quatuor solidis, ex dicto dono, quos Guillelmus Burgensis debet; item, de sex solidis, ex dono predicto, quos Durandus Espringale debet; item, de sex solidis, ex dono predicto, quos debet Johannes Matelot, super pluribus hereditagiis et tenementis sitis in dicta parrochia in feodo dicte regine; item, de decem solidis redditus, ex dono Johannis Papellon, super hereditagiis sitis in parrochia de Criquebeuf et Tourville; item, de sex solidis redditus, ex dono Johannis Portehors, apud Pontem-Arche; item, de quatuor solidis in eadem parrochia, ex dono Aelicie dicte La Prevoste; item, de quatuor solidis, in eadem parrochia, ex dono Guillelmi Le Tonnelier; item, de quinque solidis, ex dono Galteri Le Trehet, in parrochia de Ygovilla; item, de viginti solidis, ex dono Johannis Courtois, apud Frenosam, in feodo Petri de Hangel; item, de decem solidis, in feodo domini regis, ex dono domini Johannis Scriptoris, apud Pontem-Arche in feodo domini regis; item, de duodecim solidis, in eadem parrochia, ex dono Nicholai Aubert; item, de sex solidis et octo denariis in eadem parrochia, ex dono Johannis Le Mangnen; item, de duodecim solidis in feodo domini de Marretot, ex dono uxoris Guillelmi Anglici de Bello-Becco; item, de quatuor solidis, ex dono Roberti Noel, quos Robinus de Valle debet; item, de duobus solidis, ex dono Johannis Le Mire, quos heredes ipsius debent super hereditagiis suis, sitis in dicta parrochia, in feodo domini regis. Item, finaverunt de acquisitis per ipsos factis ad usum pauperum et judicancium hospitum dicte abbatie, videlicet de viginti et uno solidis redditus, in parrochia Pontis-Arche, ex venditione Mathei Pelliparii; item, de septem solidis, ex venditione Hamonis de Pratelle; item, de duobus solidis et sex denariis percipiendis super domo Radulphi dicti Le Mercier, sitis in dicta parrochia, ex venditione Guillelmi du Solier; item, de duobus solidis, ex dono Estiennette dicte La Moinenete, quos Durandus Pentonant debet super tenemento sito in dicta parrochia in feodo domini regis; item, de tribus solidis, ex venditione Petri Antiquioris, in parrochia de Ygouvilla in feodo Henrici de Valle; item, de decem solidis et duobus caponibus, in parrochia de Sottevilla, ex venditione Nicolai dicti Bon Vallet; item, de sex solidis in parro-

chia de Criqueboto, ex venditione Michaelis Le Plastrier, dictus Chierami;
item, de duobus solidis, in dicta parrochia, ex venditione Johannis dicti
Le Grant; item, finaverunt de acquisitis per ipsos ad usum elemosine dicte
abbacie, videlicet de triginta et sex solidis et tribus caponibus, in parrochia
Pontis-Arche, in feodo domini regis, ex venditione Hamonis de Pratellis,
quos debet Johannes Pie Nouvel; item, de sex solidis in dicta parrochia, ex
venditione Symonis Le Carbonnier, in feodo domini regis; item, de viginti
solidis, ex venditione Guillelmi Prepositi; item, de tribus solidis, ex venditione Radulphi Le Merchier et ejus uxoris, super eorum tenemento in dicta
parrochia. Que omnia supradicta extimata sunt ad financiam sexaginta et
sexdecim libras et viginti et duo denarios turonenses; de qua quidem
summa idem dominus rex remisit, intuitu pietatis et pro salute anime
sue donavit predictis religiosis, triginta et octo libras undecim denarios
turonenses et residuum solverunt dicti religiosi nobis vicecomiti predicto;
hinc est quod nos, commissarii predicti, hanc financiam, nomine ipsius
domini regis, ratam habemus et gratam, ita tamen quod ipsi religiosi et
eorum successores possint dicta acquisita tenere ac eciam nomine dicte
ecclesie pacifice possidere sine aliqua coactione vendendi seu extra manus
suas ponendi, salvo tamen jure ipsius domini regis in aliis et jure in
aliis et jure in omnibus alieno. In cujus rei testimonium, nos Petrus et
vicecomes predicti, nostra sigilla presentibus litteris duximus apponenda.
Datum die jovis ante festum apostolorum Symonis et Jude, anno Domini
millesimo trecentesimo vicesimo sexto.

Nos autem premissa omnia et singula in prescriptis contenta litteris
rata habentes et grata, eadem volumus, laudamus, approbamus, et
nostra auctoritate regia tenore presentium confirmamus, eisdem religiosis
specialiter concedentes, quod res predictas tenere et perpetuo possidere
valeant pacifice et quiete, absque coactione vendendi vel extra manum
suam ponendi aut prestandi propter hos financiam aliam qualemcumque.
Quod ut firmum et stabile permaneat in futurum, presentibus litteris
nostrum fecimus apponi sigillum, nostro in aliis et alieno in omnibus
jure salvo.

Actum Parisius, anno Domini millesimo trecentesimo vicesimo septimo, mense septembris.

<small>Bibl. Imp., Cart. de Bon-Port, ch. 68, f° 55.</small>

CCCLXI

Philippe VI de Valois vidime une quittance de 30 livres tournois versées par les religieux de Bon-Port pour plusieurs acquêts.

(1328, décembre, à Paris.)

Philippus, Dei gracia, Francorum rex.

Notum facimus universis, tam presentibus quam futuris, nos litteras infrascriptas vidisse, tenorem qui sequitur continentes.

A tous cels qui cez presentes lettres verront et orront, Johan du Nuef chastel, viconte du Pont de Larche, salut :

Sachent tous, que nous, ou nom de honnorables homes mestre Pierres Dreue, clerc nostre sire le roy, et le baillif de Roen, commissaires deputes de par ledit seigneur a prendre et lever les finances des acques des eglises en la baillie de Roan, avons eu et recheu de religieux homes labbe et le couvent de Bon Port, pour la finance des choses qui ensuivent, trente livres tournois en bonne monnoye ; cest assavoir, pour cinq verges de terre assise es mares en la paroisse Saint Pierre de Vauvray, entre les Hamelins dun coste et Nichole de la Porcherie dautre ; item, pour deus acre et demie de terre, assises esdis mares, entre Martin Osenne dun coste et Johan Roussel dautre ; item, pour demie acre de terre, assise jouste Estienne et Johan diz du Val ; item, pour une acre de terre, assise entre les diz religieus dun coste et Erembourg des Vergiees dautre ; item, pour demie acre, assise entre Guillaume Le Clerc dune part et Omeff du Val dautre ;

item, pour cinq verges de terre, assise jouste les diz Hamelins de chascun coste; item, pour seze sols de rente que Mathieu du Hamel doit a la feste Saint Michel, et deus chapons au Noel; item, pour douze sols et chapon et demi de rente, que doit Estienne Duquesne; item, pour huit sols de rente et un chapon, que doit Raoul Lengloiz; item, pour onze sols sis deniers et chapon et demi de rente, que doit Robert Pape Avaine; lesquelles choses dessus nommees furent baillees as diz religieus, par la main de nostre sire le roy pour le pris de cent livres tournois, et avoient este prisiees les dictes choses par bonnes gens dignes de foy, a diz livres de rente par an, en laquelle summe dargent des cent livres dessus diz, Pierres Le Maieur, sergent nostre sire le roy, estoit tenus a dis religieus pour certaine cause desquelz trente livres dessusdiz, nous vicomte dessusdit, nous tenons a bien poiez et en prometons a delivrer les diz religieus envers le roy nostre sire et envers tous autres : et en tesmoing de laquelle chose nous avons scellees ces lettres du seel de la viconte dessus dite.

Ce fut fait lan de grace mil ccc vint et huit, le samedi apres feste Sainte Luce.

Nos vero, predictam financiam ratam et gratam habentes, eam volumus, et predictis religiosis pro se et successoribus suis concedimus, per presentes, quod dictas hereditates teneant et possideant libere et quiete, absque coactione vendendi vel extra manum suam ponendi et absque prestatione alterius financie cujuscumque, salvo in aliis jure nostro et quolibet alieno. Quod ut ratum et stabile perseveret, fecimus nostrum presentibus apponi sigillum.

Actum Parisius, anno Domini millesimo tricentesimo vicesimo octavo, mense decembris.

Bibl. Imp., Cart. de Bon-Port, ch. 65, f° 47 v°.

CCCLXII

Philippe VI de Valois amortit aux religieux de Bon-Port 11 livres de rente sur certaines terres de la paroisse de Colemare-sur-Cailly.

(1331, 5 mai, à Bon-Port.)

PHILIPPE, par la grace de Dieu, roys de France; savoir faisons a tous presens et avenir, comme nos ames labe et le convent de labeye de Bon-Port, empres le Pont de lArche, de lordre de Citiaus, nous aient expose que en la parroisse de Colemare sus Cailly eus ont certaines terres desquelles eus nous doivent rentes annuels en la maniere qui sensieut; cest asavoir : vint et sept mines trois boissiaus et une quarte daveine; item, quatre mines quatre boissiaus et une quarte dorge; item, trois boissiaus et demi de fourment; item, trois chapons; item, un mouton; item, trente trois souls et cinc deniers tournois de rente; item, trois sols tournois de rente; item, trois corvees chascun an; lesquelles rentes et corvees sont estimees valoir onze livres de rente ou environ par an. Lesdis religieus nous ont supplie que pour lamour de Dieu et en aumosne leurs vueillons donner a tousjours mais lesdites rentes pour euls et pour leur successeurs. Pour laquelle chose nous desirans estre participans des oroisons du service notre segneur et des bonnes œuvres des dis religieus et de leur eglise, si comme els le nous ont offert et otroie devotement, et encore afin quil soient plus ententis et diligens a prier pour nous et pour le salut de nous et de nos predecesseurs, leur donnons et otroions, quittons et delaissons pour els et pour leurs successeurs a tous jours en pure et perpetuel aumosne, toutes les rentes et corvees desus dites, et voulons quil les retiegnent et aient desormais entierement sans paier en rien a nous, ne a nos successeurs, et sans ce quil puissent estre contrains a mettre les hors de leur main, ne a faire aucune finance, et pour ce nous mandons a tous nos justiciers que, contre les choses dessus dites, els ne molestent, ne suffrent estre molestes les dis religieus ne leurs successeurs, et donnons en mandement, par ces presentes lettres, a nos ames et feals gens des comptes a Paris, que les dis religieus laissent desormais joir des dictes rentes selon le don dessus dit, et quil les ostent des registres de nostre domaine si comme il est raison du faire. Et que ce soit chose valable perpetuelment, nous avons fait maitre a ces lettres nostre seel, sauf en autres choses nostre droit et en toutes lautrui.

Ce fut fait en ladicte abeye, lan de grace mil trois cens et trente un, v de may.

Bibl. Imp., Cart. de Bon-Port, ch. 53, f° 37.

CCCLXIII

Philippe VI de Valois vidime des lettres données par lui le 23 juin 1333 au sujet d'une dime de 800 livres tournois que doivent payer les religieux de Bon-Port.

(1333, 23 juin et 5 octobre.)

Philippe, par la grace de Dieu, roys de France, savoir faisons a tous presens et avenir, que nous avons veu unes lettres seelees de nostre seel, passees en nostre chambre des comptes a Paris, contenantes la fourme qui ensieut.

Philippe, par la grace de Dieu, roys de France, aus collecteurs du dizisme de la prouvince de Rouen, et a leurs deputes ou lieutenant, salut.

Les religieus, labbe et le convent de Bon Port nous ont monstre en complaignant que ja soit ce que ils ne fussent danciennete tauxes a payer dizisme que de huit cens livres tournois, vous ou aucuns de vous lez aves contrains, ou efforcies de contraindre a poier dizisme de mil livres. Et comme il nous ait apparu par les lettres de labbe de Saint Taurin de Evreux, depute a lever le dizisme en la diocese dEvreux, en laquele ladicte abbaye est assise, que il a enquis diligeaument et trouve que les diz religieux ne doivent paier dizisme que de huit cens livres tournois, et que se ils en ont plus paie, tant comme labbe de Cisteaux leur souverain a este collecteur des dizismes de lordre, le seurplus que ils ont paie par dessus le dizisme des dictes huit cens livres tournois, a este pour defendre et soustenir les exemptions, privileges, droiz et libertes de lordre et non pour dizisme, si comme nous avons veu ces choses estre plus a plain contenues esdictes lettres dudit abbe de Saint Taurin, nous vous mandons et a chascun de vous, que vous cesses du tout de contraindre les dis religieus a paier dizisme, fors que des dictes huit cens livres tant seulement. Et se plus aves leve de euls, rendez leur sans delai; et dores en avant, ne les contraigniez a paier que des huit cens livres dessus dictes.

Donne a Paris, le xxiii° jour de juing, lan de grace mil trois cens trente et trois.

Nous adecertes les choses contenues esdictes lettres, et chascune dicelles, voulons, loons, appruvons, et de nostre auctorite roial, de certaine science, par ces presentes lettres, les confermons, sauf nostre droit en autres choses et en toutes le droit dautrui, mandans a nos ames et feaux gens des comptes dessus dis, et aus collecteurs qui sont et seront pour le temps deputes aus dis dizismes, que contre la teneur des dites lettres ne molestent ou contraignent les religieus dessusdis, et en tant comme il en avoient este mis ou enregistre es registres des dizismes a plus grant somme que dessus est dit, les ostent de leur registres, afin que dores en avant il puissent demourer a pais en la maniere que esdictes lettres dessus transcriptes est contenu. Et que ce soit ferme et stable a tous jours, nous avons fait maitre nostre seel a ces presentes lettres.

Donne a Paris, lan de grace mil trois cens trente et trois; ou mois doctembre.

Bibl. Imp., Cart. de Bon-Port, ch. 58, f° 59 v°.

CCCLXIV

Des mantes du moulin de Poses.

(1337, 14 juin.)

Les noms des hommes de Poses qui ont depose par leur concience a la presence du baillif de Saint Ouen et du prieur de Bon Port des moutez que les religieus de Bon Port demandent aux religieus de Saint Ouen a cause du moulin de Poses, lan mil ccc xxxvii, presens Jehan Legris, Guy Beneet, Colart Mestrie, Colin Pestel, le jour de la Trinite.

Premierement, Guillaume Martin, Prevost de Saint Ouen, Jehan de Boos, Jehan Rousselin, Jehan Duport, Guillaume Siglart, Jehan Sallant, Gyeffroi Hayet, Guillaume Venart, Colin du Port, Raoul Barbedoue, Guillot Martin, Colin Martin, Thomas Monart, Jehan Martin, Estienne de Gaillon, Jehan Millet, Guillaume Prieur, Vinchent Sallant, Robin Sallant, Colin Normant, Robin Duport, Jehan Le Sage, Oudart Routier, Jehan Lefevre, Colin Martin, Jacques Perout, Jehan Isaac, Lesquiex distrent que les masures et terres estoient des masures et du fie du roy et du ban dudit moulin et des appartenanches. Item ils distrent que lesdictes masures et terres sont venues en la main Saint Ouen depuis que le roy leur fit escange de la ville de Poses encontre le chastel de Lymaye. Item il distrent que moute seche nestoit pas paiee se lez blez nestoient portez hors du fie du ban du moulin. Item il distrent que il nen virent onques riens paier as religieus de Bon-Port, fors depuis le temps que Thomas Alixandre fu fremier. Item il distrent que toutez lez masures et terres estoient du ban du moulin et devoient lesdictes moutez, se il estoient portez hors du ban dud. moulin, excepte la masure Boterel, qui est franche et la masure Garin Rabel que il mistrent en non savoir. Item il distrent que la masure Cauvet contient iii vergiez dez quelez vergie et demie sont de la franche vavassourie de Saint Ouen, et verge et demie du fie villain des masures.

Orig. en parch. — Arch. de l'Eure, Fonds de Bon-Port, liasse 56, n° 6.

CCCLXV

Jean, duc de Normandie, décide que les religieux de Bon-Port, moyennant le payement de 400 livres tournois, jouiront à l'avenir paisiblement de leurs possessions, rentes et héritages situés dans les fiefs, juridiction et seigneurie du roi, sans qu'on puisse les obliger à les vendre ou à en payer finance.

(1340, juin, à Paris.)

JEHANS, aisne fils du roy de France, duc de Normendie, comte d'Anjou et du Maine, savoir faisons a tous presens et a venir, que nos amas religieus, labbe et le convent de Bon Port approuchies de par nous de meitre hors de leurs mains les possessions, rentes et autres heritages que il avoient acquis ou temps passe en nos fiez et en nostre juridition et seigneurie, ou de paier pour ce a nous finance convenable, sont venuz par devers nos ames et feaulx gens de nos comptes a Paris, et pour les choses par euls acquises en nos diz fies et seigneurie ci dessous contenues, ont este receus par nos dictes gens a finance et composition : cest assavoir, parmi la somme de quatre cens livres tournois, lesqueles ils ont paiees en nostre thresor a Paris ; et les en quittons perpetuellement a tous jours par ces presentes lettres, et voulons et ottroions de nostre plain povoir et auctorite, pour nous et pour nos hoirs et successeurs, que les diz religieus peussent dores en avant perpetuellement et paisiblement afin de heritage tenir, posseoir et avoir les dictes rentes possessions et heritages ci dessouz contenuz, pour les quielx ils ont fine et compose avecques nos dictes gens, comme dit est, sans ce que iceulz religieus soient contrains par nous par nos hoirs ou successeurs a vendre, aliener, ou mettre icelz heritages, rentes et possessions hors de leurs mains, ou a paier pour ce a nos hoirs et successeurs, aucune autre finance ou temps avenir. Adecertes les rentes et autres choses, pour lesquelles lesdiz religieus ont fine et compose sensiuent. Premierement, sur Jehan Maugier, vint cinq soulz et deux chapons de rente, pour une masure et terre en la paroisse dAlisy; item, sur Jehan la Guete, autrement le Camus, et Jehan des Mares, vint quatre soulz et deux chapons, pour une masure et une pieche de pre en ladite paroisse; item, sur Gieffroi le Barbier et la deguerpie Robin Potier, quatre soulz, sur une pieche de terre en la paroisse de Ymare; item, sur Guillaume le Clerc et Denis, son frere, vint-cinq soulz, pour un gardin en la paroisse de Vauvroy; item, sur Jehan de la Bruiere, vint cinq soulz six deniers douze chapons, une geline, un pain dun boissiau de ble quartel, et un pains de demi boissiau quartel, mis a quatre soulz et sis deniers; item, les rentes que Gregoire de la Mote bailla ausdis religieus pour escange ci apres ensuivans; premierement, Guillaume Cornart, deux soulz sur une sauchoye en la parroisse de Ygouville; item, Robin le Cauchetier, vint deux deniers sur une grance jouste le chemin roial dun coste, et les hers Raoul Ducrueix d'autre; item, Colin Le Clerc, deux soulz sur une masure assise a Lymoyere, jouxte Drouet Lemonnier; item, Jehan Legrant, dit Roussel, dix huit deniers sur une sauchoye dicte Inderel, jouxte Guillaume Leblont; item, Symon Levaquier, trois soulz six deniers sur une pieche de terre en la parroisse du Pont de l'Arche, jouxte la terre aux malades; item, la deguerpie Eude Delamare, trois soulz six deniers sur une pieche de terre en ladite paroisse, jouxte Simon le Vachier; item Guillaume Coquart dit Sacre, vint deux soulz sur une maison jouste la ruelle aux chevaus; item, Ricart le Boulengier, sept soulz et une geline sur une piece de terre en Coquengne, haboutant a Jehan Lesage; item, Guillebert Rose, huit soulz et un chapon, sur une masure jouste Guillaume le Caron; item, les chanoines de la Saucoie, six soulz sur le profont Gort; item, Guillaume Fouques et Cauchiete de Rouan, vint soulz sur un jardin dehors la porte Sainte Marie, jouxte Pierre de Bruieres; item, Guillaume le Caron, dit Lauvre, trente cinq soulz, deux chapons, sur une masure jouxte Robert des Marques; item, la deguerpie Johanne Rousselet, deux soulz sis deniers et deux chapons sur une masure jouxte Guillaume de Caudebec; item, les hoirs Robert des Marques, quatorze soulz sur une masure jouxte la porte de Loviers; item, les hoirs Raoul Le Mercier, trois soulz et un chapon, sur une masure a la Fesardiere, jouxte Regnaut Leclerc; item, les hoirs Pierre Bonnefille, douze soulz sur une noveroie qui fu Garnier du Chastel; item, Jehan le Begue, douze souls sur une masure en la Porte Sainte Marie, jouste Colin Coulombel; item, quatre soulz six deniers et deux gelines, sur une masure jouxte ledit Coulombel dune part, et Ricart Boisnet d'autre, que doit Robert Mainneval; item, Pierres Bonnefille, cinq soulz sur une masure en la rue de la Geole, jouxte Guillaume Le Mire; item, la deguerpie Gyeffroy le Danois, sept soulz sur un jardin qui fu mastre Robert le Maçon; item, a Pistres, Johan le Bosqueron, trente soulz et deux chapons, sur une masure jouxte Johan Dumoustier; item, Johan Dalouville, vint soulz, sur deuz masures, lune jouste Robert Engueran, et lautre jouste Robert Illemastre; item, Johan Cohure, trois soulz et une geline sur une pieche de terre du fie Aubert de Hangest; item, Johan le Telier, deux soulz jouste Guillaume Reste; item, Johan Fustier, dix soulz et deux chapons sur lille du Manoir. Item, unze livres seize soulz noef deniers maalle, que les hoirs Gregoire de la Mote doivent asseoir seur tous leurs heritages, aus diz religieus, et quant ils seront assis, iceulz religieux tendront paisiblement et perpetuellement lassiete qui leur doit estre faite en nos fiez; item, vint trois soulz six denierz et un capon que les dis hoirs doivent aussi asseoir aus dis religieus pour Pierres de Gaillartbosc, et pour Robert Mançon, laquelle assiete lesdiz religieus pourront aussi tenir quant elle leur sera faite : et semblablement, deux soulz que les diz hoirs doivent asseoir ausdiz religieus pour ce que euls les rendent a la prevoste du Pont de lArche, pour les dis hoirs, laquelle assiete les diz religieus pourront aussi tenir paisiblement quant elle sera faite; item, III soulz VI deniers, en la paroisse dAlise, que doit Thomas

Argnes, sur deux pieches de terre : la premiere, jouxte Guillaume Blondel; la seconde, jouxte Guillaume le Pele; item, xii soulz en la parroisse Saint Vigor, que doit Johanne la Bouchiere, du Pont de lArche, en la rue de la Geole, joxte Jaquet de Preaux; item, au Pont de lArche, xii deniers sur la masure Drouet Auvrey, jouxte Jaquet de Preaux; item, iii soulz en la parroisse dAlise, sur une masure jouxte la Sente Juree; item, xii deniers au Pont de lArche, sur un jardin qui fu Johan le Mire, en la rue Saint Jehan, joxte Jaquet de Preaux; item, ii soulz en la parroisse du Pont de lArche, que doit Gerart Oudart et sa fame, sur le jardin mouvant de par ladite fame; item, v soulz sur une saucoie, devant la maison au baillif souz le pont, que doit Robert et Johan dit Sorel; item, xxvi deniers et obole en la parroisse dYngoville, que doit Pierre Morant, du don Beatrix du Moustier; item, xviii deniers que doit Blaises Rabel, du don maistre Guillaume le Danois; item, v soulz en la parroisse du Pont de lArche, que doivent les hoirs Johan Bone Vaine, du don Gyeffroy, son frere; item, iiii soulz en ladite parroisse, du don Jehan des Dans et Germaine sa fame; item, xx soulz ii chapons de rente, en la parroisse du Val de Rueil, que doit Robin Morin, de la vente Baudouin le Moine; item, ledit Baudouin, xx soulz sur sa maison; item, iiii soulz que doit Johan Saillant de Caudebec, sur une masure joxte Ricart le Cauchois, du don Jehan Blondel; item, iii soulz vi deniers en la parroisse du Pont de lArche, que doit Robert du Begot, du don maistre Guillaume le Danois, sur deux pieches de terre; item, xii deniers que doit Richart le Cauchois, sur un jardin joxte Johan Sallant, du don Johan Blondel; item, xx soulz et i galon duille que doit Guillaume du Sole sur plusieurs pieches de terre, en la parroisse du Pont de lArche, du don maistre Guillaume le Danois; item, xii sous que doit Johan Bonne Aide et Erembourt sa fame, sur une masure et plusieurs pieches de terre assises en ladite parroisse, du don Judit maistre Guillaume; item, iii solz du don de Nycole du Moustier, sur une masure assise en la parroisse dYngoville a Lymaïe, jouxte lheritage a la fille Robert Garin; item, une masure en la parroisse du Pont de lArche, en la rue Saint Jehan, de la vente Johan Muset dit de Villaines, mise a vii soulz ii deniers de rente; item, xxx soulz que doit Guy Benoit, pour la vigne Estourmy en la dicte parroisse, du don dudict maistre Guillaume; item, III soulz que doit Roger Baudouin, en la dicte parroisse, du don dudit maistre Guillaume; item, III soulz que doivent les heritiers Johan Herart, pour une masure en ladicte parroisse; item, IX solz que doit Pierre le Courtois a la Fesartiere; item, IIII soulz IX deniers que doit Johan Courte Heuse, pour terre aux camps; item, II soulz six deniers que doit le Bourrel du bout du Pont; item, XVI deniers que doit Colin Senestre dAlisi, le Val de Ruel, du don maistre Guillaume le Danois : premierement, XXIIII s. que doit la deguerpie Jaques dEulebeuf; item, VII s. VI d. que doit Symon le Merchier, sur une masure joxte Gieffroy le Tavernier; item, III s. VI d. que doit Richart Gondouin, pour les hoirs Johan Roussel, pour une masure joxte Denis Galop; item, II chapons et I galon duylle, du prix de III s. de rente ou environ; item, Colin le Maçon, IIII s. VI d. de la vente Jean Treheut; item, Guillaume Coquart, XVIII d. de la vente dudit Johan, a l'usage de la porte; item, III s. de rente que doivent Pierre Guillaume et Johane sa fame, sur leur masure qui est assise en la parroisse du Pont de lArche, joxte Robert Godet dun coste, et Denis Baudoin dautre; item, VI sous et un chapon, en la parroisse de Criquebeuf, sur une masure joxte Robert Conard dun coste, et Johan la Lecte dautre; item, quinze soulz en la parroisse de Leri, que doivent Johan le Suart et les hoirs Robert Massieu; item, douze soulz que doivent les hoirs Guillaume Picoul; item, deus soulz six deniers que doit Julien Gosselin pour un jardin.

Et sont ces parties en somme, quarante cinq livres treize soulz dix deniers obole tournois de rente. Et pour ce que ce soit ferme chose et vaillable ou temps avenir, nous avons fait metre nostre seel a ces presentes lettres, sauf en autres choses nostre droit et en toutes lautrui.

Ce fu fait a Paris, lan de grace mil trois cens quarante, ou mois de juing.

Bibl. Imp., Cart. de Bon-Port, ch. 66, f° 48 v°.

CCCLXVI

Philippe VI de Valois vidime les lettres précédentes de Jean, son fils ainé, duc de Normandie.

(1340, juin.)

PHILIPPE, par la grace de Dieu, roys de France, savoir faisons a tous presens et a venir : nous avoir veu les lettres de nostre tres cher et ame fils le duc de Normandie, contenant la forme qui sensuit :

Jehans, aisne filz du roy de France, etc. *(Voir la charte précédente, n° CCCLXV, p. 392.)*

Nous adecertes toutes les choses et chascune dicelles contenues es lettres de nostre dit filz, ci dessus transcriptes, aiens fermes et aggreables, icelles voulons, loons, justifions, approuvons, et de nostre auctorite roial par la teneur de ces presentes lettres confermons.

Et pour ce que ce soit ferme chose et vaillable a tous temps a venir, nous avons fait mettre nostre scel a ces présentes lettres, sauf en autres choses notre droit et en toutes lautrui.

Ce fut fait a Paris, lan de grace mil trois cens quarante, ou dit mois de juing.

Bibl. Imp., Cart. de Bon-Port, ch. 67, f° 54 v°.

CCCLXVII

Le prieur de Notre-Dame-du-Parc prend à rente perpétuelle, des religieux de Bon-Port, les dîmes de Saint-Ouen du Thuit-Signol.

(1366, 5 juillet.)

A tous ceulx qui ces presentes lettres verront ou oront, frere Pierre, humble prieur du moustier de Notre Dame du Parc de Harcourt, de lordre de Saint Augustin du Val des Ecoliers, et tout le convent dicelui lieu, salut en Notre Seigneur. Sachent tous que nous, prieur et convent cy dessus dits, congnoissons avoir prins a rente perpetuel de religieux hommes et honnestes labbe et prieur et convent du moustier de Notre Dame de Bon Port, toutes et telles dixmes, comme ils avoient accoutume a prendre et lever en la paroisse de Saint Ouen du Tuit Signol, et dailleurs, a cause dune chapelle etant es mettes de ladite paroisse, nommee la chapelle Ringuet, apartenant alors a loffice du prieur de Bon Port dessusdit; cest asavoir pour douze septiers de ble de notre grange de Tuit Signol, a la mesure dElbeuf : lesquels douze septiers, nous, prieur et convent dessusdits et nos successeurs sommes tenus a payer a tousjoursmais, auxdits religieux, dan en an, ou a leur commandement, porteur de ces lettres, cest asavoir, a deux termes, moitie a la fete Saint Andre, et lautre moitie a la mi caresme; ains et avec ce il auront par chacun an et prendront sur ladite grange un cent de vesche, et si seront quites par cest contrant a tousjoursmes de quinze soulz tournois de rente qui nous etoient dus, dan en an, a cause des oblations de ladicte chapelle. Et pour les choses dessusdictes paier et continuer bien et duement de nous devant dicts prieur et convent, de nos successeurs aux dits abbes, prieur et convent du Bon Port, et a leurs successeurs, nous obligeons tous les biens de nous et de notre dit moustier pour vendre et exploiter par deffaut denterriner le contenu de ces presentes lettres.

En tesmoing de ce nous avons scellees lesdites lettres des seaulx de quoi nous usons.

Donne lan de grace mil trois cens soixante six, le cinquieme jour du mois de juillet.

Copie en papier. — Arch. de l'Eure, Fonds de Bon-Port, liasse 76, n° 14 ter.

CCCLXVIII

Quittance de deux milliers de viretons reçus du garde du clos des galées de Rouen, pour la défense de l'abbaye de Bon-Port.

(1367, 27 octobre, à Rouen.)

A tous ceux qui ces lettres verront, frere Jehan, humble abbe du moustier de Bon Port, et tout le convent diceluy lieu, salut et dilection. Savoir faisons nous avoir eu et receu de Richart de Brumairs, garde du clos des galees de Rouen, par mandement de mons. le duc de Normandie et par commandement de bouche, deus milliers de virtons pour metre en lostel et fortreche dudict hostel et moustier de Bon Port, pour la seurte et deffense diceluy hostel; des queix deux milliers de virtons nous nous tenons pour bien paies content et agrees, et lis prometons rendre audict seigneur en la valeur diceux, ou cas que il naroient este emploies deuement en la deffense dudit hostel, sur lobligation de tous les biens, meubles et heritages dudit hostel. En tesmoing de ces nous avons mis le seel dont nous usons en nostre office.

Donne a Rouen, le merquedi xxvii° jour doctobre, lan mil trois cens sexante et vii.

Orig. en parch, Bibl. Imp. Gaign., 258. V. 2. B, f° 47, 1re pièce.

CCCLXIX

Charles VI fait don de 500 francs d'or aux religieux de Bon-Port pour achever la construction de leur cloître.

(1387, 14 août.)

Charles, par la grace de Dieu, roy de France, a nos ames et feaulx gens de noz comptes a Paris, et a nostre tres cher et feal cousin et chambellan Charles, sire de Chastillon, general maistre et reformateur de nos eaues et forez, salut et dilection. Savoir vous faisons, que pour consideration des grans pertes et dommages que noz bien amez les religieux, abbe et convent de lesglise de Bon Port estant de fondation royal, ont eu et soutenu pour le faict de nos guerres qui ont este en nostre royaume, par lesquelles ils ont perdu tous leurs biens, meubles et les maisons dicelle esglise et des manoirs et granches a icelle appartenantes, lesquelles ont este arses, destruictes, et gastees par nos ennemis qui par le paiz sont passez et demourez lonc temps, pour lesquelles choses repparer et remettre en estat selon leur faculte, il leur a convenu fraier et despendre grandement du leur et pour ce obligier et engaigier la plus grant partie des rentes de ladicte eglise, a iceulx nous, pour pitie et aumosne et en recompensation des choses dessus dites, et aussi pour leur aidier a deffraier des grans frais et despens qui leur a convenu supporter, tant pour une chambre pour nostre corps, pour y estre et demourer quant il nous plaira, et plusieurs autres edifices necessaires pour nous quils ont fait faire, ou quel lieu il navoit aucune chambre pour nous, comme pour les frais quils ont supportes pour noz gens a nostre venue en ladite esglise, et pour leur aidier a faire un clostre quils ont encommance de faire, avons donne et donnons par ces presentes, de grace especial, la somme de cinq cens frans dor, a prendre et avoir pour une fois, sur la vente des bois de Boord et de Roumare, et voulons, pour icelle somme avoir et prendre, soit vendu desdits bois jusques a ladite somme et pour en autre lieu que ne sont les ventes ordinaires a present estans esdiz bois ou lieu toutevois mains dommageable pour nous et plus proufitable pour eulx. Si vous mandons et a chascun de vous, si comme a lui appartendra, que dudit bois vous faites vendre en la maniere que dit est et des deniers qui en ystront faites bailler et delivrer aus dicts religieux ou a leur certain mandement, ladicte somme de cinq cens frans dor et rapporter ces presentes et quitter sur ce, nous voulons ladicte somme estre allouee es comptes de cellui ou ceulx a qui il appartendra par vous, gens de nos comptes dessus diz, non obstant quelconques autres dons par nous faiz aus diz religieus, qui en ces presentes ne seront exprimes, et ordennons mandemens ou deffenses a ce contraires.

Donne en la dicte esglise de Bon Port, le xiii° jour daoust, lan de grace mil trois cens quatre vins et sept, et de nostre regne le septiesme; soubs nostre seel ordene en labsence du grant.

Par le roy, a la relacion de mons. le duc de Bourgogne.

DE MONTE ACUTO.

Orig. en parch. Bibl. Imp. Gaign., 258. V. 2. B, f° 49, 1re pièce.

CCCLXX

Charles VI ordonne que les 100 florins d'or qu'il a donnés aux religieux pour la reconstruction de leur église leur soient payés par Pierre le Jamblier, banquier de Caen.

(138., 23 ......)

CHARLES, par la grace de Dieu, roy de France, a nos ames et feaulx les generaux conseillers sur les aides ordenez pour le fait de la guerre, salut et

dilection. Comme pieça nous avons donne a nos ames en Dieu les religieux abbe et convent de Notre Dame de Bon Port, lez le Pont de lArche, pour eulx aidier a refaire leur eglise qui a este destruitte pour le fait de noz guerres, cent florins dor frans sur les rentes et revenus de nostre forest de Bort, si comme en nos autres lettres sur ce faittes verifiees par nos tresoriers a Paris est plus a plain contenu, et pour ce que sur les proufis et revenus de ladicte forest, les diz religieus ne povoient estre paies de ladite somme, nos amez et feaulx les generaulx commissaires et refformateurs par nous derrenierement deputez au pais de Normandie, leur aient assigne la dicte somme sur une amende ou composicion faicte par devant yceulx generaulx commissaires et refformateurs, par Pierre le Jamblier, banquier de Caen, lequel Pierre, de leur comandement, sest obligez pour ycelle somme envers les diz religieus, nous aians agreable ce qui par lesdiz generaulz, commissaires et refformateurs, a este fait, comme dit est, en ceste partie, non obstant que sur ce il neussent mandement especial de nous, volons de grace especial et vous mandons que les diz cent frans vous, par ledit Pierre le Jamblier, faites paier aus diz religieux, selon lordonnance desdits generaux, commissaires et que pour yceuls cent.......... par les leur paiant, comme dit est, vous tenez et faictes tenir ledit Pierre le Janblier quitte et paisible et par rapportant nos dictes autres lettres faictes sur................ . avec quittance .... et ces presents yceuls cent francs seront allouez sans contredit es comptes de celui ou ceuls a qui il appart.................
.... non obstant quelconques ordenances mandemens ou deffenses contraires.

 Donne a Paris le xxiii° jo...................... le tiers de nostre regne, soubs nostre seel ordene en labsence du gar................
....

Orig. en parch. Bibl. Imp. Gaign., 258. V. 2. B, f° 47, 2° pièce.

CCCLXXI

Charles VI fait remise aux religieux de Bon-Port d'une amende de 30 francs d'or, à laquelle ils ont été condamnés pour avoir pris du bois non martelé dans la forêt de Bord.

(1389, 30 août.)

CHARLES, par la grace de Dieu, roy de France, a nos amez et feaulx tresoriers a Paris, et a tous nos justiciers et officiers ou a leurs lieutenans, salut et dilection. Exposer nous ont fait nos bien amez les religieux, abbe et convent de leglise de Bon Port, disant que comme par vertu dun mandement que nostre ame et feal cousin le sire de Chastillon, lors maastre souverain de nos eaues et forest, avoit ottroye aus diz exposans, et aussi de leurs privileges, esquelx ils dient estre contenu entre les autres choses que tant pour ardoir que pour maisonner, ils doivent et peuvent avoir et prendre du boys par toute nostre forest de Boort, ils aient priz certains arbres sans marteler en nostre dicte forest, pour en faire certains ediffices qui ont este faiz en ladicte eglise, tant pour y logier nous et noz gens touteffoiz quil nous plaira y aler comme pour le bon prouffit daisiement dicelle esglise. Toutevoies tant pour occasion de ce que dit est, comme pour ce quils ont peschie en temps deffendu en eaue de Saine, laquelle eaue ils dient estre de leur propre fondation royal, ilz ont este, par nos gens sur ce ordenniez, condempnez envers nous en la somme de trente francs dor, ainsi quils dient estre, en nous humblement supliant que attendu ce que dit est, et que pour maisonner et faire plusieurs reparations en la dicte esglise, il leur a convenu depuis dix ans en ça achetter du boys qui leur coste plus de deux cens frans, nous leur vueilliens impartir sur ce nostre grace. Pour ce est il que nous, en regart aux choses dessusdictes, et que le boys quil ont priz en nostre dicte forest ne monte que a la value de dix livres, si comme entendu, et pour certaines autres causes et considerations qui a ce nous meuvent, a yceulx exposans avons donnee, quittee et remise, et par ces presentes, donnons, quittons et remettons de grace especial oudit cas ladite amende de trente frans, en laquelle ilz ont este condempnez envers nous, pour les autres causes dessusdictes. Si vous mandons et a chascun de vous, si comme a lui appartendra, que de ladicte amende vous tenez et faites tenir quittes et paisibles lesdiz religieux partout ou il appartendra, en les laissant et faisant joir et user paisiblement de nostre presente remission et grace, sans faire ou souffrir quilz soient troublez, molestez ou empeschez aucunement au contraire. Car ainsi le leur avons nous ottroye et ottroyons de grace especial par ces presentes, non contrestans quelconques ordennances, mandemens et defenses a ce contraires.

Donne a Paris, le xxxe jour daoust, lan de grace mil trois cens quatre-vins et neuf, et le neuviesme de nostre regne.

Par le roy, presens messeigneurs le duc de Tourraine, le Besgue de Willain et messire Jehan Le Mercier.

MONTAGU.

Orig. en parch. Bibl. Imp. Gaign., 268. V. 2. B, f° 49, 2e pièce.

CCCLXXII

Aveu et dénombrement des biens de l'abbaye de Bon-Port, présenté au roi par les religieux.

(1456, 15 novembre.)

Du Roy nostre souverain seigneur, nous, abbe et convent de leglise Notre Dame de Bon Port, de l'ordre de Cisteaux, ou dyocese dEvreux, tenons et advouons tenir tout le temporel et fief lay de notre dicte eglise, avec ses appartenances en chief et en membres, dont le chief ou le corps de la dicte eglise est assis en la viconte du Pont de lArche, en la foret de Bord, en lieu qui, au devant de la fondacion dicelle eglise, estoit dit le Val de Maredanx : premierement, le dit lieu de Maredanx et le bois et haye, nommee la Haye de Bon Port, toute ainsi comme le chemin royal la depart et devise de la forest de Bord. Item, en icelle forest de Bord, en lieu qui soulloit estre nommé les Baings Morin, plusieurs terres labourables avec trois manoirs ou granches, nommees Tostes, Blacquetuit et la Corbeillerre. Item, en icelle forest de Bord, usaige du bois pour ardoir, maisonner, edifier, et pour toutes nos necessitez pour tous nos hostieux et maisons; pasturaige pour nos bestes pour toute la dite foret, et quictance de pasnage pour nos pors et de ceux de nos hommes. Item, les exsains de mouches a myel par toute la dicte forest pour lusaige de notre dicte eglise. Item, en la ville du Vauvray, en la viconte du Pont de lArche, un hostel, vignes, terres labourables, pres, rentes en deniers, corvees, oyseaulx et autres redevances. Item, en la ville de Lery et viconte du Pont de lArche, un fief noble, dont le chief siet en la ditte ville, en un hostel et basse justice, qui se revient en rentes en deniers, terres labourables, oyseaulx et autres redevances de fief coustumieres. Item, en la praerie de Vaudreul, plusieurs pieces de prez, desquels la garde nous appartient et daucuns autres voisins. Item, plusieurs pieces de prez ou homees en la praerie de bruiers dIcarville et de Lery, pour lesquels prez nous devons au Roy, chacun an, de ferme perpetuel nommee les Careis et Maufeis, vingt et cinq livres dix sols tournois aux termes de Pasques et Saint Michiele, par egale portion. Item, en la ville de Vaudreul et viconte du Pont de lArche, ung hostel nomme Landemare, et ung moulin, vignes, pres, terres labourables. Item, en la dite ville, viconte du Pont de lArche, en la ville de Poses, la place en leaue de Saine ou soulloit avoir ung moulin avec ses appartenances, qui sont en rentes en deniers, moultes, masures et autres redevances. Item, la riviere de Saine en fons et heritage, en fief noble et basse justice, depuis le pont du Pont de lArche jusques au fosse de Lormaye, et se revient en rentes que les pescheurs peschans en icelle paient en gors et autres redevances de fief coustumieres. Item, en la dite viconte, en ville de Criquebeuf sur Seine, ung petit fief noble en basse justice, avec le patronage de leglise, et prenans les deux pars des dixmes dicelle ville et les deux pars des rentes du dit fief, et le cure dicelle eglise le tiers, tant en dismes que rentes, et se revient en rentes, en deniers, oyseaulx, corvees, pescheries et autres reddevances de fief en basse justice. Item, en ladite viconte du Pont de lArche, en la ville de Freneuze, ung petit fief noble en basse justice, avec une place ou soulloit avoir moulin nomme le Moulin de la Ronche, et se revient en deniers et autres redevances de fief coustumeires. Item, en la dite viconte, en la ville de Tourville la Riviere, ung petit fief noble justice, qui se revient en rentes en deniers, en oyseaulx et autres aides de fief coustumieres. Item, en la viconte dArques en la forest dEavy, ung hostel ou granche, avec plusieurs terres labourables. Item, en icelle forest dEavy, usaige de bois pour ardoir, maisonner, eddifier, et pour toutes les choses qui nous sont necessaires, franchise de pasnage pour nos pors et pasturage pour nos bestes par toute la ditte forest. Item, sur la recepte de Dieppe, appartenant a larchevesque de Rouen, en la dite viconte dArques, cent marcs dargent de rente chacun an, et se paient a Pasques et Saint Michiel par egal portion. Item, en la viconte de Rouen, en la paroisse du Bos Guillaume, ung fief noble et basse justice, dont le chief est assis en la dite paroisse, en ung hostel nomme la Haie de Widasne, et se revient en rentes en deniers, terres labourables, corvees, grains, oyseaux et autres aides de fief coustumieres. Item, nous prenons chacun an, aux termes de Pasques et Saint Michiel, sur les halles et moulins de la ville de Rouen, quarante une livre traize sols quatre deniers tournois pour la fondacion dune chapelle en notre dite eglise. Item, nous prenons chacun an, sur la viconte du Pont de lArche, et en sommes paies chacun an par le viconte dudit lieu, les choses qui ensuivent : premierement, sur ledit viconte, a Pasques et Saint Michiel, par egal portion, vingt sols tournois; item, sur la maison Nervet, enclose dedens le manoir du Roy, a Lery, a la Saint Michiel, dix sols tournois; item, sur la maison Agasse, a la Saint Michiel, six sols et un cappon;

item, pour le Danoys, cinq sols tournois a la Saint Michiel; item, pour la maison qui fut Pierre Hubery, a la Saint Michiel, dix huit deniers. Item, sur la prevoste du Vaudreul, deux muys, vingt deux boesseaulx davoine, a la Saint Michiel; item, sur la prevoste du Pont de lArche, aux termes de Pasques et Saint Michiel, par egal portion, cent sols tournois, et en sommes tousjours paies par la main de celluy ou ceulx qui tiennent la ferme de la dite prevoste du Pont de lArche. Item, sur la viconte de Conches, au terme de la Chandeleur, soixante sols tournois. Item, nous devons au Roy notre sire, pour plusieurs heritages que nous tenons es villes de Vauvray et de Lery ce qui ensuit : premierement, pour la terre que fut Mabille du Bosc Normant, nommee le Clos Rosse, assis en la ville de Lery, au terme de Pasques, vingt quatre sols quatre deniers tournois; item, pour les deux pars dicelle terre, au terme Saint Michiel, soixante six sols huit deniers tournois; item, pour ung jardin seant en la dite parroisse de Lery, en la rue du Chemin, au dit terme Saint Michiel, dix huit deniers; item, pour autre heritage, assis en la dite ville de Lery, en fieu au Jouan, au dit terme Saint Michiel, trente sols tournois; item, dun jardin seant au dit lieu de Lery, en lieu de Guillaume Reste, au dit terme Saint Michiel, six deniers tournois. Item, pour une piece de terre, seant es mareis de Vauvray, au dit terme Saint Michiel, deux sols tournois. Item, d'un jardin, seant au dit lieu de Vauvray, au dit terme Saint Michiel, quatre sols tournois. Item, d'une autre piece de terre, seant audit lieu de Vauvray, au dit terme, cinq sols tournois; item, pour les cousturages, dix huit sols tournois. Item, pour plusieurs heritages assis a Lery, demi muy de vin. Item, nous sommes frans, nous et nos hommes, par toutes les terres, seigneuries, juridictions, tant par mer que par terre que en tenoit en son vivant le roy Richart, fondateur de notre dite eglise, de fouage, de moneage, de coustume, de panage, de pontaige, de moison de vin, de travers, et generalement de toutes exacions secullieres. Item, en ladite viconte, un quart de fief noble en basse justice, qui sestend es villes de Saint Aubin et de Cleon, et devons dudit quart de fief, au seigneur dudit lieu de Cleon et du fief de Saint Gille, chacun an, cinq sols tournois, et quant le fouage eschiet dix sols tournois, et se revient ledit quart de fief en rentes deniers, grains, oyseaulx, pors, coustumes, terres labourables et autres aides et redevances de fief coustumieres. Item, nous avons en la ville de Pont Audemer, sur ung hostel, lequel nous fut donne anciennement par le comte de Meullent, soixante sols tournois de rente. Item, nous tenons, es vicontes de Rouen, du Pont de lArche, du Pontautou et du Pontaudemer, plusieurs rentes, lesquelles ne sont pas tenues de nous noblement ne en noble fief. Item, nous avons sur la conte de Boulongne sur la mer, chacun an, au terme Saint Andrieu, cent sols parisis et six milliers de harenc sor. Item, nous avons en la chastellerie de Meullent, un petit fief noble, assis en la ville de Vaulx, et se revient en cens, grains, oyseaulx, corvees et autres redevances de fief accoustumees, selon lusage du lieu. Item, en icelle ville de Vaulx avons certaines masures ou soulloit avoir presseur et maisons habitees, et plusieurs vignes en fresche pour le present, a loccasion de la guerre. Item, en la dite ville de Vaulx avons la tierce partie de certaines dismes de grains, vins et fains. Item, es villes du Perche et Santueil, pres la dite ville de Vaulx, un petit trait de disme. Item, nous avons, en la ville de Dueil soubz Montmorency et es paroisses denviron, ung hostel ouquel soulloit avoir presseur et granche, qui sont de present demolys et en ruyne, et au dit hostel sont et appartiennent ung jardin et terres labourables, avec plusieurs pieces de vignes en friche de present, a loccasion des guerres, pour lesquels heritages devons chacun an plusieurs menus cens a plusieurs seigneurs dont ils sont tenus et ne sont point tenus de nous noblement; lequel temporel, avec toutes ses appartenances et deppendances, nous tenons du Roy notre dit seigneur par une seule feaulte, tant a cause de sa duchie de Normandie que de son royaume de France, avec prieres et oroisons et ce que dit est cy dessus, de laquelle feaulte je dessus dit abbe dudit lieu ay fait le serment au Roy notre dit seigneur ainsi comme il est accoustume de faire, et avons mis a ce present adveu ou denombrement nos seaulx.

Ce fut fait le quinzieme jour de novembre, lan de grace mil quatre cent cinquante et six.

Orig. en parch. Arch. de l'Empire. — S. A., p. 1924 (Mélanges), cote 47321.

CCCLXXIII

Quittance de 100 livres tournois donnée par Guillaume Lenfant à Pierre Bachelet, vicomte du Pont-de-l'Arche.

(1466, 2 novembre.)

Nous, Guillemme, par la permission divine, evesque de Crisople et abbe de Bon Port, et tout le couvent dicelluy lieu, congnoissons et confessons avoir eu et receu du roy nostre sire, par la main de honorable homme et saige, Pierres Bachelet, viconte du Pont de lArche, la somme de cent livres tournois, partie de trois cent livres tournois, laquelle somme le roy nostre dit sire nous a donne pour la recompense de certaines parties et dommiges que nous et nostre dite eglise avons euz a loccasion de logiz des gens darmes qui ont este logez en nostredit lieu de Bon Port et en ses appartenances, durant le siege derrainement tenu par le roy nostredit seigneur devant sa ville dudit Pont de lArche, et aultres causes plus aplain declarees es lettres dicelluy seigneur, ausquelles sont actachees les lettres de verification de nos sieurs les tresoriers de France, icelles lettres royaulx signees de la main du roy nostredit seigneur, donnees audit Pont de lArche le treiziesme jour de janvier mil quatre cens soixante cinq, et du regne dicelluy seigneur le cinquesme; et ladite verification donnee par lesdits tresoriers, le vingt ungniesme jour dudit moys de janvier audit an quatre cens LXV, a prendre et avoir par nous religieux dessus nommes, ladite somme de trois cens livres en trois ans ensuyans de la date desdites lettres, des deniers qui vendront et ystront de la vente des bois de la forest de Bord, durant lesdits trois ans, cest assavoir, par chacun diceulx trois ans, cent livres tournois, par les mains dudit vicomte du Pont de lArche, et par la quitance de nousdits religieux a commencer, et autres yceulx trois cens livres tournois, au terme Saint Michel, quatre cens LXVI derrain passe, cent livres; ainsy que toutes ces choses sont plus aplain contenues et declarees esdites lettres et verification; lesquelles nous avons baillees audit vicomte pour soy en aydier et emploier en ses comptes jouxte leur contenu; de laquelle somme de cent livres tournois pour le terme Saint Michel derrain passe, nous tenons bien contens et bien paiez, et en quictons le roy nostredit seigneur, ledit vicomte et tous aultres. En tesmoing de ce, nous avons selle ceste presente quittance de nos seaulx dont nous usons ensemble.

Ce fut fait le deuxiesme jour de novembre mil quatre cens soixante et six.

Orig. en parch. — Bibl. imp. Guign., 253. V. 2. B, f° 59, 1re pièce.

CCCLXXIV

Quittance de 100 livres tournois donnée par Guillaume Lenfant à Pierre Bachelet.

(1467, 14 février.)

Sachent tous que nous, Guillaume, par la permission divine evesque de Crisopole et abbe de leglise Nostre Dame de Bon Port, lez le Pont de lArche, et tout le couvent dicellui lieu, congnoissons et confessons avoir eu et receu du roy nostre sire, par les mains de honnorable homme et sage, Pierres Bachelet, vicomte dudit Pont de lArche, la somme de cent livres tournois, pour le second paiement escheu au terme Saint Michel, lan mil CCCC soixante et sept derain passe, de la somme de trois cens livres tournois que le roy nostre dit sire nous a nagueres donne pour aucunement nous recompenser des pertes, interestz et dommages que avons eues, tant a loccasion du loyez daucuns chiefs et gens de guerre de icelluy sire, qui furent loges en grant nombre en nos manoirs, maisons, cloistres et ou corps de madite eglise, ou ils furent longuement ou precedent lors et depuis que icelluy seigneur [fit] mectre le siege devant ladite ville du Pont de lArche, en lan mil quatre cens soixante et cinq, que aussi de certaine grant quantite de foien et boiz a edifier qui nous apartenoit contre ladite ville, et le surplus brule et perdu et aultres causes plus a plain declarees es lettres patentes du roy nostre dit sire, signees de sa main, donnees audit lieu du Pont de lArche, le treiziesme jour de janvier oudit an mil III^c soixante cinq, expediees par nossieurs les tresoriers de France, a icelle somme de trois cens livres tournois, avoir et prendre en trois annees des deniers qui vendront et ystront de la vente des boiz de la forest de Bord, durant lesdites trois annees; cest assaveoir : par chacune dicelles, cent livres tournois, par les mains dudit vicomte, a commencher a la feste Saint Michel mil III^c soixante six, jouxte la teneur desdites lettres, nous nous tenons pour contens et bien paiez, et en quittons par ces presentes, le roy nostredit sire, icelluy vicomte, et tous aultres a qui il apartient. En tesmoing de ce, nous avons mis a ces presentes nos seaulx, dont nous usons ensemble.

Ce fut fait le quatorziesme jour de fevrier oudit an mil ccccc soixante sept.

Orig. en parch. — Bibl. Imp. Gaign., 258. V. 2. B, f° 57.

EXPLICIT.

TABLE DES NOMS DE LIEUX ET DE PERSONNES

Aaliz, 7.
Abbacie (Wibert de), 65.
Abbatia (Henricus de), 57, 80. — (Hybertus de), 83.
Abraham, burgensis de Ponte-Arche, 247. — (Galterus), 287.
Acardus (Guillelmus), 335.
Acon (Johannes), 278.
Adam, 64.
Adam, abbas Sancti-Audoeni Rothomagensis, 85.
Aden (Ricardus), 270.
Aelicia (uxor Andree dicti Clerici), 89.
Aerain (Robertus), 72.
Aguillons (Renaldus), 7.
Agoulant, 260.
Alanus (Robertus), 92. — dictus Famulus, 465.
Alba Via, 124, 320.
Albernus (Johannes), 335.
Albinus (Johannes), 349. — (Nicholaus), 324. — (Nicolaus), 335.
Albus (Gaufridus), 9.
Alexander (IV), 207, 209, 210, 211, 212, 213, 219.
Alfonsius, camerarius, 204.
Alisiacum, 188, 297, 301, 302, 303, 304, 340, 393, 395.
Allivet (Gaufridus d'), 58.
Alisi (Silvester de), 22. — milite, 57. — (Reginaldus de), vicecomes Vallis-Rodolii, 99.
Alisie (Robertus), 217, 218. — (Nicholaus), 217.
Aliseio (Robertus de), 243.
Alisiaco (Johannes de), 298.

Alithia, filia Luce, 268.
Alixandre (Thomas), 391.
Altaribus (Emmelia de), 301, 303, 305.
Ambrosius, 233.
Amelina (dicta Baschac), 229.
Amelina, 162.
Amiot (Rodolfus), 69, 90. — (Radulfus), 115.
Anagnia, 212.
Ande (Acelinus), 106.
Andeleia, Andeleium, Andeliacum, 32.
Andre, clericus, 56, 102, 192. — presbiter Pontis-Arche, 84.
Andreas, clericus, 92, 105.
Andresiacum, 232.
Anetum, 28.
Anfrevilla (Hugo de), 63.
Anffrie (Ricardus), 260, 309.
Angevin (Guillelmus), 81.
Anglicus (Willelmus), 37, 176, 193. — (Johannes), 69, 188, 362. — (Basilia), 69, 374. — (Rogerus), 95, 216. — (Gaufridus), 110, 143. — (Robertus), 143. — (Ada), 115, 228. — (Germanus), 173. — (Willermus), 176. — (Ermelina), 216. — (Guillelmus), 232, 280, 289, 356, 382. — (Galterus), 257. — (Guillelmus), 257, 260, 263. — (Alexander), 261. — (Hobeahe), 275, 362. — (Alennus), 298. — (Maurus), 308. — (Odo), 336. — (Matheus), 336, 357. — (Ricardus), 347. — (Toustenus), 347. — (uxor Guilelmi), 384.
Anglie (Abbatia Beate Marie de dono regis), 6.

Annebeuc (Engerrenus d'), miles, 201, 202.
Annevilla (Emelina de), 195. — (Johannes de), 195, 196.
Anquelle (Ricardus), 257.
Anquitillus, presbiter de Caudebec, 71.
Ansellus, 64.
Ansqueulle (Hebertus), 309.
Ansquetillus dictus Marchaant, 498.
Aquatici (foresta), 318.
Aquigni, 73.
Aquosis (foresta de), 159.
Ardura, 98, 99, 128.
Argues (Thomas), 395.
Arsel (Galterus d'), 110, 172.
As Asnes (Galterus), 262.
Ase (Gillebertus), 297.
Atrio (Galterus de), 168, 228, 230, 233. — Guillelmus de), 282. — (Johannes de), 326.
Aubegni (Eustacius de), 362.
Aubert (Nicholaus), 385.
Aubereda (uxor Radulfi Corbel de Wicarvilla), 77.
Auberi (Thomas), 136, 137. — (Johannes), 242, 243, 244, 245. — (Gaufridus), 245, 358. — (Durandus), 334. — (Stephanus), 358.
Aubericus (Willermus), 70.
Aubertus (Gaufridus), 284.
Aubinet (Abenia), 228.
Aufai (Fulco de), 115.
Augo (Bartholomeus de), canonicus, 36. — (Ansguerus de), 54.
Aumierot (Terra), 188.
Aupeissa, 287.
Aurea-Valle (Johannes de), 201.
Aurival, 30, 272.
Aurivalle (Wibertus de), 272.
Ausger de Tot, 25.
Ausieut (Willelmus), 267.
Auterive, 341.
Auviz seu Awis aut Eviaiz (foresta de), 2, 15, 17, 32, 39, 406.
Avinio, 368, 374.
Auvrey (Drouet), 395.
Avelina, 64.
Aviegne (Johannes), 323, 324.
Avignon (Gillebertus), 151.

Bachelet (Pierres), 409, 410.
Baiart (Robertus), 79.
Baisevent (Radulfus), 86.
Balduiminus, 64.
Balnea-Morin, 14, 17, 31, 405.
Barba (Radulfus), 96.
Barbarus (Petrus), 175.
Barbe (Radulfus), 445.
Barbedoue (Jehan), 391.
Barbes (Ricardus), 374, 375.
Barbou (Reginaldus), 355.
Bardou (Johannes de), 334.
Bardouville, 255.
Bartholomeus, camerarius, 48, 50, 62.
Bardolvilla seu Bardouvilla (Ricardus de), 24. — (Galfridus de), 24. — (Johannes de), 24. — (Robertus de), 207, 221, 227.
Barre (Willelmus), 37, 97, 99, 101, 110, 111, 112, 113, 117, 118. — (Ricardus), 82. — (Duranda), 113.
Basire (Robertus), 172, 248, 249. — (Balduinus), 258, 259.
Basquet (Vinea), 255.
Basse-Sentele (la), 336.
Bataille (Bartholomeus), 10.
Bar (Symon de), 274.
Basin (Nicholaus), 357.
Basire (Nicholaus dictus), 296.
Basset (Johannes), 285.
Bassi (relicta Baldoni), 357.
Batencuria (Guillermus de), 322.
Baudoin (Denis), 396.
Baudouin (Roger), 396.
Baudricus, archidiaconus, 221.
Baudri, 362.
Beaucosin (Johannes), 132.
Becco (Willelmus de), 191, 206, 207, 222.
Becquet (Guillelmus de), 205, 206.
Becquet (Molendinum de), 161.
Beccum-Thome, 125, 126, 214.
Begot (Robert du), 395.
Begnart (Radulfus, presbyter de Mesnilio-Jordanis), 122, 127, 176.
Beignart (Guillelmus), 256.
Beguin (Willelmus), 117.
Beignart (Gaufridus), 383.
Belart (Gillebertus), 228.

Bellismontis (Matheus, comes, dominus Valesie), 6, 21.—(Ivo), 7.—(Elienor), 21.—(Johannes), 21.
Blesmu, 39.
Bellum-Castrum de Rupe, 16.
Bellusmons, 6.
Benedictus de Ponte-Arche, 169.
Benect (Guy), 394.
Benoit (Guy), 396.
Bequet (Geralmus de), 61, 91. — (Robertus de), 90, 91, 275. — (Willelmus de), 120. — (Oudo de), 120. — (Guillelmus), 161, 162. — (Johenna), 302.
Bequetum, 275, 309.
Bercelimeu (Johannes), 270.
Berede (Radulfus), 81.
Bernardus, filius Aales, 21.
Bernart (Gaufridus), 91.
Bernido, 64.
Berouc (Guillelmus), 278.
Berselou (Ganfridus), 275.
Bertin (Thomas), 170.—(Willelmus), 242, 243. — (Guillelmus), 308.
Bervilla (Ricardus de), 25. — (Lucas), 92.
Besevent (Robertus), 321.
Bestisi (Helluinus de), 133.
Bestohus (Rogerus), 205.
Bichel (Guillelmus), 356.
Billon (Guillelmus), 282.
Blacquetuit, 405.
Blaerie (Adam de la), 357.
Blancha, regina, 218, 225, 277.
Blanchart (Willelmus), 83.
Blancvilain (Thomas), 107. — (Petrus), 109.
Blasius, monachus Boni-Portus, 91, 119.
Bleusium, 146.
Blondel (Petrus), 25. — (Guillaume), 395. — (Jehan), 395.
Blondus (Radulphus), 37.
Blouer (Guillebertus), 362.
Boaffle (Walterus), prior Sancti Egidii, 36.
Boes (Radulphus de), 56. — (Amandus de), 63.— (Willelmus), 221, 222. — (Aalicia), 221, 222.
Bogis (Roca, uxor Galteri), 100. — (Galterus), 333.
Boisnet (Ricart), 394.
Bolengarius (Johannes), 274.—(Guillelmus), 283. — (Anselmus), 286.
Bolin, 356.

Bollie (Rogerus), 170, 216.
Bonart (Symon), 70, 76, 97, 98, 99, 104, 220, 226. — (Richoldis), 70. — (Matilda), 98, 99. — (Guillelmus), 173. — (Nicholaus), 221. — (Ybertus), 221.
Bonence, 308.
Bone-Vaine (Johan), 395. — (Gyeffroy), 395.
Bonne-Aide (Johan), 395. — (Erembourt), 395.
Bonifacius (VIII), 362, 367.
Bonin (Johannes), 278.
Boninc (Campus de), 176.
Bonnefille (Pierre), 394.
Bonnere (Martinus), 237.
Bono-Portu (Abbatia Beate Marie de), 3, 8, 9, 10, 13, 22, 28, 29, 30, 31, 34, 37, 38, 43, 45, 46, 48, 49, 54, 57, 59, 60, 64, 62, 65, 67, 68, 70, 71, 72, 76, 77, 78, 79, 81, 82, 84, 87, 88, 90, 95, 97, 98, 99, 100, 101, 103, 104, 107, 108, 109, 111, 116, 117, 118, 119, 123, 128, 131, 135, 145, 147, 153, 154, 155, 157, 158, 159, 161, 162, 163, 166, 169, 170, 171, 173, 174, 175, 177, 178, 180, 181, 182, 184, 185, 186, 187, 190, 191, 192, 193, 198, 199, 206, 209, 210, 214, 215, 216, 217, 218, 220, 222, 224, 225, 226, 227, 229, 230, 234, 235, 236, 241, 242, 243, 244, 246, 250, 251, 252, 255, 256, 259, 260, 262, 264, 267, 269, 272, 273, 275, 277, 278, 279, 282, 283, 284, 285, 286, 287, 290, 292, 295, 296, 299, 307, 308, 310, 311, 312, 314, 315, 316, 317, 318, 319, 320, 325, 332, 333, 335, 337, 338, 341, 343, 344, 346, 347, 348, 350, 353, 356, 360, 364, 365, 369, 370, 371, 372, 373, 374, 375, 377, 378, 380, 381, 382, 386, 388, 389, 391, 392, 393, 399, 400, 401, 402, 403, 404, 405, 409. — (Hospicium pauperum ad Bonum-Portum), 172, 173, 205.
Bonte (Johannes), 356.
Bonus (Radulfus dictus), 289. — (Gauter, dictus), 289.
Bon Vallet (Nicolaus), 384.
Borcteroude, 199.
Bordeni (Guillelmus de), 224.
Bordon (Ricardus), 57.
Bordous (Raginaldus), 125.
Borgeise (Vencencius), 156. — (Aaliz), 156. — (Johannes), 157.

Borguegnon (Simon), 259.
Borous (Guillelmus), 357. — (Gaufridus), 357.
Bort seu Borz (foresta de), 2, 3, 6, 7, 9, 10, 14, 17, 29, 31, 39, 146, 159, 160, 215, 318, 401, 102, 403, 405, 409, 411.
Boscart (Thomas), 202.
Bosco (Galterus de), 75. — (Helya de), 87. — (Gaufridus de), 166. — (Henricus de), 270. — (Johannes de), 309.
Bosco-Bernardi (Johannes de), 35.
Bosco-Cabot (Radulfus de), 242, 243, 266.
Bosco-Willelmi (Rogerus de), 444.
Boos (Jehan de), 391.
Boscus-Ascelini, 79.
Boscus-Bernardi de Coumin, 224.
Boscus-Guillelmi, 379, 406.
Bosgouet, 357.
Boterel (Johannes), 34, 35, 121, 129, 246, 358. — (Of), 35. — (Guillelmus), 170. — (Margareta), 309. — (Nichole), 359. — (Luce), 360.
Botin (Johannes), 309.
Boudevilla, 178, 179.
Bougerel (Guillermus de), 313.
Bougis (Willermus), 70.
Bougival, 39, 146.
Boulenc (S. Albinus juxta S. Egidius de), 374.
Boulengarius (Ricardus), 383.
Boulengier (Garinus), 421.
Bourgois (Robertus), 330.
Bourgueise (Johannes), 64, 65.
Bouriot (Robertus), 357.
Boutellier (Henricus), 309.
Boutevilain (Andreas), 63.
Boutevilain de Duno, 103.
Boutin (Johannes), 288.
Bouvat (Nicholaus), 308.
Braz-de-la-Ronche (le), 171.
Braz-de-Saine (Robertus), 107.
Briens (Henricus), 356.
Briona (Willelmus de), 151.
Britonia (Johannes de), 299.
Brochcomele (Guillelmus), 291.
Bruières (Pierre de), 394.
Brumairs (Richart de), 399.
Brumen (Guillelmus), 356.
Bruneley (Luce de), 383.
Bucum-Accardum, 178.

Buglart (Colinus), 330, 358. — (Michael), 362.
Burellon, 82.
Burgensis (Willelmus), 26. — (Petrus), 37. — (Guillelmus), 384.
Burgi-Teroudi (Poteria), 229.
Burnel (Gaufridus), de Bosco-Normant, 24, 34, 35. — (Michael), 72. — (Johannes), 336.
Busket (Rogerus), 179, 180. — (Robertus), 180.

Caillou (Baudricus), 270.
Caireraris (Guillelmus de), 380.
Calcensis (Laurencius), 95.
Caietensis (Radulphus), 196. — (Henricus), 309.
Calli (Willelmus de), 196.
Calidumbeccum, 270.
Calochit (Anfredus), 319.
Calvomonte (B. de), 73.
Camerarius (Laurencius), 358.
Campi-Marius (apud Leri), 246.
Campus Leprosorum (apud Magnevile), 127.
Canapevilla, 127. — (Michael de), 165.
Canis (Ansquetillus, dictus), 326. — (Petrus, dictus), 326.
Cantelou (Thomas), 121.
Cantinel (Willelmus de), 75.
Canu (Henri), 349.
Capiteville (Nicholaus de), 188, 361, 362.—(Johanna de), 188, 362.
Capta-Villa (Ricardus de), 78.
Capite-Pontis (Thomas de), 169.
Capiteville (Ricardus de), 294. — (Reginaldus de), 297.
Capon (Gaufridus, dictus), 253.
Capud-Ville, 137, 284.
Cardin (Gu), 123.
Carete (Radulfus), 169. — (Magareta), 169.
Carnifex (Michael), 168, 239. — (Germanus), 168. — (Nicholaus), 187, 239, 256. — (Guillelmus), 273, 275, 309. — (Gillebertus), 333. — (Garnerius), 342, 343.
Carpentarius (Johannes), 62, 174.—(Robertus), 174.
Carriaus (les), Careis, 198, 405.
Carvilla (Johannes de), clericus, 414. — (Nigasius de), major Rothomagi, 114. — (Johannes de), archidiaconus Ebroicensis, 123.
Casa (Willermus de), 35.

Castro (Willelmus de), 95. — (Radulfus de), 124.
Castrum Marlei, 6.
Catherage (Insula de), 264, 265, 269.
Catus (Nicolaus), 8.
Caucheis (Johannes de), 230.
Caudebec seu Caudebecum, 68, 71, 107, 108.
Caudebec (Guillaume de), 394.
Caudecote (Petrus de), 87.
Cauvet (Sorellus), 65, 392.
Cauvin (Oliverus), 364.
Cauvitz (foresta de), 324.
Cavalvilla seu Cavelvilla (Robertus Leo de), 22, 133. — (Jordanus Adan de), 22. — (Juliana de), 133.
Cave (Rogerus), 306.
Celestinus (III), papa, 16.
Celier (Thomas de), 121, 130.
Cervus (Willelmus), 50. — (Rohesia), 50.
Cesne (Aelicia), 251, 252.
Chambines (Johannes de), 106.
Champ Henrri, 122.
Charles (VI), roi de France, 400, 401, 403.
Chartain (Robertus), 321.
Chastel (Garnier du), 394.
Chastillon (Charles de), 400, 403.
Chauce (Johannes dictus), 254.
Chausse (Johannes), 324, 335.
Chevalier (Leodegarius dictus), 262. — (Gaufridus), 308. — (Colinus), 351.
Chief de Ber (Gaufridus), 322, 323.
Chier Ami (Johannes dictus), 375.
Chimino (Rogerus, filius Willelmi de), 96.
Chinon, 3.
Choisnet, 289.
Cingula (Petrus de), 42.
Civitas Castellana, 134.
Claron (Renoldus), 114.
Clausum Bardulphi, 4.
Clemens, abbas Boni-Portus, 4, 11, 12. — Clericus, 137. — (V), 366, 369.
Cléon, 84, 109, 294, 407.
Clerc (Robertus de), 94.
Cobe (Guillelmus), 201.
Cocus (Garnerus), 102.
Cohure (Johan), 394.
Coepel (Willelmus), 167. — (Robertus), 167. — (Gilebertus), 230, 233. — (Johannes), 358.

Coipel (Robertus), 66, 67, 68.
Coispel (Robertus), 84, 169, 232, 238, 239, 300, 344.
Colemare, 298, 306, 313, 335, 356, 388.
Comes (Rogerus), 175. — (Robertus), 267. — (Stephanus), 357, 358.
Commin (Symon), 267, 268.
Communia (Guillelmus de), 186, 196. — (Nicholaus de), 196, 200. — (Willelmus de), presbiter de Braquetuit, 200.
Computator (Stephanus), 168, 169, 232, 239. — (Petrus), 230, 231, 232. — (Robertus), 275.
Conard (Robert), 396.
Conche, 47, 310, 407.
Conflens seu Conflenz, 6, 21, 30.
Confluencium, 11.
Conte (Thomas), 268.
Copel (Robertus), 22.
Coquart (Mahieu), dit Sacre, 375, 376. — (Guille), 375, 376. — (Guillaume), dit Sacre, 393, 396.
Coqueri (Nicholaus), 268.
Corbeillerre (la), 405.
Corbel (Radulfus, de Wicarvilla), 77. — (Fulco), 77.
Corcel (Gurgis de), 36.
Corel (Robertus), 177.
Cornart (Guillelmus), 226, 250, 252, 309, 393.
Cornubiensis (Ricardus), 125.
Coromne (Simon de), 54.
Cortcheuse (Gaufridus), 298, 301.
Corteniaco (Robertus de), 47, 310.
Costurarius (Galterus), 332.
Cotebullent (Sanctus Albinus de), 288.
Cotevrart (Stephanus de), 27.
Coton (Robertus), 380.
Coudreio (Sellon de), 69. — (Juliana de), 69. — (Johannes Foache de), 103. — (Willelmus le Metecier de), 103.
Coulombel (Colin), 394.
Courte-Heuse (Johan), 396.
Courtois (Johannes), 304.
Cousin (Ricardus), 309. — (Petrus), 356.
Crassus (Petrus), 26. — (Durandus), 26, 222. — (Guido), 27. — (Renoldus), 66, 68. — (Petrus), 70, 99, 117, 118, 181, 356. — (Jordanus), 70. — (Johannes), 356.
Crasmoistel, 356.

Crasvilla (Arnulphus de), 190, 308. — (Rogerus de), 190, 309, 336. — (Reginaldus de), 190.
Cravilla (Nigasius de), major Rothomagi, 69.
Cravilla, 336.
Cremonville (Berenguier de), 240.
Crespin (Johannes), 375.
Crespun (Heremburg), 157.
Creste (Stephanus), 254, 308.
Crestot (parrochia Sancti Petri de), 267. — (Ager Presbiteri in), 322.
Crevecuer (Matheus de), 9.
Cricbeuf seu Crikboe (ecclesia de), 15, 32, 36, 38, 146, 152.
Criquebotum aut Crikebuef super Secanam, 167, 256, 264, 265, 268, 309, 383, 384, 385, 396, 406.
Croc (Laurentia, uxor Johannis), 90. — (Johannes), 131. — (Guillelmus), 265, 295.
Croi (Johannes), 87. — (Elysabeth), 87. — (Aalina), 87.
Croquet (Martinus), 348.
Crosvilla (Johannes de), 36.
Croysset (Radulfus de), 124. — (Emma de), 124.
Cultura (Christophorus de), 120.
Curia (Michael de), vicecomes Vallis-Rodolii, 62, 66, 67, 68. — (Jordanus de), 66, 67. — (Robertus de), 68. — (Petrus de), persona Sancti Cyrici de Valle-Rodoli, 295, 308. — (Adam de), 339.

Dalouville (Johan), 394.
Damenevilla (Willelmus de), 104.
Damenevilla, 122.
Danais aut Le Daneys (Andreas), 314, 315, 316.
Daneies (Gaufridus), 323, 324. — (Johanna), 324. — (Emelina), 334.
Daneis (Guillelmus), 248, 274, 275.
Daneys (Willelmus), 166.
Danfront, 29.
Danois (Willelmus), 126. — (Guillelmus), 202, 203, 227, 237, 249, 254, 330.
Danoys (Gaufridus), 346.
Dans (Gaufridus de), clericus, 83. — (Philippus de), 168, 169. — (Silvester des), 254, 324. — (Vivianus des), 254. — (Andreas des), 334, 338. — (Jehan des), 395. — (Germaine des), 395.

Dans, 99, 334. — (Monasterium Sancti Petri des Dans), 226.
Dansmets (Hernulfus, dominus Sancte Barbe), 59.
Daoust (Reginaldus), 358.
D'Arsel (Durandus), 284, 308, 328, 354. — (Nicholaus), 358. — (Johannes), 380.
D'Artoys (Michael), 342. — (Perronilla), 342.
Daubuef (Rogerius de), 63.
Daufrai (Petrus), 81.
Dautwich (Durandus), 384.
Davy (Guillelmus), 195, 196. — (Johannes), 199. — (Nicolaa), 199. — (Willelmus), 200.
Dehors (Thomas), 260, 263.
Deippa (Nicholaus de), 90.
Delamare (Eude), 393.
Delbois (Laur), 25.
Dencrues (Petrus), 201.
Deodatus (Thomas), 136, 137.
Desquetot, 383.
Deutopin (Robertus), 81.
Dex-le-Set (Willelmus), 83.
Dieppa, 15, 17, 32, 39, 146, 156, 406.
Diguet, 319.
Dillon (Guillelmus), 282.
Dior (Johannes), 289.
Divite-Burgo (Petrus de), 8.
Dol, 146.
Domus de Bono-Portu, 23, 30, 52.
Dorbeccus (Ricardus), 96.
Dorliens (Ricardus), 344.
Doulle (Robertus) de Sancto Petro de Sarqueus, 248.
Douville (Jourdain), 369.
Dreue (Pierres), 386.
Dreugnel (Colinus), 289.
Drocis (Eustachius de), 106. — (Martha de), 106.
Droco, constabularius, 33, 48, 50.
Droconis (Petrus), 379, 380, 382.
Droet (Dyonisius), 319, 328.
Drogo, canonicus stationarius Montismorentiaci, 4.
Droguet (Rogerus), 138.
Ducler (Guillelmus de), 231.
Ducrueix (Raoul), 393.
Ducrues (Simon), 287, 301, 303, 305.
Du Hamel (Mathieu), 387.
Dujone (Aelicia de), 158. — (Eustasia de), 158.
Dumoustier (Johan), 394. — (Nycole), 395.
Duol (Dueul), 39, 408.

Duport (Jehan), 394.—(Colin), 394.—(Robin), 394.
Duquesne (Estienne), 387.
Durandus-as-Jambes, 77, 78.
Durandus, 267, 317.
Durandus, filius Ricardi, 37.
Durant (Johannes), 126, 165, 214.
Du Val (Johannes), 307.— (Lucia), 307, 386. — (Richard), 348.—(Estienne), 386.—Omeff, 386.
Duy (Pierre de), 373.
Dymare (Gautiers), 376.
Dyogilum, 52.
Dyonisius, 268, 269.

Ebroica aut Ebroicas, 38.
Ecclesia de Bono-Portu, 2, 11, 12, 14, 21, 22, 24, 28, 31, 33, 36, 51, 53, 64.
Ecclesia Sancte Marie, de dono domini regis Anglorum (Ecclesia de Bono-Portu), 1, 6, 7.
Ecclesia Sancte Marie de Maresdax (Ecclesia de Bono-Portu), 5.
Egidius, Sanctorum Cosme et Damiani diaconus cardinalis, 150.
Egidius de Valle-Rodolii, 205.
Egidius, prior monasterii Beate Marie de Parcho Haricurie, 377.
Emelina de Fiscampo, 196.
Emma, uxor Petri Junioris de Kriqueboto, 68.
Emmelina, uxor Johannis de Sancto Candido, 51.
Emmelina, uxor Ambrosii, 233.
Engueran (Robert), 394.
Erambertus, 112.
Erchu (Reginaldus de), 358.
Eremburgis, uxor Maugeri Coci, 192.
Ermenfrei, 288.
Ernel (Johannes), 354.
Escrovilla, 273, 309, 357.
Esmaiart, 180, 285, 319, 337.
Esmerc (Johannes), 357.
Espingale (Durandus), 384.
Espruegale (Henricus), 380.
Essarz (Gaufridus des), 25.
Esseio (Robertus de), canonicus Rothomagensis, 51.
Estordus (Gaufridus), 165.
Estrepeigni (Johannes de), canonicus Beati Candidi, 154.
Esveillart (Ricardus), 65.

Ethevilla (Petrus de), 326.
Eulebeuf (Jacques de), 396.
Eura, 110, 254.
Extra-Portam (Radulfus de), 92.

Faber de Haia (Guillermus), 237.
Faber de Ymaie (Petrus), 258. — (Radulfus), 258.
Faber (Rogerus), 339.
Fabrus (Theobaldus), 124. — (Ricardus), 151. — (Thomas), 204. — (Willermus), 240.
Faiel (Guillelmus), 356.
Fainel (Ricardus), 257.
Faipou (Johannes de), miles, 60.
Fauseth (Stephanus), 187.
Fauvette (Robertus a la), 299.
Feramort (Petrus), 8.
Fere (Ricardus), 291.
Ferentinum, 44, 46.
Fessart (Johannes), 80, 81.
Fierville, 178.
Filiolus (Johannes), 192.
Filluel (Ingerranus), 92.
Filscic (Guillelmus dictus), 289.
Flaule (Auculphus de), 2.
Flavencuria (Guillelmus de), 370.
Florie (Radulfus), 119. — (Gillebertus), 198, 244, 246, 248, 284.
Flote (Ricardus), 249. — (Guillelmus), 336.
Foilleye in Leonibus, 361.
Foisnardus (Osbertus), 36.
Folcbec (Esmengarda de), 30.—(Willelmus de), 30.
Folvilla (Simon de), 120.
Fons Bliaudi, 33.
Fontaine (Ricardus de), 72.
Fontanella (Lodovicus de), 179.
Fonte (Odo de), 62.
Fontein (Gaufridus), 27.
Fordin (Guillelmus), 180, 181.
Forestarius (Johannes), 279.
Forestarius (Stephanus), 249, 250.
Forestier (Clers le), 25.
Forieres (Robertus de), 190, 194.—(Jordanus), 319.
Formetot (de), 264, 265, 269.
Fort-Escu (Willelmus), 75.
Fortin, 25. — (Nicholaus), 71, 107. — (Gamelinus), 203, 237.

Fossa (Thomas de), 294.
Fossato (Robertus de), 107.
Fouache (Rogerus), 321, 322.
Foubert (Nichola, relicta Roberti), 347.
Fouei (Guillelmus de), 289.
Fougeroles (Robertus de), 269.
Fouques (Guillaume), 393.
Fourre (Rogerus), 124.
Fovea (Matildis de), 324. — (Guillelmus de), 321.
Frambertus, clericus, 66, 67.
Franbert (Clemens), 189.
Framboisier (Galfridus de), 35.
Franc (Robertus de), 230.
Franciscus Johannes, titulo Sancti Laurentii in Lucina presbiter cardinalis, 150.
Fraxinis (Amelina de), 357.
Freher, de Novo Mercato, major Rotomagi, 159.
Freminus (Petronilla), 354.
Freret (Nicolas), 369.
Freschenne (Johannes de), 124.
Fresnose seu Fresneuse, 203, 357, 380, 382, 384, 406.
Fromont (Johannes), presbyter de Communisvilla, 158. — (Guillebertus), 356.
Fructerus (Willelmus), 94.
Fructuarius (Guillelmus), 89.
Fulco, prior de Strata seu Lestree, 9, 11, 12.
Fulco (Gilebertus), 84.
Fulco de Sancto-Martino, 155.
Furcis (parrochia Sancti Eligii de), 293, 294.
Fustier (Johan), 394.

Gaillarde (Johannes), 165.
Gaillart (Ricardus), 280.
Gaillartbosc (Pierres de), 194.
Gaillon (Estienne de), 394.
Galop (Denis), 396.
Galopin (Henricus), 357.
Galterus, miles, 62. — (Filius Reginaldi), 176. — (Filius Symonis), 204. — (Alexander), 229.
Gamachiis (Robertus de), 154.
Garenna (Molendinum monachorum Boni-Portus in), 189.
Gardignei (Johannes de), 220. — (Durandus de), 221, 222.
Gardin (Durandus de), 98.

Gardino (Durandus de), 26. — (Willelmus de), 37
Garding (Durandus de), 256.
Garenne (Matheus), 253.
Gargate (Robertus), 242, 243, 332, 357.
Garie (Nichole), 349.
Garin (Simon), 115. — (Robert), 395.
Garinus (Simon), 93.
Garnerius, decanus de Sarcellis, 63.
Gas (Nicholaus), 362.
Gatinel (Stephanus), 79. — (Rogerus), 134, 135.
Gaufridus, presbiter de Lereyo, 70, 146. 118. — (Cambitor), 95. — (De Valle Richerii Major Rothomagi), 125, 195, 196.
Gauganus, 309.
Gaussiel (Johannes), 343.
Gaverent (Hermenfroidus), 109.
Gavreio (Beatrix de), 65.
Gevruium aut Gauvray, 130, 146, 181, 356, 357, 383.
Gerfaut, 59.
Germain (Thomas), 260, 263, 347.
Gertru (Osbertus dictus), 262.
Gervaise de Caen (frère), 369.
Gibet (Petrus), 257, 265, 286. — (Rogerus), 286. — (Josephus), 286.
Gicbertus dictus Lupus, 190.
Gillebertus-sine-Mappa, 14, 22. — Prior de Monte Duorum-Amantium, 35, 36. — (Frater), 51.
Gilles, relicta Guillelmi Medici, 123.
Gillon, constabularius, 204.
Girardus, abbas Boni-Portus, 13.
Gislebertus, monachus Boni-Portus, 3.
Giso rciu, 225.
Gistortio (frater Radulphus de), 72, 82.
Giszoth (Radulphus de), 11.
Gloriete (Insula de), 234.
Gobelin (Nicholaus), 116. — (Emelina), 116. — (Duranda), 116. — (Helvisa), 116. — (Thomas), 190, 191. — (Egidius), 320. — (Johannes), 320. — (Johan), 360.
Goce (Matildis), 244.
Goceaume (Ricardus), 10.
Gocelin (Petrus), 168. — (Johannes), 230, 231, 233, 239. — (Matildis), 230, 231. — (Reginaldus), 231, 342.
God, episcopus Wintioniensi, 3.
Godart (Nicholaus), 252, 253.

Godefroy (Guillelmus), 330. — (Nicholaus), 330, 334.
Godet (Robert), 396.
Gohistre (Radulfus), 454.
Goi (Johannes de), 23.
Goie (Robertus), 319.
Goion (Guillelmus), 354.
Golias (Eustacius), 25.
Gondemare (Willelmus de), 298, 299, 306, 313.
Gondouin (Richart), 396.
Gontier (Galterus), 383.
Gordanus, filius Willelmi Barre, 68.
Gordus Morelli, 82.
Gornaium, 239.
Goselin (Johannes), 308, 314.
Gosselin (Julien), 396.
Gotren (Baldricus), 262.
Gouion (Rogerus), 467.
Goupill (Jacobus), 257.
Gourneet, 34.
Goy (Egidius de), 263. — (Nicholaus), 274.
Goye (Robertus), 308.
Graverenc (Willelmus), 71. — (Ermenfridus), 71.
Grecus (Thomas), 173, 356. — (Gaufridus), 358.
Gregorius X, 289.
Griolai (Radulfus de), 90.
Grochet seu Grouchet (Sanson de), 169, 170, 171, 204. — (Petronilla), 161, 204. — (Matheus), 288. — (Albereda), 293, 294.
Groignet (Gencius), 75.
Grommet (Guillelmus), 228.
Groolei (Radulfus de), 64. — (Willermus), 64.
Groset (Andreas), 304, 304, 341.
Grosse-Lande (Albin de la), 25.
Grosus (Matheus), 196.
Guarinus, prior Lochionis, 46.
Guavereium seu Gavreum, 45, 47, 32, 39.
Guennart (Henricus), 437.
Guerant (Guillelmus), 236.
Guerardus, 413.
Guerart (Johannes), 200.
Guernon (Gaufridus), 76.
Guido, abbas Vallis Sancte Marie, 42.
Guido, buticularius, 33, 48, 50. — Procurator Grandis-Monts, juxta Rothomagum, 37. — Canonicus stationarius Montismorentiaci, 5.
Guillaume (Pierre), 396. — (Johane), 396.

Guillebertus, filius Gaufridi Anglici, 75.
Guillemme, abbé de Bon-Port, 409, 440.
Guillelmus, presbiter de Moncelli Villa, 464, 462. — Capellanus de Leire, 173. — Clericus, 89, 405, 473, 356. — Dyaconus, 260, 263. — Abbas domus Dei de Trappa, 310. — Rector scolarum Pontis-Arche, 324.
Guillermus, filius Gilberti, 60. — De Ponte-Arche, decanus Lexoviensis, 324.
Guillot (Willelmus de), 27. — (Robertus), 299, 306, 343.
Guion (Guillelmus), 409.
Guislain (Radulphe), 348.
Guocelin (Johannes), 300.
Gyboin (Nicholaus), 196, 200.

Haetes, 442.
Haia (Matheus de), 334.
Haimardus, cellerarius Boni-Portus, 72.
Haisia-As-Berbiz, 26.
Halaanus (Galterus), 297.
Hamon (Juliana), 309.
Hamon (Acelina), 356.
Hamellos aut les Hamelins, 34, 386, 387.
Hamellum-Jude, 35.
Hangest (Pierre de), 368, 384. — (Aubert de), 394.
Harcourt (M⁽ᵉ⁾ Guillelme de), 369.
Hardel (Guilbertus), 306.
Harecurt (Robertus de), 3, 16.
Haricuria (Ricardus de), 68, 81. — (Johannes), 266, 316.
Hasart (Nicholaus), 234.
Hasct (Stephanus), 288. — (Robertus), 288.
Haut-Tondu (Robertus), 86.
Havard (Galfridus), 409.
Havarde (Anfride la), 57.
Havart (Guillelmus), 26, 242, 356. — (Ricardus), 37. — (Willelmus), 37. — Ricardus, 52. — (Stephanus), 62, 63, 65, 70, 408, 411, 418. — (Clericus), 458. — (Gaufridus), 348, 320, 336, 338, 339, 356.
Havre, 446.
Haya (Robertus de), 383.
Hayet (Gyeffroi), 394.
Hébert (Nicholaus), 354.
Heimardus, capellanus, 7.

Helloin (Acelina), 226. — (Matildis), 226.
Hellouin (Matheus), 278.
Helluin de Limaie (Willelmus), 165. — (Radulfus), 270.
Henricus, monachus, 44. — Abbas Beati Dyonisii, 52. — Clericus, 229. — (Ricardus), 304.
Herart (Robertus), 186, 187. — (Margarita), 186, 187. — (Johan), 396.
Hermericus, 54.
Hermier (Guillelmus), 294.
Herout (Nicholaus), 270.
Heroudel (Guillelmus), 289.
Herumo (Villelmus de), 40.
Hetart, 228.
Heude (Radulfus), 349.
Heudebert (Nicholaus), 267, 356.
Heudoin (Gaufridus, dictus), 254, 349.
Heulie (Guillelmus), 26.
Hodengel (Willelmus), 92, 93, 94, 192. — (Odelina), 92, 192.
Hodierna, 64.
Hogart (Le), 237.
Holebec (Nicholaus de), 25.
Homme, 178, 179.
Hommechon seu Houmechon, 39, 446.
Hondouvilla (Johannes de), 330.
Honorius (III), episcopus, 54, 207.
Horie (Guilebertus), 336.
Hosber Balle-Hache, 25.
Houlart (Martinus), 240.
Houlebec (Robergie de), 274.
Houlegate (Thomas de), 259, 262.
Houleguate (Johannes de), 494. — (Thomas de), 238.
Hubert (Nicholaus), 37. — (Heredes Guillermi), 54.
Huesa (Martinus de), 159.
Hugo, episcopus Covintrinsi, 3, 44.
Hugo, prior Sancti Nigasii, 44. — (Robertus), 280. — (Symon), 280, 282.
Huglevilla (Ade de), 88.
Huguet (Guillelmus), 357.
Huina, 32.
Huma, 45, 39, 235.
Humant (Guillelmus), 135, 136. — (Emmelina), 135, 136.
Humeto (Ricardus de), 3. — (Willelmus de, constabularius), 3.

Hybert (Ricardus), 248.
Hylarius, rector ecclesie de Loreio, 182, 241, 242, 244, 246, 284, 339, 347, 357. — Hylarius, 266, 267, 308.

Icarville, 405.
Igovilla (Matheus de), 36.
Illemastre (Robert), 394.
Imperator de Duel (Willelmus), 64.
Inderel (Sauchoye dicte), 393.
Infans de Tornedos (Bernardus), 82. — (Nicholaus), 82.
Innocencius (III), 38, 43, 44.
Innocencius aut Innocentius (IV), 130, 133, 137, 139, 140, 141, 143, 144, 145, 150, 152, 197, 208, 210.
Insula, 2.
Insula (Ada, Ancellus, Eva, Mabille, Manasserius de), 1, 2. — (Willelmus, comes de), 14. — (Hernardus), 77. — (Philippus), 77.
Israc (Jehan), 394.
Ivreia (Robertus de), 8.

Jacobus, de Monasterio, 133.
Jardino (Garinus de), 336.
Jehan, abbé de Bon-Port, 399.
Jehans, duc de Normandie, 392, 397.
Johanna, filia Acelini, 82. — Johanna, filia Luce, 268.
Johannes, rex Anglie, dux Normannie, 29, 30. — Johannes, clericus, 36, 158. — Johannes, prior, 54. — Johannes, sacerdos, 52. — Johannes, de Valle-Richerii, major Rothomagi, 92, 93, 95, 96. — Johannes, de Sancto Petro Liesros, presbyter, 119. — Johannes, 123. — Johannes, Sancti Nicolai in Curio Tulliano diaconus cardinalis, 150. — Johannes, presbiter de Alisi, 188. — Johannes, presbiter d'Orival, 194. — Johannes, monachus, 226. — Dominus Johannes, presbiter, 260, 263. — Johannes, presbiter de Sotevilla, 280.
Johannus de Alenconio, archidiaconus Lexoviensis, vicecancellarius, 3, 46.
Jordani (Insula), 36.

Jordan, 37.
Jordanus Junior, 264.
Joscelinus, presbiter Vetolii, 7.
Juliana, uxor Baudri de Stallis, 466.
Juliane (Petrus), 357.
Julienne (Robertus), 357.
Jussi (Willelmus de), 404.

Kailli (Guillelmus de), 69. — (Willelmus de), 92.
Karolus (IV), rex Francie, 378, 384, 382.
Karon (Christophorus), 238.
Kilebuf (Radulfus de), 43.
Kokerel (Bernarus), 86. — (Aelicia), 86. — (Gillebertus), 86.
Kriquebeu (Gonfridus de), 59.
Kriquebeuf, 203.
Kriquebeuf (Radulfus de), 204.

Labe, 276.
Labbe (Rogerus), 78.
La Bochiere (Ahelicia), 457, 458. — (Johanna), 395.
La Boignarde (Aelicia), 357.
La Boissere (Theobaldus), 7.
La Bourgoise (Ameline), 252.
La Bruière (Jehan de), 393.
La Clerc (Emmelina), 440, 443.
La Couterresse (Matilda), 356.
Lafamia de Landemare, 83.
La Fesardière, 394, 396.
Lafeyte (Bertinus), 79.
La Folete (Aaliz), 449.
La Guerarde (Emelina), 453, 454.
La Guete (Jehan), 393.
Laillere (Haisie), 203.
La Leaue (Petrus de), 274.
La Lecte (Johan), 396.
La Leue (Simon de), 71.
Lallier (Robertus), 420. — (Johannes), 420.
Lambertus (Johannes), 80.
Lambert (Johannes), 477.
Le Merchiere (Albereda), 303.
La Mignote (Roscee), 250, 254.
La Moinenete (Estiennette), 384.
Lamorous (Johannes), 273.

La Mote (Grégoire de), 393, 394.
Landemare (Molendinum de), 39, 428, 446, 309, 405. — (Vinea de), 290, 299, 309, 356, 405.
Langeis (Luce), 374.
La Perche (Radulphus), 324.
La Porcherie (Nichole de), 386.
La Potiere (Auffride), 405, 357.
La Prevoste (Aelicia), 384.
Lapuogrese (Aalicia), 322.
La Quarantaine, 338.
Laquesnea (Via de), 470, 220.
La Renaude (Johanna), 285.
Larguet (filia Johannis), 289. — (Robertus), 289.
Lasnier (Garinus), 489, 490.
Lateranum, 434, 243.
Lathomus (Robertus), 297, 298, 304, 302, 303, 304, 322, 323, 336, 340. — (Alicia), 297, 298, 302. — (Rogerus), 298, 303. — (Simon), 323, 324.
La Tiniere (Maria), 467.
Laurentius, 64. — (Cementarius), 425.
Lautbert (Ricardus), 230. — (Robertus), 230.
La Vagesse (Amelina), 358.
Lavenior (Roullandus), 79.
La Villaine (Ydoria), 334.
Le Barbier (Gaufridus), 424, 430. — (Johannes), 499. — (Nicholaus), 300, 314. — (Gieffroi), 393.
Le Barrier (Matheus), 75.
Le Batelier (Jacobus), 240.
Le Bateor (Renoudus), 289.
Le Bègue (Jehan), 394.
Le Begues (Thomas), 258, 259. — (Robinus), 334.
Lebel (Willelmus), 420, 463, 464. — (Petrus), 437.
Le Beneure (Herbertus), 57.
Le Bequet, 87, 90, 449, 434, 463.
Le Berchier (Renerus), 88.
Le Besgue de Willain, 404.
Lebiscauf (Michael), 433. — (Gaufridus), 433, 257.
Leblanc (Johannes), 238, 239. — (Guillelmus), 247, 252.
Leblond (Ricardus), 9. — (Johannes), 304, 302, 304. — (Guillaume), 393.
Le Bocheron (Gerardus), 443. — (Auvreius), 447.
Le Bochier (Germanus), 423. — (Nicholaus), 458.
Le Bolenguier (Johannes), 293.
Leborgne (Hersendus), 402.
Lebosqueron (Guillelmus), 238. — (Johan), 394.

Le Bouchier (Nicholaus), 224.—(Guillebertus), 357.
Lebougle (Michael), 302. — (Acelinus), 302, 303.
Le Boulenger (Agnes, relicta Walteri), 189.
Le Boulengier (Robertus), 358. — (Ricart), 393.
Le Bourrel, 396.
Leboutellier (Henricus), 275. — (Johannes), 352.
Lebouvier (Rogerus), 195.
Lebovier (Petrus), 137.
Le Braceor (Symon), 276. — (Ricardus), 362.
Lebreton (Robertus), 35. — (Willelmus), 80, 81.
Le Buef (Henricus), 124.
Le Buegues (Thoma), 234.
Le Camus (Jehanne), 360, 393.
Le Candelier (Gaufridus), 344. — (Ada), 383.
Le Carbonnier (Symon), 385.
Le Careter (Stephanus), 88. — (Matildis), 88.
Le Caron, 90. — (Guillaume), 393, 394. — (Nicholaus), 313.
Le Carpentier (Michael), 124. — (Guillelmus), 299, 300, 330. — (Johanna), 299, 300. — (Simon), 331.
Le Carun (Johannes), 262.
Le Castelier, 107, 108.
Le Caucheis (Radulphus), 195.
Le Cauchetier (Robin), 393.
Le Cauchois (Richart), 395.
Le Clerc (Guillaume), 386, 393. — (Denis), 393. — (Colin), 393. — (Regnaut), 394.
Le Conteor (Stephanus), 123. — (Robertus), 165, 166.
Le Cortois (Robertus, dictus), 256.
Le Costurier (Guillelmus), 249, 267. — (Galterus), 339, 357. — (Ricardus), 347, 348. — (Thomas), 358.
Le Coupe (Durandus), 240.
Le Courtois (Pierre), 396.
Lecras (Petrus), 109, 126. — (Renulfus), 169. — (Durandus), 206, 207, 240. — (Guillelmus), 234. Margareta), 234. — (Willermus), 240. — (Ricardus), 284. — (Robertus), 281. — (Thomas), 284. (Johannes), 284, 330, 332, 333, 336. — (Germer), 383.
Le Danois (Gaufridus), 383. — (Gyeffroy), 394. — (Guillaume), 395, 396.
Leduc (Guillelmus), 137, 172, 173.
Le Fae (Gillebertus) 72. — (Amfria), 72. — (Thomas), 72.

Le Fevre (Radulphus), 340. — (Jehan), 391.
Le Forestier (Johannes), 250.
Le Fornier (Johannes), 131.
Leforthaie (Nicholans), 239.
Lefranc (Johannes), 234, 238.—(Gaufridus, dictus), 383.
Le Franchois, 80.
Le Fruitier (Willelmus), 56, 89, 90.
Legai (Robertus), 280.
Le Gay (Guillelmus), 308.
Le Geolier, 342.
Legoolir (Ancelinus), 137.
Legoupil (Jacobus), 265. — (Andreas), 265. — (Petrus), 265.
Le Grant (Johannes), 385.
Legrant (Petrus), 86. — (Jehan), 393.
Legravérenc, 71.
Le Gregi (Guillelmus), 293, 294, 295. — (Odelina), 293, 294, 295.
Legren (Guillebertus), 236.
Legreu (Stephanus), 242, 243, 245, 246. — (Thomas), 242, 243, 245, 246, 334. — (Galterus), 245. — (Gillebertus), 245, 246.
Legrieu (Stephanus), 158.
Legrin (Thomas), 234. — (Stephanus), 341.
Le Griou (Thomas), 281.
Legris (Gondoinus), 354. — (Jehan), 391.
Le Harenguier (Hamon), 167. — (Juliana), 167.
Le Hisdeus (Johannes), 228.
Le Huchier, 78, 79. — (Michael), 203.
Le Hydeus (Rogerus), 245.
Leircestrie (comes), 29.
Leire, 15, 17, 26, 39, 100, 110, 135.
Leisir (Lambertus), 11.
Le Jamblier (Pierre), 402.
Le Lieeur (Robertus), 322.
Le Lievre (Gervasius), 340, 358. — (....), 348.
Le Machecrier (Ricardus), 291.
Le Maçon (Robert), 394. — (Colin), 396.
Le Maieur (Pierres), 387.
Le Maistre (Robertus) 300.
Le Manguen (Johannes), 384.
Lemansel (Robertus), 26, 173, 191. — (Stephanus), 234, 229. — Guillelmus, 319, 327, 328, 329. — (Michael),319.—(Aalesia), 228, 329.—(Johannes), 354, 357.
Lemarie (Radulfus), 64, 91. — (Robertus), 286.

Le Marquant (Honfreius), 268.
Le Masnier (Radulfus), 299, 326. — (Emmelina), 326.
Lemelle (Pierres), 344.
Le Merchier (Radulphus), 385. — (Symon), 396.
Le Mercier (Radulphus), 384. — (Raoul), 394. — (Jehan), 404.
Le Mesgeichiere (Petrus), 50.
Le Mestre (Radulfus), 264, 265, 269, 290.
Le Meteer (Nicolas), 375.
Le Mire (Johannes), 384, 395. — (Guillaume), 394.
Le Moine (Baudouin), 395.
Lemounier (Ricardus), 64. — (Nicholaus), 130. — (Radulfus), 130. — (Henricus), 342. — (Pierres), 376. — (Drouet), 393.
Le Motois (Robertus), 304.
Le Muet (Gaufridus), 357.
Lengleis (Guillaume), 353. — Marguerite, 353, 354. — (Pierres), 360.
Lengloiz (Raoul), 387.
Le Napier (Guillelmus), 172.
Le Panier (Johannes), 383.
Le Pastellier (Rogerus), 124.
Le Pele (Guillaume), 395.
Le Peletier (Willelmus), 306.
Le Petit de Valle (Guillelmus), 195. — (Girardus), 247. — (Johannes), 320.
Lepicart (Robertus), 275. — (Hugo), 330. — (Johannes), 339.
Lepicier (Thierricus), 313.
Lepileor (Robertus), 444.
Le Plastrier (Michael, dictus Chierami), 385.
Le Poli (Rogerus), 294.
Leporchier (Guillelmus), 187, 358. — (Willelmus), 267. — (Johannes), 307.
Leporis (Johannes), 24.
Le Porquier (Michael), 348.
Le Portor (Willelmus), 81.
Le Praier seu Le Prayer (Guillelmus), 124, 129, 130. — (Thomas), 129, 130. — (Adan), 307.
Leprosaria de Monte-Aureo, 202.
Lequien (Osberus), 306.
Lere seu Lerie, Lereium, Lerey, Leriacum, Leri, 15, 32, 49, 50, 70, 76, 83, 96, 97, 98, 99, 101, 112, 116, 117, 118, 136, 146, 157, 158, 170, 175, 180, 187, 190, 191, 198, 206, 220, 221, 226, 227, 234, 235, 236, 245, 248, 252, 283, 308, 327, 332, 336, 338, 339, 346, 350, 354, 356, 357, 379, 383, 396, 405, 406, 407.
Lerie (Willermus de), 75, 101. — (Tecia de), 101.
Le Rous (Galterus), 336.
Le Sage (Guillelmus), 328. — (Jehan), 391, 393.
Lesaunie (Robertus), 270.
Le Sauvage (Nicholaus), 282. — (Renoldus), 282.
Lescaude (Johannes), 358.
Le Sesne (Ricardus), 330. — (Johannes), 361.
Les Pestis, 254.
Lespicier (Gauffridus), 79. — (Guillelmus), 79. — (Robertus), 79.
Lesquachier, 174.
Lesquiex, 394.
Le Suart (Johan), 396.
Le Sueor (Christianus), 166.
Lestore (Ricardus), 226.
Lereio (Willelmus de), 97, 98. — (Tetia), 97, 98. — (Guerardius de), 110.
Le Rous (Ely), 95.
Le Sage (Guillelmus), 227.
Le Senescal (Johannes), 124.
Lespec (Thomas), 124. — (Simon), 130.
Lespex (Nicolaus), 199.
Lestoré (Rich.), 204. — (Guilelmus), 204. — (Nicholaus), 238.
Le Suor (Baldonus), 347.
Le Tailleor (Ricardus), 266.
Letaquier (Guillebertus), 322.
Letavernier (Johannes), 109. — (Bernardus), 125. — (Johanna), 124. — (Gieffroy), 396.
Le Telier (Johan), 394.
Le Telir (Tostanus), 267, 268.
Letellier (Gillebertus), 110. — (Henricus), 330, 331.
Letestu (Asselin), 234, 250.
Le Teulier (Ricardus), 238.
Leteut (Richardus), 357.
Le Thret (Johannes), 383.
Letinier (Thomas), 265. — (Stephanus), 265.
Le Tonnelier (Galterus), 300, 311. — (Ricardus), 321. — (Guillelmus), 384.
Letornoor (Petrus), 280.
Letort (Philippus), 82. — (Alouinus), 356.
Letoupe (Durandus), 227.
Le Tourain (Nicholaus), 308, 350.
Le Tourien (Nicholaus), 187.
Letrainel (Durandus), 59.

Letreest (Stephanus), 204.
Le Trehet (Johannes), 383. — (Galterus), 384.
Le Tymer (Thomas), 264. — (Stephanus), 264.
Leubart (Robertus), 132.
Leulier (Guillelmus), 276.
Le Vacquier (Guido), 380. — (Symon), 393.
Leval (Robertus), 207.
Le Vavassor (Guillelmus), 91, 92. — (Willelmus), 115.
Le Verdier (Galterus), 383.
Levigneron (Rogerus), 119.
Le Vilain (Willelmus), ballivus de Punte-Sancti-Petri, 63.
Le Voaleis (Albertus), 270.
Levreriis (territorium de), 58.
Levreus (Willelmus), 83. — (Vivianus), 83.
Le Walei seu Robertus, 118, 206.
Le Waleis (Nicholaus), 117. — (Thecia), 117. — (Stephanus), 254.
Le Woangnart (Crespina relicta Rogeri), 189.
Li Charron (Adam), 87.
Liece (Willelmus), 130.
Liecia, uxor Rogeri Labbe, 78.
Liemosche (Radulfus), 124.
Ligar, uxor Ricardi de Bardolvilla, 24.
Lion (Robertus), 133.
Lire, 39, 146.
Livet (Nicholaus de), 104.
Londa (Eustatius de), 36.
Long-Essart (Radulphus de), 171.
Locousver, 15, 146, 164, 242.
Longueville (Robertus de), 57, 58.
L'Ormet, 242, 405.
Louvel (Robertus, presbyter de Ponte-Arche), 126.
Louvet (Robertus), 105.
Lovel (Radulfus), 113.
Lovet (Robertus), 109. — (Beatrix), 109.
Loveriis (Robertus de), 37.
Lovet (Robertus), 109. — (Beatrix), 109.
Lovetot (Petrus de), 114. — (Johannes de), 335.
Loviers, 15, 32, 39, 67, 235. — (Ricardus), 86.
Luce (Guillelmus), 228.
Ludovicus (VIII), rex Francorum, 62, 218, 225, 277. — (IX), rex Francorum, 84, 132, 153, 159, 160, 204, 215, 218, 225, 232, 235, 239, 276.
Lugdunum, 138, 140, 141, 142, 143, 144, 145, 150, 152, 290.

Lymaye (Chastel de), 394.
Lymeio (Lucia de), 336.
Lymeto (Johannes de), 313.
Lymoyere, 393.

Machon (Symon), 166.
Maci (Petronilla), 333.
Magnevile, 127.
Magno Monte (Remundus de), 40.
Mahiel (Ricardus), 232.
Mahodis, relicta defuncti Renodi de Monasterio, 58.
Mainneval (Robert), 394.
Maio (Gaufridus de), 229, 283. — (Juliana de), 283.
Maillart (Gillebertus), 256. — (Guillelmus), 340. — (Obereda), 340.
Mala Palus, in Rothomagum, 56, 89, 92, 93, 102, 105, 125, 159, 184, 186, 192.
Male-Beste (Guillelmus), 274, 309.
Malet (Gaufridus), 130. — (Vincentius), 135. — (Robertus), 256. — (Durandus), 284. — (Rogerus), 285.
Malingres (Nicholaus), 157. — (Matilidis), 240. — (Johannes), 240, 332, 334, 357.
Malpin (Nicholaus), 38. — (Thomas), 195.
Malvesinus seu Malus-Vicinus (Guido), 7, 8, 278. — (Radulphus, Robertus, Willelmus), 7, 8. — (Petrus), 8.
Malvesin (Ricardus), 9.
Malquenchi (Willermus de), 60.
Malo-Leone (Petrus de), castellanus Ponte-Arche, 110, 112.
Malsuent (Robertus), 326.
Mancel (Willelmus), 75.
Mançon (Robert), 394.
Manerio (Gaufridus de), 346.
Manequeville (Petrus de), 357.
Mannourri, 256.
Manerium, 140.
Manoir (île du), 394.
Manseis (les), 235.
Mansel (Robertus), 70, 126.
Manselus (Willelmus), 22.
Mansigneio (Dominus de), 335.
Mansol (Nicholaus), 337.
Maquerel (Guillelmus), 190.

Mara (Robertus de), 56, 273, 285.—(Matillidis de), 89, 105, 184, 185. —(Gocelinus de), 94, 186.— (Sanson de), 299.
Marcatum, 92.
Mare-Yton (la), 25.
Mares (Jehan des), 393.
Marescot (Johannes), 266.
Maresdans, seu Maresdanz, aut Maresdaus, 1, 2, 3, 6, 7, 9, 14, 17, 29, 31, 39, 146, 405.
Maresdans (capella Sancti Martini de), 36.
Marretot seu Maretot, 9, 13, 22, 262, 384.
Maretot (Robertus de), 228.
Marcato (Rogerus de), 92.
Marescal (Johannes), 204.
Maresco (Ricardus de), 154. — (Aalicia), 154.
Margot (Radulphus), 383.
Maridort (Johannes), 259.
Mariete (Guillelmus), 307. — (Johannes), 382.
Mariez (Radulfus Li), 64.
Marinus, vicecancellarius Ecclesie Romane, 150.
Merisco (Willelmus de), 63. — (Emmelina), 63.
Marli (Theobaldus de), monachus, 12.
Marquant (Ansquetillus), 240.
Marques (Robert des), 394.
Marromme, 478, 479.
Martel (Willelmus), 50.
Martin (Guillaume), 394.—(Guillot), 394.—(Colin), 394. — (Jehan), 394.
Martinus, abbas Boni-Portus, 71, 84.
Maseboc (Thomas), 298.
Maslart (Gillebertus), 264, 265, 269.
Masnillo (Stephanus de), 36, 37.
Massieu (Robert), 396.
Matelot (Johannes), 384.
Matheus, camerarius, 33. — (Stephanus), 332. — Constabularius, 62.
Matine (Guillebert), 348, 349.
Maufeis, 405.
Maupin (Guillelmus), 279.
Mathye (Jacobus), 278.
Matilda, uxor Radulfi de Kilebuf, 13.
Matinee (Vivien), 349.
Maucengniaco (Johannes de), 63.
Mauger, 89, 92, 105, 192. — Archidiaconus Ebroicensis, 16. — (Jehan), 393.
Naumongnier, 289.
Mautort (Renoudus), 157.

Medanta, 7.
Media Touille (canipum de), 194.
Medicus (Robertus), 231. — (Johannes), 344.
Medietaria, 66.
Medietarius (Willermus), 72. — (Radulphus), 356.
Medunta, 5, 8, 277, 278.
Megni (Odo de), 9, 12.
Meillon (Radulfus), 195.
Mellens, 6, 11.
Mellent, 12.
Mellenti (Robertus, comes), 8, 10, 12, 13, 21. — (Petrus filius Comitis), 9. — (Galeranus, comes), 10. — (Henricus, filius Roberti Comitis), 12.
Mellento (Robertus de),161, 162, 163. — (Emeline), 162.
Mercerius (Galterus), 394.
Merderel (Insula de), 249.
Merel (Gillebertus), 124.
Mervere (Nicholaus), 240.
Mesalant (Paganus et Simon de), 7.
Mesnerio (Petrus de), 204.
Mesnil seu Meisnil (Nicholaus de), 96, 97, 100. — (Richeudis de), 96, 97, 100. — (Stephanus de), 22. — (Petrus de), 25.
Mesnillo (Jordanus de), 73, 105, 109, 111, 127, 128, 129, 132. — (Johannes), 73. — (Ysabellis), 128, 129, 132, 133. — (Girardus de), 133. — (Aalardus de), 133. — (Laurentius), 159. — (Galterus), 176.
Mesnillum Jordani, 122, 383.
Mesoniis (transitum de), 5.
Mestrie (Colart), 394.
Methuil (Hmo de), 11.
Michael, clericus, 287.
Michiel (Ricardus), 257.
Mieroch, 362.
Mignot, 349.
Millet (Jehan), 394.
Milsant (Gillebertus), 58.
Moisson (Laurentus), 107. — (Radulfus), 125, 126, 214. — (Maria), 126. — (Acelinus), 214.
Molendinis (Johanne de), 387.
Molendino ([N.] de), 294.
Molinum (Ricardus de), 64.
Momagni (Josbertus de), 4.
Momagnia, 4.
Monachus (Johannes), 250, 304, 304.

Monart (Thomas), 394.
Monasterio (Symon de), 266. — (Radulfus de), 282.
Moncello (Durandus de), 297.
Mons-Beiout, 173.
Mons Garganum, 350, 364.
Mons Garpin, 106.
Montbee (Guillelmus de), 166.
Monteaureo (Romanus de), 237.—(Parrochia B. M. de), 252, 257, 364.
Monte-Bergerio (Franciscus de), 177, 178. — (Johannes de), 179.
Monte-Forti (Symon de), 29, 87. — (Aelix de), 39, 87.
Monte-Heroudi (Ricardus de), 59.—(Quintinus), 59.
Montemorenciaco (capitulum ecclesie Beate Martini de), 4.—Clericus, 4.—(Matheus de), 5, 27.— (Matildia de), 6.
Montesmorenciacus, 4.
Montes Sancti Egidii de Coteburnenc, 169.
Montis-Fortis (Amauricus, comes), constabularius Francie, 87.
Montot (Rogerus de), 96, 117. — (Renoudus de), 240. — (Avicia de), 240. — (Arnoldus de), 256.
Montpaingnant (Robertus de), 351, 352. — (Ricardus de), 356. — (Robinus de), 357.
Morangle (Teobaldus), 7.
Morant (Michael), 187. — (Simon), 358. — (Pierre), 395.
Mordret (Gilebertus), 80, 94, 102, 184, 185. — (Aelicia), 94, 102, 105, 159, 184, 185, 186.
Morel (Johannes), 174. — (Johanna), 174.
Morin (Bartholomeus), 56. — (Radulphus), 354, 358. — (Robin), 395.
Mort-Eure (aqua de), 129.
Mosterol (Paganus de), 14.
Mota (Raginaldus de), 109.
Motes (Robertus), 382.
Moustier (Beatrix du), 395.
Mouton (Ricardus), 22. — (Rogerus), 69. — (Gillebertus), 69. — (Amabilis), 69.
Mueis (falesia de), 39, 156.
Muies (Guillermus de), 52. — (Rabel de), 104.
Musars, 349.
Musart (Bernier), 94.
Muset (Johan, dit de Villaines), 395.
Mustel (Erardus), 170. — (Tecia), 170.

Naguet (Petrus), 292, 309. — (Nicholaus), 322.
Napier (Guillelmus), 173. — (Rocha), 173.
Neapolis, 209, 210, 211, 214.
Neelet (Johannes), 383.
Neufbourg (Jacobus du), 179.
Nevet (Johannes), 351.
Nevilla (Willelmus de), 27.
Nicholaus, capellanus comitis Mellenti, 14. — Sutor, 35, 88. — Prepositus Pontis-Arche, 84. — De Ponte-Arche, canonicus Luxoviensis, 194. — Filius Herberti, 246. — Abbas Boni-Portus, 280.
Nichole (Dant), 358.
Niger (Johannus), 309.
Noel (Robertus), 384.
Nonanto (Henricus de), 370.
Normant (Radulfus), 65. — (Colin), 394.
Norrus (Godefridus), 195, 196, 200.
Novavileta seu Nova-Villeta (Robertus de), 342, 317. — (Thomas de), 312.
Nova-Villula (Rogerus), 35. — (Hemardus), 36.
Novilete (Robertus de), 25.
Novo-Castello (Johannes de), vicecomes Pontis-Arche, 380, 382.
Nuefchastel (Jehan du), vicomte du Pont-de-l'Arche, 386.
Numitor (Acenis), 86.

Obertus (Guillelmus), 364.
Octavianus, Beate Marie in Via Lata diaconus cardinalis, 150.
Odelina, filia Willelmi de Cleon, 81.
Odie (Durantus), 262.
Odo, presbiter de Euvrardi-Villa, 72. — Archiepiscopus Rothomagensis, 155. — Thome, 163.
Oesel (Ricardus, dictus), 270.
Ogiervilla (Guillelmus de), 186.
Oglandras (Villelmus de), 9.
Oillebou, 10.
Oissel, 194. — (Henricus de), 227, 228, 239, 258. — (Helvisia), 227, 228. — (Guillelmus de), 311.
Oisello (Terriacus de), 311.
Olearius (Robertus), 266. — (Lambertus), 383. — (Stephanus), 383.
Olivier (Radulfus), 247.
Ool (Rogerius), 221. — (Thomas), 221.

Orbec (Ricardus de), 93.
Orgollio (Johannes de), 306.
Orguillo (Silvester de), 27.
Orieut (Nicholaus), 71.
Orival (Baldricus de), 62. — (Huistace de), 194.
Orliens (Philipus de), 196.
Orto (Ricardus de), 119. — (Guillermus de), 119.
Ortum Landerici, apud Momagniam, 4.
Osanne (Johannes), 285.
Osenne (Matin), 386.
Othelin (Guillelmus), 264.
Oto, Portuensis et Sancte Rufine episcopus, 150.
Oudart (Gérart), 395.
Oylay (Thomas), 24.

P., abbatissa Fontis Girardi, 263, 264.
Pain de Vece (Gillebertus, dictus), 132.
Paindieu (Matheus), 301, 303, 304, 305.
Paine (Laurentius, dictus), 291, 292. — (Robertus), 321.
Paismouche (Molendinum de), 24.
Pantol (Guillelmus), 347, 357.
Pape-Avaine (Robert), 387.
Papei (Nicholaus), 242, 243, 246.
Papeil (Nicholaus), 110, 358, 360. — (Laurencius), 358.
Papeillon (Johannes), 335, 382, 384.
Parisis (Galterus as), 257.
Parisiis, 34, 235, 340, 348, 336, 366, 374, 386, 387, 390, 396, 397, 402, 404.
Partenoy (Radulfus de), 59.
Parvus (Willelmus), 198. — (Osana), 198. — (Girardus), 248. — (Guillelmus), 312.
Pavelleio (Radulphus de), 88.
Pegnete (Johannes), 284.
Peindiu (Matheus), 341.
Peilchaste (Johanna), 273.
Pelerin (Gaufridus), 37.
Pelliparius (Johannes), 91. — (Ricardus), 275. — (Matheus), 384.
Pentonant (Durandus), 384.
Perout (Jacques), 391.
Perrees (Johannes as), 207.
Perreio (Ricardus de), 35.
Perrona (Matilda de), 295. — (Julianus de), 295.

Perusium, 197.
Pestel (Colin), 394.
Petit-Gras (Rogerus), 159. — (Emengarda), 159.
Petri-Valle (Osbertus de), 155.
Petronilla, filia Osmundi Camerarii, 75.
Petrus, canonicus stationarius Montismorentiaci, 4. — Monachus, 12. — Capellanus de Ponte-Audomari, 14. — Abbas Boni-Portus, 36. — Titulo Sancti Marcelli, presbiter cardinalis, 150. — Sancti Georgii ad Velum Aureum diaconis cardinalis, 150. — Clericus, 279. — Antiquior, 384.
Philippus, rex Francorum, 28, 31, 33, 46, 47, 49, 53. — (III), 308, 348, 334, 335. — (IV), 355, 361, 365, 372. — (V), 373. — (VI), 386, 388, 389, 397.
Picardus (Andreas), 190, 191. — (Petronilla), 190, 191.
Picoul (Guillaume), 396.
Picot (Petrus), 287.
Pictavensis (Guillelmus), 181. — (Johannes), 286.
Pie-de-Bois (Hugo), 236, 257.
Pie Nouvel (Johannes), 385.
Pierre, prieur de Notre Dame du Parc d'Harcourt, 398.
Pigache (Nicolaus), major Rothomagi, 56. — (Martinus), major Rothomagi, 200, 271. — (Johannes), 200, 271.
Pigoigne (Emmelina), 261.
Piguer (Odo), 83.
Pilon (Osmundus), 72.
Pinctor (Alexander), 94.
Pinel (Johannes), 77.
Pintarvilla (Robertus de), 120, 205, 206. — (Godolent de), 205. — (Guillelmus), 205. — (Goderana), 206.
Pintarville (Estatinus), 36.
Piquart (Johannes), 231. — (Symon), 357.
Pirouet (Hamon), 343.
Piscionarius (Silvester), 226.
Pissiaco (Almaricus, Gacho, Galterus, et Robertus de), 5.
Pistres, 394. — (Johannes de), 309.
Piton (Petrus), 309.
Pitton (Rogerus), 347.
Placencia (Grimerius de), 370.
Plantevel (Robertus), 34.
Plataine (Gaufridus), 222.

Poissant (Johannes), 346.
Polain (Nicholaus), 192, 241.
Pomette (Johannes), 357.
Pons Arche, aut Pons Archie, 9, 15, 17, 22, 23, 36, 39, 46, 43, 50, 53, 123, 126, 132, 146, 165, 168, 228, 230, 231, 233, 309, 311, 325, 336, 342, 356, 357, 380, 383, 384, 385, 393, 394, 395, 396, 405, 407, 407, 409, 411.
Pons Audomari, 43, 245, 369, 408.
Ponte-Arche (Molendinum de), 46, 48, 160, 343. — (Ricardus de), 344. — (Robertus de), 188, 362.
Pontif (Emma de), 91.
Porcherenvilla (Mechael de), 278.
Porcus-Mortuus, 156.
Pormor, 60.
Porta (Willelmus de), 9. — (Robertus de), 9. — (Thomas de), 80.
Portarius (Gaufridus), 204.
Portehors (Johannes), 384.
Portigoye, 349.
Portum-Gaudii, 356, 357, 380.
Portum Sancti-Audoeni, 358.
Posas, seu Pose aut Poses, 37, 51, 309, 357, 394, 405.
Poses (Molendinum de), 15, 17, 23, 32, 39, 49, 146, 391. — (Radulfus de), 64, 65. — (Galterus de), 174.
Postel (Ludovicus), 9. — (Ricardus), 9.
Potage (Robertus), 195.
Potens (Johannes), 254. — (Guillelmus), 308.
Potier (Robin), 393.
Potière (Acelina), 175.
Poulein (Gaufridus), 170. — Poulain (Nicholaus), 240.
Pouquedeu (Ricardus), 252. — (Guillebertus), 257. — (Fulco), 287.
Praier (Rogerus), 37.
Pratarius (Rogerius), 65, 66, 67, 111, 142, 356. — (Rosa), 114. — (Willelmus), 193.
Pratellis (Petrus de), 16, 29. — (Andrea de), 27. — (Robertus de), 347. — (Matheus de), 384. — (Hamon de), 384, 385.
Prato (Johannes de), 104.
Preaux (Jaquet de), 395.
Prepositus (Gaufridus), 72. — (Guillelmus, dictus), 270, 385.
Presie (Vallum), 250.

Pressorio (Durandus de), 37. — (Nicholaus), 37.
Prevost de Saint-Ouen, 394.
Prieur (Guillaume), 394.
Profunda Valle (Reginaldus de), 312. — (Johannes de), 312.
Puissant (Johannes), 338. — (Guillelmus), 348.
Pulcher (Guillelmus, dictus), 205.

Quantin (Guillebertus), 357.
Quarruet (Petronille), 135.
Quatedrario (Stephanus), 222.
Quatrefosse (Ricart de), 369.
Quatrel (Mre Nicole), 369.
Quaudebecum, 274.
Quercu (Radulfus de), 250. — (Petrus de), 251.
Quesne (Symon, dictus), 250.
Quesnel aut Kesnel (Johannes dictus), 293, 294, 295.
Quetel (Johannes), 240.
Quevelet (Johannes), 383.
Quocus (Gaufridus), 203.

Rabel (Robertus), 190. — (Johannes), 336. — (Blaise), 395.
Raher de Montibus (Ricardus), 157, 158.
Race (Benedictus), 253. — (Symon), 242, 243.
Rachine (Johannes), 286.
Rachinel (Robertus), 358.
Radepont, 309.
Radufus, braciator, 200.
Radulfus, 34. — De Sancto Amando, 44. — Filius Gilleberti, 24. — Frater, decanus de Lerie, 54. — Sutor, 83. — De Sancto Desiderio, monachus, 119. — Senescallus Celarii de Marretot, 262. — Abbas de Brolio, 310.
Rahel (Garin), 392.
Rahier (Guillelmus), 309.
Rance (Symon), 194.
Randart (Stephanus), 249. — (Johannes), 284. — (Guillelmus), 357. — (Guillebertus), 358.
Rasce (Benedictus filius), 249.
Rasket (Nicholaus), 198.
Reata, 55.
Recuchon (Amalricus), 312, 336.

Recuçum (Radulfus), miles, 36, 37.
Reginaldus, clericus, 84.
Reingot (Radulphus), 159.
Remegius, 37.
Renella, 155.
Reste (Guillaume), 394.
Reviers (Ricardus de), 29.
Ricardus, rex Anglie, dux Normannie, 2, 3, 11, 29, 30, 31, 32, 33, 152, 460. — Clericus, 11. — Filius Henrici, 26. — Ballivus de Monte Duorum Amantium, 36. — Major de Wauvrayo, 70. — Monachus Boni-Portus, 91. — Filius Gualteri, 356.
Ricarius (Johannes), 287.
Richevilen seu Riquevilain (Gaufridus), 50, 86, 95, 96. — (Johannes), 321.
Ricoul (Mons), 126.
Ringuet, 398.
Rippa (Heloys de), 374. — (Johannes de), 375.
Riqueut (Johannes), 168, 325, 358. — (Laurentia), 168.
Robaire (Alexander), 309.
Robertus, 123. — Capellanus, 7. — Clericus, 10. — Filius Alani, 27. — Supprior de Monte Duorum-Amantium, 36. — Sacerdos, 37. — Filius Gode, archiepiscopus Rothomagensis, 50, 53. — Persona ecclesie de Loviers, 51. — Buticularius, 82. — Carnifex, 84. — Filius Alani, major Rothomagi, 115. — Filius Ricardi, 252. — Dictus Comes, 266. — Abbas Boni-Portus, 354. — Cardinalis, 363.
Roce, 545.
Rodobecca, 27, 125, 193, 196.
Rogerus, monachus Boni-Portus, 4. — Prior Sancte Honorine de Confluencio, 11. — Presbyter, 24. — Filius Michaelis, 27. — De Monasterio, 176. — (Guillelmus), 291, 292. — De Valle-Rodolii, 358.
Rogerius, senescallus, 9, 11, 12. — Medicus, 22. — Presbiter Sancti-Albini, 71. — Filius Agnetis, 115.
Rollandi (Petrus), 380.
Roma (Johannes de), 299.
Romelli, 63.
Romelly (Gorge de), 344.
Romme (Guillelmus), 228.
Roncha (Molendinum de), 171, 406.

Rooneium, 8.
Rose (Guillebert), 393.
Rosse (Radulphus), 268. — (Michelus), 357.
Rossel (Stephanus), 203. — (Guillelmus), 238. — (Andreas), 267.
Rothomagum, 26, 27, 34, 39, 54, 69, 89, 94, 95, 115, 125, 146, 178, 186, 192, 195, 200, 271, 344, 357, 399, 406.
Roulant, 357. — (Hugo), 222. — (Johannes), 231.
Roullant de Leri, 353.
Roumare (Bois de), 401.
Roussel (Stephanus), 217, 238. — (Johannes), 343, 366. — (Johan), 396.
Rousselet (Johanne), 394.
Rousselin (Jehan), 391.
Roussingnol (Willelmus), 274.
Routier (Oudart), 391.
Rouville (Matheus de), 302. — (Sibilla de), 357.
Ruella (Durandus de), 122. — (Acelina de), 122. — (Vivianus de), 181. — (Ricardus de), 284, 357. — (Stephanus de), 284. — (Nicholaus de), 284. — (Radulfus de), 348.
Ruffus, 344, 345. — (Germanus), 231. — (Galterus), 303. — (Gaufridus), 309. — (Guillelmus), 356.
Rufus (Henricus), 151.
Rusticus (Petrus), 275.

Sacellis (Robertus de), 63.
Sahurs (Nicholaus de), 336.
Sallant (Jehan), 391, 395. — (Vinchent), 391. — (Robin), 391.
Salvatoris Ebroicensis (Abbatia sancti), 227.
Sanemelle (Almaricus), miles, 101.
Sancta Columba (Gauffridus de), 9.
Sancti Amandi (Johannes), 203. — (Nicholaus), 203. — (Ricardus), 203.
Sancti Desiderii (Nicolaus), 375.
Sancto-Albino (Johannes de), 34, 35.
Sancto-Candido (Johannes de), 54, 56.
Sancto-Cirico (Laurentia, domina de), 87.
Sancto-Egidio (Ricardus de), 71.
Sancto-Eligio (Stephanus de), 25.
Sancto-Laudo (Agnes de), 115.
Sancto-Leodegario (Johannes de) miles, 35.
Sancto-Leonardo (Willelmus de), 121.

Sancto-Melano (Radulfus de), 25, 151.
Sancto-Romano (Willelmus de), 108.
Sancto-Taurino (Th. de), 73.
Sanctus Albinus, 309, 407.
Sanctus-Germanus-in-Laya, 62.
Sanctus Gracianus, 39, 146.
Santolium, 39, 146.
Sapiens (Stephanus), 356.— (Robertus), 357.
Sarquieus aut Sarquels aut Sarcofagis (parrochia Sancti Petri de), 294, 314, 315.
Sartrino (Rogerus de), 257.
Saillant (Willermus), 61, 174.
Saint-Liger (Willelmus de), 25.
Sapiente (Johannes), 248.
Saucei (Galterus de), 24. — (Guido de), 25. — (Wilielmus), 109.
Saucheia (Ricardus de), 382.
Sautdebroel seu Saudubruil (Aelicia), 183, 184, 185. — (Radulphus), 184, 185, 186.
Sauvage (Ricardus), 267.
Sauvale (Baudricus), 164. — (Radulfus), 164, 165, 206.
Sauvalle (Ancelina), 61.
Savaricus, clericus, 204.
Scambio (Johannes de), 322.
Scriptor (Willelmus), 299, 300.
Scriptorius (Johannes), 105, 384. — (Symon), 357.
Sebille (Rogerus), 358.
Secana, 8, 9, 12, 22, 23, 32, 39, 81, 146, 238, 341, 323, 405.
Secretarius (Hugo), 193.
Segnar (Michael), 236.
Seinesause (Rogerus), 22, 37.
Selles (Robertus), 135, 136. — (Eremborg), 135, 136.
Senestre (Colin), 390.
Senglers (Philippus li), 2.
Sessevilla, 285.
Sevestre (Nicholaus), 287.
Siglart (Guillaume), 394.
Silvester, monachus, 11.
Simon, prepositus de Becco-Thome, 126. — Dictus Mariavala, 229. —Presbiter de Harqueville, 356.
Sireode (Honfredus), 229.
Soef (Robertus le), 26. — (Johannes le), 26.
Soein (Aelina), 296. — (Radulphus), 336.
Sohier (Thomas), 276.

Solbanus, canonicus stationarii Montismorentiaci, 4.
Soli (Guillaume du), 395.
Solier (Guillelmus du), 383, 384. —(Johannes du), 383.
Sorel (Simon), 25, 59. — (Johannes), 57. — (Guiardus), 271. — (Agnes), 271. — (Robert), 395.— (Jehan), 395.
Sotevilla seu Sotteville, 194, 202, 234, 238, 259, 262, 279, 384.
Spedona (Gaufridus de), 370.
Spineto (Johannes de), 298.
Stallis (Baldricus de), 107, 108.
Stephanus Auriga, 206.
St. npis (Johannes de), 345.
Strabo (Johannes), 92. — (Radulphus), 192.
Supra Rippam (Julianus de), 336.
Sutor (Robertus), 255, 297. — (Guillelmus) 266.
Symon, capellanus Sancti Jacobi, 4. —Filius Luce, 268, 269. —Clericus, 330, 334.

Tabernarius (Johannes), 129, 133. — (Girardus), 176.
Tanquers (Reginaldus), 214, 217.
Tecia, uxor Willermi de Lerie, 76.
Tegularius (Robertus), 202, 203. — (Stephanus), 364.
Terrepart, 236.
Terricus, aurifaber, 154. — (Basilia), 154.
Tesson, (Radulfus, senescallus Normannie), 29.
Testart (Alexander), 56.
Testemole (Johannes), 261.
Textor (Christianus), 50.
Textor (Rogerus), 72, 113. — (Gilebertus), 113. — (Hebertus), 230. — (Radulphus), 245, 246. — (Robertus), 267, 281.
Theobaldus, monachus Boni-Portus, 4.
Theodericus, monachus Boni-Portus, 4.
Thomas, carnifex, 66.
Thooroude (Johannes), 264.
Thuit-Signol (Guillelmus du), 287, 288.
Tibout (Guillelmus), 291.
Tiecie (Robertus), 240.
Tigier (campum), 216.
Tillart (Radulfus), 60.
Tobervilla, 309.

Tobomer (Willelmus), 16.
Torbervilla (Willelmus de), 68.
Tornedous seu Tornedos, 66, 82, 83, 358.
Torquapel (Rogerus), 352.
Torvilla (Ysabellis de), 103, 104.— (Willelmus de), 127.
Tostani (Nicholaus), 179. — (Robertus), 179.
Tostes, 405.
Touberville (Durantus de), 262.
Tourraine (le duc de), 404.
Touroude (Johannes), 265.
Tourvilla, 309, 335, 382, 384, 406.
Trappa (Domus Dei de), 47.
Trebil (Matheus), 357.
Treheut (Jean), 396.
Trentegeron (Gaufridus), major Rothomagi, 27.
Trentennes, 65.
Triasnon aut Triaznon, Truie asnon (Robertus), 264, 271, 306, 298, 299, 313, 326, 327, 335, 354, 355. — (Agnes), 354, 355.
Trifaut (Colinus), 358.
Triquellum, 286.
Troches (Nicholaus dictus), 264.
Tronquai, 135.
Trousebout (Reginaldus), 222, 223, 324, 232. — (Johanna de Haiis), 222, 223, 224, 232.
Trousebotiere (Molendinum de la), 222.
Tuit Symer (Guillermus de), 135. — (Guillelmus de), 248.
Tuito (Amauricus de), 243, 244.
Tuit-Signol, 217, 243, 288, 314, 315, 316, 369, 377, 378, 398.
Tyrellus (Willermus), 66.

Ulmo (Willelmus de), 14. — (Christianus de), 324.

Vacleville (Almaricus de), 11.
Valasie (Cellarium Sancte), apud Mellentum, 12.
Vale, 12, 146.
Vallaribus (Guillelmus de), 356.
Valle de Mesnillo (Robertus de), 22. — (Rogerus de), 72. — (Matheus de), 263.—(Radulfus de), 234.—(Thomas de), 249, 250, 336.—(Johannes de), 357. — (Philippus de), 380. — (Robinus de), 384. — (Henricus de), 384.

Vallis Redolii, seu Rodoili, Rodoli, Rodolii, Rodogivilla, Rothelli, Ruil, Rulli, 1, 6, 15, 17, 23, 32, 39, 65, 66, 108, 121, 146, 153, 160, 235, 290, 296, 299, 308, 309, 336, 351, 356, 357, 381, 395, 396, 405.
Vallum-Normant, 72.
Vallum terre Montismorenciaci, 6.
Vanart (Nicholaus), 356.
Varegnier (Robertus), 249.
Varoude (Eremborgis), 311.
Vaulx, 408.
Vauvreium, 307, 380, 386, 393, 405, 407.
Vedrye (Ricardus), 72.
Vedanum, 39.
Veel, 238.
Vellebotum, 68, 266.
Venables (Albes montes de), 246.
Venart (Guillaume), 391.
Venator (Johannes), 337.
Venon (Petrus de), 292, 293, 309. — (Ricardus de), 309.
Veretot, seu Weretot (Willelmus de), 92, 93. — (Agnes, filia Henrici de la Huese), 92, 93.
Vergiees (Eremhourg des), 386.
Vernon (Ricardus de), 9, 274. — (Petrus de), 274. — (Gaufridus de), 317.
Vernolium, 218.
Vetolium, 7, 373.
Vicarville seu Wiscarvilla, 15, 32, 39, 77, 120, 133, 146, 164, 205.
Vicenne, 164.
Vico (Willermus de), 64. — (Robertus de), 259, 263. — (Dyonisius de), 282.
Victoris (Nicholaus), 284.
Vieul (Willermus de), 240.
Vilain (Petrus), 248.
Vilers (Ysabellis de), 311.
Villanus (Johannes), 159.
Villaribus (Isabellis de), 356.
Villeta (Gillebertus de), 104.
Vincencius de Valle-Richerii, major Rothomagi, 261.
Vinc (Vallum, apud Crikebuef), 256.
Vinie (Johannes), 358.
Vitalis de Bosco-Rogerii, presbiter, 36.
Viterbium, 220.
Voaspail (Nicholaus), 282.

Voegnant (Durandus), 308.
Voignart (Henricus), 357.
Voiquier (Robertus), 357.
Vulps (Jacobus dictus), 264. — (Andreas), 264. — (Petrus), 264.

Wace, filia Ricardi Lepaumier, 51.
Waiflart (Guillelmus), 347.
Waleis (Hugo), 56.
Walensis (Thomas), 37.
Waliquer (Gaufridus), 120.
Walterus, sutor, 86.
Wandart (Stephanus), 207.
Wannart (Durandus), 284.
Waraz (Eustachius), 69.
Warenne (Matheus), 337.
Wastel (Hugo), 125.
Wauvray, 348.
Wellebotum, 177, 179, 296, 312.
Wibertus, 66, 67.
Widasne (Haie de), 406.
Willelmus, filius Radulphi, senescallus Normannie, 3, 16. — Marescallus, comes de Pembroc, 3, 29. — Abbas de Botegni, 12. — Abbas Mortui-Maris, 12. — Monachus, 12. — Filius Selle, 24. — Clericus de Tuito-Argueri, 25. — Archidiaconus Ebroicensis, 37. — Clericus, 69, 92, 95, 115. — Basilice Duodecim Apostolorum presbiter cardinalis, 150. — Sancti Eustachii, diaconus cardinalis, 150. — Sabinensis episcopus, 150. — Presbiter de Moncellis, 463.
Willequier (Ludovicus de), 24.
Willermus, presbiter de Luperis, 4. — Clericus, 90.
Wilot (Guillebertus), 66.
Winebout (Willelmus), 50.

Ybermensis (Reginaldus), 334.
Ycarville, 357.
Ygovilla, 384, 393, 395.
Ymaie, 247, 258. — (Rogerus, dictus Symon de), 247, 248. — (Emmelina de), 247, 248.
Ymara (Robertus de), 229.
Ymarc, 393.
Yngovilla, 154, 395.
Yquebeuf, 335.
Ysembertus, Bone Ventre, major Rothomagi, 455.

FIN

Evreux, A. Hérissey, imp. — 262.

BONPORT   Chartularium B. Mariae de Bonoporta.
         1 vol. in 4°. sur parchemin écrit au XIV.e siècle   66 folios
         à la Bibl. Nat., S. Germain latin, n° 1611. 2.   contient 85 chartes
                                                          relié aux
3 R°   Celestinus — conf. possessionum.   armes de Louis Phil.
5 V°   Innocent III. = conf. bona. —
8 V°   Alex. IIII. = exempts de procuration, si ce n'est quand le prelat visite
8   de id. de Dec. l'an 1
         Inn. IIII. = exempts de visite = 3 Non Oct. a° 3°.
9 V°   Inn. III. = p. excommunier les perturbateurs. VI Kl. Nov. a° XI°
         — exempts de decimis = V Kl. Nov. a° XI°
11 R° Alex. IV. = p. les dîmes de novales = Kl. mai a° 1°
11 V° — de exemptione correctionis.
12 R° Inn. IV. — de curia. X Kl. la Crikebeuf. = VI R. mars a° 2°
12 V° Inn. — accorde indulgence aux visiteurs le 15 août = D. Jun. a° 1°
       Greg. X. — conf. en emphyt. = ID. Jun. a° 3°.
13 R° Alex. IV. = p. exemption = reception de legat a. Id.
14 R° Honorius III. = p. decimis = VI Kl. Oct. a° 4°. =
14 V° Innoc. IIII. = p. exemption des Cisterciens. III Non Oct. a° 3°.
15 V° Bonif. VIII. = p. dîme des Cisterciens = XV Kl. Jan. a° 8°.
16 R° Innoc. IIII. = p. exempt. des Cisterciens. III Non Oct. a° 3°. =
16 V° —
17 R° Alex. IV. p. Cistercien = de injectione manuum = Kl. febr. a° 1°
17 V° Inn. IV. — = de examinatione clericorum = 3 Non Oct. a° 3°
18 R° Alex. IV. — = exempt. d'excommun. = 13 Kl. Oct. a° 1°
18 V° Innoc. IV. — = de novalibus — = 3 N. Oct. a° 3°.
       Innocent IV. — = exempt. de l'indemnité = 15 Kl. Oct. a° 9°.
19 R° — = de excommun. = 3 Kl. mai a° 1°
19 V° Alex. IV. — = civitas declarat litteras, tacito nota ordini = 4 Non.
20 R° Inn. IV. — = conf. privilegia = 3° n. oct. a° 3°.
20 V° Alex. IV. = ut Monachi Bonaportis construant altaria in grangiis = 3 Kl. maii.
       — Clemens ad abb. S. later. Rot. = ut conservet privilegia Cisterc. 2° n. sept. a° 4°
21 V° de visitatione archiepi Roth. 8 Kl. mai
23 R° Ric. Rex. = 28 febr. a° 9. Henricus pia. ...
24 V° Joh. Rex. = 30 Dec. a° 3°.
       — = 13 juillet à Bonport. =
25 R° Ph. Rex = 204.
26 V° — juillet.
       1245. = de modo ad... baile archi.

+ 27 R°   Lud rex   = 1257. julio. quitancia.
+ 27 V°   —   = 1257. aprili. conf. castam. R°
- 28 R°   —   = 1246. feb. restaurat. damna in prat. de Boz
+ 29 R°   —   = 1256. feb. dat ad faciendum fenum in valle R.d
+   —   = 1259. Aug° de dono ap. sontem Archa.
+ 30 V°   —   = 1254. Nov. de trof. de Rocha. conf. charte de 1248.
   31 R°   —   = 1225. quitancia de 1000.
+ 31 V°   —   = 1216 mar. = de merreno.
-                   = 1215. mar. = custodia
+ 32 R°   —   = 1268. Jul. = de dono Reg. Troufebout
+ 33 R°   —   = 1257. april = mortisat.
+ 33 V°   —   = 1269. mars
- 34 R°   —   = 1244. Jul. = de dono Jord. de repillio jordani.
- 35 R°   De servitiis hominum de Poris. 1206.
+ 35 V°   Ph° rex = de molend° de Poris &c. 1216.
+ 36 R°   ball. Roth. = de molend° forte arch. 1285
+ 36 V°   Ph. rex = quitancia ap. font arch. 1218. mar.
+   = custodia = 1200 Oct.
   37 R°   Ph. roi = terre de Colemare. 1337.
+ 37 V°   Ph. rex = conf. tras Lud. (f. 31 V°) = 1298
+ 38 R°   Karolus rex = de 3 acris in insula = 1327.
   38 V°   Ph. rex = re arbitres fregefeis = 1312.
   39 R°   Ph. roi = haie de Ronport = 1316.
   39 V°   —   = taxe du 12eme = 1333.
   41 V°   Kar. rex = fundat. missam = 1323.
   41 R°   Petrus Oroconi = tiralo = 1327.
   41 V°   Ph. rex = privão = privilegia = 1304.
+ 42 V°   —   = privão = 1277. (Aelina de Velleb° ?)
+ 44 R°   —   — = 1284. Nov.
   45 R°   —   — = 1296
   47 V°   —   — = 1328.
   48 V°   Jehan duc = priance = 1340.

51 Vº	Phros = france =	1340
55 Rº	kar. rex francie =	1327.
57 Vº	Ric. de Vernon = quitancia	= 1.2
58 Rº	Setrus Malvesinus = ———	= 1.2
	Guido Malus vicinus = ———	= 1190.
58 Vº	Sarer Medunte = ———	. 1269.
	Matth de Bellomonte ———	= 1129 (11º)
59 Vº	———	= 1190
60 Rº	Matth de monte moreni. ———	. 1200
60 Vº	———	1190
	Amaur Monteforte, ———	1233.
	prior de Confluencio = de quitancia data a Rad. de Conflt. - 11?
61 Rº	Rob. com. Mell. = quitantia :	1191.
62 Vº	Gacho de Dissaco ———	= 1190.
62 Rº	Ansellus de Insula ———	1190
	Rob. com Mell. vinea a. =	1192
62 Vº	Galeran. filius com. de 20 s. ap. Ottebon .
63 Rº	Rob. com Mell. = de piscaon
63 Vº	——— de aqua

L'Abbé Émile CHEVALLIER

VICAIRE A PONT-DE-L'ARCHE

NOTRE-DAME DE BONPORT

ÉTUDE ARCHÉOLOGIQUE

SUR UNE ABBAYE NORMANDE DE L'ORDRE DE CÎTEAUX

OUVRAGE HONORÉ DU PRIX LUCIEN FOUCHÉ

AU CONCOURS ARCHÉOLOGIQUE OUVERT PAR LA SOCIÉTÉ LIBRE DE L'EURE, EN 1901

TYPOGRAPHIE FIRMIN-DIDOT ET CIE

MESNIL-SUR-L'ESTRÉE (EURE)

1904

Dans sa séance du 23 juin 1901, la Société libre d'agriculture, sciences, arts et belles-lettres de l'Eure décernait le prix Lucien Fouché au manuscrit que nous avions soumis au concours, sous le titre : *Notre-Dame de Bonport*.

Le rapport de M. Gustave Prevost, président de la Société, était conçu en termes si bienveillants que nous avons tout de suite considéré comme un devoir de préparer la publication du manuscrit. Le texte de l'ouvrage a été revu soigneusement et même, sur plusieurs points, entièrement refondu. Les problèmes intéressants qui s'étaient présentés les uns après les autres, au cours de nos observations, ont été serrés de plus près. Plusieurs découvertes inattendues ont fait revivre presque en son entier le Bonport disparu : la reconstitution graphique du cloître et de la chaire du lecteur, la restitution exacte du plan des parties orientales de l'église ont été le fruit de ces découvertes.

Notre-Dame de Bonport paraîtra dans le courant du mois de novembre, sous la forme d'un volume in-4° d'environ 120 pages, illustré de 9 planches en phototypie et de 51 dessins dans le texte.

Nous espérons que les archéologues accueilleront favorablement cet ouvrage. L'intérêt qui s'attache en général aux monuments de l'architecture cistercienne, l'importance des bâtiments de Bonport en particulier et, nous ne craignons pas de le dire, le soin avec lequel nous les avons étudiés sont autant de titres à cette faveur.

Prix, en souscription, chez l'auteur : 10 francs.

Le prix sera porté à 12 fr. 50 après l'apparition de l'ouvrage.

Les frais d'envoi seront à la charge des souscripteurs.

Bulletin de Souscription

Je soussigné, déclare souscrire à   exemplaire , du volume **Notre-Dame de Bonport**, par M. l'abbé É. Chevallier, au prix de **dix francs**. Lequel prix je paierai aussitôt après réception de l'ouvrage, augmenté, s'il y a lieu, des frais d'envoi.

Je désire que l'envoi me soit fait en gare de

Nom, qualité et adresse (bien lisibles).

A   , le   1904

(Signature.)

Remplir le présent bulletin de souscription, et l'adresser, avant le 15 novembre prochain, à M. l'abbé Chevallier, vicaire à Pont-de-l'Arche (Eure).

Typographie Firmin-Didot et Cie. — Mesnil (Eure).

CHAPITRE SEPTIÈME

LE CLOITRE

Il est facile de reconstituer le cloître édifié au xviiie siècle [1], d'abord en examinant les arrachements restés visibles contre les bâtiments actuels, ensuite avec l'aide des devis et plans de l'architecte conservés aux Archives de l'Eure [2]. On se représente une série d'arcades en anse de panier, soutenues par trente-six piliers quadrangulaires décorés de pilastres et reliés par un bahut peu élevé. Ces piliers déterminaient autant de voûtes d'arête déformées que séparaient de larges doubleaux.

Ne nous arrêtons pas davantage à cette construction qui fut sans doute assez admirée en son temps, mais dont la disparition n'est, en réalité, nullement regrettable. Il est beaucoup plus intéressant de rendre en quelque sorte la vie au cloître édifié à la fin du xive siècle, grâce à la générosité de Charles VI et de Pierre Gougeul, seigneur de Rouville. Aussi bien, ne critiquons pas trop amèrement l'œuvre de Thibault, car nous avons eu la bonne fortune de trouver dans le « procès-verbal et devis » de cet architecte une description très courte, il est vrai, mais néanmoins utile, du cloître précédent dont la ruine lui paraissait imminente et qu'il estimait « devoir être démoli en son entier ».

« Ce cloître, dit-il, est bâty en appentis formant quatre ailes contre les bâtiments et l'église de la ditte abbaye, figurant un quarré, au milien duquel est un préau en forme de jardin; et est le dit cloître construit en ses faces de pierre, composé de pilliers et de meneaux de remplages en forme de vitraux en pierre, chaque aile ayant treize toises de longueur sur neuf pieds dix pouces de hauteur, à prendre du rez-de-chaussée du cloître à rendre au-dessus de l'entablement, et dix pieds et demy de largeur au pourtour d'iceluy dans œuvre. Le comble par dessus construit en charpente, formant un haut costé contre les bâtiments de l'église, couvert en tuile, soutenu contre les murs avec corbelets de pierre et fer; et au dessous du dit comble est un berceau à trois pans sous les chevrons et jambettes recouverts en merrain. »

---

1. On ignore à quelle date il fut démoli.
2. *Eaux-et-forêts*, Maîtrise de Pont-de-l'Arche.

Assurément, si nous étions réduits à ce que l'on vient de lire, la restitution exacte du vieux cloître serait fort difficile. Heureusement, les pierres provenant de la démolition ne furent pas toutes ensevelies dans les fondations du nouveau, comme

Fig. 12. — Restitution du cloître. (Plan et élévation d'une arcade.)

le voulait l'architecte Thibault. Deux fragments d'arcades se trouvèrent transportés à Criquebeuf-sur-Seine; deux autres restèrent égarés parmi les ruines de l'abbaye; de même, un chapiteau orné de deux rangs de feuilles d'algues, une base de colon-

www.ingramcontent.com/pod-product-compliance
Lightning Source LLC
Chambersburg PA
CBHW050245230426
43664CB00012B/1837